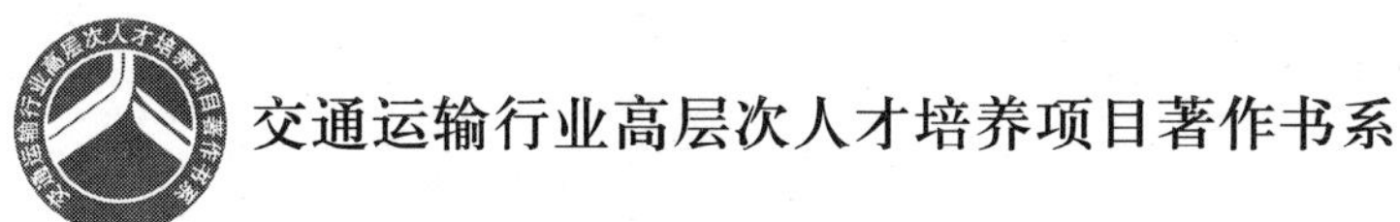

周国然　姚诗伟　编著

双排桩结构

Double Sheet-Pile Wall Structures

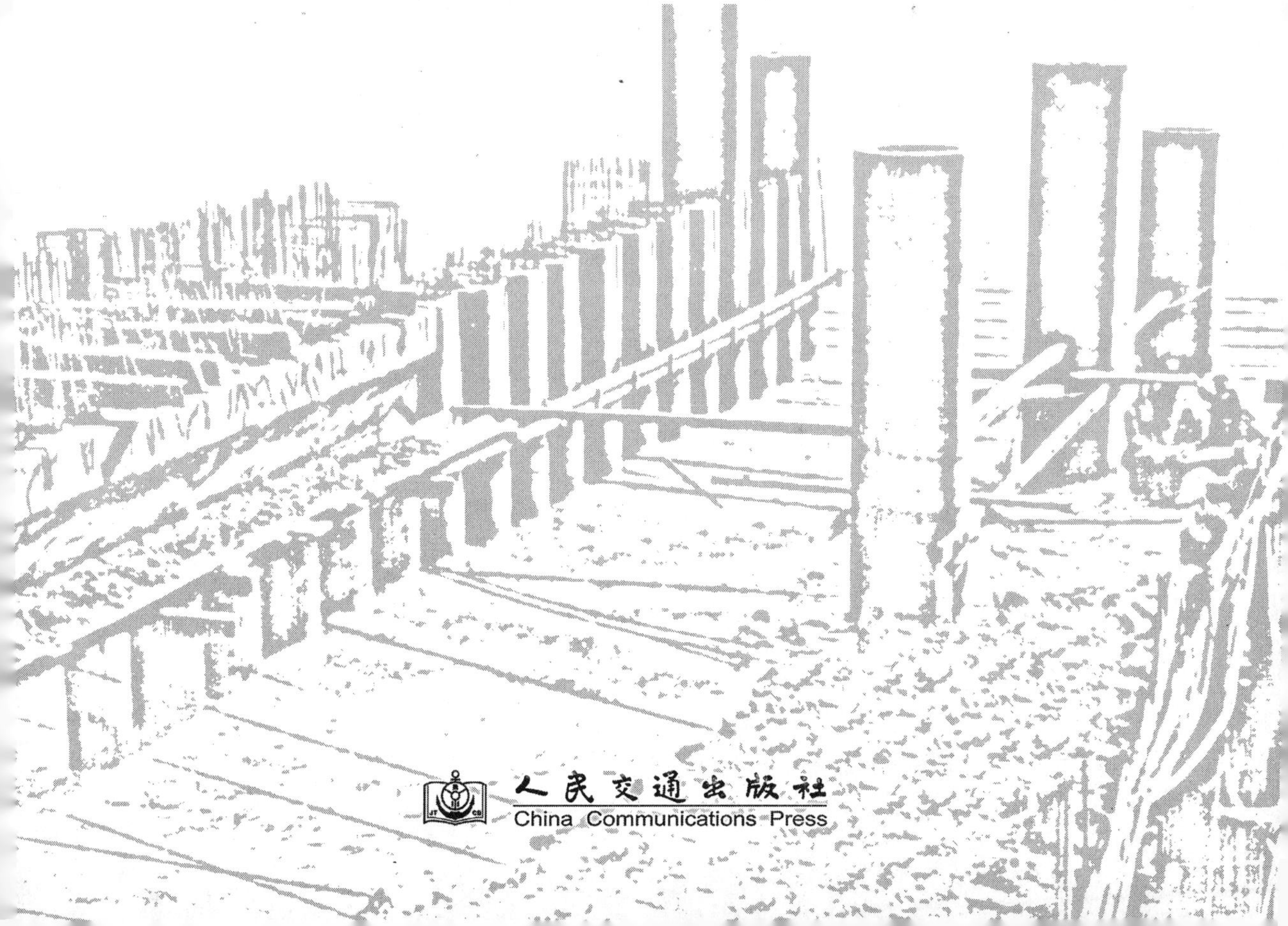

人民交通出版社
China Communications Press

内容提要

本书为“交通运输行业高层次人才培养项目著作书系”中的一本，主要论述了在近海港口、船坞、防波堤中应用的大排距、大宽高比的双排桩墙的结构设计与施工。

本书分为三大块来论述双排桩墙结构：双排板桩墙结构、双排混凝土管桩结构以及双排桩施工。首先论述了双排桩结构所承受的荷载及荷载组合；其次在双排板桩结构中论述了结构的计算理论，大、小比尺的模型试验，试验结果与计算的比较以及工程实例。在双排混凝土管桩结构中论述了结构的计算模型、离心模型试验以及计算实例，论述了钢板桩施工、混凝土大管桩的施工以及抛砂石及加固；最后简述了应用前景及尚待研究的问题。

本书可供水运工程、海洋工程、桩基工程的设计科研人员以及高等院校相关专业师生使用。

图书在版编目(CIP)数据

双排桩结构 / 周国然，姚诗伟编著. — 北京 ：人民交通出版社，2013.11

ISBN 978-7-114-10970-6

Ⅰ. ①双… Ⅱ. ①周…②姚… Ⅲ. ①港口工程－打桩 Ⅳ. ①U655.55

中国版本图书馆 CIP 数据核字(2013)第 257920 号

交通运输行业高层次人才培养项目著作书系

书　　名：双排桩结构
著 作 者：周国然　姚诗伟
责任编辑：周　宇　韩　帅
出版发行：人民交通出版社
地　　址：(100011)北京市朝阳区安定门外外馆斜街 3 号
网　　址：http://www.ccpress.com.cn
销售电话：(010)59757973
总 经 销：人民交通出版社发行部
经　　销：各地新华书店
印　　刷：北京盈盛恒通印刷有限公司
开　　本：787×1092　1/16
印　　张：16.5
字　　数：378 千
版　　次：2014 年 10 月　第 1 版
印　　次：2015 年 12 月　第 2 次印刷
书　　号：ISBN 978-7-114-10970-6
定　　价：47.00 元
(有印刷、装订质量问题的图书，由本社负责调换)

书系前言

Preface of Series

进入21世纪以来,党中央、国务院高度重视人才工作,提出人才资源是第一资源的战略思想,先后两次召开全国人才工作会议,围绕人才强国战略实施做出一系列重大决策部署。党的十八大着眼于全面建成小康社会的奋斗目标,提出要进一步深入实践人才强国战略,加快推动我国由人才大国迈向人才强国,将人才工作作为"全面提高党的建设科学化水平"八项任务之一。十八届三中全会强调指出,全面深化改革,需要有力的组织保证和人才支撑。要建立集聚人才体制机制,择天下英才而用之。这些都充分体现了党中央、国务院对人才工作的高度重视,为人才成长发展进一步营造出良好的政策和舆论环境,极大激发了人才干事创业的积极性。

国以才立,业以才兴。面对风云变幻的国际形势,综合国力竞争日趋激烈,我国在全面建成社会主义小康社会的历史进程中机遇和挑战并存,人才作为第一资源的特征和作用日益凸显。只有深入实施人才强国战略,确立国家人才竞争优势,充分发挥人才对国民经济和社会发展的重要支撑作用,才能在国际形势、国内条件深刻变化中赢得主动、赢得优势、赢得未来。

近年来,交通运输行业深入贯彻落实人才强交战略,围绕建设综合交通、智慧交通、绿色交通、平安交通的战略部署和中心任务,加大人才发展体制机制改革与政策创新力度,行业人才工作不断取得新进展,逐步形成了一支专业结构日趋合理、整体素质基本适应的人才队伍,为交通运输事业全面、协调、可持续发展提供了有力的人才保障与智力支持。

"交通青年科技英才"是交通运输行业优秀青年科技人才的代表群体,培养选拔"交通青年科技英才"是交通运输行业实施人才强交战略的"品牌工程"之一,1999年至今已培养选拔283人。他们活跃在科研、生产、教学一线,奋发有为、锐意进取,取得了突出业绩,创造了显著效益,形成了一系列较高水平的科研成果。为加大行业高层次人才培养力度,"十二五"期间,交通运输部设立人才培养专项经费,重点资助包含"交通青年科技英才"在内的高层次人才。

人民交通出版社以服务交通运输行业改革创新、促进交通科技成果推广应用、支持交通行业高端人才发展为目的,配合人才强交战略设立“交通运输行业高层次人才培养项目著作书系”(以下简称“著作书系”)。该书系面向包括“交通青年科技英才”在内的交通运输行业高层次人才,旨在为行业人才培养搭建一个学术交流、成果展示和技术积累的平台,是推动加强交通运输人才队伍建设的重要载体,在推动科技创新、技术交流、加强高层次人才培养力度等方面均将起到积极作用。凡在“交通青年科技英才培养项目”和“交通运输部新世纪十百千人才培养项目”申请中获得资助的出版项目,均可列入“著作书系”。对于虽未列入培养项目,但同样能代表行业水平的著作,经申请、评审后,也可酌情纳入“著作书系”。

高层次人才是创新驱动的核心要素,创新驱动是推动科学发展的不懈动力。希望“著作书系”能够充分发挥服务行业、服务社会、服务国家的积极作用助力科技创新步伐,促进行业高层次人和特别是中青年人才健康快速成长,为建设综合交通、智慧交通、绿色交通、平安交通做出不懈努力和突出贡献。

交通运输行业高层次人才培养项目
著作书系编审委员会
2014 年 3 月

作者简介

Author Introduction

周国然，博士，1962 年 9 月出生于江苏武进，教授级高级工程师，现任中交上海港湾工程设计研究院有限公司总经理、执行董事、中交三航局有限公司副总工程师。交通运输部第二届专家委员会委员，交通运输部新世纪十百千人才工程第一层次人选，中国土木工程学会土力学及岩土工程分会理事，中国土木工程学会土力学及岩土工程分会桩基工程学术委员会副主任委员、地基处理学术委员会副主任委员，中国工程建设标准化协会资深会员，上海市土木工程学会常务理事、高级会员，中国交通建设股份有限公司专家委员会成员，中国交通建设工程学院特聘教授，中国交通建设股份公司工程结构重点实验室首席专家，享受国务院政府特殊津贴。

1983 年开始从事水利工程、岩土工程、港口工程等专业领域的技术开发、工程设计、工程施工等专业技术工作，研究的主要方向为上部结构与地基基础相互作用。先后负责和参与了交通运输部、住房和城乡建设部、上海市相关专业的设计、试验检测、施工规范的编制。独立完成的“上海高层建筑桩筏及厚筏基础共同作用设计理论”获国家教委科技进步二等奖，主编《港口工程后张法预应力混凝土大管桩设计与施工规程》，并获得中国水运建设行业协会科学技术奖二等奖，《码头结构检测与评估技术研究》获中国航海学会科技奖三等奖。参加编写《上海高层建筑上部结构与地基基础共同作用》（同济大学出版社），《桩基手册》（中国建筑工业出版社出版），先后在国际和国内专业刊物与学术会议上发表论文 20 多篇，获省部级科技奖 9 项。

前　言

Foreword

本书主要介绍了在近海港口、船坞、防波堤中应用的大排距、大宽高比的双排桩墙的结构计算与设计。

书中分为四个部分共11个章节来论述双排板桩墙结构、双排大管桩墙结构以及双排桩施工简介。其中第一部分概论由第一～三章组成,分别从国内、国外及大排距双排桩三方面归纳总结了双排桩的研究概况;第二部分双排桩的结构设计由第四～六章组成,其中第四章为作用于结构上的荷载;第五章为双排板桩墙的结构设计;第六章为双排混凝土管桩墙结构设计;第三部分双排桩结构施工由第七～十章组成;第四部分第十一章展望简单地论述了应用前景及尚待研究的问题。

本书的主要特点是较详细地论述了大排距、大高宽比的双排桩结构的理论计算与设计,可应用于水运工程和海洋工程的结构设计。对于从事水运工程和海洋工程的科研设计人员有一定的参考价值。

本书由周国然和姚诗伟编著,吴锋、卓杨、俞立新、方炫强、王其标等参加了部分编写工作,姚诗伟、李烨校对了全部书稿,在此一并表示感谢。同时要感谢时蓓玲博士、董建国教授、袁聚云教授、杨敏教授等的关心和帮助。特别感谢赵锡宏教授,在学习和工作中给予我的谆谆教诲和指导,使我受益匪浅。

在编写过程中,本书引用了许多科研、教学和工作单位的一些科研成果和技术总结,尽量以参考文献的形式标明,但难免会有遗漏之处,在此谨向所有作者表示谢意。

由于时间仓促,再加上所涉问题复杂及编者水平有限,因此书中难免会有不足之处,恳请广大读者批评指正。

周国然

2013年7月1日

目　　录

Contents

第一部分　概　　论

第二部分　双排桩的结构设计

第三部分　双排桩结构的施工

第四部分　展　　望

第一部分 概　　论

第一章　国内双排桩结构的设计

在我国,双排桩是一种新型的结构方案,其运用始于20世纪80～90年代,现已被越来越广泛地应用于各类工程中。与此同时,许多学者也已经进行了各种不同的研究工作。可将双排桩的研究分为三个部分,即理论研究、实验研究和数值模拟研究。

1.1　理论研究

到目前为止,基于不同假定的双排桩结构体系,已有不少计算模型,双排桩的计算理论与方法归纳起来主要有以下几类:

(1)根据经典土压力理论确定土压力的计算模型。

(2)等效刚度法。

(3)空间效应的双排桩支护结构研究。

1.1.1　基于经典土压力理论的计算模型

土压力是作用在双排桩结构上的荷载。土压力计算理论主要有朗肯理论和库仑理论,它们都是按极限平衡条件导出的。

1)桩间土(体积)比例系数法

桩间土(体积)比例系数法,是根据桩间滑动土体所占桩后土体总体积的比例来确定前、后排桩所受土体压力的大小,对于其结构内力和位移可以通过结构力学中的力法进行计算。该方法基本假定为:

(1)将前后排桩与桩顶连梁看作一个底端嵌固的刚架结构,如图1-1所示,视结点A、B为直角刚节点。

(2)由于连梁AB与桩长之比很小,连梁截面刚度很大,所以可将梁AB看作没有变形的刚体。基坑开挖后,在土压力作用下,假定梁AB只能平移而不产生转角。

(3)由于假定连梁AB为刚体,不产生压缩或拉伸变形,因此A点的水平位移等于B点的水平位移,即$\Delta_A=\Delta_B$。

由上述三条假定,可进一步推导双排桩在土压力作用下的内力与位移计算。图1-2为刚架$ABDE$土压力简图,假定前排桩土压力合力为E_{af}及E_{pf}(或土压力强度p_{af}及p_{pf}),后排桩土压力合力为E_{ab}及E_{pb}(或土压力强度p_{ab}及p_{pb})。根据双排桩的排列形式,土压力强度可做如下简化:

以桩三角形和矩形排列为例,如图1-3所示,后排桩的迎土一侧可按主动土压力σ_a考虑,由于桩间土体对后排桩也会产生作用,其对桩的作用力用符号$\Delta\sigma_a$表示。

由于桩间土宽度一般很小,所以可以认为前后排桩$\Delta\sigma_a$大小相等,方向相反。由于后排桩上σ_a和$\Delta\sigma_a$分别作用在桩的前后两面,且方向相反,因此后排桩土压力为σ_a与$\Delta\sigma_a$的差值,前排桩为$\Delta\sigma_a$。即后排桩:$p_{ab}=\sigma_a-\Delta\sigma_a$。前排桩:$p_{af}=\Delta\sigma_a$。如假定不同深度下,$\Delta\sigma_a$

与 σ_a 的比值相同，即 $\Delta\sigma_a=\alpha\sigma_a$，$\alpha$ 为比例系数，则有 $p_{ab}=(1-\alpha)\sigma_a$。比例系数可按下式确定：$\alpha=(2L/L_0)-(L/L_0)^2$。同样被动土压力取值，后排桩：$p_{pb}=(1-\alpha)\sigma_p$ 前排桩：$p_{pf}=\alpha\sigma_p$。

其中，L 为双排桩排距，H 为基坑深度，H_0 为桩长，$L_0=H\tan(45°-\varphi/2)$。该方法物理概念明确，容易用程序实现，因而现阶段是为较多设计者采用的方法之一。

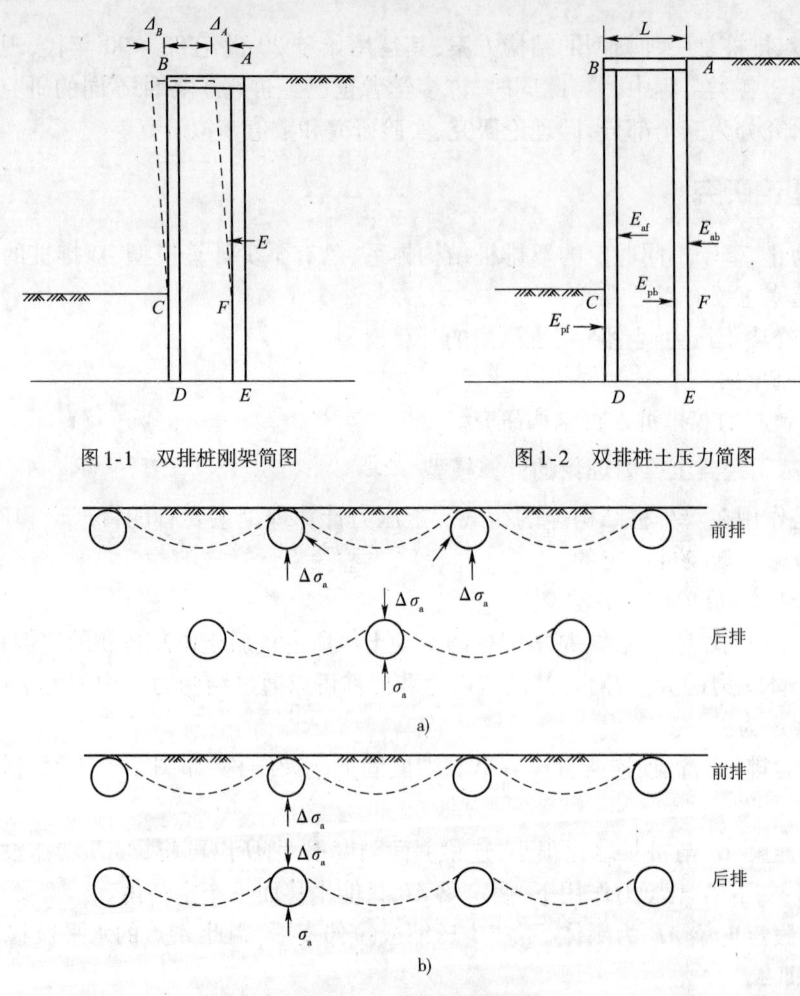

图 1-1　双排桩刚架简图

图 1-2　双排桩土压力简图

图 1-3　双排桩土压力传递

a) 三角形排列；b) 矩形排列

2) JGJ 120—2012 规范方法

国家新颁布的《建筑基坑支护技术规程》(JGJ 120—2012) 根据以往的双排桩工程实例总结及通过模型试验与工程测试的研究，提出了一种双排桩的设计计算简化实用方法。

本结构分析模型认为，作用在结构两侧的荷载与单排桩相同，不同的是如何确定夹在前后排桩之间土体的反力与变形关系，这是解决双排桩计算模型的关键。本模型采用土的侧向约束假定，认为桩间土对前后排桩的土压力与桩间土的压缩变形有关，将桩间土看作水平单向压缩体，按土的压缩模量来确定水平刚度系数。同时，考虑基坑开挖后桩间土应力释放后仍存在一定的初始压力，计算土反力时应考虑其影响，本模型初始压力按桩间土自重占滑动体自重的比值关系确定。双排桩结构可采用如图 1-4、图 1-5 所示的平面刚架结构模型进行计算。

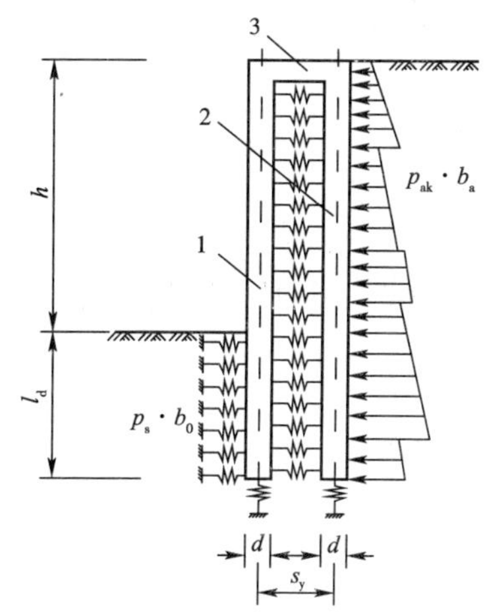

图 1-4　双排桩计算

1-前排桩；2-后排桩；3-刚架梁

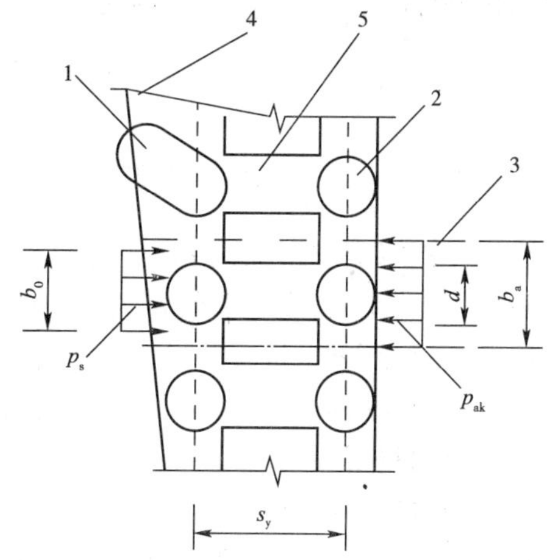

图 1-5　双排桩桩顶连梁布置

1-前排桩；2-后排桩；3-排桩对称中心线；4-桩顶冠梁；5-刚架梁

采用如图 1-4 所示的结构模型时，作用在后排桩上的主动土压力应按经典土压力理论规定计算，前排桩嵌固段上的土反力应按下列公式计算：

$$p_s = k_s v + p_{s0} \tag{1-1}$$

式中：p_s——分布土反力(kPa)；

k_s——土的水平反力系数(kN/m^3)，$k_s = m(z-h)$；

v——挡土构件在分布土反力计算点使土体压缩的水平位移值(m)；

p_{s0}——初始土反力强度(kPa)，作用在挡土构件嵌固段上的基坑内侧初始土压力强度可按经典土压力理论计算。

前、后排桩的桩间土体对桩侧的压力可按下式计算：

$$p_c = k_c \Delta v + p_{c0} \tag{1-2}$$

式中：p_c——前、后排桩间土体对桩侧的压力(kPa)，可按作用在前、后排桩上的压力相等考虑；

k_c——桩间土的水平刚度系数(kN/m^3)，见式(1-3)；

Δv——前、后排桩水平位移的差值(m)：当其相对位移减小时为正值；当其相对位移增加时，取 $\Delta v = 0$；

p_{c0}——前、后排桩间土体对桩侧的初始压力(kPa)，见式(1-4)。

桩间土的水平刚度系数 k_c 可按下式计算：

$$k_c = \frac{E_s}{s_y - d} \tag{1-3}$$

式中：E_s——计算深度处，前、后排桩间土体的压缩模量(kPa)；当为成层土时，应按计算点的深度分别取相应土层的压缩模量；

s_y——双排桩的排距(m)；

d——桩的直径(m)。

前、后排桩间土体对桩侧的初始压力 p_{co}(kPa)，可按下式计算：

$$p_{co}=(2\alpha-\alpha^2)p_{ak} \tag{1-4}$$

$$\alpha=\frac{s_y-d}{h\tan(45°-\varphi_m/2)} \tag{1-5}$$

式中：p_{ak}——支护结构外侧，第 i 层土计算点的主动土压力强度标准值(kPa)；

α——计算系数，当计算的 α 大于 1 时，取 $\alpha=1$；

h——基坑深度(m)；

φ_m——基坑底面以上各土层按土层厚度加权的内摩擦角平均值(°)；

s_y——两排桩间距(m)；

d——桩的直径(m)。

双排桩结构的嵌固稳定性应符合下式规定(图 1-6)：

$$\frac{E_{pk}a_p+Ga_G}{E_{ak}a_a}>k_e \tag{1-6}$$

式中：k_e——嵌固稳定安全系数，安全等级为一级、二级、三级的支挡式结构，K_e 分别不应小于 1.25、1.2、1.15；

E_{ak}、E_{pk}——基坑外侧主动土压力、内侧被动土压力的标准值(kN)；

a_a、a_p——基坑外侧主动土压力、基坑内侧被动土压力的合力作用点至挡土构件底端的距离(m)；

G——排桩、桩顶连梁和桩间土的自重之和(kN)；

a_G——双排桩、桩顶连梁和桩间土的重心至前排桩边缘的水平距离(m)。

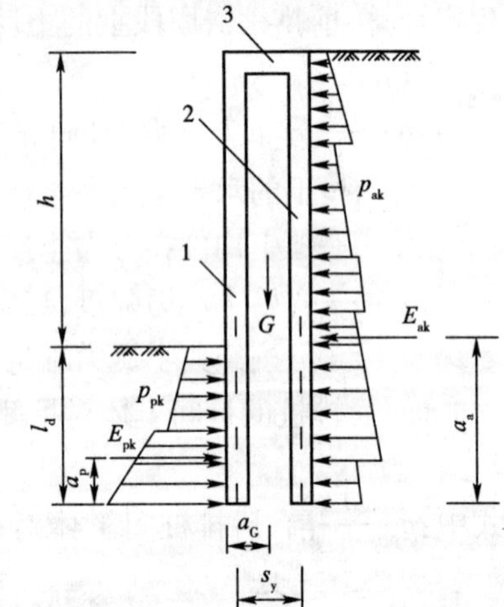

图 1-6　双排桩抗倾覆稳定性验算

1-前排桩；2-后排桩；3-刚架梁

1.1.2　等效刚度法

该方法根据刚度等效的原则，将前后排桩分别等效为连续墙，进而采用弹性地基梁法进行计算。

如图 1-7 所示，设前排桩桩径 d_1，桩距 t_1，后排桩桩径 d_2，桩距 t_2，前后排桩之间距离为 t_3。根据刚度等效的原则，前后排桩可分别等效为厚度为 h_1、h_2 的连续墙。h_1、h_2 按下式计算：

$$h_1=0.838d_1\sqrt[3]{\frac{d_1}{d_1+t_1}} \tag{1-7}$$

$$h_2=0.838d_2\sqrt[3]{\frac{d_2}{d_2+t_2}} \tag{1-8}$$

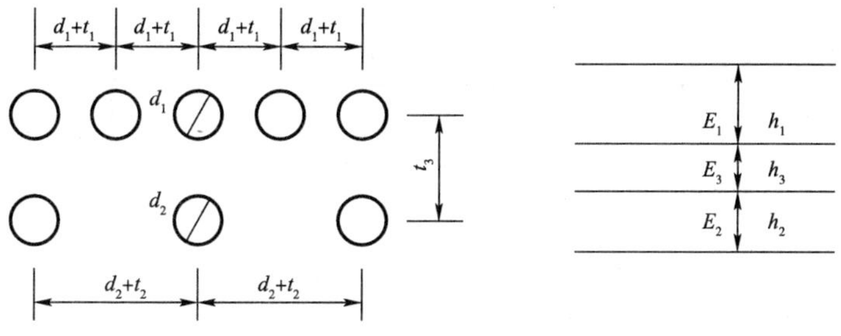

图 1-7　双排桩平面布置与简化图

双排桩支护结构就可等效为由厚度分别为 $h_1,h_2,h_3(h_3=t_3-d_1/2-d_2/2)$ 的板组成的侧向挡土体系。以 1 延米为例，其整体抗弯刚度为：

$$EI=EI_1+EI_2+EI_3$$

$$=E_1\left[\frac{(2h_1+h_3)^3-h_3^3}{24}\right]+E_2\left[\frac{(2h_2+h_3)^3-h_3^3}{24}\right]+E_3\frac{h_3^3}{12} \tag{1-9}$$

式中：EI——整体抗弯刚度（MN·m）；

EI_1——前排桩抗弯刚度（MN·m）；

EI_2——后排桩抗弯刚度（MN·m）；

E_1——前排桩的弹性模量（MPa）；

E_2——后排桩的弹性模量（MPa）；

E_3——桩间土体的弹性模量（MPa）。

该方法仅适用于计算排间距小于四倍桩径的双排支护结构。

1.1.3　空间效应的双排桩支护结构研究

双排桩空间效应的研究是考虑桩与土的共同作用效应来确定前、后排桩在开挖面以上的土压力和地基土的水平基床系数；利用前、后排桩之间的滑动土体占整个土体的体积比例来确定所受土压力的大小；通过通用有限元程序分析双排桩支护结构排距等因素对土压力、桩体位移和内力的影响，研究双排桩支护结构的力学机理等。

在考虑圈梁对桩空间作用影响的基础上，根据变形协调原理建立前后桩的变形方程，一些学者推导出一种新的计算方法。该方法建立在如下假定基础上：

（1）桩、圈梁和连梁均为线弹性体，并满足力、位移的叠加原理。

（2）桩侧被动区土为 Winkler 离散线性弹簧，不考虑桩土之间黏结力和摩阻力。主动区采用郎肯土压力，开挖面以下采用矩形土压力分布形式。

（3）土体的抗拉强度为零。

（4）地基水平抗力系数随深度 z 增加而增加，即 $K(z)=mz$。

（5）基坑转角处土压力空间效应影响宽度 B 等于基坑深度；在影响范围 L 内的土压力，按如图 1-8 所示抛物线进行分布；各桩在土压力作用下产生的水平位移和转角也按抛物线分布，如图 1-8 所示。

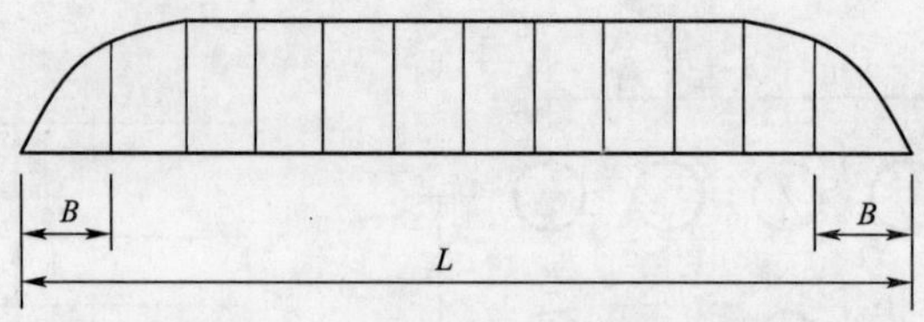

图 1-8　土压力分布

其后一些学者在此基础上完善了该方法，考虑排桩、圈梁、联系梁的空间协同作用，提出了一种规则基坑悬臂双排桩支护结构的计算方法，并根据信息化施工的要求，提出了实用的反分析计算理论。

1.2　其他理论研究

1.2.1　土拱效应

土拱效应是由于桩后土体发生不均匀位移的条件下而产生应力重新分布和传递的现象。

土拱作用分析时将护壁桩侧土压力分为两部分：一部分是由桩后土体直接作用于桩身上产生的直接土压力，另一部分是由桩间土体通过剪切摩擦作用传递来的间接土压力。如图 1-9 所示。

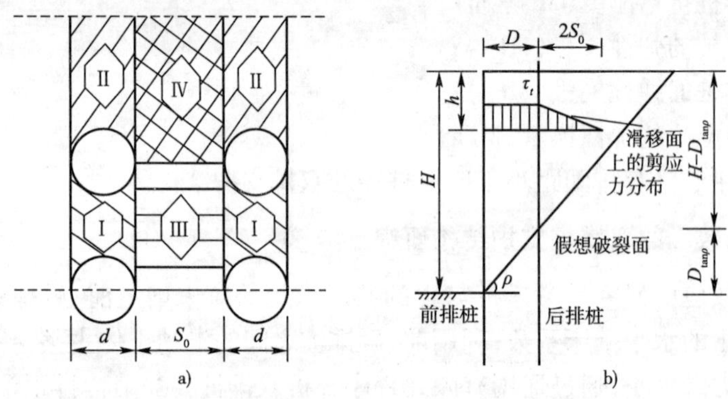

图 1-9　土拱作用下土体压力

a）直接土压力和间接土压力的分区假定；b）桩间水平方向应力拱传递范围

1）直接土压力的计算

排桩所受的直接土压力的一般表达式为：

$$\sigma_h = \frac{\gamma B}{2\mu}\left[1 - \exp\left(-\frac{2k_w\mu}{B}h\right)\right] + k_w q_0 \exp\left(-\frac{2k_w\mu}{B}h\right) \tag{1-10}$$

式中：h——地表面以下的土层深度（m）；

γ——土的重度（kN/m^3）；

k_w——侧土压力系数；

q_0——地面超载（kPa）；

μ——墙背摩擦系数，$\mu = \tan\delta$；

δ——土与墙背的摩擦角，对于粗糙墙背可取 $\delta = 4$。

$$k_w = 1.06(\cos^2\theta + k_a\sin^2\theta) \tag{1-11}$$

式中：k_a——朗肯公式的侧压力系数；

θ——$\theta = 45° + \varphi/2$。在Ⅰ区产生的直接土压力作用于前后排桩上，其土拱的拱角宽度 B 为前后排桩之间的中心距离 D，即 $B = D$。将其代入式(1-10)，可以求得Ⅰ区土体对前后桩的直接土压力 σ_{fdh} 为：

$$\sigma_{fdh} = \frac{\gamma D}{2\mu}\left[1 - \exp\left(-\frac{2k_w\mu}{D}h\right)\right] + k_w q_0 \exp\left(-\frac{2k_w\mu}{D}h\right) \tag{1-12}$$

桩后稳定土体在滑移面处起到了变形区土体内形成的竖向土压力拱拱角的作用，则后排桩后土变形区Ⅱ中的土拱的拱跨是随深度而变化的，为便于计算，将滑裂面简化为一直线，与水平面夹角为 $\rho = 45° + \varphi/2$，则此时 $B = (H - D\tan\rho - h)\cot\rho$，代入式(1-10)，则后排所受Ⅱ区土体作用产生的直接土压力 σ_{bdh} 为：

$$\sigma_{bdh} = \frac{\gamma\cot\rho}{2\mu}(H - D\tan\rho - h)\left[1 - \exp\left(-\frac{2k_w\mu h}{\cot\rho H - D\tan\rho - h}\right)\right] + k_w q_0 \exp\left(-\frac{2k_w\mu h}{\cot\rho H - D\tan\rho - h}\right) \tag{1-13}$$

$$h \leqslant H - D\tan\rho$$

则单根桩上所受的直接土压力为：

前排桩

$$P_{fdh} = \sigma_{fdh} \cdot d \tag{1-14}$$

后排桩

$$P_{bdh} = \sigma_{bdh} \cdot d - \sigma_{fdh} \cdot d \tag{1-15}$$

式中：d——护壁桩直径(m)。

2)间接土压力

间接土压力为桩间土与桩后土体之间的摩擦力。

$$\tau_t = K_a(1 - K_a)\sin\theta_s\cos\theta_s S_0\sigma_{av} \tag{1-16}$$

式中：$\theta_s = 45° + \varphi/2$；

σ_{av}——竖向平均土压应力(kPa)。

$$\sigma_{av} = \frac{\gamma B}{2\mu k_w}\left[1 - \exp\left(-\frac{2k_w\mu}{B}\right)\right] + k_w q_0 \exp\left(-\frac{2k_w\mu}{B}\right) \tag{1-17}$$

则后排桩每根桩上受同时从其两侧土体传递来的(Ⅳ区)间接土压力 P_{mh1} 为：

$$P_{mh1} = 2\left(\frac{1}{2}\tau_t l\right) = \tau_t l \tag{1-18}$$

其中

$$l = \begin{cases} 2S_0 & h \leqslant H - (D + 2S_0)\tan\rho \\ (H - D\tan\rho - h)\cot\rho & H - (D + 2S_0)\tan\rho < h \leqslant H - D\tan\rho \end{cases} \tag{1-19}$$

前排桩每根桩上受同时从其两侧土体传递而来的(Ⅲ区)间接土压力 P_{mh2} 为：

其中

$$P_{mh2} = 2\tau_t l \tag{1-20}$$

$$l=\begin{cases}D & h\leqslant H-D\tan\rho\\(H-h)\cot\rho & H-D\tan\rho<h\leqslant H\end{cases} \tag{1-21}$$

一些学者将土拱理论应用于双排桩的研究中，通过结构模型及编程分析，验证了由于土拱效应的存在使桩侧所受土压力有别于经典土压力理论值。

1.2.2　动力分析

双排桩的研究中关于动力方面的探讨较少，比较有代表性的是针对双排桩隔振性能的研究。基于饱和多孔介质的边界元法，根据双排桩与周围土体的邻接条件，推导双排桩对Rayleigh 波散射的三维边界元方程，研究均质饱和地基中双排桩的远场被动隔振问题。

1.2.3　填砂复合板桩模型

该模型假定将泥面以上部分的结构看作一个填砂复合板桩，泥面以下部分的钢板桩考虑土体提供的抗力，同时考虑填充砂和土体的弹塑性特性。该计算模型可有效用于预测板桩变形、弯矩，为设计提供依据。

1.3　双排桩结构特点

双排桩结构具有较大的侧向刚度，可以有效地限制结构的侧向变形，因而其支护深度比一般悬臂式结构深。同时，前、后排桩均分担主动土压力；前排桩主要起分担土压力的作用，后排桩兼起支挡和拉锚双重作用。

双排桩结构的布桩形式非常灵活，常见的形式有并列式（或称矩形格构式）、梅花式、折线式、连拱式、双三角式、丁字式等（这些可以看作是前两种形式的衍生），其形式如图 1-10 所示。当采用这种结构时，对于软土地区，结构悬臂长度一般不大于 5m；对属于一般黏性土且地下水位较深的地区，一般不大于 10m。

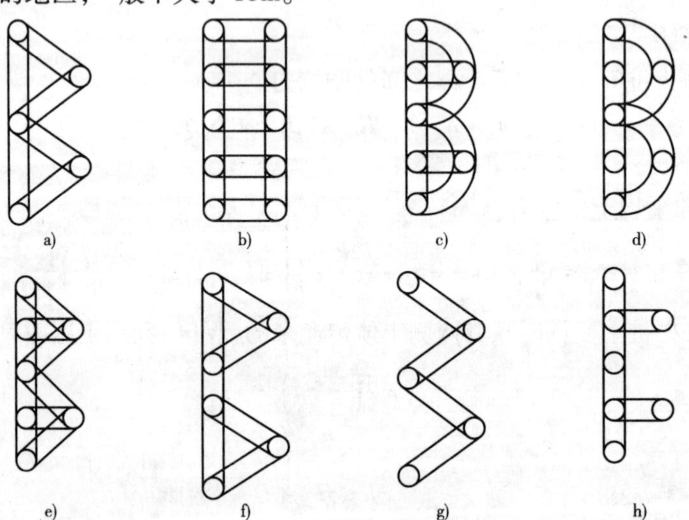

图 1-10　双排桩结构平面形式

a）梅花式；b）矩形格构式；c）连拱式；d）单拱式；e）双三角式；f）单三角式；g）折线式；h）丁字式

与双排桩结构对比，悬臂式单排桩受其自身刚度影响，开挖后其顶部位移较大，对周围建筑物将产生不同程度的影响。双排桩支护结构在桩数不变的条件下，把单排桩每隔一根移至后排，形成前、后排对应并列式或者前、后排纵向错开一定距离的梅花式，并在桩顶用刚性连梁把前、后排桩连接起来，沿长度方向形成空间格构，增强支护结构自身稳定性和整体刚度。双排桩结构的位移主要受桩间土、桩周土及其自身结构强度的控制。通过对桩间土的合理利用，发挥前、后排桩之间的协调作用，充分挖掘结构材料的潜在能力，综合利用空间效应，产生较大的侧向刚度，使结构的抗侧移能力大大提高；同时充分利用桩土相互作用效应，改变土体侧压力分布，增强支护效果。

桩间土对前、后排桩的土压力大小与前、后排桩的排距有关，故双排桩结构可看成前、后排桩都受到大小不等土压力作用的平面刚架。当排距较小时，土压力主要由后排桩承担，前排桩只承受桩间土对其产生的较小的土压力，同时横梁对前排桩产生推力；随着排距的增大，前排桩承受的土压力也随之增大，直到承受几乎全部土压力，而横梁也由受压变为受拉。

当双排桩桩径与前、后排桩排距变化时，其工作性状也发生变化：当排距较小时，只能视双排桩为增加自身刚度的叠合桩，桩、土相互作用难以发挥；而当排距较大时，则可认为趋于拉锚桩，后排桩起到锚拉支撑作用，只有当排距在某一范围内，双排桩结构才能发挥其受力条件好、位移小的特点。

综上所述，双排桩结构体系与单排桩结构相比具有整体刚度大的明显优势。

第二章　国外双排桩结构的施工设计

2.1　英国标准《海工建筑物》方法

英国标准《海工建筑物》关于双排板桩结构的论述比较简略,但其中有关土压力论述是明确的。具体论述如下:双排板桩结构是由两排平行的板桩墙组成,靠近桩顶用拉杆、导梁或横向隔墙相连,中间填土以形成一个重力式结构。上部结构通常包含海侧板桩墙上的混凝土胸墙。作为重力结构,板桩墙结构抗前移滑动和抗倾覆力来自于结构物靠水域一侧的被动土抗力、板桩中间填土底下的摩阻力及填土的重力。板桩中间的填土是侧向受限的,而且当板桩受到约束不能朝水侧或陆侧向外移动时,板桩应按承受静止土压力进行设计,即内部侧压力:

$$P = \frac{1}{2}k_0\gamma H^2 \tag{2-1}$$

式中:P——作用在单位板桩墙长度上的土压力合力(kPa);

γ——土的有效重度(kN/m^3);

k_0——静止土压力系数;

H——挡土高度(m)。

若双排板桩结构的横向土压力部分地由泥面以下的被动土压力抵抗,则结构将向水域一侧变位。这时板桩墙陆域一侧作用的横向土压力为主动土压力。但是,若双排板桩在泥面或稍低于泥面处打到坚硬岩层表面,则板桩墙将完全像重力式结构起作用。板桩墙岸侧的横向土压力将处于主动土压力与静止土压力之间的状态,它取决于结构的水平变位量。

作用于外排桩上的内部土压力,应假定为1.25倍主动土压力值。

双排板桩结构下面的土承载能力,应足以支承结构和填土的质量、板桩墙上的任何附加荷载、墙的摩阻力传递给板桩岸侧的垂直力,以及波浪和靠泊船舶的撞击力。

双排桩结构最宜建于中等或密实的颗粒性土或者硬黏土中。在海底主要为岩石的地方,为保证板桩的贯入度,必须进行预处理。当双排桩结构设置于软黏土的地方,填土之前必须把板之间的软黏土挖除。当软黏土层很厚时,在板桩墙施工前要进行疏浚挖泥,要研究开挖高程以下隆起的可能性。

双排桩是由桩顶相拉和板桩有适当的贯入量来达到联合作用的,当上述条件不能实现时,如在硬岩、松砂或软黏土中,则在低高程处用拉杆把板桩墙连接起来。

为了有助于施工及限制可能发生的任何损坏,应在端部和中间位置设置横隔墙形成加强点。加强点可由两个方向拉紧的方形或矩形格仓组成。

双排桩的墙间距离,不应小于硬层或桩尖高程以上总挡土高度的0.8倍,取两者中的高程较高者。

双排桩之间的填料,可以是粗砂、砾石或块石。结构应设置排水孔,应对施工的所有阶段和使用期的结构整体稳定性进行验算,考虑填料和回填的顺序及可能的剩余水压力。

结构的内部稳定性应予以验算,假定在填料内有一个较低的破裂面,如同带悬臂锚定的单排板桩墙。

板桩中的弯矩和剪力以及相连拉杆中的应力,按照与锚定单排板桩墙相同的方法计算。

2.2　日本钢管桩协会和新日本制铁公司方法

日本钢管桩协会和新日本制铁公司对双排钢板桩墙施工设计提出了两类设计方法:

(1)对于作用在双排钢板桩墙构造物上的外力,仅考虑填砂抵抗剪切变形的方法。

(2)对于作用在双排钢板桩墙构造物上的外力,考虑填砂和钢板桩共同抵抗剪切变形的方法。

2.2.1　设计方法 1(双排钢板桩墙工法临时围堰的设计准则)

1)设计步骤

这种设计方法适用于防波堤的临时围堰的施工。其设计步骤如图 2-1 所示。

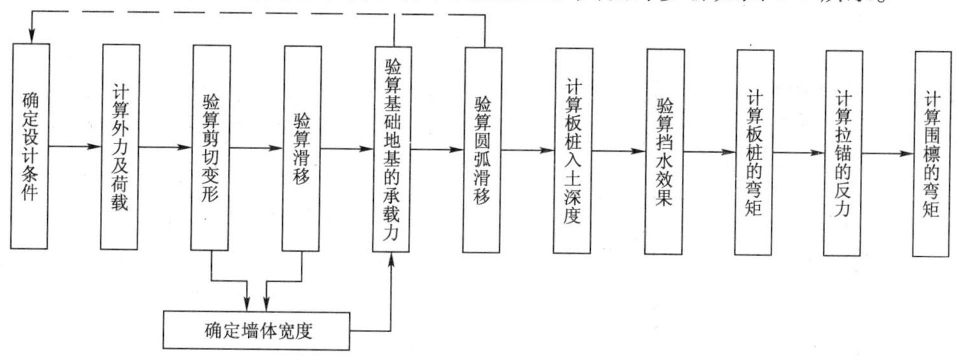

图 2-1　设计步骤

2)计算外力与荷载

(1)外部水压力

外部水压力分布如图 2-2 所示,用下式计算:

$$P=\frac{\gamma_w h^2}{2} \tag{2-2}$$

式中:P——外部水压力(kN/m);

h——外部水头高(m);

γ_w——水的重度(kN/m^3)。

(2)墙体内的残留水压力

墙体内的残留水压力如图 2-3 所示,用下式计算:

$$P'=\frac{\gamma_w}{2}\left(\frac{2}{3}h\right)^2 \tag{2-3}$$

式中:P'——墙体内的残留水压力(kN/m);

h——外部水头高(m);

γ_w——水的重度(kN/m^3)。

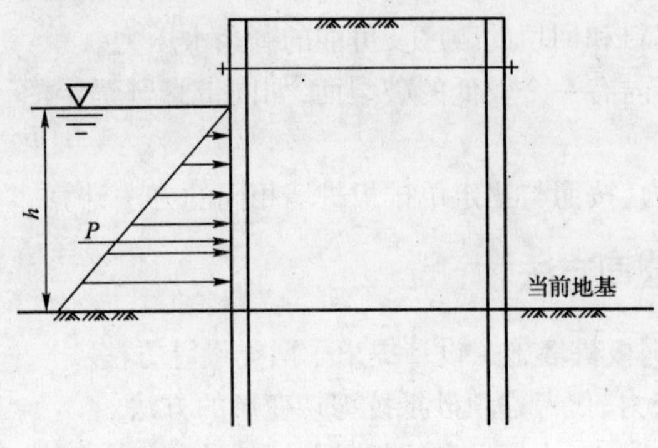

图 2-2　外部水压力

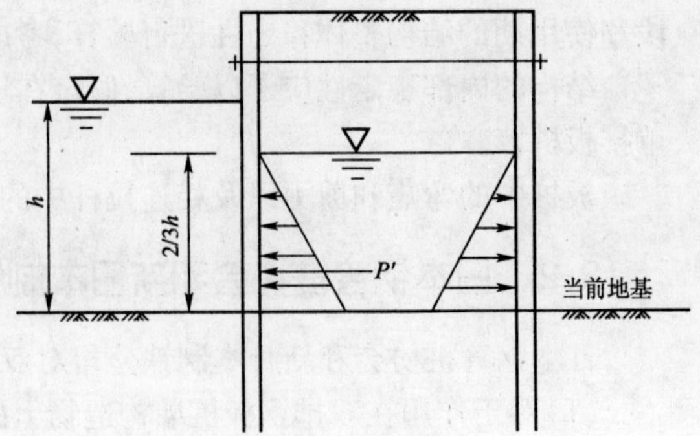

图 2-3　残留水压力

(3)墙体内的填土重量

墙体内的填土重量如图 2-4 所示,其计算式如下:

$$W = B(\gamma H_1 + \gamma_b H_2) \tag{2-4}$$

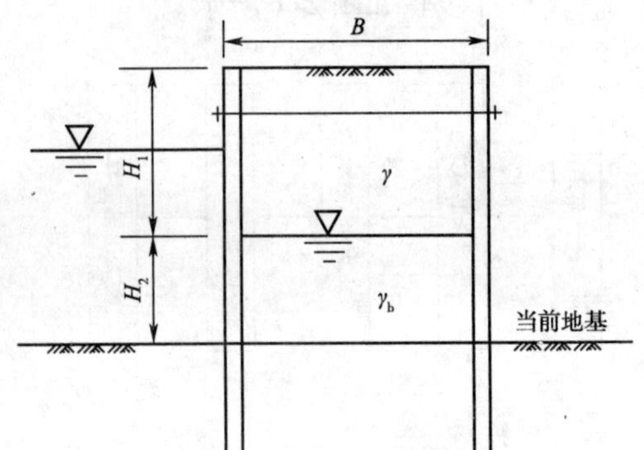

图 2-4　墙体填土的质量

式中:W——填土的重量(kN/m);

B——墙体宽度(m);

H_1——上层(空气中的土)的层厚(m);

H_2——下层的层厚(墙体中的水位高度)(m);

γ——水的重度(kN/m^3);

γ_b——饱和土的重度(kN/m^3)。

(4)墙体填土的主动土压力和基础地基的土压力

用日本《港湾设施技术标准·解释》的土压力公式求解。但是,对于介于砂土和黏土之间的土质,必须考虑内摩擦角和黏聚力的时候,按下式计算:

$$\left.\begin{aligned} p_a &= k_a(\sum \gamma_i h_i) - 2c\sqrt{k_a} \\ p_p &= k_p(\sum \gamma_i h_i) - 2c\sqrt{k_p} \end{aligned}\right\} \tag{2-5}$$

式中:p_a——主动土压力强度(kPa);

p_p——被动土压力强度(kPa);

k_a——主动土压力系数;

k_p——被动土压力系数;

γ_i——第 i 层土的重度(kN/m^3);

h_i——第 i 层的层厚(m);

c——土的黏聚力(kPa)。

3)验算堤体稳定性

(1)填土剪切变形的验算

墙体宽度按满足式(2-6)计算,取高水位时或地震时较大的值。

$$FM_d \leq M_r \tag{2-6}$$

式中：F——安全系数(表2-1)；

M_d——地基面处的变形弯矩(kN·m)；

M_r——地基面处的抵抗弯矩(kN·m)。

变形弯矩按如图2-5所示的状态考虑，用式(2-7)、式(2-8)计算。

安全系数 表2-1

平时(高水位时)	1.2以上
地震时	1.2以上

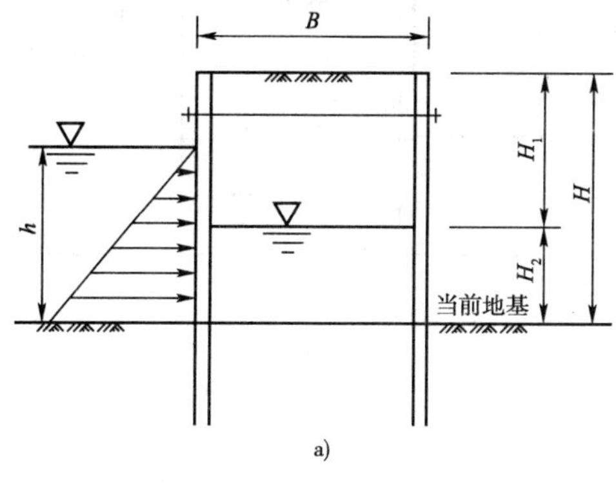

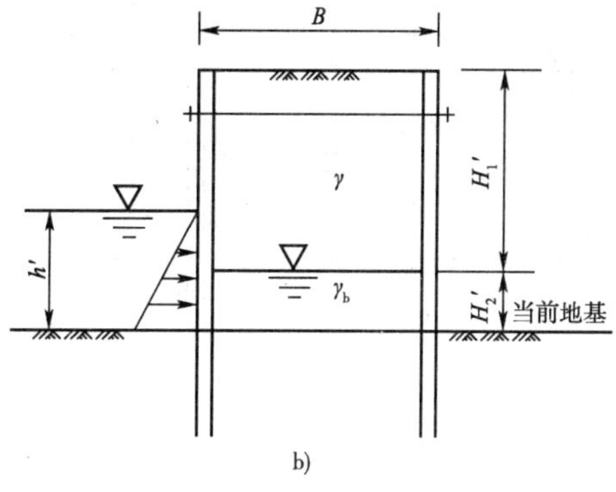

图2-5 变形弯矩

a)平时；b)地震

平时

$$M_d = \frac{\gamma_w h^3}{6} \tag{2-7}$$

地震时

$$M_d = k\left[(B \cdot H'_1 \cdot \gamma)\left(H'_2 + \frac{H'_1}{2}\right) + \left(B \cdot \frac{H'^2_2}{2} \cdot \gamma_b\right)\right] + \frac{\gamma_w h'^3}{6} \tag{2-8}$$

图2-5和式中：γ_w——水的重度(kN/m^3)；

γ_b——饱和土在空气中的重度(kN/m^3)；

h'——常水位(m)；

H_2——残留水位的高度(m)，$H_2 = 2h/3$ 或者 $H'_2 = 2h'/3$；

k——设计地震强度。

抵抗弯矩按式(2-9)计算。

$$M_r = \frac{1}{6}\gamma_m(RH^3) \tag{2-9}$$

平时

$$R = \frac{2}{3}V^2(3 - V\cos\varphi)\tan\varphi\sin\varphi;\ \gamma_m = \frac{\gamma H_1 + \gamma' H_2}{H} \tag{2-10}$$

地震时

$$R = V^2(3 - V\cos\varphi)\sin\varphi;\gamma'_m = \frac{\gamma H'_1 + \gamma' H'_2}{H} \tag{2-11}$$

$$V = \frac{B}{H} \tag{2-12}$$

式中：B——墙体宽度(m)；

φ——填土的内摩擦角(°)；

γ_m、γ'_m——填土的换算重度(kN/m³)。

(2)滑动验算(图 2-6)

根据地基条件有时会降低支承面进行验算。当前地基平面滑动验算公式如下：

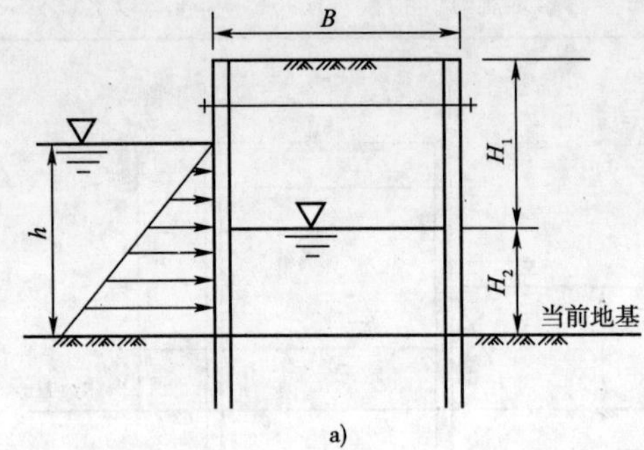

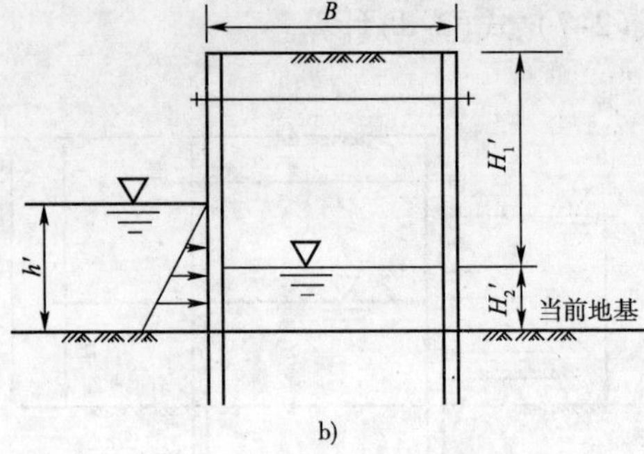

图 2-6 滑动验算

a)平时；b)地震

$$F = \frac{B(W\mu + c)}{\sum H} \tag{2-13}$$

式中：F——安全系数(表 2-2)；

W——填土的重力(kPa)；

平时 $$W = \gamma_m \cdot H \tag{2-14}$$

地震时 $$W' = \gamma'_m \cdot H \tag{2-15}$$

μ——$\mu = \tan\varphi$，φ 为当前地基土的内摩擦角(°)；

c——当前地基的土的黏聚力(kPa)；

$\sum H$——水平外力(kN/m)。

安 全 系 数 表 2-2

平时(高水位时)	1.2 以上
地震时	1.0 以上

4)验算地基承载力

基础地基呈如图 2-7 所示状态，必须确认其安全性。

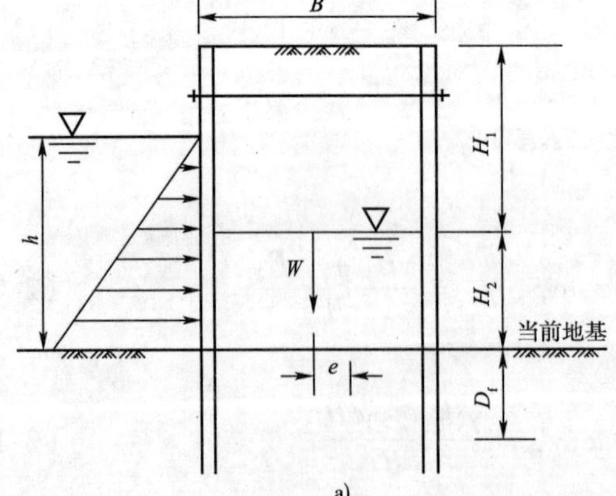

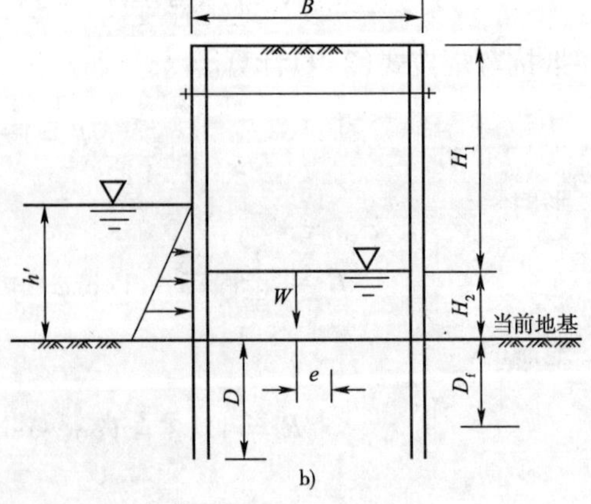

图 2-7 基础地基承载力的验算

a)平时；b)地震

地基承载力验算公式如下：

$$F=\frac{Q_u}{W} \tag{2-16}$$

$$Q_u=A'\left(K\cdot c\cdot N_c+K\cdot\gamma_2\cdot D_f\cdot N_q+\frac{1}{2}\gamma_1\cdot B'\cdot N_r\right) \tag{2-17}$$

式中：　F——安全系数（表 2-3）；

Q_u——地基的极限承载力（kN/m）；

W——填土的重量（kN/m）；

A'——有效荷载面积（m^2/m）；

B'——考虑偏心的基础的有效荷载宽度（m），$B'=B-2e$；

B——墙体宽度（m）；

e——荷载的偏心距离（m），$e=M_s/W$；

M_s——作用在当前地基平面上的弯矩（kN·m/m）；

K——由墙体宽度和入土深度确定的增大系数，$K=1+0.3B/D$，取 $K=1$；

c——黏聚力（kPa）；

D_f——从当前地基平面到验算点为止的入土深度（m）；

γ_1——距离当前地基平面 D_f 以上深度的土的重度（kN/m^3）；

γ_2——从当前地基平面到 D_f 为止土的重度（kN/m^3）；

N_c、N_q、N_r——土的承载力系数。

5）钢板桩的设计

（1）计算钢板桩的入土深度

钢板桩前面的被动土压力产生的弯矩与背面荷载（主动土压力、水压力）产生的弯矩关于拉锚安装点保持极限平衡，按图 2-8 的状态计算钢板桩的入土深度，取高水位或地震时较大的值。

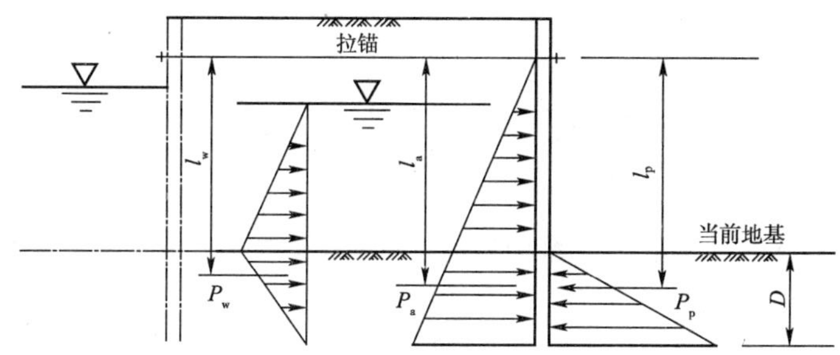

图 2-8　计算钢板桩的入土深度

这里的水压力为地基平面上墙体中的水位产生的，钢板桩的底部为 0。

$$M_p\geqslant FM_a \tag{2-18}$$

$$M_a=P_al_a+P_wl_w \tag{2-19}$$

$$M_p=P_pl_p \tag{2-20}$$

式中：M_p——被动土压力关于拉锚安装点的弯矩（kN·m/m）；

M_a——主动土压力关于拉锚安装点的弯矩（kN·m/m）；

P_p——被动土压力（kN/m）；

l_p——P_p 关于拉锚安装点的作用长度（m）；

P_a——主动土压力（kN/m）；

l_a——P_a 关于拉锚安装点的作用长度（m）；

P_w——残留水压力（kN/m）；

l_w——P_w 关于拉锚安装点的作用长度（m）；

F——安全系数（表2-3）。

（2）选择钢板桩的形式

钢板桩的弯矩是将钢板桩当作由拉锚安装点和现在地基下的假想铰接点支承的简支梁来计算。假想铰接点的位置采用表2-4的值，如果按此方法钢板桩的截面明显不经济的话，可通过其他的途径压土来提高假想铰接点的位置。

安全系数 表2-3

土质	平时	地震时
砂土	1.5以上	1.2以上
黏土	1.2以上	1.2以上

假想铰接点的位置 表2-4

土质	从当前地基平面算起的深度
固结砂	$0.1H$
松散砂	$0.2H$
黏土	$0.3H$

①支点反力和弯矩：

支点反力和弯矩按如图2-9所示的状态计算。

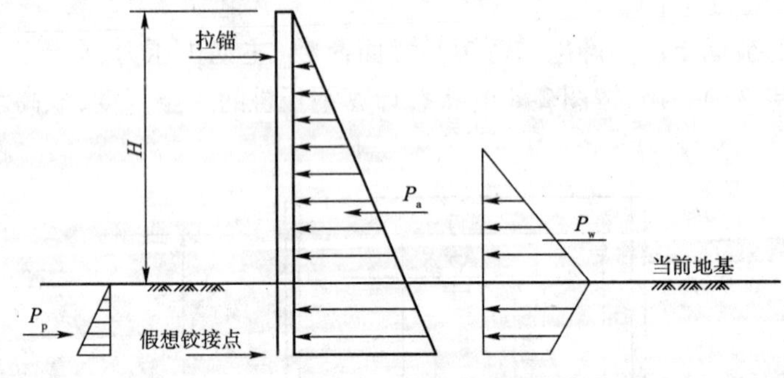

图2-9 支点反力和弯矩

②钢板桩截面：

$$Z = \frac{M_{max}}{\sigma_a} \times 10^{-3} \tag{2-21}$$

式中：Z——截面系数（m^3/m）；

M_{max}——最大弯矩（kN·m/m）；

σ_a——容许应力强度（MPa）。

6）验算挡水效果（渗透路程）

挡水效果按如图2-10所示的状态验算，必须在表2-5的安全系数之上。

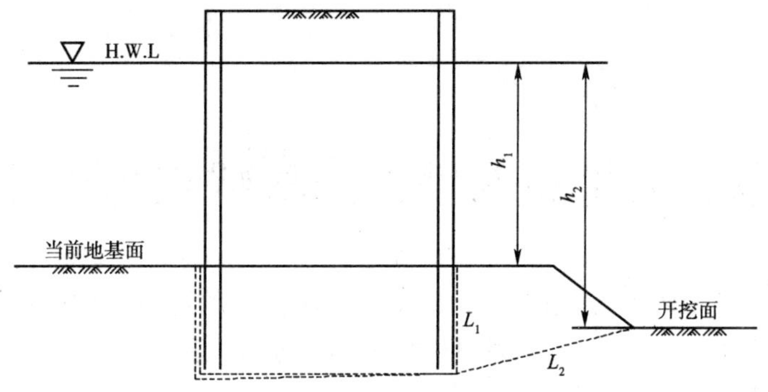

图 2-10　挡水效果

$$\frac{L_1}{h_1},\frac{L_2}{h_2} \geqslant F \tag{2-22}$$

式中：F——安全系数；

L_1、L_2——渗透路程（m）。

安 全 系 数　　表 2-5

砂土	3.5 以上
黏土	3.0 以上

两种方法设计流程基本相同，限于篇幅原因，本书仅对第一种方法给出详细说明，第二种方法列出一般性设计步骤。

2.2.2　设计方法 2（按照渔港防波堤、系船岸等的设计准则）

设计方法 2 以渔港的双排钢板桩墙防波堤为对象，设计步骤如图 2-11 所示。

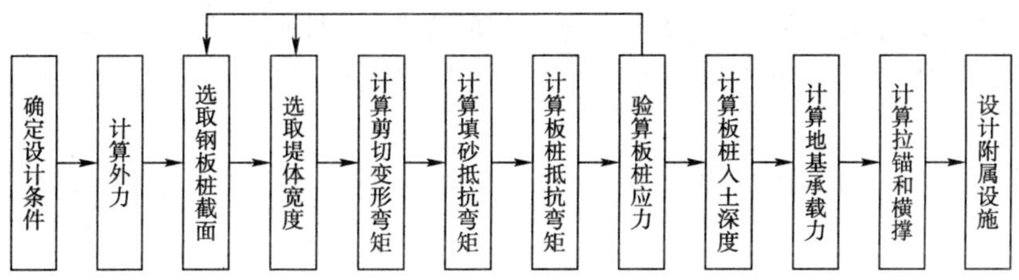

图 2-11　设计步骤

第三章　大排距双排桩结构特点与设计施工

本书讨论的是排距较大,应用于软土地基或水深较深的近海结构的双排板桩和双排管桩结构。它们常应用于船坞围堰、坞墙、防波堤、深水护岸、系船码头等海工结构上,可作为重力结构,也可作为挡土或挡水结构。

双排桩墙结构最宜建于中等或密实的颗粒土或硬黏土中。如果海底主要为岩基时,为了保证桩的贯入量,必须对岩基进行预处理;如果双排桩墙结构建造在软黏土上,则应在双排桩之间抛填块石或在填充砂料之前将排桩墙之间的软黏土清除;如果软黏土很厚,在双排桩沉桩前须先挖泥疏浚,然后在施工双排桩墙后立即进行抛填,以防止回淤影响抛填效果。

然而对于大排距的双排桩结构,内侧抛填料的土压力对桩身变形和内力的影响较大,直接影响结构的稳定性,一般的抛石或抛砂施工难以满足桩的抗弯要求。为此须在双排桩墙之间采用分层抛填块石或填砂,并对双排桩墙之间的下卧土层以及其上面抛填料用深层水泥搅拌桩分层加固至一定深度(加固体底面比天然泥面平均低 10m)。将搅拌桩相互搭接成格栅体,形成具有一定宽度和一定深度的加固体,利用搅拌桩和格栅内填料的自重及水泥土的抗压和抗剪能力来承受海工环境中的土压力、水压力、波浪力和其他水平力的作用。采用格栅形布置搅拌桩的优点是:限制格栅中抛填料的变形;搅拌桩格栅体与双排桩墙一起形成一刚性较大的块体,能提高整体抗弯刚度,并具有较强的抗滑能力,保证复合地基共同抵抗水平荷载。

由于双排桩墙间的抛填料采用分层加固,排桩间的抛填料对排桩的水平荷载将大幅减小。

本书主要论述了双排板桩墙结构和双排大管桩结构两种不同结构的计算模型。大管桩结构的设计方法是以桩体宽度以及桩土共同作用的整体稳定为基础的,双排板桩墙结构的设计方法是以板桩的埋设、板桩截面及拉杆截面为基础的。双排板桩墙结构将力学性能计算模型分成填充完成阶段和水平外力作用阶段分别考虑。水平外力作用时,将结构的泥面以上部分看作是板桩和填砂相互作用的复合结构,由微元体的力平衡和变形条件来推导其控制方程。将结构的泥面以下部分看作为横向抗力桩并建立其控制方程,然后求出结构的理论解,考虑填砂及地基的弹塑性,建立计算模型。填充完成时,双排板桩墙结构将作用于板桩的土压力分为塑性区域和弹性区域来考虑。塑性区域板桩结构泥面以上承受填砂的主动土压力,泥面以下承受地基主动土压力和被动土压力平衡后的极限土压力。弹性区域承受水平外力时作为横向抗力桩考虑,并考虑地基的弹塑性性质建立计算模型。

双排大管桩结构主体为双排大管桩以及中间的加固土体,大管桩与加固体共同承受水平荷载,整体结构可看作连续的叠层深梁。在分别分析管桩和地基土时认为:前排桩受桩间主动土压力和前方被动土压力以及波浪力、船舶力等其他外荷载的作用;桩顶承受拉杆的水平力作用;后排桩受桩间土体和后方土压力作用,桩顶承受拉杆水平力作用。分别列出前后排管桩的承受水平荷载的微分方程及边值条件，然后求解方程进行分析。桩间土体简化为弹性墙体，可用弹性力学求解该问题。最后在某种荷载作用下，通过位移反算求得分配在管桩和加固土体上各自的弯矩值。

建立的计算模型，其正确与否必须要经过实践的检验，最好的情况当然是通过工程实例进行验证，但在缺乏工程实例的情形下，一种重要的方法是通过模型试验来验证。

日本的大崛晃一等(1984 年)对双排板桩墙结构做了小比尺模型和大比尺模型的试验来调查双排板桩墙的力学性能，并同时验证计算模型的通用性。加荷中考虑了与波浪力、船舶靠泊力或上覆荷载相当的上部集中水平荷载(称为波浪力型荷载)以及相当于三角形或梯形分布的被动土压力的水平荷载(称为土压型荷载)。另外分别对小比尺模型和大比尺模型进行了单排板桩墙的水平荷载试验，取得了横向地基反力系数的试验值。

双排大管桩结构是通过离心模型试验来验证计算理论的合理性以及验证双排桩结构与单排桩结构的效果差异的。当模型试验的研究对象存在岩土介质时，如桩土相互作用问题，体积力主要表现为重力。重力是土体介质主要的受力变形和破坏因素，其固结沉降、对排桩的侧向土压力等都是直接由重力产生的。根据原型受地球重力与模型在离心机上受离心惯性力是物理等效的原理，可以用离心模型试验模拟原型的受力行为。本书讨论的离心试验的形式分两种，一种是单排桩加水泥搅拌体的形式，另一种是双排桩加水泥搅拌体的形式，共分六种工况，并根据高速同步摄影资料整理了各工况的变形测试结果。

本书还简单论述了双排桩结构的施工。双排板桩墙结构的施工要注意钢板桩的选型、焊接与施打，永久性结构还要考虑钢板桩的防腐蚀。双排大管桩结构中很重要的是混凝土大管桩的沉桩。对于软黏土地基，则在抛砂、抛石之前应将软黏土清除，在软黏土层很厚的场合须在沉桩前挖泥疏浚，防止回淤。为了降低抛填料对双排桩的水平荷载，采用分层抛填加固的施工方法，将加固的搅拌桩搭接成格栅形的加固体，以承受水平荷载。

随着海工结构的建设不断地向大型化、深水化的方向发展，大排距、大宽高比的双排桩墙结构也必将受到更多的关注和应用。通过许多科研、设计施工人员的努力研究，双排桩墙结构性能逐步趋于明朗，必将会达到能预测由外荷载引发的桩体变形与应力，进而达到实际设计的阶段。

第二部分　双排桩的结构设计

第四章　作用于结构上的荷载

4.1　水压力

双排桩结构上主要承受水压力、波浪力、土压力和船舶荷载(包括系缆力、挤靠力、撞击力)以及这些荷载的组合,下面将分别论述这些荷载。

4.1.1　计算水位

板桩墙设计时,所取计算水位一般采用设计高水位、设计低水位和极端低水位,但通常只选取设计低水位或极端低水位进行计算,因为水位越低,主动土压力和剩余水压力会越大,对板桩墙越不利。

在设计作为防波堤用的板桩墙时,设计高水位才是最不利的水位,但是,这不是绝对的,因为拉杆位置对板桩内力计算关系很大。

4.1.2　外部水压力

外部水压的分布如图 4-1 所示考虑,用式(4-1)计算。

$$P = \frac{\gamma_w h^2}{2} \tag{4-1}$$

式中:P——外部水压力(kN/m);

h——外部水头高(m);

γ_w——水的重度(kN/m³)。

4.1.3　墙体内的剩余水压力

墙体内的剩余水压力如图 4-2 所示分布,用式(4-2)计算。

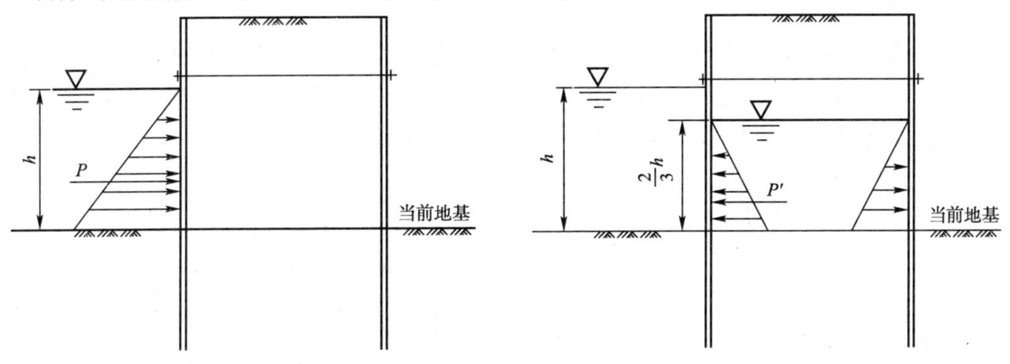

图 4-1　外部水压力　　　图 4-2　墙体内剩余水压力

$$P' = \frac{\gamma_w}{2}\left(\frac{2}{3}h\right)^2 \tag{4-2}$$

式中：P'——墙体内的剩余水压力（kN/m）；

h——外部水头高（m）；

γ_w——水的重度（kN/m³）。

4.1.4 地震时的动水压力

（1）当水中的构造物及设施的内部空间的一部分或者全部被水占据的情况下，地震时的动水压力按下式进行计算：

$$P_{dw} = \pm \frac{7}{8} k \gamma_w \sqrt{Hy} \tag{4-3}$$

式中：P_{dw}——动水压力（kPa）；

k——地震强度；

γ_w——水的重度（kN/m³）；

H——水的深度（m）；

y——从水面到动水压力点的深度（m）。

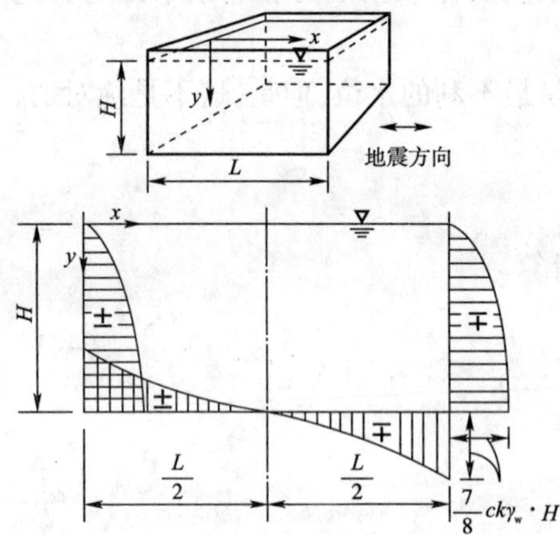

图 4-3　长方体状中空部的水产生的动水压力

（2）动水压力的合力及作用点位置按下式计算：

$$\begin{cases} P_{dw} = \pm \dfrac{7}{12} k \gamma_w H^2 \\ h_{dw} = \dfrac{3}{5} H \end{cases} \tag{4-4}$$

式中：P_{dw}——动水压力的合力（kN/m）；

h_{dw}——水面到动水压力合力点的距离（m）。

长方体状中空部的水产生的动水压力如图 4-3 所示。

图 4-3 中，c 为修正系数，当 $L/H < 1.5$ 时，$c = L/(1.5H)$；当 $L/H \geq 1.5$ 时，$c = 1.0$。

4.2 波浪力

由于双排桩结构可以看作直墙式建筑物，所以作用在双排桩结构上的波浪力可以按照直墙式建筑物上的波浪力进行计算。作用于如图 4-4 所示的直墙式建筑物上的波浪分为立波、远破波和近破波三种波态，波态的区分可按表 4-1 确定。

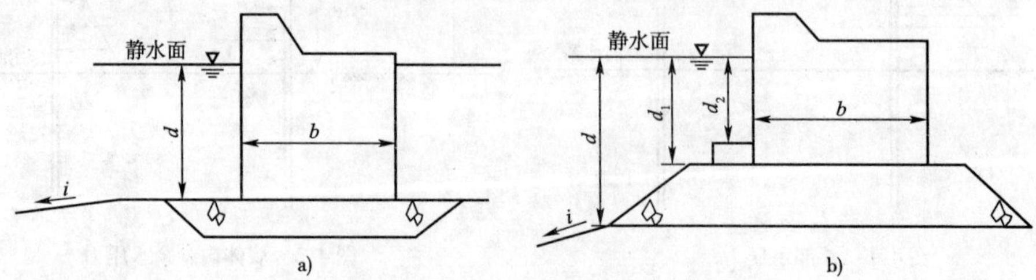

图 4-4　直墙式建筑物

a）暗基床直墙式建筑物；b）明基床直墙式建筑物

直墙式建筑物立波的产生除符合表4-1的要求外，还应满足波峰线与建筑物大致平行，且建筑物的长度大于一个波长的条件。另外还有以下几点需要注意：

(1)当进行波波陡较大($H/L<1/14$)时，墙前可能形成破碎立波。

(2)当暗基床和低基床直墙式建筑物前水深 $d<2H$，且底坡 $i>1/10$ 时，墙前可能出现近破波，应由模型试验确定波态和波浪力。

(3)当明基床上有护肩方块，且方块宽度大于波高 H 时，宜用方块上水深 d_2 代替基床上水深 d_1 以确定波态和波浪力。

直墙式建筑物前的波态 表4-1

基床类型	产生条件	波态
暗基床和低基床 $\frac{d_1}{d}>\frac{2}{3}$	$\overline{T}\sqrt{g/d}<8, d\geqslant 2H$ $\overline{T}\sqrt{g/d}\geqslant 8, d\geqslant 1.8H$	立波
	$\overline{T}\sqrt{g/d}<8, d<2H, i<1/10$ $\overline{T}\sqrt{g/d}\geqslant 8, d<1.8H, i\leqslant 1/10$	远破波
中基床 $\frac{1}{3}<\frac{d_1}{d}\leqslant\frac{2}{3}$	$d_1\geqslant 1.8H$	立波
	$d_1<1.8H$	近破波
高基床 $\frac{d_1}{d}\leqslant\frac{1}{3}$	$d_1\geqslant 1.5H$	立波
	$d_1<1.5H$	近破波

注：$\overline{T}$-波浪平均周期(s)；H-建筑物所在处进行波的波高(m)；l-波长(m)；d-建筑物前水深(m)；d_1-基床上水深(m)；i-建筑物前水底坡度。

4.2.1 立波

直墙式建筑物上的立波作用力可按下列规定确定。

(1)当 $d\geqslant 1.8H, d/L=0.05\sim 0.12$ 时，如图4-5所示，波峰作用下的立波作用力按下列公式计算。

①波面高程按以下公式计算：

$$\begin{cases}\frac{\eta_c}{d}=B_\eta(H/d)^m\\ B_\eta=2.3104-2.5907T_*^{-0.5941}\\ m=T_*/(0.00913T_*^2+0.636T_*+1.2515)\\ T_*=\overline{T}\sqrt{g/d}\end{cases}\tag{4-5}$$

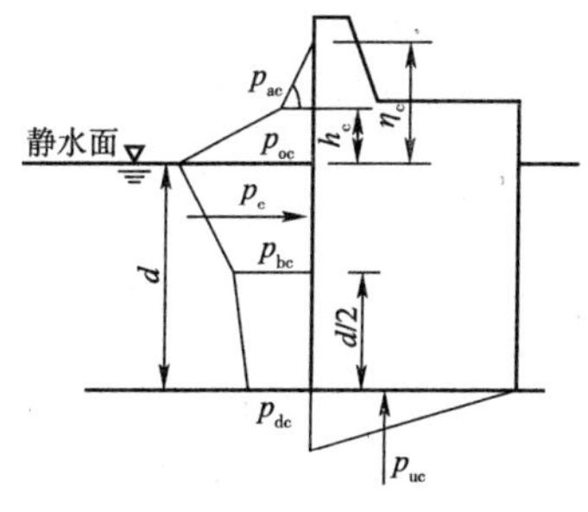

图4-5 波峰作用时立波波压力分布图

式中：η_c——波面高程(m)；

B_η、m——系数；

T_*——无因次周期(s)。

②在静水面以上 h_c 处的墙面波压力强度可按下式计算：

$$\begin{cases} \dfrac{h_c}{d} = \dfrac{2\eta_c/d}{n+2} \\ \dfrac{p_{ac}}{\gamma d} = \dfrac{p_{oc}}{\gamma d}\dfrac{2}{(n+1)(n+2)} \\ n = \max[0.636618 + 4.23264(H/d)1.67, 1.0] \end{cases} \tag{4-6}$$

式中：h_c——波浪压力强度 p_{ac} 在静水面以上的作用点位置(m)；

n——静水面以上波浪压力强度分布曲线的指数，n 值取式中两数的大值；

p_{ac}——与 h_c 对应的墙面波压力强度(kPa)；

γ——水的重度(kN/m^3)；

p_{oc}——静水面上的波压力强度(kPa)。

③p_{oc} 及墙面上其他各特征点的波压力强度按下式计算：

$$\frac{p}{\gamma d} = A_p + B_p\ (H/d)^q \tag{4-7}$$

式中，系数 A_p、B_p、q 按表 4-2 确定。在按表 4-2 计算时，如 $p_{bc} > p_{oc}$，取 $p_{bc} = p_{oc}$。

系数 A_p、B_p、q（波峰作用）　　表 4-2

计算式		A_1、B_1、a	A_2、B_2、b	α、β、c
$\frac{p_{oc}}{\gamma d}$	$A_p = A_1 + A_2 T_*^{\alpha}$	0.02901	−0.00011	2.14082
$\frac{p_{bc}}{\gamma d}$		0.14574	−0.02403	0.91976
$\frac{p_{dc}}{\gamma d}$		−0.18	−0.000153	2.54341
$\frac{p_{oc}}{\gamma d}$	$B_p = B_1 + B_2 T_*^{\beta}$	1.31427	−1.20064	−0.6736
$\frac{p_{bc}}{\gamma d}$		−3.07372	2.91585	0.11046
$\frac{p_{dc}}{\gamma d}$		−0.03291	0.17453	0.65074
$\frac{p_{oc}}{\gamma d}$	$q = \frac{T_*}{aT_*^2 + bT_* + c}$	0.03765	0.46443	2.91698
$\frac{p_{bc}}{\gamma d}$		0.06220	1.32641	−2.97557
$\frac{p_{dc}}{\gamma d}$		0.28649	−3.86766	38.4195

④单位长度墙身上的水平总波浪力按下式计算：

$$\frac{P_c}{\gamma d^2} = \frac{1}{4}\left[2\frac{p_{ac}\eta_c}{\gamma d\, d} + \frac{p_{oc}}{\gamma d}\left(1 + \frac{2h_c}{d}\right) + \frac{2p_{bc}}{\gamma d} + \frac{p_{dc}}{\gamma d}\right] \tag{4-8}$$

式中：P_c——单位长度墙身上的水平总波浪力(kN/m)。

⑤单位长度墙身上的水平总波浪力矩按下式计算：

$$\frac{M_c}{\gamma d^3} = \frac{1}{2}\frac{p_{ac}\eta_c}{\gamma d\, d}\left[1 + \frac{1}{3}\left(\frac{\eta_c}{d} + \frac{h_c}{d}\right)\right] + \frac{1}{24}\frac{p_{oc}}{\gamma d}\left[5 + \frac{12h_c}{d} + 4\left(\frac{h_c}{d}\right)^2\right] + \frac{1}{4}\frac{p_{bc}}{\gamma d} + \frac{1}{24}\frac{p_{dc}}{\gamma d} \tag{4-9}$$

式中：M_c——单位长度墙身上的水平总波浪力矩(kN·m/m)。

⑥单位长度墙底面上的波浪浮托力按下式计算：

$$p_{uc} = \frac{p_{dc} b}{2} \tag{4-10}$$

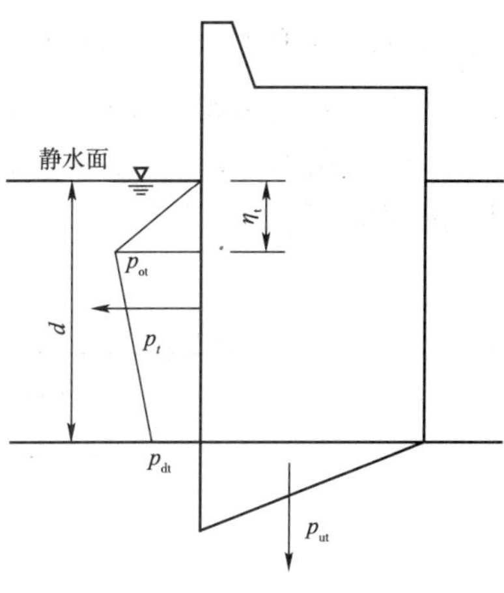

图 4-6　波谷作用时立波波压力分布图

式中：p_{uc}——单位长度墙底上的波浪浮托力(kN/m)；

b——直墙的底宽(m)。

(2)当 $d \geqslant 1.8H$，$d/L = 0.05 \sim 0.12$ 时，如图 4-6 所示，波谷作用下的立波作用力按下列公式计算。

①波谷波面高程按下式计算：

$$\frac{\eta_t}{d} = A_p + B_p\ (H/d)^q \tag{4-11}$$

式中：η_t——波谷波面高程(m)。

系数 A_p、B_p、q 按表 4-3 的 $p_{ot}/\gamma d$ 项的值确定。

②墙面上各特征点的波浪压力强度均按下式计算：

$$\frac{p}{\gamma d} = A_p + B_p\ (H/d)^q \tag{4-12}$$

式中：　p——墙面上各特征点的波压力强度(kPa)；

A_p、B_p、q——系数，按表 4-3 确定，当 $p_{dt} > p_{ot}$ 时，取 $p_{dt} = p_{ot}$。

系数 A_p、B_p 和 q(波谷作用)　　表 4-3

计　算　式		A_1、B_1、a	A_2、B_2、b	α、β、c
$\frac{p_{ot}}{\gamma d}$	$A_p = A_1 + A_2 T_*^{\alpha}$	0.0397	-0.00018	1.95
$\frac{p_{dt}}{\gamma d}$	$A_p = 0.1 - A_1 T_*^{\alpha} e^{A_2 T_*}$	1.687	0.16894	-2.0195
$\frac{p_{ot}}{\gamma d}$	$B_p = B_1 + B_2 T_*^{\beta}$	0.98222	-3.06115	-0.2848
$\frac{p_{dt}}{\gamma d}$		-2.19707	0.92802	0.2350
$\frac{p_{ot}}{\gamma d}$	$q = aT_*^{b} e^{cT_*}$	2.599	-0.8679	0.07092
$\frac{p_{dt}}{\gamma d}$		20.1565	-1.9723	0.13329

③单位长度墙身上的水平总波浪力按下式计算：

$$\frac{p_t}{\gamma d^2} = \frac{1}{2}\left[\frac{p_{ct}}{\gamma d} + \frac{p_{dt}}{\gamma d}\left(1 + \frac{\eta_t}{d}\right)\right] \tag{4-13}$$

式中：p_t——单位长度墙身上的水平总波浪力(kN/m)。

④单位长度墙底面上方向下的波浪力按下式计算：

$$p_{ut} = \frac{p_{dt} b}{2} \tag{4-14}$$

式中：p_{ut}——单位长度墙底面上方向向下的波浪力(kN/m)。

(3)当 $d \geqslant 1.8H$、$0.139 > d/L \geqslant 0.12$ 和 $8 < T_* \leqslant 9$ 时，波浪力、波力矩、波浪压强和波面高程等各量值按下式计算：

$$X_{T_*} = X_{T_*=8} - (X_{T_*=8} - X_{T_*=9})(T_* - 8) \tag{4-15}$$

式中：X_{T_*}——代表波浪力、波力矩、波浪压强和波面高程等各量值；

$X_{T_*=8}$——取 $T_* = 8$ 和实际波况的 H/d，按第(4)、(5)部分计算各量值；

$X_{T_*=9}$——取 $X_{T_*}=9$ 和实际波况的 H/d，按前述(1)、(2)部分计算各量值；

T_*——实际波况时的 $\bar{T}\sqrt{g/d}$。

(4)当 $H/L \geqslant 1/30$ 和 $d/L=0.139 \sim 0.2$ 时，如图4-7所示波峰作用下的立波作用力可按下列公式计算。

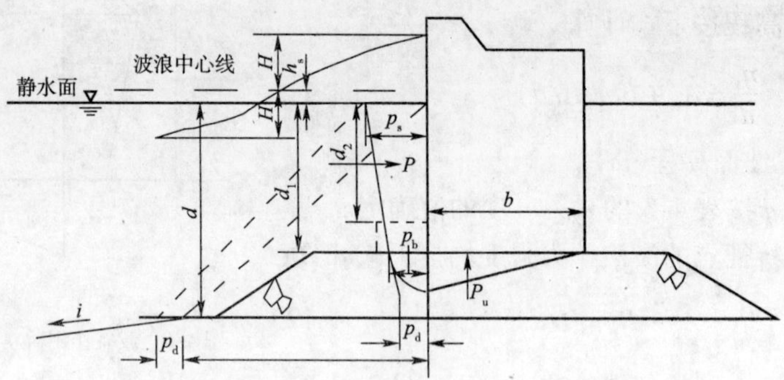

图4-7　波峰作用时立波波压力分布图($d/L=0.139 \sim 0.2$)

①波浪中线超出静水面的高度，即超高按式(4-8)计算，也可按图4-8确定：

$$h_s=\frac{\pi H^2}{L}\mathrm{cth}\frac{2\pi d}{L} \tag{4-16}$$

式中：h_s——波浪中线超出静水面的高度(m)。

②静水面以上高度 h_s+H 处的波浪压力强度为零。

③水底处波浪压力强度按式(4-17)计算，也可按图4-9确定：

$$p_d=\frac{\gamma H}{\mathrm{ch}\frac{2\pi d}{L}} \tag{4-17}$$

式中：p_d——水底处波浪压力强度(kPa)；

γ——水的重度(kN/m³)。

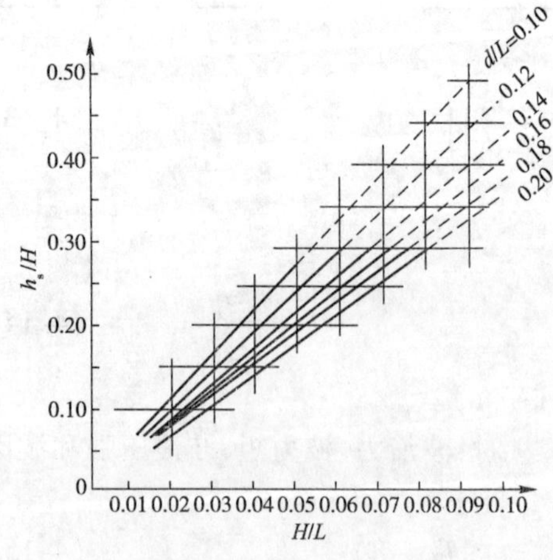

图4-8　波浪超高 h_s 值

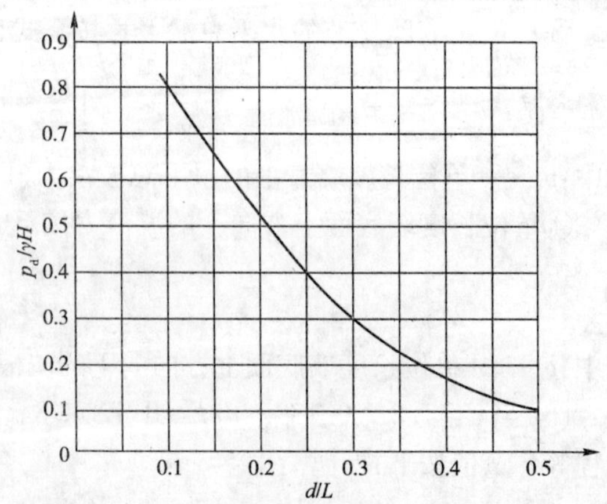

图4-9　水底处波浪压力强度 p_d

④静水面处波浪压力强度按式(4-18)计算，也可按图4-10确定：

$$p_s=(p_d+\gamma d)\left(\frac{H+h_s}{d+H+h_s}\right) \tag{4-18}$$

式中：p_s——静水面处波浪压力强度（kPa）。

⑤墙底处波浪压力强度按下式计算：

$$p_b=p_s-(p_s-p_d)\frac{d_1}{d} \tag{4-19}$$

⑥在静水面以上和以下，波浪压力强度均按直线分布。

⑦单位长度墙身上的总波浪力按下式计算：

$$P=\frac{(H+h_s+d_1)(p_b+\gamma d_1)-\gamma d_1^2}{2} \tag{4-20}$$

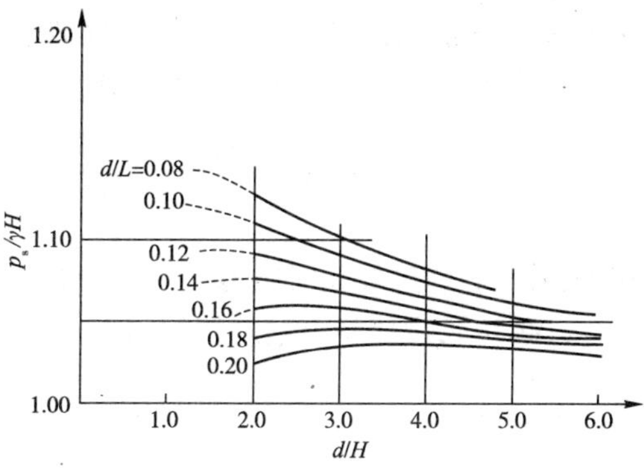

图4-10　静水面处波浪压力强度 p_s

式中：P——单位长度墙身上的总波浪力（kPa）。

⑧墙底面上的波浪浮托力按下式计算：

$$P_u=\frac{bp_b}{2} \tag{4-21}$$

式中：P_u——墙底面上的波浪浮托力（kPa）；

b——直墙底宽（m）。

（5）当 $H/L\geqslant1/30$ 和 $d/L=0.139\sim0.2$ 时，如图4-11所示，波谷作用下的立波作用力可按下列公式计算。

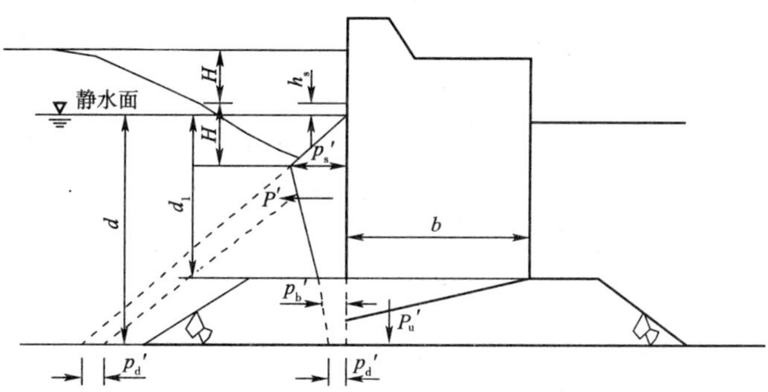

图4-11　波谷作用时立波波压力分布图

①水底处波浪压力强度按下式计算：

$$p'_d=\frac{\gamma H}{\operatorname{ch}\frac{2\pi d}{L}} \tag{4-22}$$

式中：p'_d——水底处波浪压力强度（kPa）；

γ——水的重度（kN/m³）。

②静水面处波浪压力强度为零。

③静水面以下深度 $H-h_s$ 处波浪压力强度按下式计算：

$$p_s' = \gamma(H-h_s) \tag{4-23}$$

式中：p_s'——静水面以下深度 $H-h_s$ 处波浪压力强度(kPa)。

④墙底处波浪压力强度按下式计算：

$$p_b' = p_s' - (p_s' - p_d')\frac{d_1 + h_s - H}{d + h_s - H} \tag{4-24}$$

式中：p_b'——墙底处波浪压力强度(kPa)。

⑤单位长度墙身上的总波浪力按下式计算：

$$P' = \frac{\gamma d_1^2 - (d_1 + h_s - H)(\gamma d_1 - p_b')}{2} \tag{4-25}$$

式中：P'——单位长度墙身上的总波浪力(kN/m)。

⑥单位长度墙底面上方向下的波浪力按下式计算：

$$P_u' = \frac{b p_b'}{2} \tag{4-26}$$

式中：P_u'——单位长度墙底面上的波浪力(kN/m)。

(6)当 $H/L \geqslant 1/30$ 和 $0.2 < d/L < 0.5$ 时，如图4-12所示，波峰作用下的立波作用力可按下列公式计算：

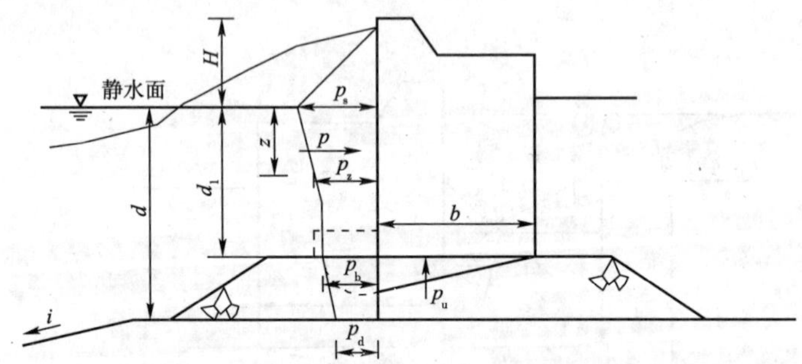

图4-12　波峰作用时立波波压力分布图($0.2 < d/L < 0.5$)

①静水面以上高度 H 处的波浪压力强度为零。

②静水面处的波浪压力强度按下式计算：

$$p_s = \gamma H \tag{4-27}$$

③静水面以上的波浪压力强度按直线分布。

④静水面以下深度 z 处的波浪压力强度按下式计算：

$$p_z = \gamma H \frac{\mathrm{ch}\dfrac{2\pi(d-z)}{L}}{\mathrm{ch}\dfrac{2\pi d}{L}} \tag{4-28}$$

式中：p_z——静水面以下深度 z 处的波浪压力强度(kPa)；

z——静水面以下深度(m)。

⑤水底处波浪压力强度按式(4-17)计算。

⑥墙底处波浪压力强度按下式计算：

$$p_b = \gamma H \frac{\operatorname{ch}\dfrac{2\pi(d-d_1)}{L}}{\operatorname{ch}\dfrac{2\pi d}{L}} \tag{4-29}$$

⑦单位长度墙身上的总波浪力按下式计算：

$$P = \frac{1}{2}\gamma H^2 + \frac{\gamma HL}{2\pi}\left[\operatorname{th}\frac{2\pi d}{L} - \frac{\operatorname{sh}\dfrac{2\pi(d-d_1)}{L}}{\operatorname{ch}\dfrac{2\pi d}{L}}\right] \tag{4-30}$$

⑧墙底面上的波浪浮托力按式(4-21)计算。

(7)波谷作用时立波作用力按前述(4)、(5)部分中有关公式计算。

当 $d/L \geqslant 0.5$ 时，静水面以下深度 $z = L/2$ 处的波浪压力强度可取为零，波峰作用下式(4-28)和波谷作用下式(4-16)中的 d 均改用 $L/2$。

4.2.2　远破波

(1)如图4-13所示，波峰作用下的波浪力可按下列公式计算。

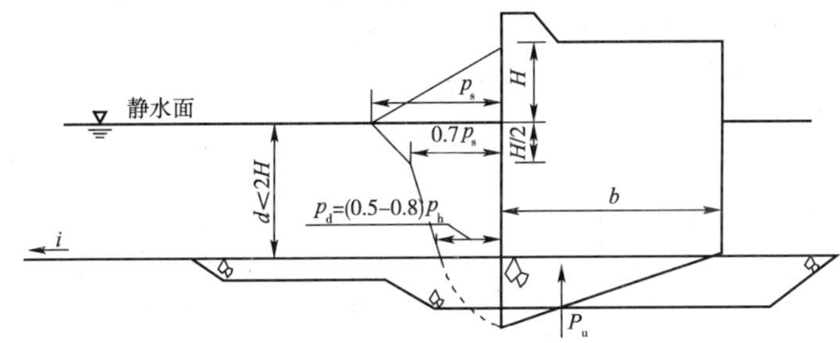

图4-13　远破波的波压力分布图

①静水面以上高度 H 处的波浪压力强度为零。

②静水面处的波浪压力强度按下式计算：

$$p_s = \gamma K_1 K_2 H \tag{4-31}$$

式中：K_1——系数，水底坡度 i 的函数；

K_2——系数，波坦 L/H 的函数。

③系数 K_1 和 K_2 分别按表4-4和表4-5采用。

系　数　K_1　　表4-4

底坡 i	1/10	1/25	1/40	1/50	1/60	1/80	≤1/100
K_1	1.89	1.54	1.40	1.37	1.33	1.29	1.25

注：底坡 i 可取建筑物前一定距离内的平均值。

系 数 K_2 表4-5

波坦 L/H	14	15	16	17	18	19	20	21	22
K_2	1.01	1.06	1.12	1.17	1.21	1.26	1.30	1.34	1.37
波坦 L/H	23	24	25	26	27	28	29	30	
K_2	1.41	1.44	1.46	1.49	1.50	1.52	1.54	1.55	

④静水面以上的波浪压力强度按直线变化。

⑤静水面以下深度 $z=H/2$ 处的波浪压力强度。

$$p_z=0.7p_s \tag{4-32}$$

⑥水底处波浪压力强度按下式计算：

当 $d/H\leqslant1.7$ 时

$$p_d=0.6p_s \tag{4-33}$$

当 $d/H>1.7$ 时

$$p_d=0.5p_s \tag{4-34}$$

⑦墙底面上的波浪浮托力按下式计算：

$$P_u=\mu\frac{bp_d}{2} \tag{4-35}$$

式中：μ——波浪浮托力分布图的折减系数，取0.7。

(2)如图4-14所示，波谷作用下的波浪力可按下列公式计算。

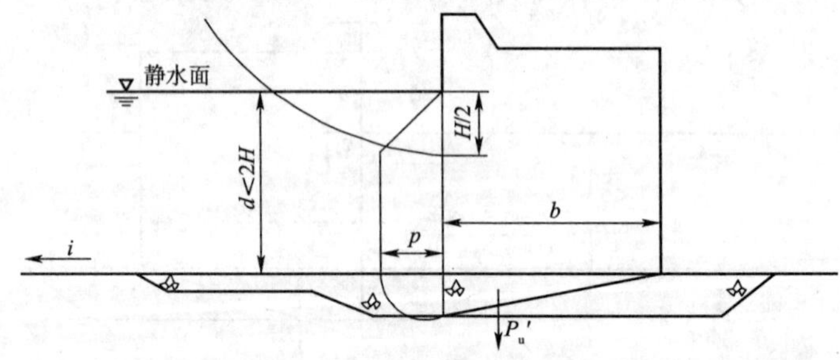

图4-14 波谷时的波压力分布图

①静水面处波浪压力强度为零。

②在静水面以下，从深度 $z=H/2$ 至水底处的波浪压力强度按下式计算：

$$p=0.5\gamma H \tag{4-36}$$

③墙底面上的方向向下的波浪力按下式计算：

$$P'_u=\frac{bp}{2} \tag{4-37}$$

4.2.3 近破波

当 $d_1\geqslant0.6H$ 时，波峰作用下，如图4-15所示的直墙建筑物上近破波的波浪力可按下列规定确定。

①静水面以上高度 z(m)处的波浪压力强度为零，z 按下式计算：

$$z=\left(0.27+0.53\frac{d_1}{H}\right)H \tag{4-38}$$

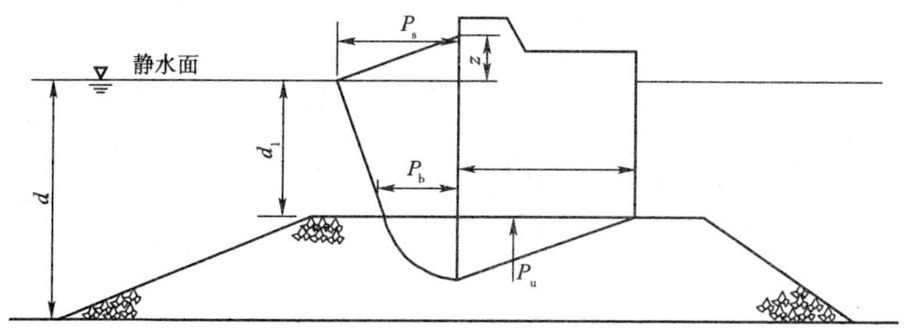

图 4-15　近破波的波压力分布图

②静水面处的波浪压力强度，按下列公式计算：

当$\frac{1}{3}<\frac{d_1}{d}\leqslant\frac{2}{3}$时

$$p_s=1.25\gamma H\left(1.8\frac{H}{d_1}-0.16\right)\left(1-0.13\frac{H}{d_1}\right) \tag{4-39}$$

当$\frac{1}{4}\leqslant\frac{d_1}{d}\leqslant\frac{1}{3}$时

$$p_s=1.25\gamma H\left[\left(13.9-36.4\frac{d_1}{d}\right)\left(\frac{H}{d_1}-0.67\right)+1.03\right]\left(1-0.13\frac{H}{d_1}\right) \tag{4-40}$$

③墙底处的波浪压力强度按下式计算：

$$p_b=0.6p_s \tag{4-41}$$

④单位长度墙身上的总波浪力按下列公式计算：

当$\frac{1}{3}<\frac{d_1}{d}\leqslant\frac{2}{3}$时

$$P=1.25\gamma Hd_1\left(1.9\frac{H}{d_1}-0.17\right) \tag{4-42}$$

当$\frac{1}{4}\leqslant\frac{d_1}{d}\leqslant\frac{1}{3}$时

$$P=1.25\gamma Hd_1\left[\left(14.8-38.8\frac{d_1}{d}\right)\left(\frac{H}{d_1}-0.67\right)+1.1\right] \tag{4-43}$$

⑤墙底面上的波浪浮托力按下式计算：

$$P_u=\mu\frac{bp_b}{2} \tag{4-44}$$

式中：μ——波浪浮托力分布图的折减系数，取 0.7。

4.3　土压力

土压力的计算方法有：Coulomb；Rankine；Terzaghi 的土压力计算图表等。目前大多设计标准均采用了 Coulomb 土压力计算公式，如图 4-16 所示。

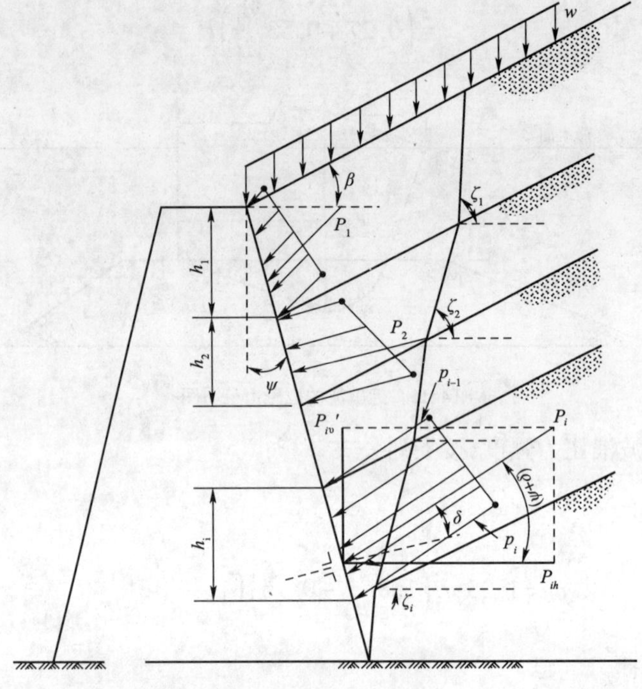

图 4-16 土压力计算图

4.3.1 平时的土压力

1)砂土的土压力

(1)主动土压力

作用在墙面的土压强度由式(4-45)算出,破坏面与水平面的夹角由式(4-46)算出。

$$p_{ai}=K_{ai}\left[\sum\gamma_i h_i+\frac{\omega\cos\psi}{\cos(\psi-\beta)}\right]\cos\psi \tag{4-45}$$

$$\cot(\zeta_i-\beta)=-\tan(\varphi_i+\delta+\psi-\beta)+\sec(\varphi_i+\delta+\psi-\beta)\sqrt{\frac{\cos(\psi+\delta)\sin(\varphi_i+\delta)}{\cos(\psi-\beta)\sin(\varphi_i-\beta)}} \tag{4-46}$$

式中:$K_{ai}=\dfrac{\cos^2(\varphi_i-\psi)}{\cos^2\psi\cdot\cos(\delta+\psi)\left[1+\sqrt{\dfrac{\sin(\varphi_i+\delta)\sin(\varphi_i-\beta)}{\cos(\psi+\delta)\cos(\psi-\beta)}}\right]^2}$。

(2)被动土压力

作用在墙面的土压强度由式(4-47)算出,破坏面与水平面的夹角由式(4-48)算出。

$$p_{pi}=K_{pi}\left[\sum\gamma_i h_i+\frac{\omega\cos\psi}{\cos(\psi-\beta)}\right]\cos\psi \tag{4-47}$$

$$\cot(\zeta_i-\beta)=\tan(\varphi_i-\delta-\psi+\beta)+\sec(\varphi_i-\delta-\psi+\beta)\sqrt{\frac{\cos(\psi+\delta)\sin(\varphi_i-\delta)}{\cos(\psi-\beta)\sin(\varphi_i+\beta)}} \tag{4-48}$$

式中:$K_{pi}=\dfrac{\cos^2(\varphi_i+\psi)}{\cos^2\psi\cdot\cos(\delta+\psi)\left[1-\sqrt{\dfrac{\sin(\varphi_i-\delta)\sin(\varphi_i+\beta)}{\cos(\psi+\delta)\cos(\psi-\beta)}}\right]^2}$;

$p_{ai}(p_{pi})$——作用在 i 层下面墙面的主(被)动土压强度(kPa);

φ_i——i 层土的内摩擦角(°);

γ_i——i 层土的重度(kN/m^3);

h_i——i 层土的厚度(m);

$K_{ai}(K_{pi})$——i 层土的主(被)动土压系数;

ψ——墙面与竖直方向的夹角(°);

β——地表面与水平方向的夹角(°);

δ——墙面摩擦角(°);

ζ_i——i 层土的破坏面与水平方向的夹角(°);

ω——地表面单位面积上的上部荷载(kPa)。

2)黏土的土压力

(1)主动土压力

作用在墙面的土压强度由式(4-49)计算得出,但是不考虑使用式(4-49)时得到的负土压力。

$$p_{ai}=\sum\gamma_i h_i+\omega-2c \tag{4-49}$$

式中:c——黏聚力(kPa)。

(2)被动土压力

作用在墙面的土压强度由式(4-50)计算得出。

$$p_{pi}=\sum\gamma_i h_i+\omega+2c \tag{4-50}$$

3)介于砂土和黏土之间的土质

对于介于砂土和黏土之间的土质,必须考虑内摩擦角和黏聚力的时候,用式(4-51)计算:

$$\begin{cases}p_a=K_a(\sum\gamma_i h_i)-2c\sqrt{K_a}\\ p_p=K_p(\sum\gamma_i h_i)+2c\sqrt{K_p}\end{cases} \tag{4-51}$$

式中:p_a——主动土压力强度(kPa);

p_p——被动土压力强度(kPa);

K_a——主动土压力系数;

K_p——被动土压力系数;

γ_i——第 i 层土的重度(kN/m^3);

h_i——第 i 层土的厚度(m)。

4.3.2　地震时的土压力

1)砂土的土压力

(1)主动土压力

作用在墙面的土压强度由式(4-52)算出,破坏面与水平面的夹角由式(4-53)算出。

$$p_{ai}=K_{ai}\left[\sum\gamma_i h_i+\frac{\omega\cos\psi}{\cos(\psi-\beta)}\right]\cos\psi \tag{4-52}$$

$$\cot(\zeta_i-\beta)=-\tan(\varphi_i+\delta+\psi-\beta)+\sec(\varphi_i+\delta+\psi-\beta)\sqrt{\frac{\cos(\psi+\delta+\theta)\sin(\varphi_i+\delta)}{\cos(\psi-\beta)\sin(\varphi_i-\beta-\theta)}}\tag{4-53}$$

式中：$K_{ai}=\dfrac{\cos^2(\varphi_i-\psi-\theta)}{\cos\theta\cdot\cos^2\psi\cdot\cos(\delta+\psi+\theta)\left[1+\sqrt{\dfrac{\sin(\varphi_i+\delta)\sin(\varphi_i-\beta-\theta)}{\cos(\delta+\psi+\theta)\cos(\psi-\beta)}}\right]^2}$。

(2)被动土压力

作用在墙面的土压强度由式(4-54)算出，破坏面与水平面的夹角由式(4-55)算出。

$$p_{pi}=K_{pi}\left[\sum\gamma_i h_i+\frac{\omega\cos\psi}{\cos(\psi-\beta)}\right]\cos\psi\tag{4-54}$$

$$\cot(\zeta_i-\beta)=\tan(\varphi_i-\delta-\psi+\beta)+\sec(\varphi_i-\delta-\psi+\beta)\sqrt{\frac{\cos(\psi+\delta-\theta)\sin(\varphi_i-\delta)}{\cos(\psi-\beta)\sin(\varphi_i+\beta-\theta)}}\tag{4-55}$$

式中：$K_{pi}=\dfrac{\cos^2(\varphi_i+\psi-\theta)}{\cos\theta\cdot\cos^2\psi\cdot\cos(\delta+\psi-\theta)\left[1-\sqrt{\dfrac{\sin(\varphi_i-\delta)\sin(\varphi_i+\beta-\theta)}{\cos(\delta+\psi-\theta)\cos(\psi-\beta)}}\right]^2}$；

θ——地震合成角度，$\theta=\tan^{-1}k$ 或 $\theta=\tan^{-1}k'$；

k——地震强度；

k'——表观地震强度。

2)黏土的土压力

(1)主动土压力

地震时的主动土压强度由式(4-56)计算得出，破坏面与水平面的夹角由式(4-57)算出。

$$p_a=\frac{(\sum\gamma\cdot h+\omega)\sin(\zeta_a+\theta)}{\cos\theta\cdot\sin\zeta_a}-\frac{c}{\cos\zeta_a\sin\zeta_a}\tag{4-56}$$

$$\zeta_a=\tan^{-1}\sqrt{1-\left(\frac{\sum\gamma\cdot h+2\omega}{2c}\right)\tan\theta}\tag{4-57}$$

式中：γ——土的重度(kN/m^3)；

h——土层的厚度(m)；

ω——单位面积上的上部荷载(kPa)；

c——黏聚力(kPa)；

θ——地震合成角度，$\theta=\tan^{-1}k$ 或者 $\theta=\tan^{-1}k'$；

k——地震强度；

k'——表现地震强度；

ζ_a——破坏面与水平方向的夹角(°)。

对于海底面以下的情况，海底面下 10m 地震强度当作 0 来求土压力强度，如果海底面 10m 处的土压力强度比海底面处的值小的话，则采用海底面处的值。

(2)被动土压力

关于求黏土地震时的被动土压力的方法有太多不明之处，简单起见就采用式(4-50)

计算。

4.3.3　墙体内的填土质量

双排桩内填土质量用式(4-58)计算,如图4-17所示。

$$W = B(\gamma H_1 + \gamma_b H_2) \tag{4-58}$$

式中:W——填土的重量(kN/m);

B——墙体宽度(m);

H_1——上层(空气中的土)的层厚(m);

H_2——下层的层厚(墙体中的水位高度)(m);

γ——土的重度(kN/m³);

γ_b——饱和土体重度(kN/m³)。

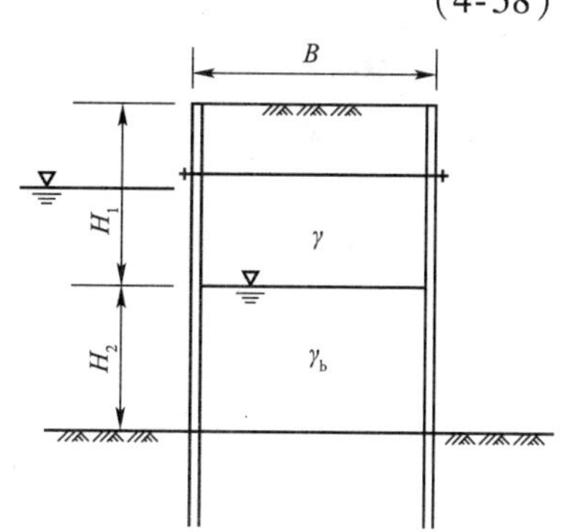

图4-17　墙体填土的质量

4.3.4　土的重度 γ、内摩擦角 φ 和黏聚力 c

γ、φ 和 c 可根据工程地质钻探土样试验资料确定。无黏性填料的指标可按表4-6采用。

填料重度 γ 和内摩擦角 φ 的标准值　　表4-6

填料名称	重度 γ(kN/m³)		内摩擦角 φ(°)	
	水上(湿重度)	水下(浮重度)	水上	水下
细砂	18.0	9.0	30	28
中砂	18.0	9.5	32	32
粗砂	18.0	9.5	35	35
砾砂	18.5	10.0	36	36
碎石	17.0	11.0	38~40	38~40
煤渣	10.0~12.0	4.0~5.0	35~39	35~39
块石	17.0~18.0	10.0~11.0	45	45

注:表中砂类土的数值适用于粒径 $d<0.1$mm 细颗粒含量不超过10%的情况。

计算土压力时,土和填料的重度可按以下规定采用:

(1)对于黏性土,剩余水位以下取浮重度;剩余水位与设计高水位之间取饱和重度;设计高水位以上取天然重度。

(2)对于无黏性土,剩余水位以下取浮重度;剩余水位以上取天然重度。

4.3.5　墙前沿挖泥超深的考虑

计算板桩墙时,应考虑墙前沿挖泥超深的影响,码头前沿挖泥超深一般采用0.3~0.5m。对于黏性土,应考虑挖泥对它的扰动影响:泥面处土的黏聚力 c 取零;泥面1m以下 c 取全值;两者之间按直线过渡。

4.3.6　表观地震强度

如图4-18所示,计算水面下的土在地震时的土压力,采用式(4-59)计算得到的表观地震强度。

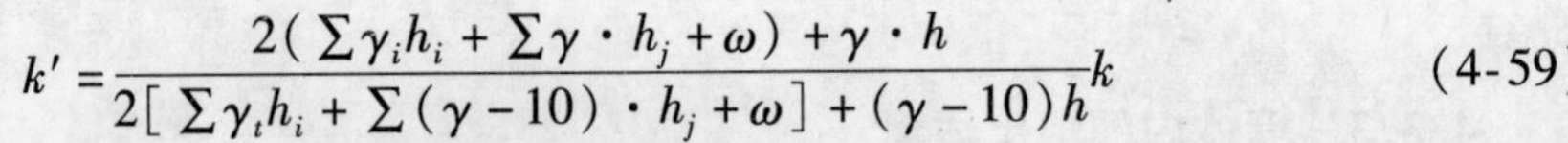

$$k'=\frac{2(\sum\gamma_i h_i+\sum\gamma\cdot h_j+\omega)+\gamma\cdot h}{2[\sum\gamma_t h_i+\sum(\gamma-10)\cdot h_j+\omega]+(\gamma-10)h}k \tag{4-59}$$

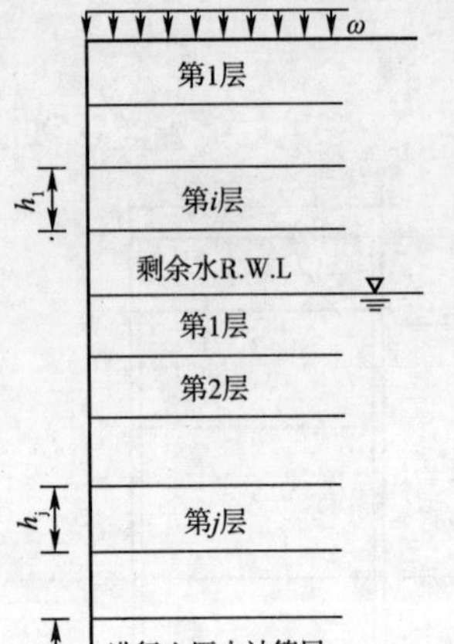

图 4-18 表观地震强度计算图

式中：k'——表现地震强度；

γ_t——残留水位上的土单位体积重量（kN/m^3）；

h_i——残留水位上 i 层的土层厚度（m）；

γ——含水饱和土在空气中的单位体积重量（kN/m^3）；

h_j——残留水位以下，进行土压力计算层之上的 j 层的土层厚度（m）；

ω——地表面单位面积上的上部荷载（kPa）；

h——残留水位以下，进行土压力计算的土层厚度（m）；

k——地震强度。

4.3.7 上部荷载

设计钢板桩的时候，按需要考虑自重、加载荷载等上部荷载，如表 4-7 所示。

上部荷载　　表 4-7

上部荷载	自　重		构造物自身的荷载
	加载荷载	堆积荷载	护板上、临时货仓、仓库里堆积的杂货、散货等的荷载，在积雪的地域护板上的积雪也算作堆积荷载
		活荷载	汽车、火车、装卸机械等动荷载

对于背后堆土的形状比较复杂的情况，可以用简单的方法换算堆土作为上部荷载，如图 4-19 所示。

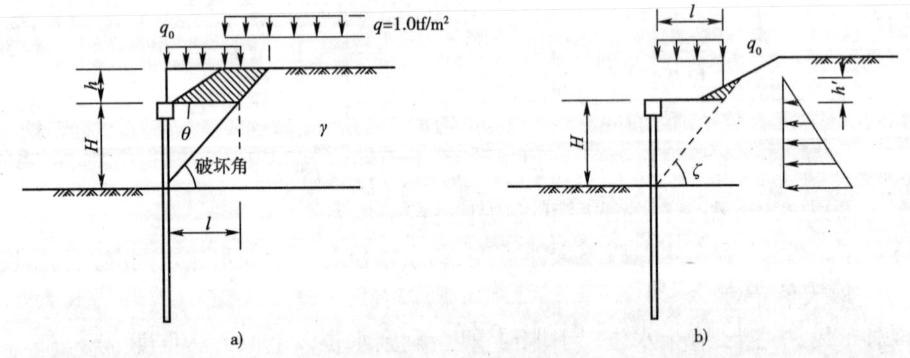

图 4-19 特殊剖面形状的堆土

对于如图 4-19a）所示的剖面土压力的计算，可以近似地当 $h\leqslant H/3$ 时将破坏角以上的土重（斜线部分）按照均布荷载（q_0）考虑，$h>H/3$ 时按斜面角度 θ 的倾斜土压力计算。

图 4-19b）与图 4-19a）相同，斜线部分的土重换算成 q_0，将地表面当作假定平面进行计算。

$$q_0=\gamma/l \tag{4-60}$$

式中：γ——斜线部分的土的重度（kN/m^3）。

4.4　船舶荷载

作用在固定式系船、靠船结构上的船舶荷载可包括如下内容：

(1)由风和水流产生的系缆力。

(2)由风和水流产生的挤靠力。

(3)船舶靠岸时产生的撞击力。

(4)系泊船舶在波浪作用下产生的撞击力。

4.4.1　作用于船舶上的风荷载

作用在船舶上的计算风压力的垂直于双排桩墙前沿线的横向分力和平行于双排桩墙前沿线的纵向分力宜按下式计算：

$$\begin{cases} F_{xw}=73.6\times10^{-5}A_{xw}V_x^2\zeta \\ F_{yw}=49.0\times10^{-5}A_{yw}V_y^2\zeta \end{cases} \tag{4-61}$$

式中：F_{xw}、F_{yw}——作用在船舶上的计算风压力横向和纵向分力(kN)；

A_{xw}、A_{yw}——船体水面以上横向和纵向受风面积(m^2)；

V_x、V_y——设计风速的横向和纵向风量(m/s)；

ζ——风压不均匀折减系数，可按表4-8选用。

风压不均匀折减系数 ζ　表4-8

船舶水面以上最大轮廓尺寸 a_R(m)	≤50	100	200	≥250
ζ	1.00	0.90	0.70	0.60

注：a_R-船舶水面以上横向或纵向轮廓的最大水平尺寸。

4.4.2　作用于船舶上的水流力

(1)当水流与船舶纵轴平行或流向角 $\theta<15^\circ$ 和 $\theta>165^\circ$ 时，水流对船舶作用产生的水流力垂直于双排桩墙前沿线的横向分力 F_{xc} 和平行于双排桩墙前沿线的纵向分力 F_{yc} 可按下式计算。

$$\begin{cases} F_{xsc}=C_{xsc}\dfrac{\rho}{2}v^2B' \\ F_{xmc}=C_{xmc}\dfrac{\rho}{2}v^2B' \\ F_{yc}=C_{yc}\dfrac{\rho}{2}v^2S \\ C_{yc}=0.046\mathrm{Re}^{-0.134}+b \end{cases} \tag{4-62}$$

式中：F_{xsc}、F_{xmc}——水流对船首横向分力和船尾横向分力(kN)；

F_{yc}——水流对船舶的纵向分力(kN)；

C_{xsc}、C_{xmc}——水流力船首横向分力系数和船尾横向分力系数，可按表4-9选用；

C_{yc}——水流力纵向分力系数；

ρ——水的密度($10^3kg/m^3$)，对海水 $\rho=1.025\times10^3kg/m^3$；

v——水流速度(m/s)；

B'——船舶吃水线以下的横向投影面积(m^2)；

S——船舶吃水线以下的表面积(m^2);

Re——水流对船舶作用的雷诺数;

b——系数,可按表4-10选用。

水流力船首横向分力和船尾横向分力系数　　表4-9

相对水深 d/D	$\theta=0\sim15°$		$\theta=165°\sim180°$	
	C_{xsc}	C_{xmc}	C_{xsc}	C_{xmc}
1.1	0.14	0.08	0.08	0.11
1.3	0.10	0.05	0.07	0.08
1.5	0.09	0.04	0.06	0.06

注:d-双排桩墙前沿水深(m);D-与船舶计算装载度相对应的平均吃水(m)。

系　数　b　　表4-10

船舶方形系数 C_b	B/D	b	
		$\theta=0\sim15°$	$\theta=165°\sim180°$
0.825	2.2	0.009	0.015
	3.5	0.006	0.008
0.625	2.2	0.000	0.002
	3.5	0.004	0.009

(2)当水流与船舶纵轴流向角$15°<\theta<165°$时,水流对船舶作用产生的横向分力F_{xc}和纵向分力F_{yc}可按下式计算:

$$\begin{cases} F_{xc} = C_{xc}\dfrac{\rho}{2}v^2A_{yc} \\ F_{yc} = C_{yc}\dfrac{\rho}{2}v^2A_{xc} \\ C_{xc} = a_1\dfrac{\pi\theta}{180}+b_1 \\ C_{yc} = a_2\dfrac{\pi\theta}{180}+b_2 \end{cases} \tag{4-63}$$

式中:F_{xc}、F_{yc}——水流对船舶作用产生的水流力的横向分力和纵向分力(kN);

C_{xc}、C_{yc}——水流力横向分力系数和纵向分力系数;

ρ——水的密度($\times10^3$kg/m^3),对海水$\rho=1.025\times10^3$kg/m^3;

v——水流速度(m/s);

A_{xc}、A_{yc}——相应装载情况下的船舶水下部分垂直和平行水流方向的投影面积(m^2);

a_1、b_1、a_2、b_2——系数,可按表4-11选用;

θ——流向角(°),当$\theta>90°$时,取其补角计。

系数 a、b 值　　表4-11

相对水深 d/D	C_{xc}		C_{yc}	
	a_1	b_1	a_2	b_2
1.1	1.70	0.31	1.68	0.47
1.5	1.15	0.05	1.15	0.10

4.4.3　系缆力

当双排桩墙前沿水流较大时，系缆力应考虑风与水流对计算船舶共同作用所产生的横向分力总和$\sum F_x$和纵向分力总和$\sum F_y$。各分力F_x和F_y应根据可能同时出现的风和水流按第4.4.1和4.4.2节的公式计算。

系缆力标准值N及其垂直于双排桩墙前沿线的横向分力N_x，平行于双排桩墙前沿线的纵向分力N_y和垂直于双排桩墙面得竖向分力N_z可按下列公式计算：

$$\begin{cases} N = \dfrac{K}{n}\left(\dfrac{\sum F_x}{\sin\alpha\cos\beta} + \dfrac{\sum F_y}{\cos\alpha\cos\beta}\right) \\ N_x = N\sin\alpha\cos\beta \\ N_y = N\cos\alpha\cos\beta \\ N_z = N\sin\beta \end{cases} \tag{4-64}$$

式中：N、N_x、N_y、N_z——系缆力标准值及其横向、纵向和竖向分力(kN)；

$\sum F_x$、$\sum F_y$——可能同时出现的风和水流对船舶作用产生的横向分力总和及纵向分力总和(kN)；

K——系船柱受力分布不均匀系数，当实际受力的系船柱数目$n=2$时，K取1.2，$n>2$时，K取1.3；

n——计算船舶同时受力的系船柱数目；

α——系船缆的水平投影与双排桩墙前沿线所成的夹角(°)，取$\alpha=30°$；

β——系船缆与水平面之间的夹角(°)，取$\beta=15°$。

系缆力标准值不应大于缆绳的破断力。缆绳破断力应按产品规格确定。当缺乏资料时，对于聚丙烯尼龙缆绳，其破断力可按下式计算：

$$N_p = 0.16D^2 \tag{4-65}$$

式中：N_p——聚丙烯尼龙缆绳的破断力(kN)；

D——缆绳直径(mm)。

作用于系船柱(或系船环)上的计算系缆力标准值不应小于表4-12和表4-13所列数值。

海船系缆力标准值　　表4-12

船舶载质量DW(t)	1000	2000	5000	10000	20000	50000
系缆力标准值(kN)	150	200	300	400	500	650

内河货船、驳船系缆力标准值　　表4-13

船舶载质量DW(t)	系缆力标准值(kN)	船舶载质量DW(t)	系缆力标准值(kN)
DW≤100	30	1000<DW≤2000	150
100<DW≤500	50	2000<DW≤3000	200
500<DW≤1000	100	3000<DW≤5000	250

4.4.4　挤靠力

船舶挤靠力应考虑风和水流对计算船舶作用产生的横向分力总和$\sum F_x$。各横向分力F_x应根据可能同时出现的风和水流按照第4.4.1节和4.4.2节公式计算。

(1)当橡胶护舷连续布置时,挤靠力标准值可按下式计算:

$$F_j = \frac{K_j \sum F_x}{L_n} \tag{4-66}$$

式中:F_j——橡胶护舷连续布置时,作用于系船、靠船结构单位长度上的挤靠力标准值(kN/m);

K_j——挤靠力分布不均匀系数,取1.1;

$\sum F_x$——可能同时出现的风和水流对船舶作用产生的横向分力总和(kN);

L_n——船舶直线段与橡胶护舷的接触长度(m)。

(2)当橡胶护舷间断布置时,挤靠力标准值可按下式计算:

$$F'_j = \frac{K'_j \sum F_x}{n} \tag{4-67}$$

式中:F'_j——橡胶护舷间断布置时,作用于一组或一个橡胶护舷上的挤靠力标准值(kN);

K'_j——挤靠力不均匀系数,取1.3;

n——与船舶接触的橡胶护舷的组数或个数。

4.4.5 撞击力

船舶靠岸时的撞击力标准值应根据船舶有效撞击能量和橡胶护舷性能曲线及靠船结构的刚度确定。(靠岸指船舶靠泊双排桩结构)

(1)船舶靠岸时的有效撞击能量E_0可按下式计算:

$$E_0 = \frac{\rho}{2} M v_n^2 \tag{4-68}$$

式中:E_0——船舶靠岸时的有效撞击能量(kJ);

ρ——有效动能系数,取0.7~0.8;

M——船舶质量(kg),按满载排水量计算;

v_n——船舶靠岸法向速度(m/s),其中海船法向靠岸速度可按表4-14选用,河船法向靠岸速度可按表4-15选用。

海船的法向靠岸速度　　表4-14

船舶满载排水量 W(10^3kg)	法向靠岸速度 v_n(m/s)	
	有掩护	开敞式
$W \leqslant 1000$	0.20~0.25	0.25~0.45
$1000 < W \leqslant 5000$	0.15~0.20	0.20~0.40
$5000 < W \leqslant 10000$	0.12~0.17	0.17~0.35
$10000 < W \leqslant 30000$	0.10~0.15	0.15~0.30
$30000 < W \leqslant 50000$	0.10~0.12	0.12~0.25
$50000 < W \leqslant 100000$	0.08~0.10	0.10~0.20
$W > 100000$	0.06~0.08	0.08~0.15

注:表中较大的值适用于靠船条件较为恶劣及海船进入流速较大的河港时的情况。

(2)橡胶护舷吸能量E_s可按下列规定确定:

①当橡胶护舷吸能量$E_s \geqslant 10E_j$时,E_j为靠船结构的吸能量,有效撞击能量E_0全部由橡

胶护舷吸收,即 $E_s = E_0$。

②当橡胶护舷吸能量 $E_s < 10E_j$ 时,有效撞击能量 E_0 按护舷和靠船结构刚度进行分配。

河船法向靠岸速度　　　　表 4-15

船舶满载排水量 $W(10^3 kg)$	法向靠岸速度 V_n(m/s)	船舶满载排水量 $W(10^3 kg)$	法向靠岸速度 V_n(m/s)
$W \leq 1000$	0.30 ~ 0.40	$2000 < W \leq 3000$	0.20 ~ 0.30
$1000 < W \leq 2000$	0.25 ~ 0.35		

注:表中较大的值适用于靠船条件较为恶劣的情况;$W \leq 5000t$ 时,可按表 4-14 中有掩护栏的较大值采用。

船舶撞击力沿双排桩长度方向的分力标准可按下式计算:

$$H = F_x \mu \tag{4-69}$$

式中:H——船舶撞击力沿码头长度方向的分力标准值(kN);

F_x——船舶撞击力法向分力标准值(kN);

μ——船舶与橡胶护舷之间的摩擦系数,取 0.3 ~ 0.4。

4.5　荷载组合

板桩墙的设计计算,应按《板桩码头设计与施工规范》(JTS 167-3—2009)进行,无论土压力、波浪力、荷载引起的土压力和剩余水压力等,均取用标准值进行计算,所得结果为计算结果标准值,则要求:

计算设计值 = 计算结果标准值 × 综合(作用)分项系数 ≤ 规范规定的设计值。

第五章 双排板桩墙结构的设计

5.1 概述

双排桩结构由两排平行的桩墙组成,靠近顶部用拉杆或导梁相连,两排桩墙间填料。

双排桩墙结构可作为重力式结构、码头、船坞围堰等。双排桩结构最宜建于中等或密实的颗粒土或者硬黏土中。在海底主要为岩基时,为了保证桩的贯入量,必须进行预处理。

为了充分发挥重力的作用,两排平行桩之间的间距不得小于0.8倍挡土高度。

在双排桩墙结构内的所有填料必须采用排水性能良好的材料。如果双排桩墙用作防波堤或围堰,其迎水面将承受波浪作用。用拉杆或横向隔墙把两排平行桩墙连接起来形成一重力式结构,其抗前移滑动和抗倾覆阻力来自作用在结构靠水域一面的被动土抗力、桩墙中间填料底面下摩阻力以及重力。

双排桩墙结构下面土层承载能力,应足以支持结构和填料质量、桩墙上附加荷载、波浪及靠泊船舶的冲击力。

如双排桩墙结构建造在软黏土上,则在双排桩之间放入填料之前,应将墙格内的软黏土清除,对于软黏土层很厚的地方,在双排桩沉桩前需要挖泥疏浚,然后立即施工双排桩后进行填料,防止回淤影响抛填效果。

应对双排桩墙施工的所有阶段和使用期的结构整体稳定性进行验算,考虑填料和回填顺序及可能的剩余水压力。在双排桩结构建于软土地基上而侧向土压力部分地由挖泥高程以下的被动土抗力抵抗的地方,结构将向海侧变位。此时,陆侧双排桩墙的侧向土压力取为主动土压力。如双排桩墙设置在挖泥高程的硬岩面上,或稍低于挖泥高程的硬岩面上,陆侧墙上的侧向土压力处于主动土压力与静止土压力之间,取决于双排桩结构的水平变位。

作用在海侧排桩墙上的内部土压力,应假定为1.25倍的主动土压力。

采用弹性地基梁法计算时,板桩墙内力和变位可采用杆系有限元法求解。弹性杆的弹性系数K,由水平地基反力系数乘以间距确定。水平地基反力系数,根据地基土的性质和设计经验,可采用m法或其他方法。按m法,水平地基反力系数按下式计算:

$$K = mz \tag{5-1}$$

式中:K——水平地基反力系数(kN/m^3);

m——水平地基反力系数随深度增大的比例系数(kN/m^4),见表5-1;

z——计算点距计算水底的深度(m)。

比例系数 m　　表 5-1

地基土质情况	m 值(kN/m^4)	地基土质情况	m 值(kN/m^4)
$I_L \geqslant 1$ 的黏性土、淤泥	1000 ~ 2000	$I_L < 0$ 的黏性土、粗砂	6000 ~ 10000
$1 > I_L \geqslant 0.5$ 的黏性土、粉砂	2000 ~ 4000	砾石、砾砂、碎石、卵石	10000 ~ 20000
$0.5 > I_L \geqslant 0$ 的黏性土、中砂、细砂	4000 ~ 6000		

注:板桩墙在计算水底处的水平变位大于 10mm 时,取表中较小值。

5.2　双排板桩墙结构的横向性能

5.2.1　理论模型

填土(砂、石或土)后板桩和拉杆在没有任何外加横向荷载作用下已受到应力作用,这个阶段板桩墙和拉杆可看作单排锚定板桩墙,其上作用于填土自重引起的横向土压力。

假设埋设结构的地基是由软土而不是岩石组成的,为了不使板桩在横向力作用下产生沉降或上拔,必须把板桩埋设足够深,也就是假设桩顶在横向力作用下没有垂直位移。

作用在结构上横向外力使两排板桩变位且外力通过接触面传递给填土,从而使填土扰动变形。如图 5-1 所示,从 $x-y$ 平面的整个结构断面取出单位厚度的一个水平微元,考虑沿水平方向部分作用力的平衡(微元分析),给出下列关系:

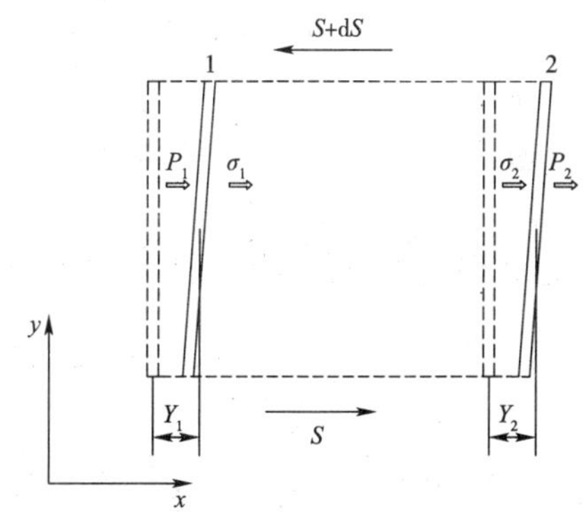

图 5-1　微元体上的水平力

$$(S+\mathrm{d}S)-S-(\sigma_1+\sigma_2)=0 \quad \Rightarrow \quad \mathrm{d}S=\sigma_1+\sigma_2 \tag{5-2}$$

式中:S——沿该微元水平面的剪力;

σ_1——填土与板桩 1 之间接触面上的土抗力;

σ_2——填土与板桩 2 之间接触面上的土抗力。

若 τ 是沿水平面的平均剪应力,$S=B\tau$,B(结构宽)假设为常数,则:

$$\mathrm{d}S=B\mathrm{d}\tau \quad \Rightarrow \quad B\mathrm{d}\tau=\sigma_1+\sigma_2 \tag{5-3}$$

微元受压引起的土抗力之差($\sigma_1-\sigma_2$)与挠度之差(Y_1-Y_2)成正比,Y_1、Y_2 分别表示板桩 1、2 的挠度。若假设填土为弹性体,则:

$$\frac{\sigma_1-\sigma_2}{2}=-\frac{E_s}{B}(Y_1-Y_2) \tag{5-4}$$

式中:E_s——填土的杨氏模量。

微元的平均剪切变形为$\frac{1}{2}\left(\frac{\mathrm{d}Y_1}{\mathrm{d}X}+\frac{\mathrm{d}Y_2}{\mathrm{d}X}\right)$,所以:

$$\mathrm{d}\tau=\frac{G}{2}\left(\frac{\mathrm{d}^2Y_1}{\mathrm{d}X^2}+\frac{\mathrm{d}^2Y_2}{\mathrm{d}X^2}\right) \tag{5-5}$$

式中:G——填土的剪切模量。

另外,两排高度等于微元体厚度的板桩受到填土抗力 σ_1 和 σ_2,外加板桩外面分别受到 p_1、p_2 的横向外力,则由弹性梁理论有:

$$\left.\begin{aligned} EI\frac{\mathrm{d}^4Y_1}{\mathrm{d}X^4}=\sigma_1+p_1 \\ EI\frac{\mathrm{d}^4Y_2}{\mathrm{d}X^4}=\sigma_2+p_2 \end{aligned}\right\} \tag{5-6}$$

这儿假设每单位宽度的板桩墙的抗弯刚度 EI 在所有墙上都是相等的。把方程(5-6)代入式(5-4),

$$\sigma_1-\sigma_2+(p_1-p_2)=EI\frac{\mathrm{d}^4Y_1}{\mathrm{d}X^4}-EI\frac{\mathrm{d}^4Y_2}{\mathrm{d}X^4}$$

$$\Rightarrow\sigma_1-\sigma_2=EI\frac{\mathrm{d}^4Y_1}{\mathrm{d}X^4}-EI\frac{\mathrm{d}^4Y_2}{\mathrm{d}X^4}-(p_1-p_2)=-\frac{2E_s}{B}(Y_1-Y_2)$$

$$\Rightarrow EI\frac{\mathrm{d}^4}{\mathrm{d}X^4}(Y_1-Y_2)=-\frac{2E_s}{B}(Y_1-Y_2)+(p_1-p_2) \tag{5-7}$$

由式(5-6),看 $EI\frac{\mathrm{d}^4}{\mathrm{d}X^4}(Y_1+Y_2)=\sigma_1+\sigma_2+p_1+p_2$,代入式(5-3),有

$$\sigma_1+\sigma_2=EI\frac{\mathrm{d}^4}{\mathrm{d}X^4}(Y_1+Y_2)-(p_1+p_2)=B\mathrm{d}\tau \tag{5-8}$$

又:$\mathrm{d}\tau=\frac{G}{2}\left(\frac{\mathrm{d}^2Y_1}{\mathrm{d}X^2}+\frac{\mathrm{d}^2Y_2}{\mathrm{d}X^2}\right)=\frac{G}{2}\frac{\mathrm{d}^2}{\mathrm{d}X^2}(Y_1+Y_2)$,

故

$$EI\frac{\mathrm{d}^4}{\mathrm{d}X^4}(Y_1+Y_2)-(p_1+p_2)=\frac{BG}{2}\frac{\mathrm{d}^2}{\mathrm{d}X^2}(Y_1+Y_2)$$

$$\Rightarrow EI\frac{\mathrm{d}^4}{\mathrm{d}X^4}(Y_1+Y_2)=\frac{BG}{2}\frac{\mathrm{d}^2}{\mathrm{d}X^2}(Y_1+Y_2)+(p_1+p_2) \tag{5-9}$$

方程(5-7)、方程(5-9)是双排板桩墙结构的基本方程,若 p_1、p_2 给出了具体函数形式,则在适当边界条件下,它们能够解出。例如:$p_1=\gamma_w(H-X)$ 表示水压力,γ_w 为水重度,H 为结构有效高度;或 $p_1=K_A\gamma(H-X)$,K_A 为主动土压力系数;γ 为土重度。

板桩埋设部分地基的被动土抗力 $p_2=K_hY$,K_h 为水平地基反力系数。当结构承受地震时,惯性力 $K\gamma B$ 可作横向外力加到 p_1 中,其中的 K 是地震系数。

下面考虑六种典型的工况(图 5-2):

工况 1:拉杆与两板桩墙铰接,桩顶作用集中力。

工况 2:拉杆与板桩墙刚接,桩顶施加集中力。

工况 3:拉杆与两板桩墙铰接,板桩墙外侧作用均布力。

工况 4:拉杆与两板桩墙刚接,板桩墙外侧作用均布力。

工况 5:拉杆与两板桩墙铰接,板桩墙外侧作用均布水压力。

工况 6:拉杆与两板桩墙刚接,板桩墙外侧作用均布水压力。

在这六种工况下解基本方程:

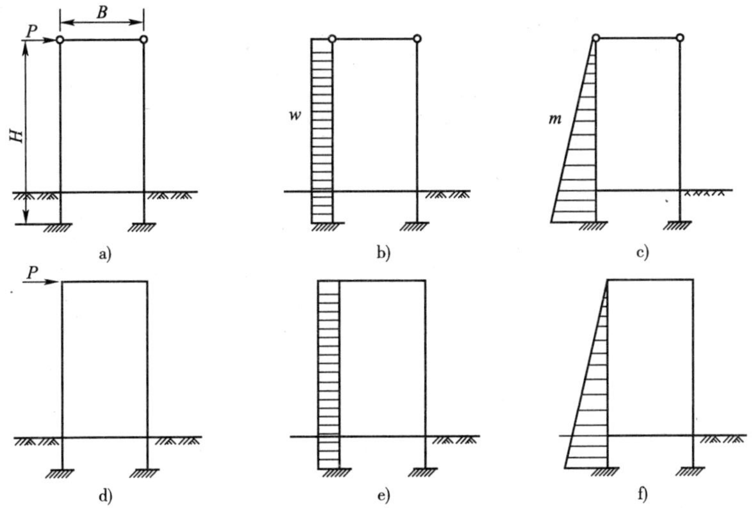

图 5-2　结构模式示意图

a)工况 1;b)工况 2;c)工况 3;d)工况 4;e)工况 5;f)工况 6

$$EI\frac{d^4}{dX^4}(Y_1-Y_2)=-\frac{2E_s}{B}(Y_1-Y_2)+(p_1-p_2) \tag{5-10}$$

$$EI\frac{d^4}{dX^4}(Y_1+Y_2)=\frac{BG}{2}\frac{d^2}{dX^2}(Y_1+Y_2)+(p_1+p_2) \tag{5-11}$$

在解基本方程之前,对每排板桩墙做个简化假定,即假定每排板桩墙固定在泥面以下某一深度。随后可把从泥面到假设不动底面的深度近似地取为 β^{-1},这里根据张有龄理论有:

$$\beta=\sqrt[4]{E_s/4(EI)_0} \tag{5-12}$$

式中:E_s——地基的杨氏模量(MPa);

$(EI)_0$——每英尺(30.3cm)宽板桩墙抗弯刚度(MN·m^2)。

则结构的有效高度 H 是从桩顶到假设不动底面的距离。为了简化分析,假设 $Y_1=Y_2$,当两排板桩刚性连接时由试验观察证实,这个假设是近似正确的。

$Y_1=Y_2$　⇒　方程(5-7)为零,方程(5-9)变为:

$$EI\frac{d^4}{dX^4}(2Y)=\frac{BG}{2}\frac{d^2}{dX^2}(2Y)+(p_1+p_2)$$

$$\Rightarrow 2EI\frac{d^4Y}{dX^4}=BG\frac{d^2Y}{dX^2}+(p_1+p_2)(Y_1=Y_2=Y) \tag{5-13}$$

下面是六种工况下基本方程的求解。

工况 1:船舶或漂浮障碍物撞击引发的集中力。这种情形下:$p_1=p_2=0$。方程(5-13)变为:

$$2EI\frac{d^4Y}{dX^4}=BG\frac{d^2Y}{dX^2} \tag{5-14}$$

$$\Rightarrow\frac{d^4Y}{dX^4}=(BG/2EI)\frac{d^2Y}{dX^2}=\lambda^2\frac{d^2Y}{dX^2};\lambda=\sqrt{BG/2EI}$$

设

$$u = \frac{d^2Y}{dX^2}, \frac{d^4Y}{dX^4} = \frac{d^2u}{dX^2}$$

则

$$\frac{d^2u}{dX^2} = \lambda^2 u$$

$$\Rightarrow u = C_{11}\text{ch}(\lambda X) + C_{21}\text{sh}(\lambda X)$$

$$\Rightarrow \frac{dY}{dX} = \frac{C_{11}}{\lambda}\text{sh}(\lambda X) + \frac{C_{21}}{\lambda}\text{ch}(\lambda X) + C_3$$

$$\Rightarrow Y = \frac{C_{11}}{\lambda^2}\text{ch}(\lambda X) + \frac{C_{21}}{\lambda^2}\text{sh}(\lambda X) + C_3X + C_4$$

$$\Rightarrow Y = C_1\text{ch}(\lambda X) + C_2\text{sh}(\lambda X) + C_3X + C_4 (C_1 = C_{11}/\lambda^2, C_2 = C_{21}/\lambda^2) \quad (5\text{-}15)$$

边界条件：$X=0, Y=\frac{dY}{dX}=0$（底部固结）

$$X = H, \frac{d^2Y}{dX^2} = 0, \frac{d^3Y}{dX^3} - \lambda^2\frac{dY}{dX} = -\frac{P}{2EI}\text{（桩顶铰接）} \quad (5\text{-}16)$$

式中：H——结构有效高度(m)；

P——单位宽度集中力(kN/m)；

$\lambda^2\frac{dY}{dX}$——桩顶面填土的抗剪阻力(kN/m)。

把边界条件代入式(5-15)：$X=0, Y=\frac{dY}{dX}=0$

$$\Rightarrow Y = C_1 + C_4 = 0, \frac{dY}{dX} = 0 = C_2\lambda + C_3 = 0$$

$$X = H: \frac{d^2Y}{dX^2} = 0, \frac{d^2Y}{dX^2} = C_1\lambda^2\text{ch}(\lambda H) + C_2\lambda^2\text{sh}(\lambda H) = 0$$

$$\Rightarrow C_1\text{ch}(\lambda H) + C_2\text{sh}(\lambda H) = 0$$

$$\frac{dY}{dX} = C_1\lambda\text{sh}(\lambda X) + C_2\lambda\text{ch}(\lambda X) + C_3$$

$$\frac{d^2Y}{dX^2} = C_1\lambda^2\text{ch}(\lambda X) + C_2\lambda^2\text{sh}(\lambda X)$$

$$\frac{d^3Y}{dX^3} = C_1\lambda^3\text{sh}(\lambda X) + C_2\lambda^3\text{ch}(\lambda X)$$

$$\frac{d^3Y}{dX^3} - \lambda^2\frac{dY}{dX} = -C_3\lambda^2 = -\frac{P}{2EI} \Rightarrow C_3 = \frac{P}{2\lambda^2 EI}$$

$$C_2 = -C_3/\lambda = -\frac{P}{2\lambda^3 EI}; C_1 = -C_2\text{th}(\lambda H)$$

$$\Rightarrow C_1 = \frac{P}{2\lambda^3 EI}\text{th}(\lambda H); C_4 = -\frac{P}{2\lambda^3 EI}\text{th}(\lambda H)$$

$$\Rightarrow Y = \frac{P}{2\lambda^3 EI}[\text{ch}(\lambda X)\text{th}(\lambda H) - \text{sh}(\lambda X) + \lambda X - \text{th}(\lambda H)]$$

板桩或结构顶挠度：$Y_t=\dfrac{P}{2\lambda^3EI}[\lambda H-\text{th}(\lambda H)]$

令

$$\Phi_1(\lambda H)=\frac{3}{(\lambda H)^2}-\frac{3}{(\lambda H)^3}\text{th}(\lambda H)$$

$$Y_t=\frac{PH^3}{6EI}\left[\frac{3}{(\lambda H)^2}-\frac{3}{(\lambda H)^3}\text{th}(\lambda H)\right]=\frac{PH^3}{6EI}\Phi_1(\lambda H)$$

$$\Rightarrow Y_t=\frac{PH^3}{6EI}\Phi_1(\lambda H) \tag{5-17}$$

$PH^3/6EI$ 对应于悬臂状态下板桩墙挠度，$\Phi_1(\lambda H)$ 是 λH 的无量纲函数。

$$Y''=\frac{P}{2\lambda EI}[\text{ch}(\lambda X)\text{th}(\lambda H)-\text{sh}(\lambda X)]$$

$$M=EIY''=\frac{P}{2\lambda}[\text{ch}(\lambda X)\text{th}(\lambda H)-\text{sh}(\lambda X)]$$

最大弯矩发生在 $X=0$，即假设底部固结不动点，其大小为：

$$M_f=\frac{P}{2\lambda}\text{th}(\lambda H)$$

令

$$\Psi_1(\lambda H)=\frac{1}{\lambda H}\text{th}(\lambda H)$$

则

$$M_f=\frac{PH}{2}\Psi_1(\lambda H) \tag{5-18}$$

这里 Ψ_1 表示填土存在的影响。

工况 2：通解与工况 1 相同，即：

$$Y=C_1\text{ch}(\lambda X)+C_2\text{sh}(\lambda X)+C_3X+C_4 \tag{5-19}$$

边界条件：$X=0$：$Y=\dfrac{\mathrm{d}Y}{\mathrm{d}X}=0$（底部固结）

$X=H$：$\dfrac{\mathrm{d}Y}{\mathrm{d}X}=0$，$\dfrac{\mathrm{d}^3Y}{\mathrm{d}X^3}=-\dfrac{P}{2EI}$（桩顶刚结）

$$\frac{\mathrm{d}Y}{\mathrm{d}X}=\lambda[C_1\text{sh}(\lambda X)+C_2\text{ch}(\lambda X)]+C_3$$

$$\frac{\mathrm{d}^3Y}{\mathrm{d}X^3}=\lambda^3[C_1\text{sh}(\lambda X)+C_2\text{ch}(\lambda X)]$$

$$X=0:C_1+C_4=0,\lambda C_2+C_3=0$$

$$X=H:\lambda C_1\text{sh}(\lambda H)+\lambda C_2\text{ch}(\lambda H)+C_3=0$$

$$\lambda^3[C_1\text{sh}(\lambda H)+C_2\text{ch}(\lambda H)]=-\frac{P}{2EI}$$

$$\Rightarrow C_1\text{sh}(\lambda H)+C_2\text{ch}(\lambda H)=-\frac{P}{2\lambda^3EI}$$

$$\Rightarrow C_3=\frac{P}{2\lambda^2EI};C_2=-\frac{P}{2\lambda^3EI}$$

$$\Rightarrow C_1\mathrm{sh}(\lambda H) = \frac{P}{2\lambda^3 EI}[\mathrm{ch}(\lambda H) - 1]$$

$$C_1 = \frac{P}{2\lambda^3 EI}\left[\frac{\mathrm{ch}(\lambda H)}{\mathrm{sh}(\lambda H)} - \frac{1}{\mathrm{sh}(\lambda H)}\right]$$

$$\mathrm{ch}(\lambda H) = \frac{e^{\lambda H} + e^{-\lambda H}}{2};\mathrm{ch}(\lambda H) - 1 = \frac{(e^{\frac{\lambda H}{2}} - e^{-\frac{\lambda H}{2}})^2}{2}$$

$$\mathrm{sh}(\lambda H) = \frac{(e^{\frac{\lambda H}{2}} - e^{-\frac{\lambda H}{2}})(e^{\frac{\lambda H}{2}} + e^{-\frac{\lambda H}{2}})}{2};$$

$$\Rightarrow C_1 = \frac{P}{2\lambda^3 EI}\mathrm{th}\left(\frac{\lambda H}{2}\right), C_4 = -C_1 = -\frac{P}{2\lambda^3 EI}\mathrm{th}\left(\frac{\lambda H}{2}\right);$$

$$\Rightarrow Y = \frac{P}{2\lambda^3 EI}\left[\mathrm{th}\left(\frac{\lambda H}{2}\right)\mathrm{ch}(\lambda X) - \mathrm{sh}(\lambda X) + \lambda X - \mathrm{th}\left(\frac{\lambda H}{2}\right)\right];$$

$$\Rightarrow Y_{\mathrm{t}}(X = H) = \frac{P}{2\lambda^3 EI}\left[\mathrm{th}\left(\frac{\lambda H}{2}\right)\mathrm{ch}(\lambda H) - \mathrm{sh}(\lambda H) + \lambda H - \mathrm{th}\left(\frac{\lambda H}{2}\right)\right]$$

$$\mathrm{th}\left(\frac{\lambda H}{2}\right)\mathrm{ch}(\lambda H) - \mathrm{sh}(\lambda H) = \frac{\mathrm{sh}\left(\frac{\lambda H}{2}\right)\mathrm{ch}(\lambda H) - \mathrm{ch}\left(\frac{\lambda H}{2}\right)\mathrm{sh}(\lambda H)}{\mathrm{ch}\left(\frac{\lambda H}{2}\right)} = \frac{-\mathrm{sh}\left(\frac{\lambda H}{2}\right)}{\mathrm{ch}\left(\frac{\lambda H}{2}\right)} = -\mathrm{th}\left(\frac{\lambda H}{2}\right)$$

$$\Rightarrow Y_{\mathrm{t}} = \left[\lambda H - 2\mathrm{th}\left(\frac{\lambda H}{2}\right)\right]\cdot\frac{P}{2\lambda^3 EI} = \frac{PH^3}{24EI}\left[\frac{12}{(\lambda H)^2} - \frac{24}{(\lambda H)^3}\mathrm{th}\left(\frac{\lambda H}{2}\right)\right]$$

令 $\Phi_2(\lambda H) = \frac{12}{(\lambda H)^2} - \frac{24}{(\lambda H)^3}\mathrm{th}\left(\frac{\lambda H}{2}\right)$，则桩顶挠度为：

$$Y_{\mathrm{t}} = \frac{PH^3}{24EI}\Phi_2(\lambda H) \tag{5-20}$$

$$Y'' = \frac{P}{2\lambda EI}\left[\mathrm{th}\left(\frac{\lambda H}{2}\right)\mathrm{ch}(\lambda X) - \mathrm{sh}(\lambda X)\right]$$

$$M = EIY'' = \frac{P}{2\lambda}\left[\mathrm{th}\left(\frac{\lambda H}{2}\right)\mathrm{ch}(\lambda X) - \mathrm{sh}(\lambda X)\right]$$

$$M_{\mathrm{t}}(X = H) = \frac{P}{2\lambda}\left[\mathrm{th}\left(\frac{\lambda H}{2}\right)\mathrm{ch}(\lambda H) - \mathrm{sh}(\lambda H)\right] = -\frac{P}{2\lambda}\mathrm{th}\left(\frac{\lambda H}{2}\right)$$

$$M_{\mathrm{f}}(X = 0) = \frac{P}{2\lambda}\mathrm{th}\left(\frac{\lambda H}{2}\right)$$

令 $\Psi_2(\lambda H) = \frac{2}{\lambda H}\mathrm{th}\left(\frac{\lambda H}{2}\right)$，则桩顶和假设不动点处弯矩为：

$$M_{\mathrm{t}} = -\frac{PH}{4}\Psi_2(\lambda H) \tag{5-21}$$

$$M_{\mathrm{f}} = \frac{PH}{4}\Psi_2(\lambda H) \tag{5-22}$$

工况 3：基本方程

$$2EI\frac{\mathrm{d}^4 Y}{\mathrm{d}X^4} = BG\frac{\mathrm{d}^2 Y}{\mathrm{d}X^2} + w \tag{5-23}$$

式中：w——均布横向压力强度，表示水压力或地震力。

设 $u=\frac{d^2Y}{dX^2},\frac{d^2u}{dX^2}=\frac{d^4Y}{dX^4}$，则：

$$2EI\frac{d^2u}{dX^2}=BGu+w\Rightarrow\frac{d^2u}{dX^2}=\frac{BG}{2EI}u+\frac{w}{2EI}$$

令 $\lambda=\sqrt{BG/2EI},\lambda^2=BG/2EI$，则：

$$\frac{d^2u}{dX^2}=\lambda^2u+\frac{w}{2EI}$$

$\frac{d^2u}{dX^2}=\lambda^2u$ 通解为：

$$Y_{\mathrm{I}}=C_1\mathrm{ch}(\lambda X)+C_2\mathrm{sh}(\lambda X)+C_3X+C_4$$

令方程(5-23)特解为：

$$Y_{\mathrm{II}}=AX^2,\frac{d^2Y_{\mathrm{II}}}{dX^2}=2A=u_{\mathrm{II}}$$

$$\frac{d^2u_{\mathrm{II}}}{dX^2}=0=\frac{BG}{2EI}u_{\mathrm{II}}+\frac{w}{2EI}\Rightarrow BGu_{\mathrm{II}}+w=0$$

$$\Rightarrow 2BGA+w=0\Rightarrow A=-\frac{w}{2BG}\Rightarrow Y_{\mathrm{II}}=-\frac{w}{2BG}X^2$$

则方程(5-23)通解为：

$$Y=Y_{\mathrm{I}}+Y_{\mathrm{II}}$$

$$\Rightarrow Y=C_1\mathrm{ch}(\lambda X)+C_2\mathrm{sh}(\lambda X)+C_3X+C_4-\frac{w}{2BG}X^2 \tag{5-24}$$

边界条件：

$$X=0:Y=\frac{dY}{dX}=0$$

$$X=H:\frac{d^2Y}{dX^2}=0,\frac{d^3Y}{dX^3}-\lambda^2\frac{dY}{dX}=0$$

$$\frac{dY}{dX}=\lambda[C_1\mathrm{sh}(\lambda X)+C_2\mathrm{ch}(\lambda X)]+C_3-\frac{w}{BG}X$$

$$\frac{d^2Y}{dX^2}=\lambda^2[C_1\mathrm{ch}(\lambda X)+C_2\mathrm{sh}(\lambda X)]-\frac{w}{BG}$$

$$\frac{d^3Y}{dX^3}=\lambda^3[C_1\mathrm{sh}(\lambda X)+C_2\mathrm{ch}(\lambda X)]$$

$$\frac{d^3Y}{dX^3}-\lambda^2\frac{dY}{dX}=-C_3\lambda^2+\frac{w}{BG}\lambda^2X$$

$$\Rightarrow X=0:C_1+C_4=0;\lambda C_2+C_3=0$$

$$\Rightarrow X=H:\lambda^2[C_1\mathrm{ch}(\lambda H)+C_2\mathrm{sh}(\lambda H)]-\frac{w}{BG}=0$$

$$-C_3\lambda^2+\frac{w}{BG}\lambda^2H=0$$

$$\Rightarrow C_1\mathrm{ch}(\lambda H)+C_2\mathrm{sh}(\lambda H)=\frac{w}{\lambda^2BG}=\frac{w}{2EI\lambda^4}(\lambda^2=BG/2EI)$$

$$C_3=\frac{w}{BG}H;C_2=-C_3/\lambda=-\frac{w}{BG}H\Big/\lambda(BG=2\lambda^2EI)$$

$$\Rightarrow C_3 = \frac{w}{2\lambda^2 EI}H; C_2 = -\frac{w}{2\lambda^3 EI}H$$

$$C_1 \mathrm{ch}(\lambda H) = \frac{w}{2\lambda^4 EI}[1 + \lambda H \mathrm{sh}(\lambda H)]$$

$$\Rightarrow C_1 = \frac{w}{2\lambda^4 EI}[\mathrm{sech}(\lambda H) + (\lambda H)\mathrm{th}(\lambda H)]$$

$$C_4 = -\frac{w}{2\lambda^4 EI}[\mathrm{sech}(\lambda H) + (\lambda H)\mathrm{th}(\lambda H)]$$

$$\begin{aligned}\Rightarrow Y_t(X=H) &= \frac{w}{2\lambda^4 EI}[1 + (\lambda H)\mathrm{sh}(\lambda H)] - \frac{w}{2\lambda^4 EI}(\lambda H)\mathrm{sh}(\lambda H) + \\ &\quad \frac{w}{2\lambda^4 EI}(\lambda H)^2 - \frac{w}{2\lambda^4 EI}[\mathrm{sech}(\lambda H) + (\lambda H)\mathrm{th}(\lambda H)] - \frac{w}{4\lambda^4 EI}(H\lambda)^2 \\ &= \frac{w}{2\lambda^4 EI} + \frac{w}{4\lambda^4 EI}(\lambda H)^2 - \frac{w}{2\lambda^4 EI}[\mathrm{sech}(\lambda H) + (\lambda H)\mathrm{th}(\lambda H)] \\ &= \frac{wH^4}{16EI}\left[\frac{4}{(\lambda H)^2} + \frac{8}{(\lambda H)^4} - \frac{8}{(\lambda H)^4}\mathrm{sech}(\lambda H) - \frac{8}{(\lambda H)^3}\mathrm{th}(\lambda H)\right]\end{aligned}$$

令

$$\Phi_3(\lambda H) = \frac{4}{(\lambda H)^2} + \frac{8}{(\lambda H)^4} - \frac{8}{(\lambda H)^4}\mathrm{sech}(\lambda H) - \frac{8}{(\lambda H)^3}\mathrm{th}(\lambda H)$$

得到桩顶的挠度为：

$$Y_t = \frac{wH^4}{16EI}\Phi_3(\lambda H) \tag{5-25}$$

$$\begin{aligned}M = EIY'' = EI\frac{\mathrm{d}^2 Y}{\mathrm{d}X^2} &= EI\lambda^2[C_1\mathrm{ch}(\lambda X) + C_2\mathrm{sh}(\lambda X)] - EI\frac{w}{BG} \\ &= EI\lambda^2[C_1\mathrm{ch}(\lambda X) + C_2\mathrm{sh}(\lambda X)] - \frac{w}{2\lambda^2}\end{aligned}$$

$$\begin{aligned}\Rightarrow M_f(X=0) = \lambda^2 EIC_1 - \frac{w}{2\lambda^2} &= \frac{w}{2\lambda^2}[\mathrm{sech}(\lambda H) + (\lambda H)\mathrm{th}(\lambda H) - 1] \\ &= \frac{wH^2}{4}\left[\frac{2}{(\lambda H)^2}\mathrm{sech}(\lambda H) + \frac{2}{(\lambda H)}\mathrm{th}(\lambda H) - \frac{2}{(\lambda H)^2}\right]\end{aligned}$$

$$\Psi_3(\lambda H) = \frac{2}{(\lambda H)^2}\mathrm{sech}(\lambda H) + \frac{2}{(\lambda H)}\mathrm{th}(\lambda H) - \frac{2}{(\lambda H)^2}$$

⇒底部不动部分弯矩：

$$M_f = \frac{wH^2}{4}\Psi_3(\lambda H) \tag{5-26}$$

工况 4：基本方程

$$2EI\frac{\mathrm{d}^4 Y}{\mathrm{d}X^4} = BG\frac{\mathrm{d}^2 Y}{\mathrm{d}X^2} + w$$

$$Y = C_1\mathrm{ch}(\lambda X) + C_2\mathrm{sh}(\lambda X) + C_3 X + C_4 - \frac{w}{2BG}X^2$$

边界条件：$X=0:Y=\frac{\mathrm{d}Y}{\mathrm{d}X}=0$

$$X=H:\frac{\mathrm{d}Y}{\mathrm{d}X}=0,\frac{\mathrm{d}^3Y}{\mathrm{d}X^3}=0$$

$$X=0:C_1+C_4=0;\lambda C_2+C_3=0$$

$$X=H:\lambda[C_1\mathrm{sh}(\lambda H)+C_2\mathrm{ch}(\lambda H)]+C_3-\frac{wH}{2\lambda^2EI}=0$$

$$\lambda^3[C_1\mathrm{sh}(\lambda H)+C_2\mathrm{ch}(\lambda H)]=0$$

$$\Rightarrow C_1\mathrm{sh}(\lambda H)+C_2\mathrm{ch}(\lambda H)=0,C_3=\frac{wH}{2\lambda^2EI}$$

$$C_2=-\frac{wH}{2\lambda^3EI}\Rightarrow C_1=\frac{wH}{2\lambda^3EI}\mathrm{cth}(\lambda H),C_4=-C_1$$

$$\Rightarrow Y=\frac{wH}{2\lambda^3EI}[\mathrm{cth}(\lambda H)\mathrm{ch}(\lambda X)-\mathrm{sh}(\lambda X)+\lambda X-\mathrm{cth}(\lambda H)]-\frac{wX^2}{4\lambda^2EI}$$

$$\Rightarrow Y_t(X=H)=\frac{wH}{2\lambda^3EI}[\mathrm{cth}(\lambda H)\mathrm{ch}(\lambda H)-\mathrm{sh}(\lambda H)-\mathrm{cth}(\lambda H)]+\frac{wH^2}{4\lambda^2EI}$$

$$=\frac{wH}{2\lambda^3EI}\left[\frac{1}{\mathrm{sh}(\lambda H)}-\frac{\mathrm{ch}(\lambda H)}{\mathrm{sh}(\lambda H)}\right]+\frac{wH^2}{4\lambda^2EI}$$

$$=\frac{wH}{2\lambda^3EI}\left[-\mathrm{th}\left(\frac{\lambda H}{2}\right)\right]+\frac{wH^2}{4\lambda^2EI}\left[\frac{1}{\mathrm{sh}(\lambda H)}-\frac{\mathrm{ch}(\lambda H)}{\mathrm{sh}(\lambda H)}=\frac{1-\mathrm{ch}(\lambda H)}{\mathrm{sh}(\lambda H)}\right.$$

$$\left.=-\mathrm{th}\left(\frac{\lambda H}{2}\right]\right)=\frac{wH^4}{48EI}\left[\frac{12}{(\lambda H)^2}-\frac{24}{(\lambda H)^3}\mathrm{th}\left(\frac{\lambda H}{2}\right)\right]$$

令

$$\Phi_4(\lambda H)=\frac{12}{(\lambda H)^2}-\frac{24}{(\lambda H)^3}\mathrm{th}\left(\frac{\lambda H}{2}\right)$$

则桩顶挠度为：

$$Y_t=\frac{wH^4}{48EI}\Phi_4(\lambda H) \tag{5-27}$$

$$\frac{\mathrm{d}Y}{\mathrm{d}X}=\frac{wH}{2\lambda^2EI}[\mathrm{cth}(\lambda H)\mathrm{sh}(\lambda X)-\mathrm{ch}(\lambda X)+1]-\frac{wX}{2\lambda^2EI}$$

$$\frac{\mathrm{d}^2Y}{\mathrm{d}X^2}=\frac{wH}{2\lambda EI}[\mathrm{cth}(\lambda H)\mathrm{ch}(\lambda X)-\mathrm{sh}(\lambda X)]-\frac{w}{2\lambda^2EI}$$

$$M=EI\frac{\mathrm{d}^2Y}{\mathrm{d}X^2}=\frac{wH}{2\lambda}[\mathrm{cth}(\lambda H)\mathrm{ch}(\lambda X)-\mathrm{sh}(\lambda X)]-\frac{w}{2\lambda^2}$$

$$M_t=\frac{wH}{2\lambda}[\mathrm{cth}(\lambda H)\mathrm{ch}(\lambda H)-\mathrm{sh}(\lambda H)]-\frac{w}{2\lambda^2}$$

$$=\frac{wH}{2\lambda}\left[\frac{\mathrm{ch}^2(\lambda H)-\mathrm{sh}^2(\lambda H)}{\mathrm{sh}(\lambda H)}\right]-\frac{w}{2\lambda^2}=\frac{wH}{2\lambda}\mathrm{csch}(\lambda H)-\frac{w}{2\lambda^2}$$

$$=-\frac{wH^2}{12}\left[\frac{6}{(\lambda H)^2}-\frac{6}{\lambda H}\mathrm{csch}(\lambda H)\right]$$

令

$$\Psi_{t4}(\lambda H)=\frac{6}{(\lambda H)^2}-\frac{6}{\lambda H}\mathrm{csch}(\lambda H)$$

$$M_{\mathrm{f}}(X=0)=\frac{wH}{2\lambda}\mathrm{cth}(\lambda H)-\frac{w}{2\lambda^2}=\frac{wH^2}{6}\left[\frac{3}{\lambda H}\mathrm{cth}(\lambda H)-\frac{3}{(\lambda H)^2}\right]$$

令

$$\Psi_{f4}(\lambda H)=\frac{3}{\lambda H}\mathrm{cth}(\lambda H)-\frac{3}{(\lambda H)^2}$$

则桩顶和底部不动点弯矩分别为：

$$M_{\mathrm{t}}=-\frac{wH^2}{12}\Psi_{t4}(\lambda H) \tag{5-28}$$

$$M_{\mathrm{f}}=\frac{wH^2}{6}\Psi_{f4}(\lambda H) \tag{5-29}$$

$$\Psi_{t4}(\lambda H)=\frac{6}{(\lambda H)^2}-\frac{6}{\lambda H}\mathrm{csch}(\lambda H)$$

$$\Psi_{f4}(\lambda H)=\frac{3}{\lambda H}\mathrm{cth}(\lambda H)-\frac{3}{(\lambda H)^2}$$

工况5：基本方程

$$2EI\frac{\mathrm{d}^4Y}{\mathrm{d}X^4}=BG\frac{\mathrm{d}^2Y}{\mathrm{d}X^2}+m(H-X) \tag{5-30}$$

式中：m——静水压力随深度的增长率。例如，对于横向土压力，$m=K_A\gamma$；对于水压力 $m=\gamma_w 2EI\frac{\mathrm{d}^4Y}{\mathrm{d}X^4}=BG\frac{\mathrm{d}^2Y}{\mathrm{d}X^2}$通解为：

$$Y_{\mathrm{I}}=C_1\mathrm{ch}(\lambda X)+C_2\mathrm{sh}(\lambda X)+C_3X+C_4$$

式(5-30)特解为：

$$Y_{\mathrm{II}}=A(H-X)^3$$

$\frac{\mathrm{d}^2Y_{\mathrm{II}}}{\mathrm{d}X^2}=6A(H-X)$；$\frac{\mathrm{d}^4Y_{\mathrm{II}}}{\mathrm{d}X^4}=0$，则式(5-30)⇒

$$0=6BGA(H-X)+m(H-X)\quad\Rightarrow\quad A=-\frac{m}{6BG}$$

⇒式(5-30)通解为：

$$Y=Y_{\mathrm{I}}+Y_{\mathrm{II}}$$

$$\Rightarrow Y=C_1\mathrm{ch}(\lambda X)+C_2\mathrm{sh}(\lambda X)+C_3X+C_4-\frac{m}{6BG}(H-X)^3 \tag{5-31}$$

边界条件：$X=0$：$Y=\frac{\mathrm{d}Y}{\mathrm{d}X}=0$

$$X=H:\frac{\mathrm{d}^2Y}{\mathrm{d}X^2}=0,\frac{\mathrm{d}^3Y}{\mathrm{d}X^3}-\lambda^2\frac{\mathrm{d}Y}{\mathrm{d}X}=0$$

$$\frac{\mathrm{d}Y}{\mathrm{d}X}=\lambda[C_1\mathrm{sh}(\lambda X)+C_2\mathrm{ch}(\lambda X)]+C_3+\frac{m}{2BG}(H-X)^2$$

$$\frac{\mathrm{d}^2Y}{\mathrm{d}X^2}=\lambda^2[C_1\mathrm{ch}(\lambda X)+C_2\mathrm{sh}(\lambda X)]-\frac{m}{BG}(H-X)$$

$$\frac{\mathrm{d}^3Y}{\mathrm{d}X^3}=\lambda^3[C_1\mathrm{sh}(\lambda X)+C_2\mathrm{ch}(\lambda X)]+\frac{m}{BG}$$

$$\Rightarrow \frac{\mathrm{d}^3 Y}{\mathrm{d}X^3} - \lambda^2 \frac{\mathrm{d}Y}{\mathrm{d}X} = \frac{m}{BG} - C_3\lambda^2 - \lambda^2 \frac{m}{2BG}(H-X)^2 = \frac{m}{BG} - C_3\lambda^2 - \frac{m}{4EI}(H-X)^2$$

$$\Rightarrow X = 0 : C_1 + C_4 = \frac{m}{6BG}H^3 = \frac{m}{12\lambda^2 EI}H^3$$

$$\lambda C_2 + C_3 + \frac{m}{2BG}H^2 = 0 \Rightarrow \lambda C_2 + C_3 = -\frac{m}{4\lambda^2 EI}H^2$$

$$X = H : \lambda^2[C_1 \mathrm{ch}(\lambda H) + C_2 \mathrm{sh}(\lambda H)] = 0$$

$$\Rightarrow C_1 \mathrm{ch}(\lambda H) + C_2 \mathrm{sh}(\lambda H) = 0$$

$$\frac{m}{BG} - C_3\lambda^2 = 0 \Rightarrow C_3 = \frac{m}{\lambda^2 BG} = \frac{m}{2\lambda^4 EI}$$

$$\Rightarrow \lambda C_2 = -\frac{m}{2\lambda^4 EI} - \frac{mH^2}{4\lambda^2 EI}; C_2 = -\frac{m}{2\lambda^5 EI} - \frac{mH^2}{4\lambda^3 EI}$$

$$\Rightarrow C_1 = -C_2 \mathrm{th}(\lambda H) = \frac{m}{2\lambda^5 EI}\mathrm{th}(\lambda H) + \frac{mH^2}{4\lambda^3 EI}\mathrm{th}(\lambda H)$$

$$C_4 = \frac{mH^3}{12\lambda^2 EI} - \frac{m}{2\lambda^5 EI}\mathrm{th}(\lambda H) - \frac{mH^2}{4\lambda^3 EI}\mathrm{th}(\lambda H)$$

$$\Rightarrow Y_t(X = H) = \frac{m}{2\lambda^5 EI}\mathrm{sh}(\lambda H) + \frac{mH^2}{4\lambda^3 EI}\mathrm{sh}(\lambda H) - \frac{m}{2\lambda^5 EI}\mathrm{sh}(\lambda H) - \frac{mH^2}{4\lambda^3 EI}\mathrm{sh}(\lambda H) + \frac{mH}{2\lambda^4 EI} + \frac{mH^3}{12\lambda^2 EI} - \frac{m}{2\lambda^5 EI}\mathrm{th}(\lambda H) - \frac{mH^2}{4\lambda^3 EI}\mathrm{th}(\lambda H)$$

实际上

$$C_1 \mathrm{ch}(\lambda H) + C_2 \mathrm{sh}(\lambda H) = 0$$

$$\Rightarrow Y_t(X=H) = C_3 H + C_4 = \frac{mH^5}{60EI}\left[\frac{30}{(\lambda H)^4} + \frac{5}{(\lambda H)^2} - \frac{15(2+\lambda^2 H^2)}{(\lambda H)^5}\mathrm{th}(\lambda H)\right]$$

令

$$\Phi_5(\lambda H) = \frac{5}{(\lambda H)^2} + \frac{30}{(\lambda H)^4} - \frac{15(2+\lambda^2 H^2)}{(\lambda H)^5}\mathrm{th}(\lambda H)$$

则桩顶挠度为

$$Y_t = \frac{mH^5}{60EI}\Phi_5(\lambda H) \tag{5-32}$$

$$M = EI\frac{\mathrm{d}^2 Y}{\mathrm{d}X^2} \Rightarrow M_f(X = 0) = EI\left(\lambda^2 C_1 - \frac{mH}{2\lambda^2 EI}\right)$$

$$\Rightarrow M_f = EI\lambda^2\left(\frac{m}{2\lambda^5 EI} + \frac{mH^2}{4\lambda^3 EI}\right)\mathrm{th}(\lambda H) - \frac{mH}{2\lambda^2}$$

$$= \left(\frac{m}{2\lambda^3} + \frac{mH^2}{4\lambda}\right)\mathrm{th}(\lambda H) - \frac{mH}{2\lambda^2}$$

$$= \frac{mH^3}{12}\left[\frac{3(2+\lambda^2 H^2)}{(\lambda H)^3}\mathrm{th}(\lambda H) - \frac{6}{(\lambda H)^2}\right]$$

令

$$\Psi_5(\lambda H) = \frac{3(2+\lambda^2 H^2)}{(\lambda H)^3}\mathrm{th}(\lambda H) - \frac{6}{(\lambda H)^2}$$

则底部不动点的弯矩：

$$M_{\mathrm{f}} = \frac{mH^3}{12}\Psi_5(\lambda H) \tag{5-33}$$

工况6：基本方程

$$2EI\frac{\mathrm{d}^4 Y}{\mathrm{d}X^4} = BG\frac{\mathrm{d}^2 Y}{\mathrm{d}X^2} + m(H-X)$$

通解

$$Y = C_1\mathrm{ch}(\lambda X) + C_2\mathrm{sh}(\lambda X) + C_3 X + C_4 - \frac{m}{6BG}(H-X)^3$$

边界条件

$$X = 0: Y = \frac{\mathrm{d}Y}{\mathrm{d}X} = 0$$

$$X = H: \frac{\mathrm{d}Y}{\mathrm{d}X} = 0, \frac{\mathrm{d}^3 Y}{\mathrm{d}X^3} = 0$$

$$\Rightarrow X = 0: C_1 + C_4 = \frac{mH^3}{6BG} = \frac{mH^3}{12\lambda^2 EI}$$

$$\lambda C_2 + C_3 + \frac{m}{2BG}H^2 = 0 \Rightarrow \lambda C_2 + C_3 = -\frac{mH^2}{4\lambda^2 EI}$$

$$X = H: \lambda[C_1\mathrm{sh}(\lambda H) + C_2\mathrm{ch}(\lambda H)] + C_3 = 0$$

$$\lambda^3[C_1\mathrm{sh}(\lambda H) + C_2\mathrm{ch}(\lambda H)] + \frac{m}{BG} = 0$$

$$\Rightarrow \lambda[C_1\mathrm{sh}(\lambda H) + C_2\mathrm{ch}(\lambda H)] = -C_3 \Rightarrow -\lambda^2 C_3 + \frac{m}{BG} = 0$$

$$\Rightarrow C_3 = \frac{m}{\lambda^2 BG} = \frac{m}{2\lambda^4 EI}$$

$$\Rightarrow \lambda C_2 = -C_3 - \frac{mH^2}{4\lambda^2 EI} \Rightarrow C_2 = -\frac{m}{2\lambda^5 EI} - \frac{mH^2}{4\lambda^3 EI}$$

$$\Rightarrow C_1\mathrm{sh}(\lambda H) + C_2\mathrm{ch}(\lambda H) = -\frac{C_3}{\lambda} = -\frac{m}{2\lambda^5 EI}$$

$$\Rightarrow C_1\mathrm{sh}(\lambda H) = -\frac{m}{2\lambda^5 EI} + \frac{m}{2\lambda^5 EI}\mathrm{ch}(\lambda H) + \frac{mH^2}{4\lambda^3 EI}\mathrm{ch}(\lambda H)$$

$$\Rightarrow C_1 = -\frac{m}{2\lambda^5 EI}\cdot\frac{1}{\mathrm{sh}(\lambda H)} + \frac{m}{2\lambda^5 EI}\frac{\mathrm{ch}(\lambda H)}{\mathrm{sh}(\lambda H)} + \frac{mH^2}{4\lambda^3 EI}\frac{\mathrm{ch}(\lambda H)}{\mathrm{sh}(\lambda H)}$$

$$\Rightarrow C_4 = \frac{mH^3}{12\lambda^2 EI} - C_1 = \frac{mH^3}{12EI\lambda^2} + \frac{m}{2\lambda^5 EI}\cdot\frac{1}{\mathrm{sh}(\lambda H)} - \frac{m}{2\lambda^5 EI}\frac{\mathrm{ch}(\lambda H)}{\mathrm{sh}(\lambda H)} - \frac{mH^2}{4\lambda^3 EI}\frac{\mathrm{ch}(\lambda H)}{\mathrm{sh}(\lambda H)}$$

$$\begin{aligned} Y_t(X = H) &= C_1\mathrm{ch}(\lambda H) + C_2\mathrm{sh}(\lambda H) + C_3 H + C_4 \\ &= -\frac{m}{2\lambda^5 EI}\cdot\frac{\mathrm{ch}(\lambda H)}{\mathrm{sh}(\lambda H)} + \frac{m}{2\lambda^5 EI}\cdot\frac{\mathrm{ch}^2(\lambda H)}{\mathrm{sh}(\lambda H)} + \frac{mH^2}{4\lambda^3 EI}\cdot\frac{\mathrm{ch}^2(\lambda H)}{\mathrm{sh}(\lambda H)} - \\ &\quad \frac{m}{2\lambda^5 EI}\mathrm{sh}(\lambda H) - \frac{mH^2}{4\lambda^3 EI}\mathrm{sh}(\lambda H) + \frac{mH}{2\lambda^4 EI} + \frac{mH^3}{12\lambda^2 EI} + \\ &\quad \frac{m}{2\lambda^5 EI}\cdot\frac{1}{\mathrm{sh}(\lambda H)} - \frac{m}{2\lambda^5 EI}\frac{\mathrm{ch}(\lambda H)}{\mathrm{sh}(\lambda H)} - \frac{mH^2}{4\lambda^3 EI}\cdot\frac{\mathrm{ch}(\lambda H)}{\mathrm{sh}(\lambda H)} \end{aligned}$$

$$= \frac{m}{2\lambda^5 EI}\cdot\frac{2}{\mathrm{sh}(\lambda H)} - \frac{m}{\lambda^5 EI}\cdot\frac{\mathrm{ch}(\lambda H)}{\mathrm{sh}(\lambda H)} + \frac{mH^2}{4\lambda^3 EI}\cdot\frac{1-\mathrm{ch}(\lambda H)}{\mathrm{sh}(\lambda H)} + \frac{mH^3}{12\lambda^2 EI} + \frac{mH}{2\lambda^4 EI}\frac{1-\mathrm{ch}(\lambda H)}{\mathrm{sh}(\lambda H)}$$

$$= -\mathrm{th}\left(\frac{\lambda H}{2}\right)$$

$$= \frac{m}{\lambda^5 EI}\cdot\frac{1-\mathrm{ch}(\lambda H)}{\mathrm{sh}(\lambda H)} + \frac{mH^2}{4\lambda^3 EI}\cdot\frac{1-\mathrm{ch}(\lambda H)}{\mathrm{sh}(\lambda H)} + \frac{mH^3}{12\lambda^2 EI} + \frac{mH}{2\lambda^4 EI}$$

$$= \frac{mH^3}{12\lambda^2 EI} + \frac{mH}{2\lambda^4 EI} - \frac{m}{EI}\mathrm{th}\left(\frac{\lambda H}{2}\right)\left(\frac{1}{\lambda^5} + \frac{H^2}{4\lambda^3}\right)$$

$$\Rightarrow Y_t(X=H) = \frac{mH^3}{12\lambda^2 EI} + \frac{mH}{2\lambda^4 EI} - \frac{m}{EI}\left(\frac{1}{\lambda^5} + \frac{H^2}{4\lambda^3}\right)\mathrm{th}\left(\frac{\lambda H}{2}\right)$$

$$= \frac{mH^5}{160EI}\left[\frac{40}{3(\lambda H)^2} + \frac{80}{(\lambda H)^4} - \frac{40(4+\lambda^2H^2)}{(\lambda H)^5}\mathrm{th}\left(\frac{\lambda H}{2}\right)\right]$$

令

$$\Phi_6(\lambda H) = \frac{40}{3(\lambda H)^2} + \frac{80}{(\lambda H)^4} - \frac{40(4+\lambda^2H^2)}{(\lambda H)^5}\mathrm{th}\left(\frac{\lambda H}{2}\right)$$

桩顶挠度

$$Y_t = \frac{mH^5}{160EI}\Phi_6(\lambda H) \tag{5-34}$$

$$\frac{d^2Y}{dX^2} = \lambda^2[C_1\mathrm{ch}(\lambda X) + C_2\mathrm{sh}(\lambda X)] - \frac{m}{BG}(H-X)$$

$$\left.\frac{d^2Y}{dX^2}\right|_{X=H} = \lambda^2[C_1\mathrm{ch}(\lambda H) + C_2\mathrm{sh}(\lambda H)]$$

$$\left.\frac{d^2Y}{dX^2}\right|_{X=0} = \lambda^2 C_1\mathrm{ch}(0) - \frac{mH}{BG} = \lambda^2 C_1 - \frac{mH}{2\lambda^2 EI}$$

$$M = EI\frac{d^2Y}{dX^2}$$

$$M_t = EI\left.\frac{d^2Y}{dX^2}\right|_{X=H}$$

$$M_f = EI\left.\frac{d^2Y}{dX^2}\right|_{X=0}$$

$$\Rightarrow M_t = \lambda^2 EI[C_1\mathrm{ch}(\lambda H) + C_2\mathrm{sh}(\lambda H)]$$

$$= \lambda^2 EI\left[-\frac{m}{2\lambda^5 EI}\cdot\frac{\mathrm{ch}(\lambda H)}{\mathrm{sh}(\lambda H)} + \frac{m}{2\lambda^5 EI}\cdot\frac{\mathrm{ch}^2(\lambda H)}{\mathrm{sh}(\lambda H)} + \frac{mH^2}{4\lambda^3 EI}\cdot\frac{\mathrm{ch}^2(\lambda H)}{\mathrm{sh}(\lambda H)} - \frac{m}{2\lambda^5 EI}\mathrm{sh}(\lambda H) - \frac{mH^2}{4\lambda^3 EI}\mathrm{sh}(\lambda H)\right]$$

$$= \lambda^2 EI\left[-\frac{m}{2\lambda^5 EI}\mathrm{cth}(\lambda H) + \frac{m}{2\lambda^5 EI}\mathrm{csch}(\lambda H) + \frac{mH^2}{4\lambda^3 EI}\mathrm{csch}(\lambda H)\right]$$

$$= \left[-\frac{m}{2\lambda^3 EI}\mathrm{cth}(\lambda H) + \left(\frac{m}{2\lambda^3 EI} + \frac{mH^2}{4\lambda EI}\right)\mathrm{csch}(\lambda H)\right](EI)$$

$$= -\frac{m}{2\lambda^3}\mathrm{cth}(\lambda H) + \left(\frac{1}{2\lambda^3} + \frac{H^2}{4\lambda}\right)m\mathrm{csch}(\lambda H)$$

$$\Rightarrow M_t = -\frac{m}{2\lambda^3}\mathrm{cth}(\lambda H) + \left(\frac{2+\lambda^2H^2}{4\lambda^3}\right)m\mathrm{csch}(\lambda H)$$

$$= -\frac{mH^3}{48}\left[\frac{24}{(\lambda H)^3}\mathrm{cth}(\lambda H) - \frac{12(2+\lambda^2H^2)}{(\lambda H)^3}\mathrm{csch}(\lambda H)\right]$$

令

$$\Psi_{t6}(\lambda H) = \frac{24}{(\lambda H)^3}\mathrm{cth}(\lambda H) - \frac{12(2+\lambda^2H^2)}{(\lambda H)^3}\mathrm{csch}(\lambda H)$$

则

$$M_t = -\frac{mH^3}{48}\Psi_{t6}(\lambda H)$$

$$M_f = EI\lambda^2C_1 - \frac{mH}{2\lambda^2} = -\frac{m}{2\lambda^3}\cdot\frac{1}{\mathrm{sh}(\lambda H)} + \frac{m}{2\lambda^3}\cdot\frac{\mathrm{ch}(\lambda H)}{\mathrm{sh}(\lambda H)} + \frac{mH^2}{4\lambda}\cdot\frac{\mathrm{ch}(\lambda H)}{\mathrm{sh}(\lambda H)} - \frac{mH^2}{2\lambda^2}$$

$$= \frac{mH^3}{16}\left[\frac{4(2+\lambda^2H^2)}{(\lambda H)^3}\mathrm{cth}(\lambda H) - \frac{8}{(\lambda H)^3}\mathrm{csch}(\lambda H) - \frac{8}{(\lambda H)^2}\right]$$

令

$$\Psi_{f6}(\lambda H) = \frac{4(2+\lambda^2H^2)}{(\lambda H)^3}\mathrm{cth}(\lambda H) - \frac{8}{(\lambda H)^3}\mathrm{csch}(\lambda H) - \frac{8}{(\lambda H)^2}$$

则

$$M_f = \frac{mH^3}{16}\Psi_{f6}(\lambda H)$$

⇒桩顶弯矩

$$M_t = -\frac{mH^3}{48}\Psi_{t6}(\lambda H) \tag{5-35}$$

底部不动点弯矩

$$M_f = \frac{mH^3}{16}\Psi_{f6}(\lambda H) \tag{5-36}$$

$$\Psi_{t6}(\lambda H) = \frac{24}{(\lambda H)^3}\mathrm{cth}(\lambda H) - \frac{12(2+\lambda^2H^2)}{(\lambda H)^3}\mathrm{csch}(\lambda H)$$

$$\Psi_{f6}(\lambda H) = \frac{4(2+\lambda^2H^2)}{(\lambda H)^3}\mathrm{cth}(\lambda H) - \frac{8}{(\lambda H)^3}\mathrm{csch}(\lambda H) - \frac{8}{(\lambda H)^2}$$

5.2.2 计算模型

1)水平外力作用时的计算模型

(1)泥面以上部分的基本公式以及通解

使填砂产生竖向的应力是作用在板桩和填砂的接触面。若忽略摩擦力,桩体受水平外力作用时,竖向应力主要是由填砂的自重和上覆荷载产生的,与水平外力作用前的状态没有太大变化。因此,在水平外力作用的基本公式的推导中,只要考虑水平方向的力平衡以及变形就可以了。

双排板桩结构在受水平外力导致变形时的泥面以上某个高度微元体的力平衡状态如图5-3所示。由于两排板桩存在位移,填充砂受到板桩A和B的应力用σ_A和σ_B表示。另外,地震时填充砂受水平方向惯性力的作用，其大小按照震度法进行计算，使用水平震度 k、填砂的重度 γ_k 与桩体宽度 B 之积表示，即用 $k\gamma_k B$ 表示。填充土砂和板桩合为一体，产生剪切变形，此时填充砂面发生的 y 方向的剪切力定为 S，根据力的平衡条件，下式成立：

$$\sigma_A - \sigma_B + k\gamma_k B = -\frac{dS}{dx} \tag{5-37}$$

式中，γ_k 要按下式表达：

$$\gamma_k = \begin{cases} \gamma_t & （在剩余水位以上时） \\ \gamma' + \gamma_w & （在剩余水位以下时） \end{cases} \tag{5-38}$$

式中：γ_t——填砂的湿重度（kN/m^3）；

γ'——填砂的浮重度（kN/m^3）；

γ_w——水的重度（kN/m^3）。

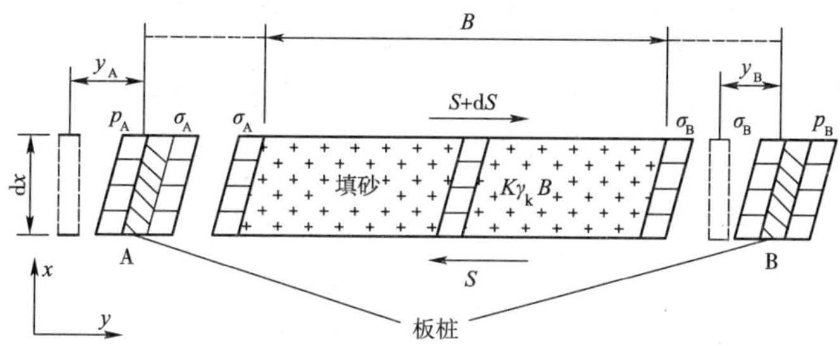

图 5-3　在泥面以上的微元体力的平衡状态

板桩 A 和 B 的位移分别表示为 y_A 和 y_B，填砂的平均剪切形变表示为$(y'_A + y'_B)/2$。因此，假定填砂为均质弹性体，剪切弹模定为 G，S 的表达式如下所示：

$$S = \frac{BG}{2}\left(\frac{dy_A}{dx} + \frac{dy_B}{dx}\right) \tag{5-39}$$

根据式（5-37）及式（5-39）得到如下剪切变形公式：

$$\sigma_A - \sigma_B + k\gamma_k B = -\frac{BG}{2}\left(\frac{d^2 y_A}{dx^2} + \frac{d^2 y_B}{dx^2}\right) \tag{5-40}$$

另外，填砂的平均压应力为$(\sigma_A + \sigma_B)/2$，此时的填砂的压缩变形量等于两排板桩的相对位移 $y_A - y_B$，则得到下面的压缩变形公式：

$$\frac{\sigma_A + \sigma_B}{2} = \frac{E_f}{B}(y_A - y_B) \tag{5-41}$$

式中：E_f——填砂的压缩弹性模量（MPa）。

另一方面，板桩 A 和 B 的弯曲刚度分别记为$(EI)_A$ 和$(EI)_B$，根据弹性地基梁理论得到如下关系式：

$$(EI)_A \frac{d^4 y_A}{dx^4} = -\sigma_A + p_A \tag{5-42}$$

$$(EI)_B \frac{d^4 y_B}{dx^4} = \sigma_B + p_B \tag{5-43}$$

式中：p_A 和 p_B——作用于板桩 A 和 B 的外荷载。

若两排板桩的弯曲刚度相等，即表示为$(EI)_A=(EI)_B=EI$，则根据式(5-40)～式(5-43)推导出两个表示双排板桩结构泥面以上状态的基本公式：

$$EI\frac{d^4}{dx^4}(y_A+y_B)=\frac{BG}{2}\frac{d^2}{dx^2}(y_A+y_B)+k\gamma_k B+p_A+p_B \tag{5-44}$$

$$EI\frac{d^4}{dx^4}(y_A-y_B)=-\frac{2E_f}{B}(y_A-y_B)+p_A-p_B \tag{5-45}$$

作用于结构的荷载包括集中荷载和分布荷载：集中荷载作用时，将荷载的作用边界进行分层，将集中力作为板桩上下边界剪切力之差代入比较好；在分布荷载中，把水压力和被动土压力假设为多边形分布(图5-4)。这样一来，式(5-44)和式(5-45)如下所示：

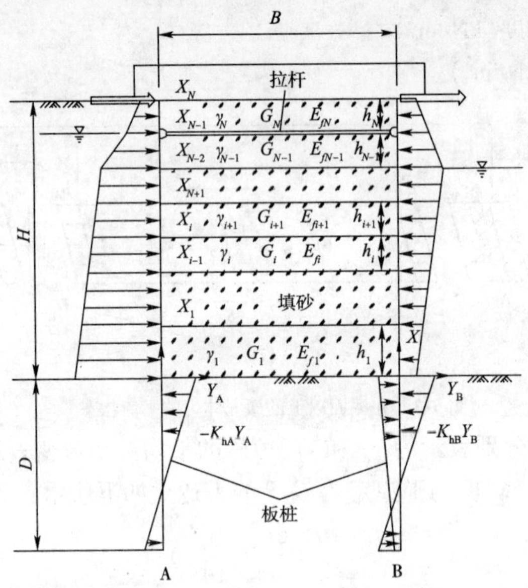

图5-4 水平外力作用时的力学模型

$$EI\frac{d^4}{dx^4}(y_A+y_B)=\frac{BG}{2}\frac{d^2}{dx^2}(y_A+y_B)+k\gamma_k B+\{m_A(H-x)+p_{A0}\}+\{m_B(H-x)+p_{B0}\} \tag{5-46}$$

$$EI\frac{d^4}{dx^4}(y_A-y_B)=-\frac{2E_f}{B}(y_A-y_B)+\{m_A(H-x)+p_{A0}\}-\{m_B(H-x)+p_{B0}\} \tag{5-47}$$

式中：H——泥面以上板桩壁高(cm)；

m_A、p_{A0}——作用于板桩A的分布荷载的系数；

m_B、p_{B0}——作用于板桩B的分布荷载的系数。

式(5-46)和式(5-47)的通解如下所示：

$$\begin{cases} y_A+y_B=A_1h(\lambda x)+A_2h(\lambda x)+A_3x+A_4-\dfrac{m_A+m_B}{3BG}(H-x)^3-\dfrac{p_{A_0}+p_{B_0}}{BG}(H-x)^2+\dfrac{k\gamma_k}{G}(H-x)^2 \\ \lambda=\sqrt{BG/(2EI)} \end{cases} \tag{5-48}$$

$$\begin{cases} y_A - y_B = e^{\alpha x}(C_1\cos\alpha x + C_2\sin\alpha x) + e^{-\alpha x}(C_3\cos\alpha x + C_4\sin\alpha x) + \\ \qquad \dfrac{(m_A - m_B)B}{2E_f}(H - x) + \dfrac{(p_{A0} - p_{B0})B}{2E_f} \\ \alpha = \sqrt[4]{E_f/(2BEI)} \end{cases} \tag{5-49}$$

式中：$A_1 \sim A_4$ 以及 $C_1 \sim C_4$ 为按边界条件求出的积分常数。

泥面以上的板桩 A 和 B 的位移 y_A 和 y_B 是根据式(5-48)和式(5-49)从代数计算中直接求得的。同样，如果对 y_A 和 y_B 求导函数，那么就能求出板桩 A 和 B 的转角、弯矩以及剪力。

(2)泥面以下部分的基本公式以及通解

当水平外力作用下桩体发生变形，泥面以下的板桩受到地基反力的作用时，板桩的状态与横向受力桩的状态类似。但是，双排板桩结构中，填砂存在于泥面以上的板桩间，为了与地基衔接，计算泥面以下板桩的状态时，有必要考虑填砂对其的影响。

水平外力作用使填砂产生变形、抗剪阻力。泥面填砂的剪力，是由于泥面向桩体弯曲方向位移的水平荷载作用所致，当传到泥面以下，则是由于土压力作用于板桩 B 的埋入部分所致。研究板桩 B 的土压力向弹性地基的应力传播可得，土压力在泥面处最大，土压力分布从与桩体宽度相等的深度至泥面呈三角形分布，其大小可认为与填砂传到泥面的剪力相等。

此处，泥面以下板桩的状态按张有龄法表示的桩水平状态来计算，仅需以修正张有龄公式考虑上述板桩 B 的土压力。板桩 A 和 B 的泥面以下的位移分别为 y_{A0} 和 y_{B0}，板桩的状态用下式表示：

板桩 A

$$EI\frac{d^4 y_{A0}}{dx^4} = -k_{hA} y_{A0} \tag{5-50}$$

板桩 B

在埋设深度 $D \geqslant B$ 时 $0 \geqslant x \geqslant -B$、$D < B$ 时 $0 \geqslant x \geqslant -D$ 的范围内：

$$EI\frac{d^4 y_{B0}}{dx^4} = -k_{hB} y_{B0} + \frac{2S_g}{B^2}x + \frac{2S_g}{B} \tag{5-51}$$

在 $D \geqslant B$ 时，$-B \geqslant x \geqslant -D$ 的范围内：

$$EI\frac{d^4 y_{B0}}{dx^4} = -k_{hB} y_{B0} \tag{5-52}$$

式中：k_{hA} 和 k_{hB}——板桩 A 和 B 的横向地基反力系数；

S_g——按式(5-76)计算的填砂传到泥面的剪力。

式(5-50)、式(5-51)以及式(5-52)的通解如下所示。

根据式(5-50)：

$$\begin{cases} y_{A0} = e^{\beta_A x}(Q_1\cos\beta_A x + Q_2\sin\beta_A x) + e^{-\beta_A x}(Q_3\cos\beta_A x + Q_4\sin\beta_A x) \\ \beta_A = \sqrt[4]{k_{hA}/(4EI)} \end{cases} \tag{5-53}$$

根据式(5-51)：

$$\begin{cases} y_{B_0} = e^{\beta_B x}(R_1\cos\beta_B x + R_2\sin\beta_B x) + e^{-\beta_B x}(R_3\cos\beta_B x + R_4\sin\beta_B x) + \\ \qquad \dfrac{2S_g}{k_{hB}B^2}x + \dfrac{2S_g}{k_{hB}B} \\ \beta_B = \sqrt[4]{k_{hB}/(4EI)} \end{cases} \tag{5-54}$$

根据式(5-52)：

$$y_{B0} = e^{\beta_B x}(R_5\cos\beta_B x + R_6\sin\beta_B x) + e^{-\beta_B x}(R_7\cos\beta_B x + R_8\sin\beta_B x) \tag{5-55}$$

式中：$Q_1 \sim Q_4$ 及 $R_1 \sim R_8$ 为按边界条件求出的积分常数。

(3)弹塑性数值计算模型

将双排板桩结构划分为泥面以上和泥面以下部分，在各自范围内推导出通解。不论何种场合，通解都是在假设填砂或地基是相同弹性体条件下求得的。但即使在模型试验中，从水平外力的初期阶段开始本结构的变形特性就明显地表现为非线性，不能忽略填砂以及地基的弹塑性性质。因此，为了用(1)和(2)中求得的通解来分析双排板桩结构的弹塑性状态，建议将填砂中的剪切弹模和压缩弹模用剪切变形的函数来表示，地基中板桩的横向地基反力系数用板桩的泥面位移表示，并采用经迭代计算非线性计算模型。

另外，研究填砂的特性，法向应力由填砂的自重产生，因此下部较大，剪切变形也随着场所的不同而变化，容易推测出其力学特性不一样。但是，认为剪切变形位置上的差异为高度方向大而桩体宽度方向小，如图5-4所示，沿板桩壁高对双排板桩结构泥面以上部分进行分层，计算模型中假设各层填砂有不同的剪切弹性模量 G。

边界条件如假设拉杆安装位置及泥面以上部分的分层如图5-4所示。

①填砂的剪切弹模以及压缩弹模。

对各种砂进行单剪试验，结果明确了砂的剪切弹模 G_t 通常能表达为法向应力 σ_N 和剪切变形 θ 的函数，这个函数表示如下：

$$G_t = f(\sigma_N, \theta) \tag{5-56}$$

双排板桩结构受到水平外力而变形时，认为填砂产生的所有方面的局部变化与单剪试验时的状态类似。但是，(1)所述的计算模型中，填砂的所有在水平方向的变形都是近似曲线形的。因此，把单剪试验得到的砂的剪切弹模 G_t 照搬到计算模型中作为填砂的剪切弹模 G_t 使用有些不合理。于是，计算模型中填砂的剪切弹模与单剪试验得到的砂的剪切弹模 G_t 的表达式 $f(\sigma_N, \theta)$ 相似，仅对绝对值修正，用下式表示出：

$$G = aG_t \tag{5-57}$$

式中：a——修正系数，通过比较模型试验结果和计算结果来确定。

计算式(5-56)中的法向应力 σ_N 时，需考虑各分割层中间位置上面的填砂质量以及上覆荷载。图5-4中 i 层的法向应力 σ_{Ni} 如下所示：

$$\sigma_{Ni} = \frac{1}{2}\gamma_i h_i + \sum_{j=i+1}^{N}\gamma_j h_j + q \tag{5-58}$$

式中：q——上覆荷载(kPa)；

h_i——i 层的层厚(kN/m^3)；

γ_i——i 层填砂的重度(kN/m^3)，如下所示：

$$\gamma_i=\begin{cases}\gamma_t & （在剩余水位以上时）\\ \gamma' & （在剩余水位以下时）\end{cases} \tag{5-59}$$

另外，式(5-56)中的剪切变形角 θ，作为在各层中间位置的板桩 A 和 B 的转角的平均值，用下式计算：

$$\theta=\frac{1}{2}(y_{\mathrm{A}}'+y_{\mathrm{B}}') \tag{5-60}$$

填砂的压缩弹模 E_{f} 通过引入泊松比 ν、剪切弹性模量 G 按下式进行计算：

$$E_{\mathrm{f}}=2(1+\nu)G \tag{5-61}$$

②地基的横向反力系数。

一方面作用于板桩 A 和 B 泥面以下的地基反力计算公式中含有单排板桩的横向地基反力系数 $k_{h\mathrm{A}}$ 和 $k_{h\mathrm{B}}$，和桩的水平位移时一样，这些被认为是由板桩 A 和 B 的泥面位移 y_{Ag} 和 y_{Bg} 产生的变化。另外，张有龄法中忽略地基特性的竖向变化，认为在埋深较浅的场合，横向地基反力系数受到埋入深度的影响。因此，横向地基反力数 $k_{h\mathrm{A}}$ 和 $k_{h\mathrm{B}}$ 作为板桩的泥面位移 y_{Ag} 和 y_{Bg} 和埋入深度 D 的函数如下所示：

$$k_{\mathrm{hA}}=g(y_{\mathrm{Ag}},D) \tag{5-62}$$

$$k_{\mathrm{hB}}=g(y_{\mathrm{Bg}},D) \tag{5-63}$$

③边界条件。

假设拉杆安装位置及地基上部的土层分层如图 5-4 所示时，列出的边界条件。

a. 拉杆安装点($x=x_{N-1}$)的边界条件。

拉杆发生弹性变形，是由作为集中荷载作用于板桩的拉力的变化所导致。另外，第 N 层和第 $N-1$ 层的填砂的剪切弹模不同，故边界表面填砂的剪力不连续。因此，考虑力的平衡条件，以上层和下层填砂的剪力之差作为集中荷载作用于板桩。此时，考虑到砂的特性，集中荷载对板桩的横向作用只有压力。将板桩的变形、转角及弯矩看作连续的，在剪力的条件公式中需考虑上述的集中荷载以及从桩体外受到的集中荷载。各条件公式如下所示：

$$\begin{cases}y_{\mathrm{A}N}=y_{\mathrm{A}N-1},y_{\mathrm{B}N}=y_{\mathrm{B}N-1}\\ y_{\mathrm{A}N}'=y_{\mathrm{A}N-1}',y_{\mathrm{B}N}'=y_{\mathrm{B}N-1}'\\ y_{\mathrm{A}N}''=y_{\mathrm{A}N-1}'',y_{\mathrm{B}N}''=y_{\mathrm{B}N-1}''\end{cases} \tag{5-64}$$

$G_N\leqslant G_{N-1}$ 时

$$\begin{cases}y'''_{\mathrm{A}N}-y'''_{\mathrm{A}N-1}=\dfrac{B(G_N-G_{N-1})}{2EI}(y'_{\mathrm{A}N-1}+y'_{\mathrm{B}N-1})-\dfrac{E_{\mathrm{t}}A_{\mathrm{t}}}{BEI}(y_{\mathrm{A}N-1}-y_{\mathrm{B}N-1})+\dfrac{P_{\mathrm{A}N-1}}{EI}\\ y'''_{\mathrm{B}N}-y'''_{\mathrm{B}N-1}=\dfrac{E_{\mathrm{t}}A_{\mathrm{t}}}{BEI}(y_{\mathrm{A}N-1}-y_{\mathrm{B}N-1})+\dfrac{P_{\mathrm{B}N-1}}{EI}\end{cases} \tag{5-65}$$

$G_N>G_{N-1}$ 时

$$\begin{cases}y'''_{\mathrm{A}N}-y'''_{\mathrm{A}N-1}=-\dfrac{E_{\mathrm{t}}A_{\mathrm{t}}}{BEI}(y_{\mathrm{A}N-1}-y_{\mathrm{B}N-1})+\dfrac{P_{\mathrm{A}N-1}}{EI}\\ y'''_{\mathrm{B}N}-y'''_{\mathrm{B}N-1}=\dfrac{B(G_N-G_{N-1})}{2EI}(y'_{\mathrm{A}N-1}+y'_{\mathrm{B}N-1})+\dfrac{E_{\mathrm{t}}A_{\mathrm{t}}}{BEI}(y_{\mathrm{A}N-1}-y_{\mathrm{B}N-1})+\dfrac{P_{\mathrm{B}N-1}}{EI}\end{cases} \tag{5-66}$$

式中：$y_{\mathrm{A}N}$、$y_{\mathrm{A}N-1}$——第 N 层及第 $N-1$ 层的板桩 A 的位移(mm)；

y_{BN}、y_{BN-1}——第 N 层及第 $N-1$ 层的板桩 B 的位移(mm)；

G_N、G_{N-1}——第 N 层及第 $N-1$ 层的填充砂的剪切弹模(MPa)；

E_t——拉杆的杨氏弹性模量(MPa)；

A_t——每延米的拉杆换算截面积(m^2/m)；

P_{AN-1}、P_{BN-1}——作用于板桩 A 和 B 的 $x=x_{N-1}$ 点的集中荷载(kN)。

b. 板桩桩顶($x=H$)的边界条件。

在板桩桩顶的边界条件,没有顶板等约束时,视弯矩为 0。有顶板约束时,认为板桩转角为 0、两板桩间无相对位移。另外,船舶的靠泊力和上覆荷载的地震力作为板桩桩顶的集中荷载,在剪切力的条件公式中需考虑。根据以上假设,边界条件公式如下所示。

无上部约束时

$$\begin{cases} y''_{AN}=0, y''_{BN}=0 \\ y'''_{AN}=\dfrac{BG_N}{2EI}(y'_{AN}+y'_{BN})-\dfrac{P_{AN}}{EI} \\ y'''_{BN}=-\dfrac{P_{BN}}{EI} \end{cases} \tag{5-67}$$

上部有顶板时

$$\begin{cases} y_{AN}-y_{BN}=0 \\ y'_{AN}=0, y'_{BN}=0 \\ y'''_{AN}+y'''_{BN}=\dfrac{BG_N}{2EI}(y'_{AN}+y'_{BN})-\dfrac{P_{AN}+P_{BN}}{EI} \end{cases} \tag{5-68}$$

式中:P_{AN}、P_{BN}——作用于板桩 A 和 B 桩顶的集中荷载(kN)。

c. 在泥面以上的第 $i+1$ 层和第 i 层($x=x_i$)的边界条件。

在拉杆安装点之外的泥面以上的各层边界,和在拉杆安装点的边界条件相同,将板桩的变位、转角以及弯矩看作连续的,第 $i+1$ 层和第 i 层填砂剪力的差以及从桩体外受到的集中荷载在剪力的条件公式中需作考虑。边界条件公式如下所示:

$$\begin{cases} y_{Ai+1}=y_{Ai}, y_{Bi+1}=y_{Bi} \\ y'_{Ai+1}=y'_{Ai}, y'_{Bi+1}=y'_{Bi} \\ y''_{Ai+1}=y''_{Ai}, y''_{Bi+1}=y''_{Bi} \end{cases} \tag{5-69}$$

$G_{i+1} \leqslant G_i$ 时

$$\begin{cases} y'''_{Ai+1}-y'''_{Ai}=\dfrac{B(G_{i+1}-G_i)}{2EI}(y'_{Ai}+y'_{Bi})+\dfrac{P_{Ai}}{EI} \\ y'''_{Bi+1}-y'''_{Bi}=\dfrac{P_{Bi}}{EI} \end{cases} \tag{5-70}$$

$G_{i+1} > G_i$ 时

$$\begin{cases} y'''_{Ai+1}-y'''_{Ai}=\dfrac{P_{Ai}}{EI} \\ y'''_{Bi+1}-y'''_{Bi}=\dfrac{B(G_{i+1}-G_i)}{2EI}(y'_{Ai}+y'_{Bi})+\dfrac{P_{Bi}}{EI} \end{cases} \tag{5-71}$$

式中：y_{Ai+1}、y_{Ai}——板桩 A 在第 $i+1$ 层及第 i 层土的位移（mm）；

y_{Bi+1}、y_{Bi}——板桩 B 在第 $i+1$ 层及第 i 层土的位移（mm）；

G_{i+1}、G_i——第 $i+1$ 层及第 i 层的填砂的剪切弹模（MPa）；

P_{Ai}、P_{Bi}——作用于板桩 A 和 B 的 $x=x_i$ 点的集中荷载（kN）。

d. 泥面（$x=0$）边界条件。

泥面的边界条件与第 $i+1$ 层及第 i 层相同，将板桩的变位、转角及弯矩看作连续的，填砂下部和泥面以上的剪力之差以及从桩体外受到的集中荷载在剪力的条件公式中需作考虑。此时，泥面以上的剪力相当于 2）的泥面以下的基本公式中包含的 S_g，假设剪力是由 $x=0$ 时填砂的垂直荷载 σ_{Ng} 以及剪切变形 θ_g 算出的。边界条件公式如下所示：

$$\begin{cases} y_{A1}=y_{A0}, y_{B1}=y_{B0} \\ y'_{A1}=y'_{A0}, y'_{B1}=y'_{B0} \\ y''_{A1}=y''_{A0}, y''_{B1}=y''_{B0} \end{cases} \tag{5-72}$$

$G_1 \leqslant G_g$ 时

$$\begin{cases} y'''_{A1}-y'''_{A0}=\dfrac{B(G_1-G_g)}{2EI}(y'_{A0}+y'_{B0})+\dfrac{P_{Ag}}{EI} \\ y'''_{B1}-y'''_{B0}=\dfrac{P_{Bg}}{EI} \end{cases} \tag{5-73}$$

$G_1 > G_g$ 时

$$\begin{cases} y'''_{A1}-y'''_{A0}=\dfrac{P_{Ag}}{EI} \\ y'''_{B1}-y'''_{B0}=\dfrac{B(G_1-G_g)}{2EI}(y'_{A0}+y'_{B0})+\dfrac{P_{Bg}}{EI} \end{cases} \tag{5-74}$$

式中：y_{A1}、y_{B1}——板桩 A 和 B 的第一层位移（mm）；

G_1、G_g——第一层及泥面填砂的剪切弹模（MPa）；

P_{Ag}、P_{Bg}——作用于板桩 A 和 B 泥面的集中荷载（kN）。

另外，根据式（5-56）和式（5-57）得出在泥面填砂的剪切弹模 G_g 的表达式如下式所示：

$$G_g=af(\sigma_{Ng},\theta_g) \tag{5-75}$$

而泥面以上填砂的剪力 S_g 如下式所示：

$$S_g=BG_g\theta_g \tag{5-76}$$

e. 板桩下端（$x=-D$）的边界条件。

假设板桩被振入嵌固度与基岩等相比较小的普通地基中时，将板桩下端的弯矩以及剪力视为 0，如下式所示：

$$\begin{cases} y''_{A0}=0, y''_{B0}=0 \\ y'''_{A0}=0, y'''_{B0}=0 \end{cases} \tag{5-77}$$

f. 地基中板桩 B 的解的连续条件。

板桩的埋深 D 比桩体宽度 B 大时，板桩 B 在地基中 $x=-B$ 处的通解作为边界分成式（5-54）和式（5-55）两式。此时，将板桩的变位、转角、弯矩和剪力都看作是连续的。

④计算程序。

本计算方法为了严密地表示出填砂和地基的性质,根据式(5-57)、式(5-62)和式(5-63)所示,填砂的剪切弹模和横向地基反力系数用非线性函数表示。因此,根据相关各方面的迭代计算,能够对双排板桩结构的力学性能进行弹塑性分析。计算流程如图5-5所示。

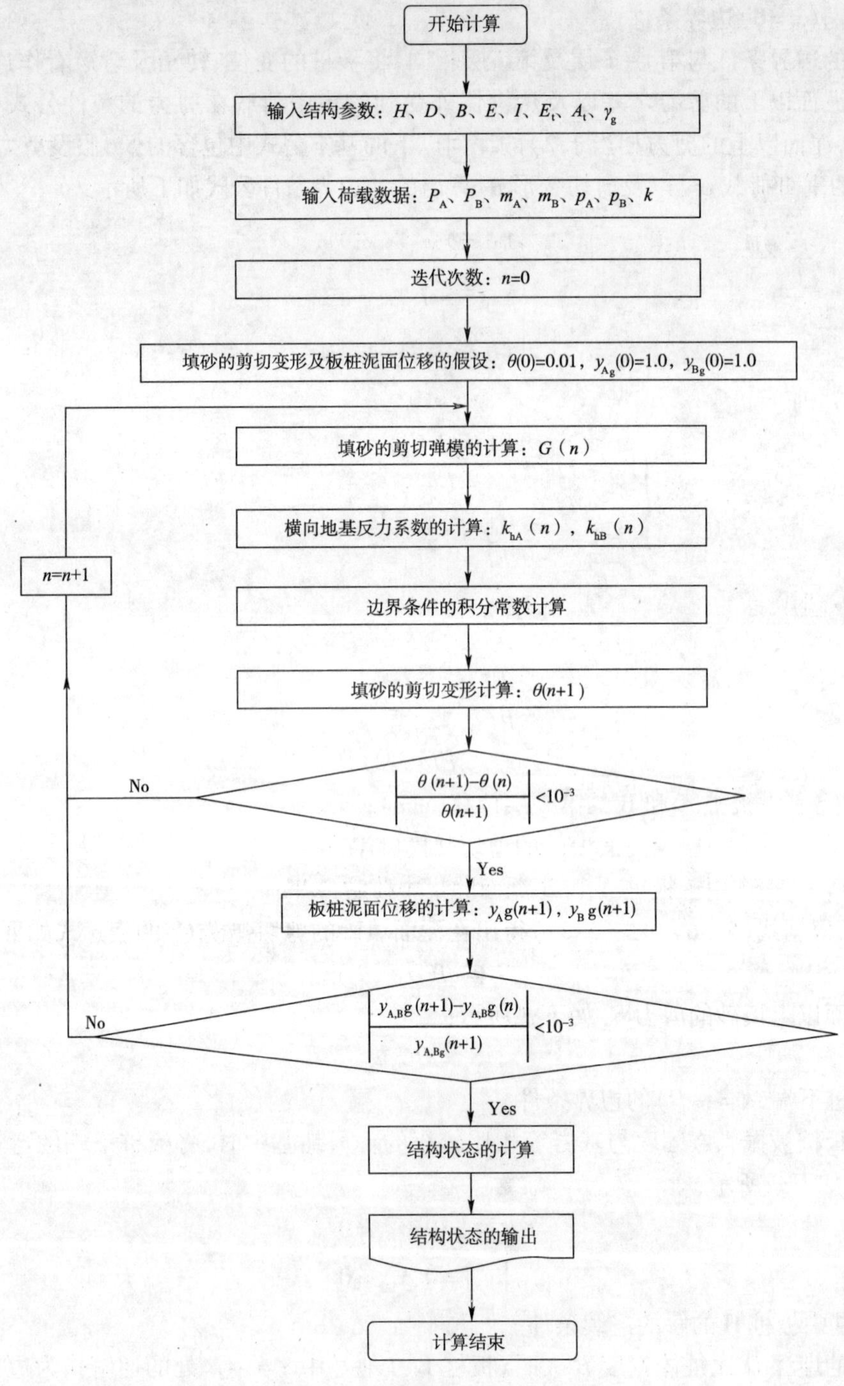

图5-5　弹塑性计算流程图

2)填砂后的计算模型

(1)基本公式和通解

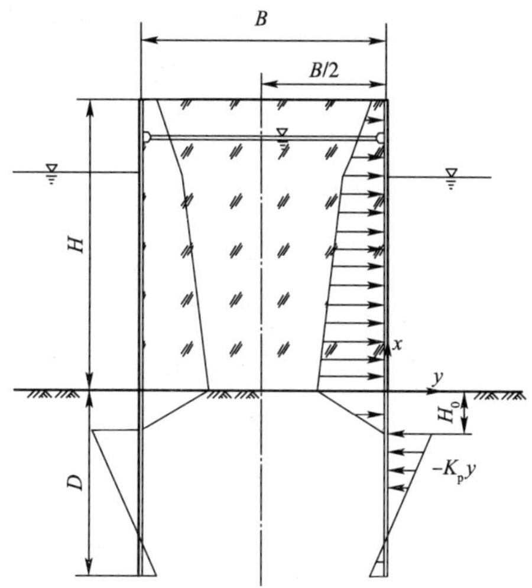

图 5-6　填完砂后的力学模型

双排板桩结构的截面关于两排板桩的中间轴呈对称时,其填砂时两排板桩的状态也呈现对称性,因此如图 5-6 所示,只需研究其单排板桩的状态即可。

泥面以上的板桩受到填砂主动土压力的作用,土压力荷载的分布用多边形表示。地基中填砂的主动土压力和地基反力作用于板桩,在泥面以下的较浅区域,地基反力处于极限状态,则将泥面以下适当深度 H_0 的区域看作受到了与主动土压力和极限被动土压力之差值相当的土压力作用。比 H_0 更深的部分,填砂主动土压力的影响较小,板桩承受的横向抗力采用张有龄公式比较合适。

这样一来,各土层内板桩状态的基本公式如下所示。

①泥面以上:

$$EI\frac{d^4y}{dx^4}=m_f(H-x)+p_f \tag{5-78}$$

②泥面以下塑性区域:

$$EI\frac{d^4y}{dx^4}=m_f(H-x)+p_f+K_p\gamma_g x \tag{5-79}$$

③泥面以下弹性区域:

$$EI\frac{d^4y}{dx^4}=-K_py \tag{5-80}$$

式中: y——板桩的位移;

m_f 和 p_f——填砂主动土压力的系数;

K_p——被动土压力系数;

γ_g——地基的重度。

各式的通解如下所示。

根据式(5-78)

$$y=-\frac{m_f}{120EI}x^5+\frac{m_fH+p_f}{24EI}x^4+a_1x^3+a_2x^2+a_3x+a_4 \tag{5-81}$$

根据式(5-79)

$$y=-\frac{K_p\gamma_g-m_f}{120EI}x^5+\frac{m_fH+p_f}{24EI}x^4+b_1x^3+b_2x^2+b_3x+b_4 \tag{5-82}$$

根据式(5-80)

$$\begin{cases}y=e^{\beta x}(c_1\cos\beta x+c_2\sin\beta x)+e^{-\beta x}(c_3\cos\beta x+c_4\sin\beta x)\\ \beta=\sqrt[4]{k_h/4EI}\end{cases} \tag{5-83}$$

式中：　　　　　k_h——横向地基反力系数；

$a_1 \sim a_4$、$b_1 \sim b_4$、$c_1 \sim c_4$——由边界条件求得的积分常数。

(2)弹塑性数值计算模型

地基的弹性区域计算公式中的横向地基反力系数 k_h 和地基在水平外力作用时的计算模型取值相同，作为板桩的泥面位移 y_g 和埋深 D 的函数，如下表示：

$$k_h = g(y_g, D) \tag{5-84}$$

存在的边界条件为：假设板桩上部及下部的弯矩和剪力为0。另外，在各边界范围内，将板桩的变位、转角、弯矩和剪力看作是连续的。

由于桩体截面对称，在板桩中间点将拉杆固定，拉杆发生弹性形变，下式所示的拉力 T 为集中力对板桩的作用。

$$T = \frac{2E_t A_t}{B} y \tag{5-85}$$

和水平外力作用时的计算模型相同，若对横向地基反力系数进行迭代计算，则计算时有可能考虑地基弹塑性的变化。

5.3 结构计算

5.3.1 板桩墙入土深度

钢板桩前面的被动土压力产生的弯矩与背面的荷载(主动土压力，水压力)产生的弯矩关于拉杆安装点保持极限平衡，按图5-7的状态计算钢板桩的入土深度，取高水位时或地震时的较大的值。

这里，水压力为地基平面上由墙体中的水位产生的，钢板桩的底部为0。

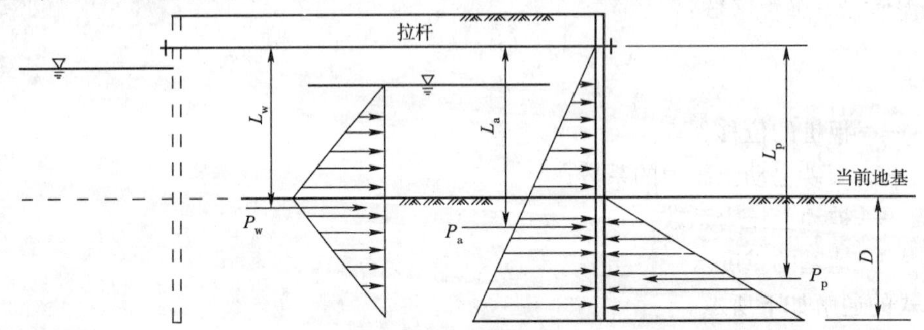

图5-7　计算钢板桩的入土深度

板桩墙的入土深度 D 从下式中求出：

$$M_P K \geqslant F \cdot M_a \tag{5-86}$$

$$M_a = P_a \cdot L_a + P_w \cdot L_w \tag{5-87}$$

$$M_P = P_p \cdot L_p \tag{5-88}$$

式中：M_P——被动土压力关于拉杆安装点的弯矩(kN·m/m)；

M_a——主动土压力关于拉杆安装点的弯矩(kN·m/m)；

D——计算入土深度(m)；

P_P——被动土压力(kN/m)；

L_P——P_P 关于拉杆安装点的作用长度(m)；
P_a——主动土压力(kN/m)；
L_a——P_a 关于拉杆安装点的作用长度(m)；
P_w——剩余水压力(kN/m)；
L_w——P_w 关于拉杆安装点的作用长度(m)；
F——安全系数(表 5-2)。

安全系数表　　表 5-2

土　质	平　时	地震时	土　质	平　时	地震时
砂土	1.5 以上	1.2 以上	黏土	1.2 以上	1.2 以上

5.3.2　承载力验算

1)板桩墙的最大弯矩和弯矩折减系数

板桩墙计算中采用按传统土压力分布方法,不考虑由于板桩墙的挠屈而产生土压力重分布而进行计算,可以将计算所得板桩最大弯矩值降低 1/3 或乘以 0.7 ~ 0.8 的折减系数后作为板桩弯矩标准值。但在下列情况下是不允许降低的:

(1)桩尖在土中嵌固,不能产生土压力重分布的情况。

(2)墙后是未固结的黏性土。

(3)墙后土没有达到拉杆的高程。

(4)墙后自港池底起至锚碇系统为止的土全部是回填的。

2)钢板桩强度验算

钢板桩根据板桩墙计算弯矩要求,可选用板式、盆形(拉森形)、Z 形、I 形、盒形、组合形、复合形和格形等。钢板桩的单宽强度必须满足下式:

$$\frac{\gamma_{GQ}}{1000}\left(\frac{N}{A}+\frac{M_{max}}{W_z}\right)\leqslant f_t \tag{5-89}$$

式中:N——作用标准值产生的每米轴向力(kN);
M_{max}——作用标准值产生的每米板桩墙最大弯矩(kN · m);
A——钢板桩的截面面积(m^2/m);
W_z——钢板桩的弹性抵抗矩(m^3/m);
f_t——钢材的强度设计值(MPa),按国家标准《钢结构设计规范》(GB 50017—2003)中规定采用;
γ_{GQ}——综合分项系数,取 1.35。

钢板桩在淡水中,不需要采取特殊防锈措施,因为在泥面以下和墙后一侧,钢板桩的锈蚀速度很慢,可以忽略不计;泥面以上的在水中全部表面均匀分布,而且锈蚀也甚小。

钢板桩在侵蚀性水和海水中,尤其在水下长有甲壳类海洋生物的,会严重锈蚀;但板桩岸侧锈蚀速度甚慢,泥面以下部分均可忽略不计。

采用防锈漆的办法,只能推迟锈蚀起始时间 5 ~ 10 年,并可降低锈蚀程度。但是因为必须喷砂除锈后再涂防锈漆,费用较贵,因此,往往采用增加厚度的板桩断面。水面以下的锈蚀可以通过阴极防护用外加电流的办法,或者牺牲阳极的办法来防止锈蚀。

对于海工结构,宜适当将胸墙底面高程降低,减小钢板桩的锈蚀面。

3)基础地基承载力验算

认为基础地基呈如图 5-8 所示状态,必须确认其安全性,不过可以根据地基条件降低支承面验算。

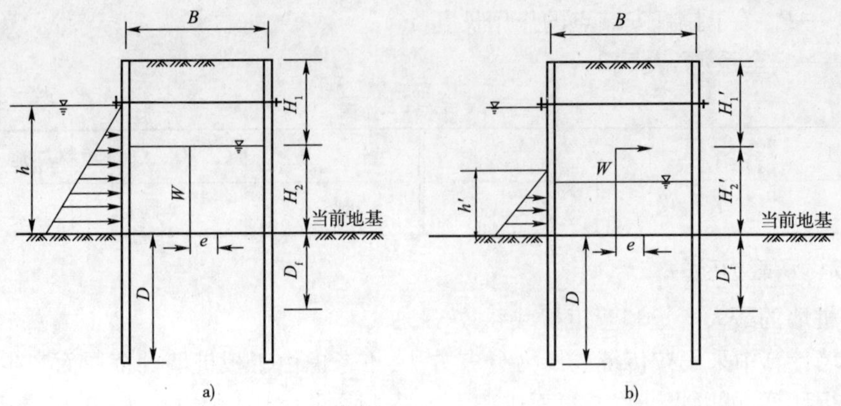

图 5-8 关于基础地基承载力的验算

a)平时;b)地震时

$$\begin{cases} F = \dfrac{Q_u}{W} \\ Q_u = A'(K \cdot c \cdot N_c + K \cdot \gamma_2 \cdot D_f \cdot N_q + \dfrac{1}{2}\gamma_1 \cdot B' \cdot N_r) \\ B' = B - 2e \\ e = M_s / W \end{cases} \tag{5-90}$$

式中: F——安全系数,按表 5-3 要求;

Q_u——地基的极限承载力(kN/m);

W——填土的重量(kN/m);

A'——有效荷载面积(m^2/m);

B'——考虑偏心的基础的有效荷载宽度(m);

B——墙体宽度(m);

e——荷载的偏心距离(m);

M_s——作用在当前地基平面上的弯矩(kN·m/m);

K——由墙体宽度和入土深度确定的增大系数,取 $K=1$;

D_f——当前地基平面到验算点为止的入土深度(m),原则上不考虑;

γ_1——距离当前地基平面 D_f 以上深度的土的重度(kN/m^3);

γ_2——从当前地基平面到 D_f 为止土的重度(kN/m^3);

N_c、N_q、N_r——土的承载力系数,按图 5-9 ~ 图 5-11 取用。

安 全 系 数　　表 5-3

平时(高水位时)	1.2 以上	地震时	1.0 以上

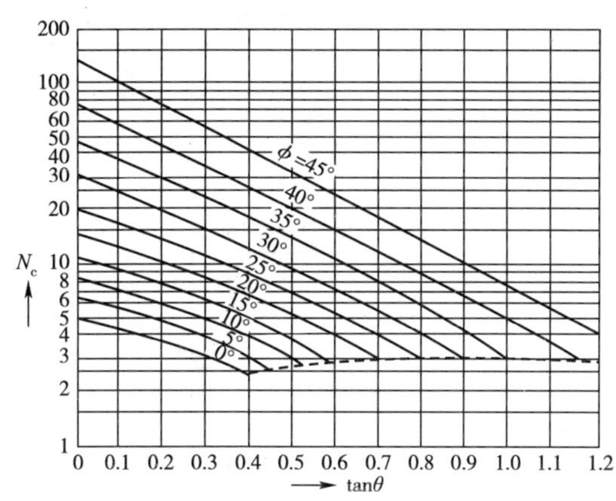

图 5-9　承载力系数 N_c 的求解图

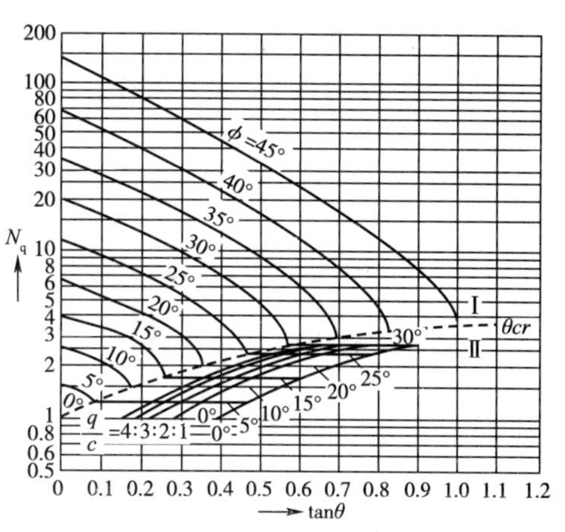

图 5-10　承载力系数 N_q 的求解图

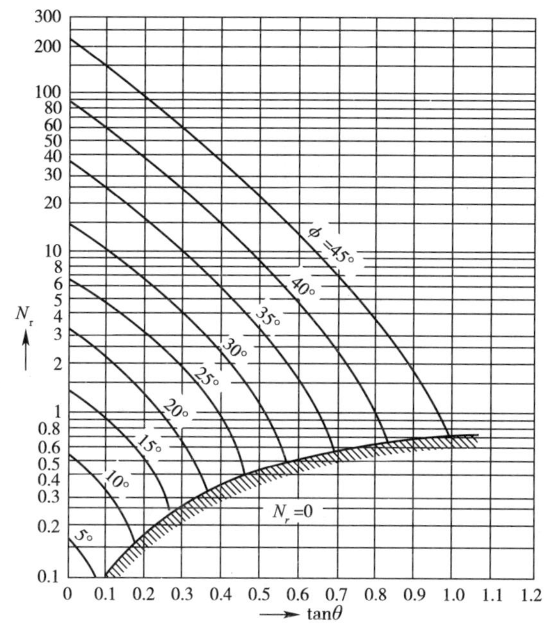

图 5-11　承载力系数 N_r 的求解图

图 5-9 ~ 图 5-11 中

$$\tan\theta = \sum H/W \tag{5-91}$$

式中：$\sum H$——水平外力(kN/m)。

5.3.3　对堤体的稳定性验算

1)对于填土剪切变形验算

墙体宽度按满足式(5-92)计算，取高水位时或地震时较大的值。

$$FM_d \geqslant M_r \tag{5-92}$$

式中：F——安全系数(表 5-4)；

M_d——地基面处的变形弯矩(kN·m)；

M_r——地基面处的抵抗弯矩(kN·m)。

变形弯矩按图5-12的状态考虑,利用式(5-93)、式(5-94)有:

安全系数　　表5-4

平时(高水位时)	1.2以上
地震时	1.2以上

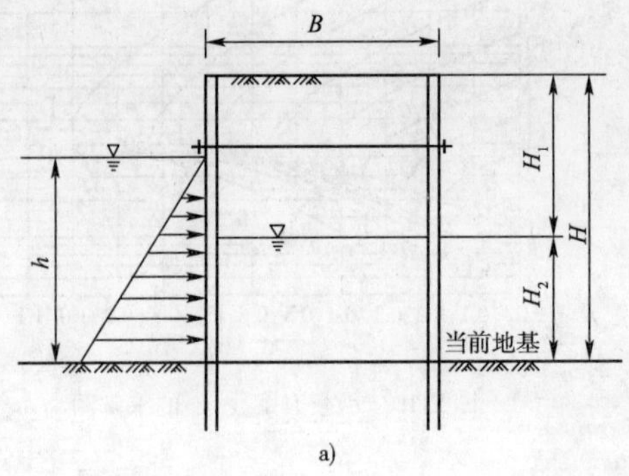

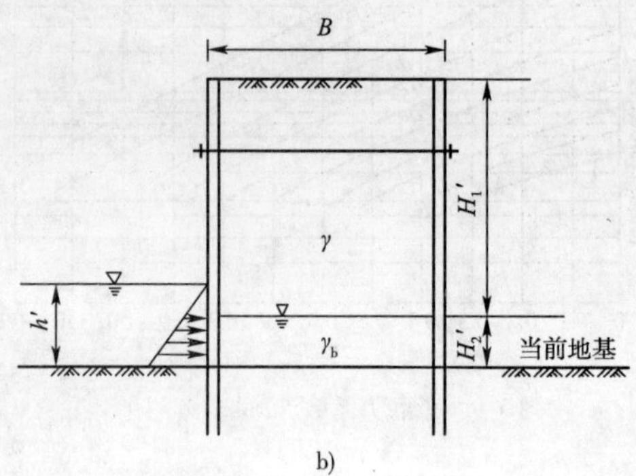

图5-12　变形弯矩图

a)平时;b)地震时

平时

$$M_d = \frac{\gamma_w \cdot h^3}{6} \tag{5-93}$$

地震时

$$M_d = k\left[(B \cdot H_1' \cdot \gamma)(H_2' + \frac{H_1'}{2}) + (B \cdot \gamma_b \cdot \frac{H_2'^2}{2})\right] + \frac{\gamma_w h'^3}{6} \tag{5-94}$$

式中:γ_w——水的重度(kN/m³);

γ_b——饱和土在空气中的重度(kN/m³);

h'——常水位(m);

H_2——剩余水位的高度(m),$H_2 = \frac{2}{3}h$ 或者 $H_2' = \frac{2}{3}h'$;

k——设计地震强度。

抵抗弯矩用式(5-95)计算。

$$M_r = \frac{1}{6}\gamma_m (RH^3) \tag{5-95}$$

平时

$$R = \frac{2}{3}V^2(3 - V\cos\varphi)\tan\varphi\sin\varphi;\ \gamma_m = \frac{\gamma \cdot H_1 + \gamma' \cdot H_2}{H}$$

地震时

$$R = V^2(3 - V\cos\varphi)\sin\varphi;\gamma_m' = \frac{\gamma \cdot H_1' + \gamma' \cdot H_2'}{H}$$

$$V = \frac{B}{H}$$

式中:B——墙体宽度(m);

φ——填土的内摩擦角(°);

γ_m, γ_m'——填土的换算重度（kN/m^3）。

2）滑动验算

当前地基平面进行滑动验算，不过可能会根据地基条件降低支承面进行验算，如图 5-13 所示。

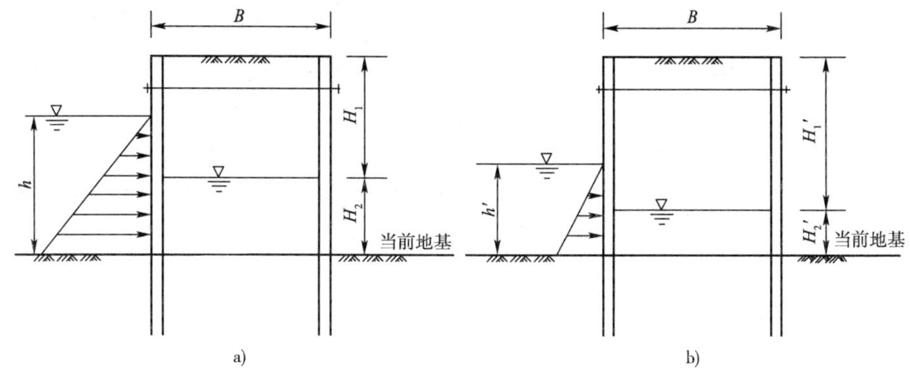

图 5-13　滑动验算

a）平时；b）地震时

$$F = \frac{B(W \cdot \mu + c)}{\sum H} \tag{5-96}$$

式中：F——安全系数（表 5-3）；

W——填土的重量（kN/m^2）；

平时　　$W = \gamma_m \cdot H$

地震时　　$W' = \gamma'_m \cdot H$

μ——$\mu = \tan\varphi$，φ 为当前地基土的内摩擦角（°）；

c——当前地基的土的黏聚力（kPa）；

$\sum H$——水平外力（kN/m）。

5.3.4　主要构件计算

1）拉杆计算

拉杆拉力由板桩墙计算求得，但要计及拉杆受力不均匀的情况，按下式计算：

$$R_A = \xi_a R_a l_a \sec\theta \tag{5-97}$$

式中：R_A——拉杆拉力标准值（kN）；

ξ_a——拉杆受力不均匀系数，预先拉紧时 $\xi_a = 1.35$；

R_a——每延米板桩墙的拉杆拉力标准值（kN/m）；

l_a——拉杆间距（m）；

θ——拉杆轴线与水平面的夹角（°）。

钢拉杆可按中心受拉构件设计，拉杆直径可按下式计算：

$$d = 2\sqrt{\frac{R_A \gamma_{RA}}{\pi f_t}} + \Delta d \tag{5-98}$$

式中：d——拉杆直径（mm）；

R_A——拉杆拉力的标准值(N);

γ_{RA}——拉杆拉力分项系数,取为1.35;

f_t——钢材的强度设计值(MPa);

Δd——预留锈蚀量(mm),可取2~3mm。

拉杆在板桩墙处要设置铰支点,而在板桩墙导梁上要预先埋设铰支点连接板。

拉杆包括铰接点和连接板等所有外露铁件,都应该涂沥青等防腐措施,铰接处应加涂润滑牛油。

2)板桩墙的导梁、胸墙和帽梁的计算

板桩顶的导梁可按刚性支座五跨连续梁进行计算,支座反力为拉杆的拉力。拉杆拉力标准值产生的导梁和导梁悬臂段最大弯矩按下列公式计算:

$$M_{max}=\frac{1}{10}R_a l_a^2 \tag{5-99}$$

$$M_b=\frac{1}{2}R_a l_b^2 \tag{5-100}$$

式中:M_{max}——拉杆拉力标准值产生的导梁最大弯矩(kN·m);

R_a——每延米板桩墙的拉杆拉力标准值(kN/m);

M_b——拉杆拉力标准值产生的导梁悬臂段最大弯矩(kN·m);

l_a——拉杆间距(m);

l_b——导梁悬臂段长度(m)。

5.4 模型试验

5.4.1 概要

为了在掌握双排板桩结构的力学特性的同时,研究前述的计算模型的适用性,进行模型试验。对小比尺模型和大比尺模型均进行了模型试验以验证计算模型的通用性。另外,为了掌握双排板桩结构模式特性,将板桩上部以拉杆连接作为标准,围绕上部由顶板连接而成、板桩间设隔板进行试验。

模型桩体的规格,首先桩体高度:小比尺模型以50.0cm为标准、大比尺模型定为160.0cm,参考现有的双排板桩结构的规格,大致相似。但对于埋深,决定以$D=2/\beta$为目标。其中,D为板桩的埋深(cm)、$\beta=\sqrt[4]{E_s/(4EI)}$(1/cm)、$E_s$为地基的弹性模量(N/cm^2)、$E$为板桩材料的杨氏弹性模量(N/cm^2)、$I$为板桩截面惯性矩(cm^4)。

加荷中,考虑双排板桩结构实际使用条件,有与波浪力、船舶的靠泊力或上覆荷载的地震力相当的上部集中水平荷载(以下称为波浪力型荷载)以及相当于三角形或梯形分布的被动土压力的水平荷载(以下称为土压型荷载)。

掌握作用于双排板桩结构的板桩桩壁的地基反力特性,试验性地求得横向地基反力系数,代入前述的计算模型,为了研究比较计算结果和模型试验结果,分别对小比尺模型和大比尺模型进行单排板桩的水平荷载试验。

5.4.2 小比尺模型试验

1)试验装置及方法

在如图 5-14 所示长 3m、宽 2m、高 2m 的砂槽中安置模型，进行试验。

为了除去砂槽侧墙的影响，模型由三块护墙板构成，用中央的护墙板进行测定。

模型的板桩使用铝板，连接板桩上部的拉杆为间隔 50cm 的 5mm 直径的铝棒。设置的顶板使用厚 6mm 的丙烯酰板，板桩的水平横梁用螺栓连接。隔板用 3mm 厚的铝板，设置在试验用试板的中央和两端、边板的两端。隔板和板桩桩壁的接合部分是伴随模型的变形会产生错位的构造。

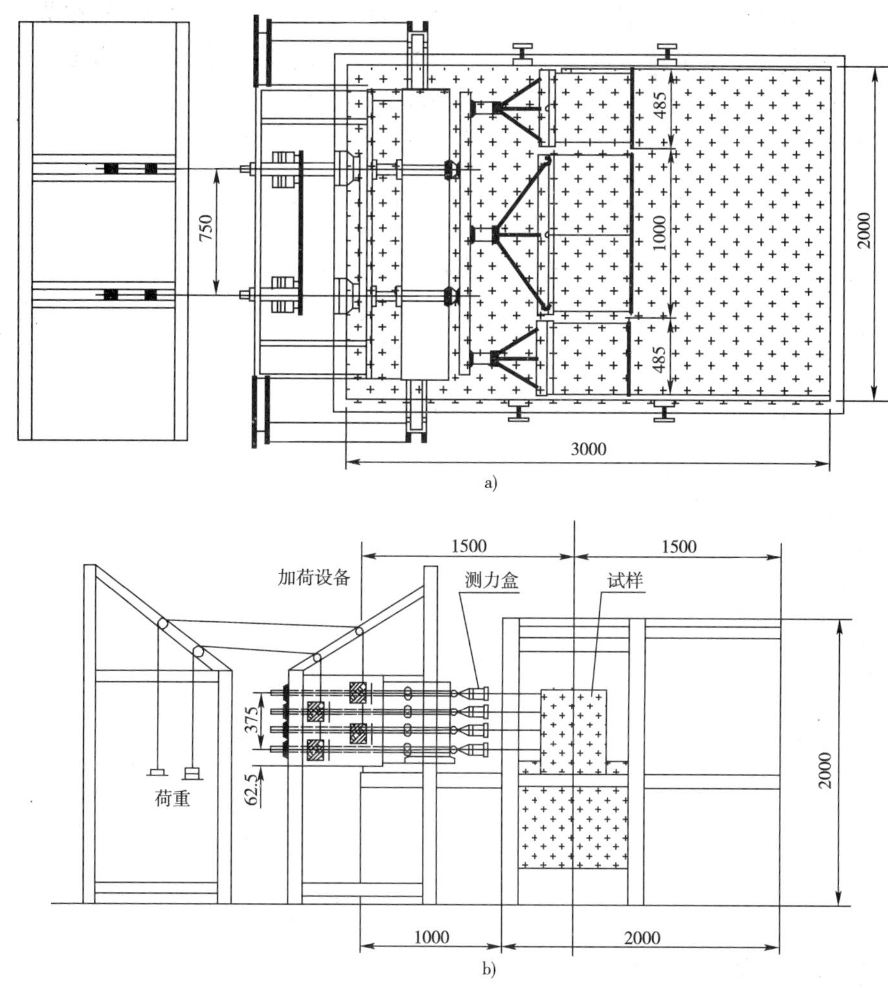

图 5-14　小比尺模型试验的装置(尺寸单位:mm)

a)平面图;b)侧面图

荷载如图 5-14 所示，设置成四段的荷载架通过重锤给板桩施加水平力。土压型荷载时，施加相当于主动压力系数 K_a 为 1.0、重度 γ 为 15kN/m^{3}的背填土荷载(当板桩壁高 H 为 71.4cm、50.0cm 及 38.5cm 时分别为 3.82kN、1.88kN 及 1.11kN)，荷载分布是使 K_a 增加的三角形分布，将三角形荷载与矩形分布的上覆荷载叠加合成为梯形分布荷载，这是通过四段荷载架的分配荷载再现了梯形荷载。波浪力型荷载是仅位于板桩壁端部最上端荷载架的荷载。

测量装置为分别在试验用试板的荷载部分及非荷载部分的板桩上安装13个应变片，共安装13个度盘式指示器，测定板桩的应力和位移。此外，将拉杆安装应变片，测定轴向力。

砂槽侧面设观测窗，用多重曝光法对填砂的变化进行摄影。

2）试验用填砂及地基砂的特性

试验用的填砂和地基砂是相同的，存在如图5-15所示的粒径分布。此外，此图还表示出了大比尺模型用砂的粒径分布。填砂、地基砂是在每个实例试验结束清除至板桩下端后，再埋设板桩压实形成的。压实时在地基及填砂表面划出边长约17cm的格子，在节点处振动器插入填充砂中约30cm，进行普通压实时振捣30s。此外，填砂过程中，在填充至板桩壁高一半时和至顶部时分两次压实。重度γ是由填砂的投入重量除以桩体的初始容积求得的，进行普通的压实时荷载为148~158Pa，而压实时间为两倍时荷载为159Pa。而且，由三轴压缩试验求得的干燥状态填砂的内摩擦角φ为38.3°。

为了比较研究前章计算模型的结果和试验结果，对填砂进行单剪试验。试样的初期重度γ_0定为15.2~15.3kN/m³。图5-16表示出根据单剪试验得到的割线剪切弹模G_t和剪切变形θ及法向应力σ_N之间的关系。此图中，剪切弹模G_t在剪切变形θ增加的同时按大致一定的比例减少，随着法向应力σ_N的增加而变大，近似地用下式表示：

$$G_t = 1.8\sigma_N^{0.83}\theta^{-0.65} \tag{5-101}$$

式中，G_t及σ_N的单位都是Pa。

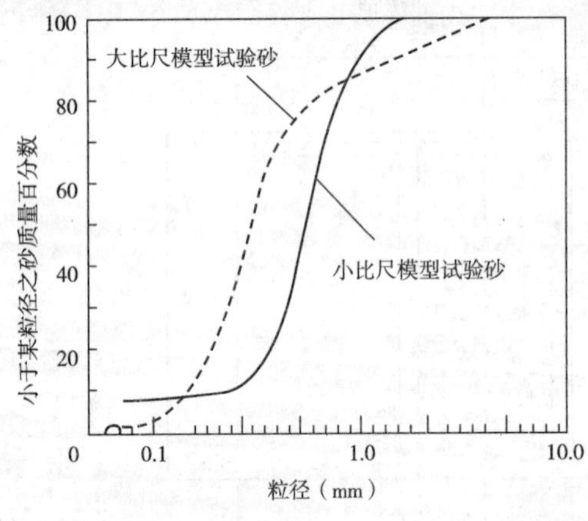

图5-15　模型试验使用砂的粒径分布

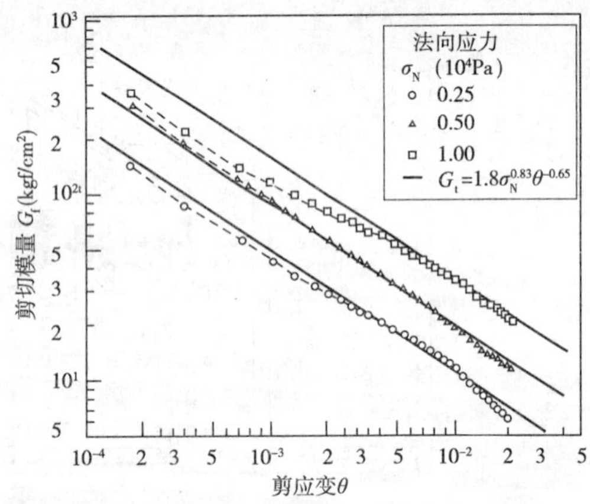

图5-16　小比尺模型试验使用砂的单剪试验结果

3）试验实例

小比尺模型的试验实例如表5-5所示，有10个土压型荷载实例、6个波浪力型荷载实例。其中SC-1、SC-2为不同的板桩弯曲刚度，SC-1、SC-3、SC-5和SB-1、SB-2为不同的板桩壁高，SC-3、SC-4为填砂的不同压实状态的实例。而SC-6对SC-3为是否设顶板，SC-8、SC-10及SB-6各自对SC-3、SC-6及SB-2为是否设置隔板，SC-7、SC-9及SB-3、SB-5各自对SC-8、SC-10及SB-4、SB-6有无填砂的研究实例。

填充状态那一栏中的“普通”表示用振动器在每个地方进行30s的压实，“密”表示进行1min压实，“无”表示没有填充物。

小比尺模型试验实例　　表 5-5

试验编号	桩体高度 H(cm)	桩体宽度 B(cm)	埋深 D(cm)	板桩厚度 T(mm)	是否有顶板	是否有隔板	填充状态	B/H	荷载类型
SC-1	71.4	50.0	17.8	3			普通	0.7	土压型
SC-2	71.4	50.0	26.1	5			普通	0.7	
SC-3	50.0	50.0	17.8	3			普通	1.0	
SC-4	50.0	50.0	17.8	3			密	1.0	
SC-5	38.5	50.0	17.8	3			普通	1.3	
SC-6	50.0	50.0	17.8	3	○		普通	1.0	
SC-7	50.0	50.0	17.8	3		○	无	1.0	
SC-8	50.0	50.0	17.8	3		○	普通	1.0	
SC-9	50.0	50.0	17.8	3	○	○	无	1.0	
SC-10	50.0	50.0	17.8	3	○	○	普通	1.0	
SB-1	71.4	50.0	17.8	3	○		普通	0.7	波浪力型
SB-2	50.0	50.0	17.8	3	○		普通	1.0	
SB-3	50.0	50.0	17.8	3		○	无	1.0	
SB-4	50.0	50.0	17.8	3		○	普通	1.0	
SB-5	50.0	50.0	17.8	3	○	○	无	1.0	
SB-6	50.0	50.0	17.8	3	○	○	普通	1.0	

注:是否有顶板和隔板栏,○表示有,空白表示没有。

5.4.3　大比尺模型试验

1)试验装置及方法

如图 5-17 所示,在凹坑内干燥砂形成砂地基,安置模型,进行试验。

模型和小比尺模型同样由三块护墙板构成。用于模型的板桩是 KL-2a 型轻型钢板桩(截面惯性矩 $I = 158\text{cm}^4/\text{m}$)。拉杆使用直径 22mm 的钢棒,用水平横梁(方钢管 100mm × 100mm × 3.2mm)固定板桩头部。而作为顶板,使用与水平横梁同型号的方钢管,以 145cm 的间隔用螺栓固定水平横梁。作为隔板,由五块轻型钢板桩构成,设置在各护墙板的一处(图 5-18)。

荷载如图 5-17 所示,设置三段荷载架,分别通过液压千斤顶施力。荷载类型和小比尺模型试验相同,为土压型和波浪力型,土压型荷载时,相当于主动压力系数 K_a 为 0.57、重度 γ 为 16kN/m^3的背填土荷载值(作用于试板的总荷载为 20kN)呈三角形分布,在这三角形分布荷载之上叠加梯形分布荷载。

测量和小比尺模型试验一样,通过在试验用护墙板的中央板桩(存在隔板的实例使用旁边的板桩)、拉杆、顶板安装的应变片,和板桩头部、泥面附近安置的测斜仪及安装在板桩上的 14 个位移计,测出板桩的变形、转角、位移、拉杆的轴向力、顶板的变形以及隔板板桩头部的相对位移。

2)试验用填砂以及地基砂的特性

试验用的填砂和地基砂是相同的,存在如图 5-19 所示的粒径分布。填砂、地基砂和小比尺模型试验同样,是每个实例试验结束清除至板桩下端以后,设板桩,再次压实填砂和地基砂形成的。在边长约 50cm 格子的节点处用振动器进行 30s 压实工作。砂投入时在填砂表面设置容器,根据测定容器内装入的砂的重度来推测出重度 $\gamma = 16.1 \sim 16.3\text{kN/m}^3$,由三轴压缩试验求得干燥状态的填砂的内摩擦角 $\varphi = 40.1°$。

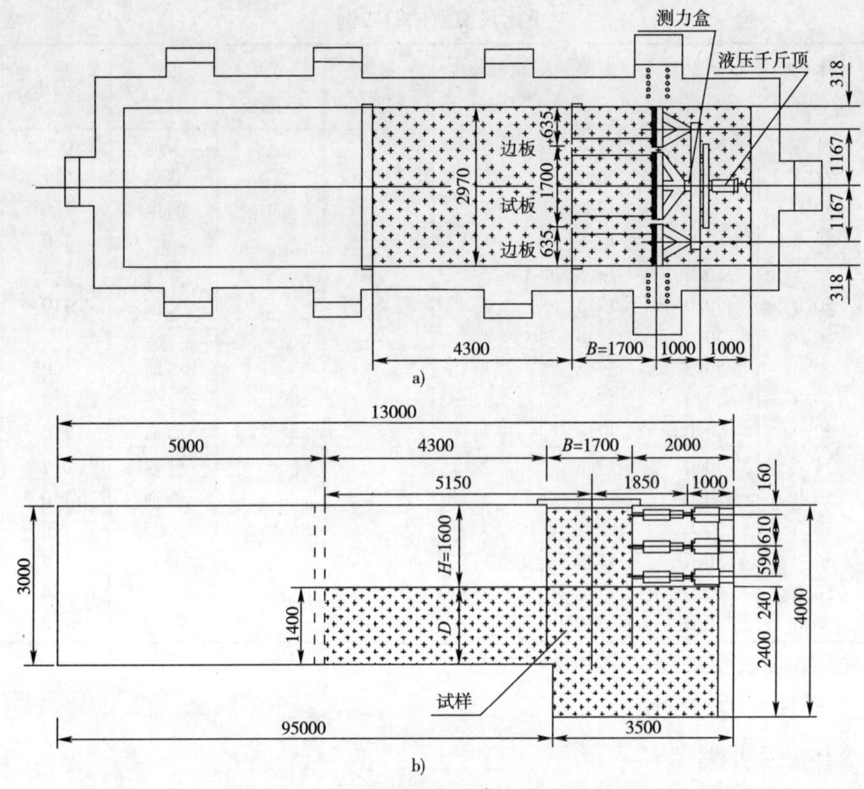

图 5-17　大比尺模型试验的装置(尺寸单位:mm)

a)平面图;b)侧面图

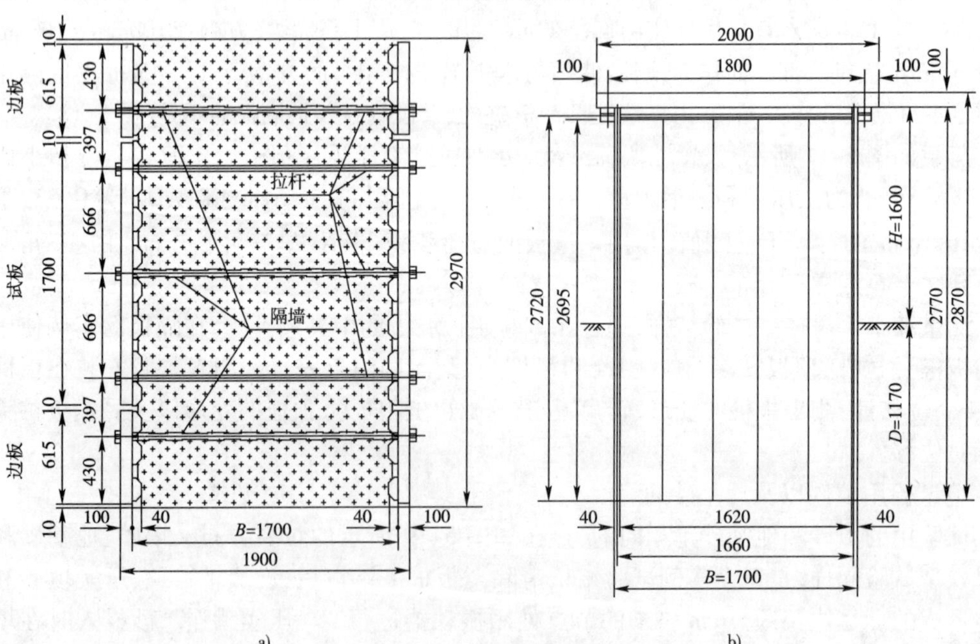

图 5-18　大比尺模型试验的装置(尺寸单位:mm)

a)平面图;b)侧面图

和小比尺模型试验时相同，对用于大比尺模型试验的干燥砂也进行单剪试验。试样的初期重度 γ_0 定为 16.2～16.5kN/m³。

如图 5-19 所示为单剪试验的结果，近似可用下式表示：

$$G_t = 2.4\sigma_N^{0.94}\theta^{-0.57} \tag{5-102}$$

3）试验实例

大比尺模型的试验实例按表 5-6 所示，土压型荷载五个实例，波浪力型荷载四个实例。其中 LC-1、LC-2 为不同埋深的实例，LC-3 及 LB-2 对 LC-1 及 LB-1 为是否存在顶板的实例，LC-4、LC-5 及 LB-4 对 LC-1、LC-3 及 LC-2 为是否存在隔板的实例，LB-3 对 LB-2 为有无填砂的研究实例。

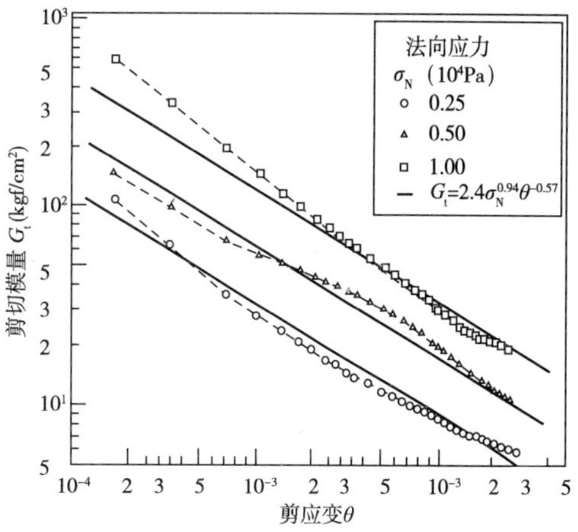

图 5-19　大比尺模型试验使用砂的单剪试验结果

大比尺模型试验实例　表 5-6

试验编号	桩体高度 H(cm)	桩体宽度 B(cm)	埋深 D(cm)	板桩的种类	是否有顶板	是否有隔板	填充状态	B/H	荷载类型
LC-1	160.0	170.0	117	KL-2a型轻型钢板桩			普通	1.06	土压型
LC-2	160.0	170.0	60				普通	1.06	
LC-3	160.0	170.0	117		○		普通	1.06	
LC-4	160.0	170.0	117			○	普通	1.06	
LC-5	160.0	170.0	117		○	○	普通	1.06	
LB-1	160.0	170.0	117	KL-2a型轻型钢板桩			普通	1.06	波浪力型
LB-2	160.0	170.0	117		○		普通	1.06	
LB-3	160.0	170.0	117		○		无	1.06	
LB-4	160.0	170.0	117		○	○	普通	1.06	

注：是否有顶板和隔板栏，○表示有，空白表示没有。

5.4.4　单排桩的水平荷载试验

1）试验装置及方法

图 5-20 及图 5-21 是以大比尺模型作为对象的试验装置。单排桩试验用的地基砂及板桩是与双排板桩结构的模型试验相同的，板桩的设置和地基的压实方法也相同。

加载是用介于滑轮和钢缆之间的重锤，所施加的力传递到板桩壁后部的荷载杆。

荷载点高度为离泥面 50cm，另外，荷载杆和板桩之间插入橡胶垫板，荷载被同样分配。图 5-20 的实例（No.1～4）是表示板桩宽度 L 变化的试验装置。与此相对，图 5-21 的实例（No.5～7）为埋深 D 变化的试验装置，假设桩体为无限宽度，板桩壁由三块护墙板构成，将不受砂槽侧壁摩擦阻力影响的中央部分护墙板作为试板使用。在板桩壁的前方设置长 100cm、宽 5cm、厚 0.8cm 的铝板，根据预备荷载试验调查每个实例的地基状态。

测量是根据在桩体的中央部分附近的板桩安装的应变片及位移计，测量板桩的变形、泥面以及荷载点附近的位移。另外，用测力传感器，测定分配为钢缆的拉力或介于荷载分配架上的试板中的荷载。

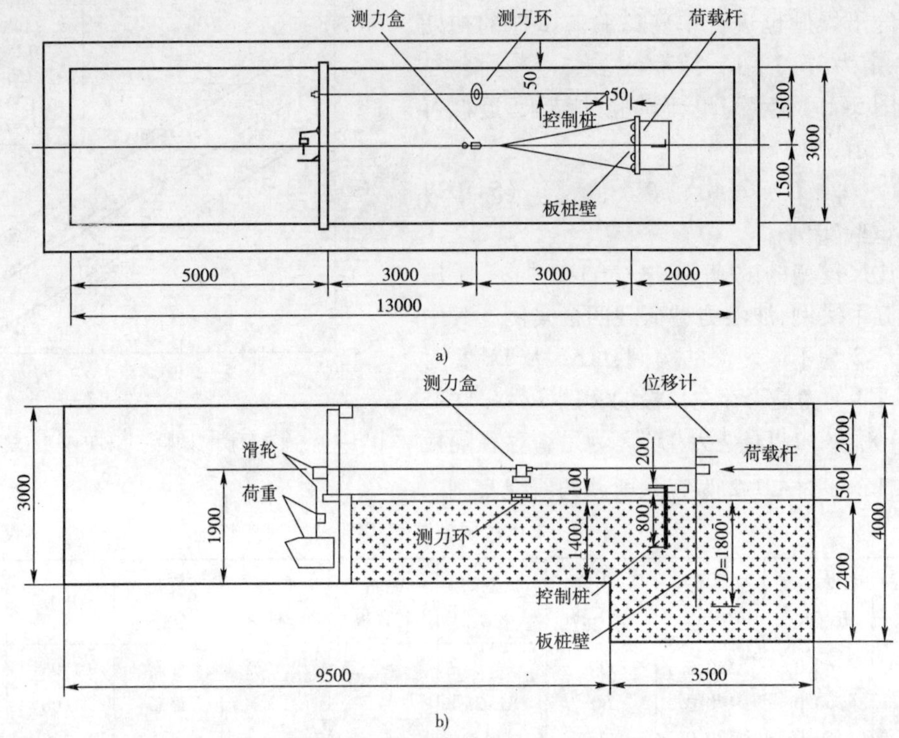

图 5-20 单排板桩的水平荷载试验的装置(No.1~4)(尺寸单位:mm)

a)(No.1~4)平面图;b)(No.1~4)侧面图

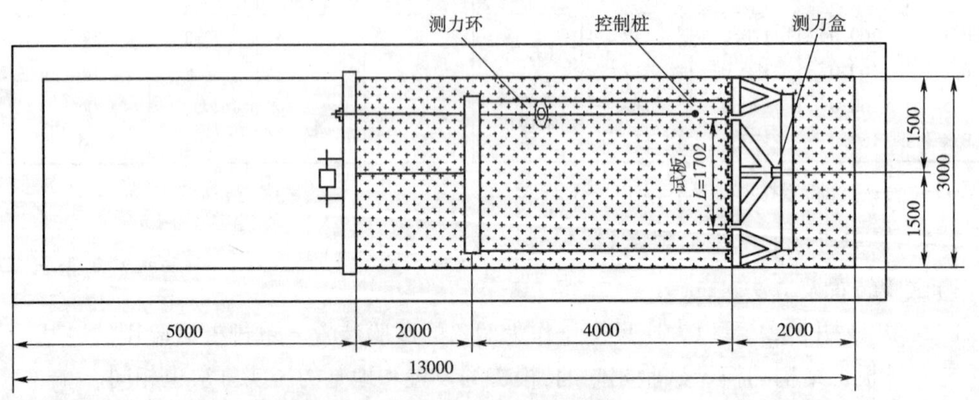

图 5-21 单排板桩的水平荷载试验的装置(No.5~7)(尺寸单位:mm)

也按以小比尺模型作为对象的试验相同的方法,用和双排板桩结构的小比尺模型试验所使用的同一砂槽,干燥砂及 SC-1、SB-1 的模型体的板桩进行试验。

2)试验实例

以大比尺模型为对象的试验实例如表 5-7 所示。No.1~4 是埋深 D 定为 180cm,板桩块数按 1、2 和 4 块变化的情况;而 No.5~7 是在假设无限宽度的板桩壁上,埋深按 180cm、120cm、60cm 变化的情况。随着板桩块数变多,每单位宽度的截面惯性矩有些变大,这是由于连接部分的咬合造成的。

单排板桩的水平荷载试验实例　　表 5-7

试验编号 No.	板桩块数	板桩宽度 L(cm)	埋深 D(cm)	板桩的截面惯性矩 I(cm^4/cm)
1	1	36.5	180	1.53
2	1	36.5	180	1.53
3	2	69.8	180	1.60
4	4	136.5	180	1.64
5	5	170.2	180	1.65
6	5	170.2	120	1.65
7	5	170.2	60	1.65

3)试验结果

以大比尺模型为对象的试验结果如图 5-22 ~ 图 5-26 所示。

图 5-22 表示控制桩的荷载 P 和泥面位移 y_g 的关系。可以认为对于同一荷载值,各实例的泥面位移大致相等,各实例的地基处于同一条件。

图 5-23 表示了板桩每单位宽度的荷载 P 和泥面位移 y_g 的关系:①相等的荷载下,板桩宽 L 较大的泥面位移较大。②埋深 D 的影响明显。

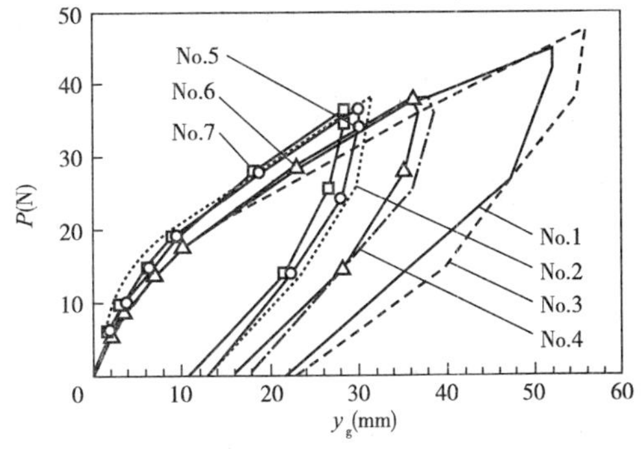

图 5-22　控制桩的荷载—位移曲线

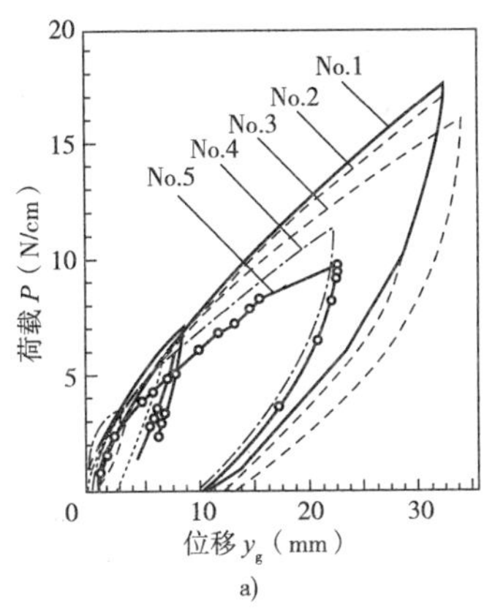

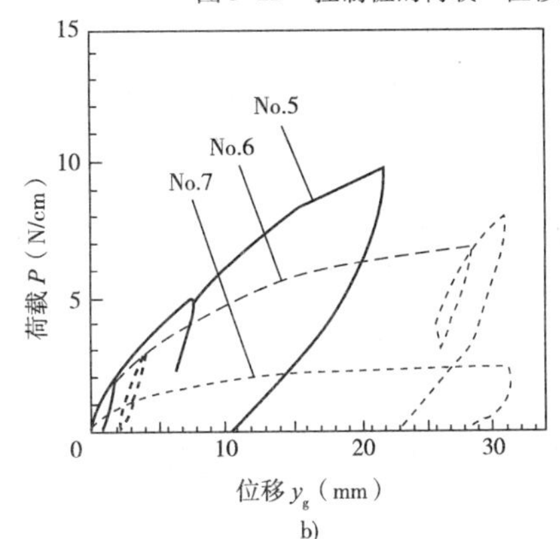

图 5-23　荷载和板桩的泥面位移的关系

a）板桩宽度不同时;b)埋深不同时

如图 5-24 所示,在张有龄法计算的桩的状态中,地基的弹性模量 E_S是根据横向地基反力系数 k_h 和板桩宽度 L 用 $E_s = k_hL$ 表示出来的,给出板桩埋设下端的弯矩和剪切力为 0 的条件,进行求解,代入图 5-23 的关系,反算 k_h,得到的结果。泥面位移 y_g 变为比 5mm 稍大。板桩宽度大的实例中 k_h 变小,这和桩的状况相同,是由于在板桩壁侧面的砂的剪切阻力占总阻力的比例变小的缘故。

图 5-25 表示板桩宽 L 和横向地基反力系数 k_h 的关系,以泥面位移 y_g 作为参数表示出来。板桩壁无限宽的 No. 5 的 k_h 与单块板桩 No. 1 和 No. 2 的 k_h 相比,显示出 No. 5 的 k_h 分别占 No. 1 和 No. 2 k_h 值的 64% ~76% 。

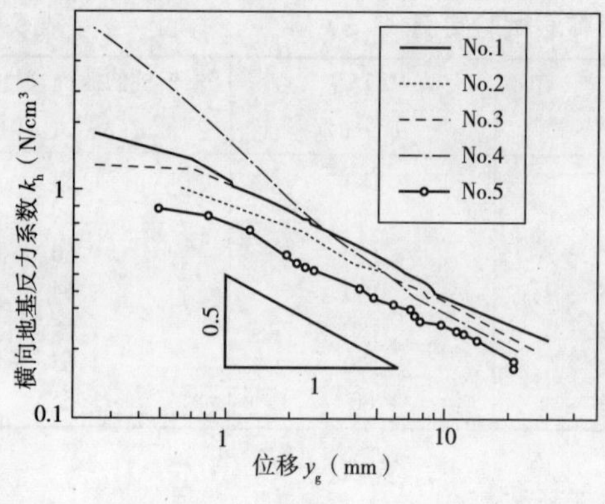

图 5-24　横向地基反力系数和板桩的泥面位移的关系　　图 5-25　横向地基反力系数和板桩宽度的关系

图 5-26 对实例 No. 1 的位移及弯矩分布的计算值和试验值进行了比较。根据张有龄法计算的砂地基中，可以得出，其地基反力在靠近泥面处过大、在埋入下端附近过小，弯矩表现出比试验值小的趋势。

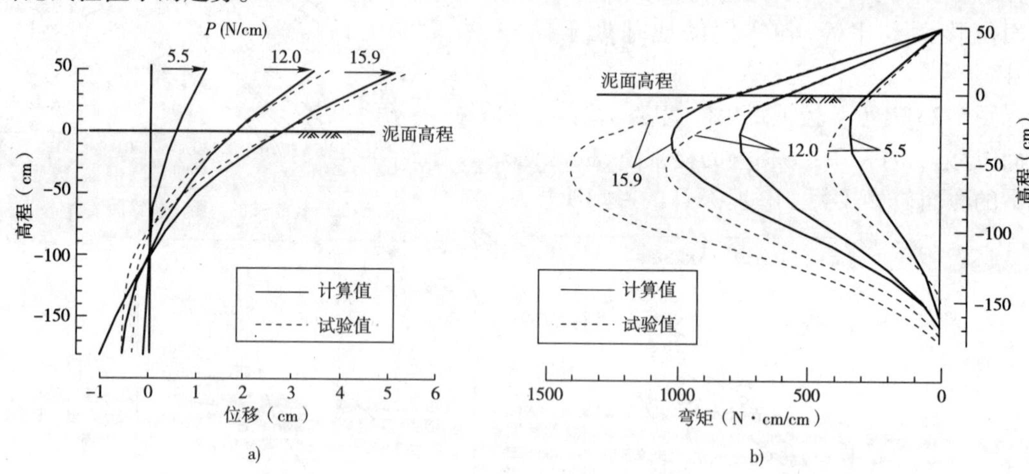

图 5-26　计算值和试验值的比较

a）位移分布；b）弯矩分布

图 5-27 表示小比尺模型和大比尺模型中，埋深 D 变化时的横向地基反力系数 k_h 的

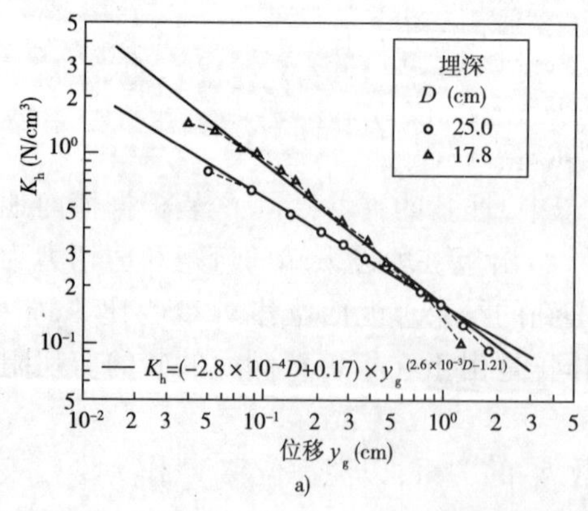

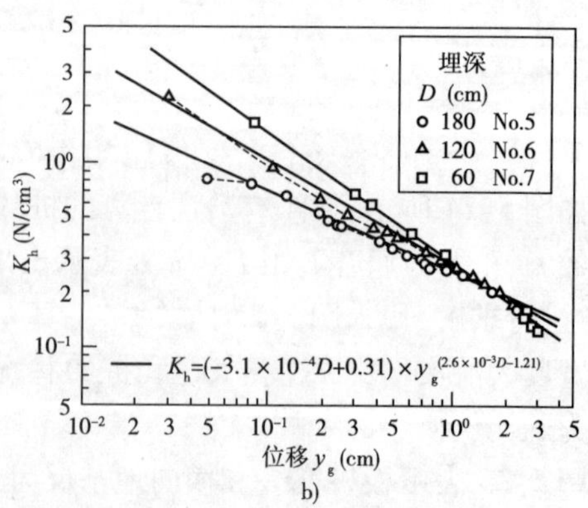

图 5-27　横向地基反力系数的反算值

a）小比尺模型；b）大比尺模型

反算值。对应泥面位移 y_g 的增加，k_h 变小，但其斜率因埋深 D 的变化而不同。这个关系近似地用下式表达：

小比尺模型

$$k_h = (-2.8 \times 10^{-4} D + 0.17) y_g^{(2.6 \times 10^{-3} D - 1.21)} \tag{5-103}$$

大比尺模型

$$k_h = (-3.1 \times 10^{-4} D + 0.31) y_g^{(2.2 \times 10^{-3} D - 0.83)} \tag{5-104}$$

式中，k_h 单位为 N/cm^3，y_g 及 D 的单位为 cm。

5.4.5　模型试验的结果及研究

1）桩顶位移

图 5-28 ~ 图 5-31 表示作用于试验用护墙板的总荷载和非荷载部分板桩的荷载与桩顶位移 y_{top} 的关系，图 5-28、图 5-29 是小比尺模型的试验结果，图 5-30、图 5-31 是大比尺模型的试验结果。

无论何种场合，当加载荷载小时，板桩的桩顶位移增加量较小，而随着加载荷载的变大，其增加比例也变大。另外，中途卸载后再加载的情况，此时卸载，也无法回到原来的位移，而是比加载时稍微减少的程度，再次加载时的路径，沿着卸荷时的荷载—位移曲线回到初次加载时的路径。

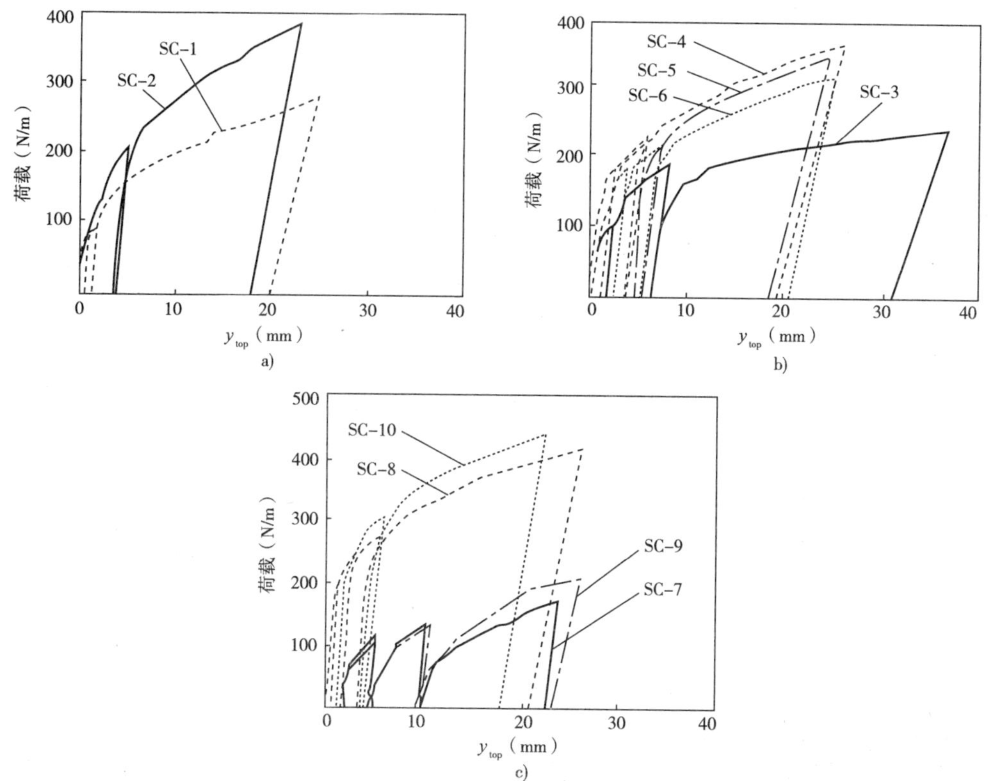

图 5-28　小比尺模型的荷载—桩顶水平位移（土压型荷载）

首先，对小比尺模型的试验结果进行研究。

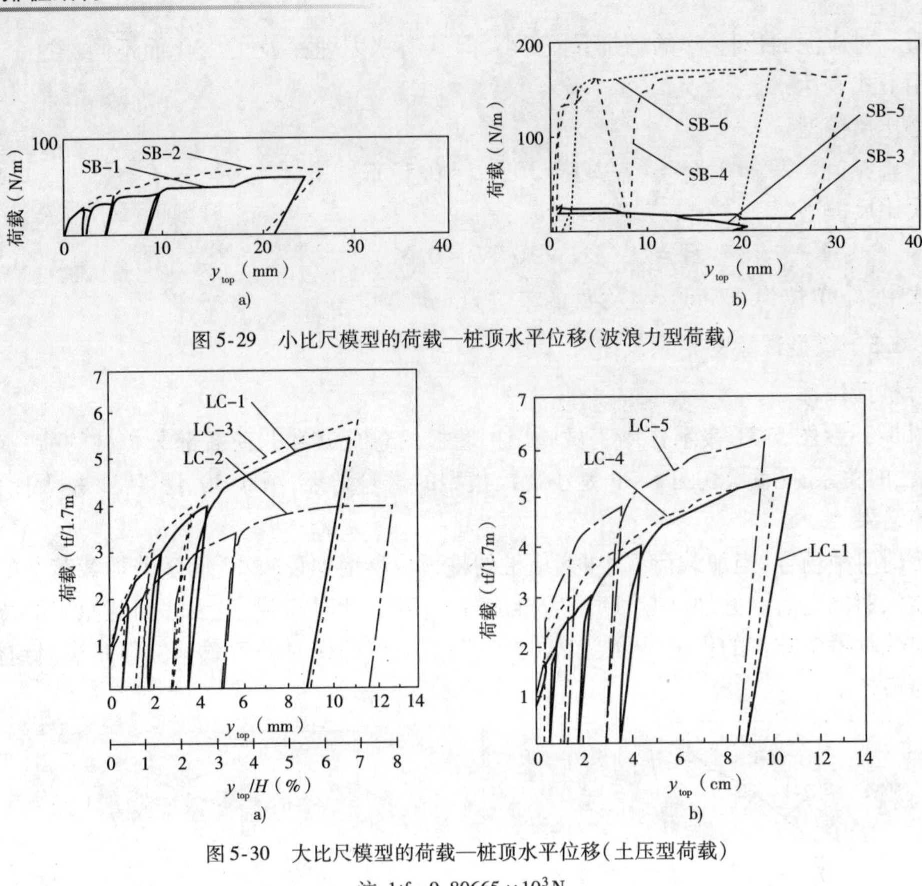

图 5-29　小比尺模型的荷载—桩顶水平位移(波浪力型荷载)

图 5-30　大比尺模型的荷载—桩顶水平位移(土压型荷载)

注:1tf = 9.80665 × 10^3 N。

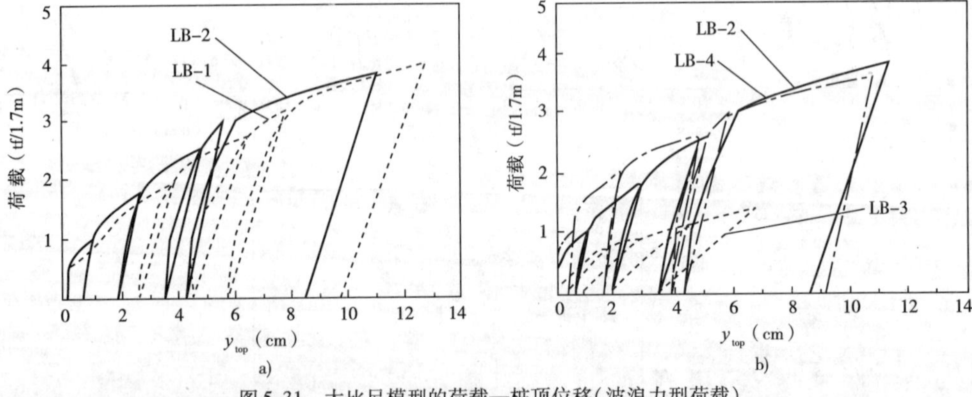

图 5-31　大比尺模型的荷载—桩顶位移(波浪力型荷载)

注:1tf = 9.80665 × 10^3 N。

图 5-28a)表示两个其他条件相同而板桩的弯曲刚度及埋深不同、受土压型荷载的实例。板桩的刚性、埋深都较大的 SC-2 与 SC-1 相比,位移较小。

图 5-28b)表示围绕土压型荷载对桩体高度、填充压实以及顶板的效果进行的比较,以 SC-3 为比较的基准。板桩壁高较矮(SC-5)、压实填砂(SC-4)以及设置顶板的条件下(SC-6)和基准 SC-3 相比,位移都大幅度减小。

图 5-28c)表示在土压型荷载下对存在隔板时填充的效果、顶板的效果进行比较。无填

充的实例(SC-7、SC-9)和存在填充的实例(SC-8、SC-10)比较,位移有显著增加。存在顶板的实例(SC-9、SC-10)和无顶板的实例比较,位移稍微变小。而且,将图5-28b)的SC-3(无隔板)和图5-28c)的SC-8(有隔板)进行比较,隔板的效果很大,有隔板时位移大幅减少,初期的减少特别显著。

图5-29a)是调查了有关波浪力型荷载的桩体高度的效果,和土压型荷载的情况相同,桩体高度增高,位移也相应变大。

图5-29b)表示在波浪力型荷载下,对存在隔板时填充的效果、顶板的效果进行的调查。和土压型荷载相同无填充的实例(SB-3、SB-5)与存在填充的实例(SB-4、SB-6)相比,位移大幅增加。存在顶板的实例(SB-4、SB-5)与不存在顶板的实例(SB-2、SB-3)相比,和土压型荷载有差异的位移大致不变。将存在隔板的实例[图5-29b)的SB-4]和没有隔板的实例[图5-29a)]的SB-2)进行比较,有隔板的SB-4的位移大幅减少。

比较土压型荷载和波浪力型荷载,从SC-6[图5-28b)]和SB-2[图5-29a)]可以判断,波浪力型荷载的位移变大。

接着,对大比尺模型的试验结果进行调查。

如图5-30a)所示,在土压型荷载下,以无顶板及隔板的LC-1为基准,调查其埋深的效果、填充的效果。和小比尺模型相同,埋深较浅时(LC-2)位移较大,有顶板时(LC-3)位移变小,但是其效果不明显。

如图5-30b)所示,在土压型荷载下,调查其以LC-1为基准的隔板的效果以及隔板和顶板同时存在时的效果。隔板的效果(LC-4)不明显,而隔板和顶板同时存在时(LC-5)的效果变大。

如图5-31a)所示,对波浪力型荷载下顶板的效果进行调查,其顶板的效果不明显。

如图5-31b)所示,有关波浪力型荷载,以LB-2为基准,调查填充的效果、隔板的效果,填充的效果较大,但隔板的效果不太明显。由于大比尺模型隔板的效果与小比尺模型的相比,并没有明显地表现出来,其原因仅是小比尺模型的隔板为一块铝板,显现出刚体状态;与此相对,大比尺模型的隔板用五块板桩构成,由于是板桩连接部分发生偏移形成的构造,使桩体的剪切变形有些许变小的效果。图5-32是测量LC-5的隔板板桩的相对位移的结果,可知其比非荷载部分的隔板桩的连接部分的偏移要大。实际结构中的隔板也是和大比尺模型同样,由复数板桩构成的,不能太期待由于隔板的设置使头部位移变小。

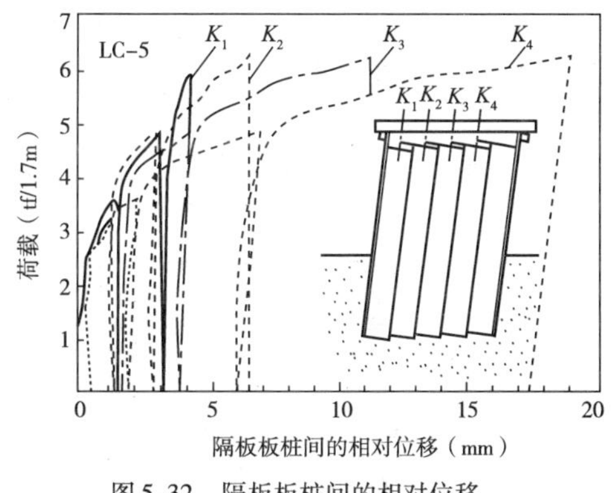

图5-32 隔板板桩间的相对位移

注:1tf = 9.80665 × 10^3N。

2)位移分布

图5-33表示大比尺模型在水平荷载下产生的板桩位移分布的变化。土压型荷载[图5-33a)]和波浪力型荷载[图5-33b)]一样,荷载部分板桩是和埋深下端相比,以上部为中心旋转,而非荷载部分板桩大致以埋深下端为中心旋转,伴随着桩体的变形,能看出填砂有压迫非荷载部分板桩的埋深部分这样的作用。

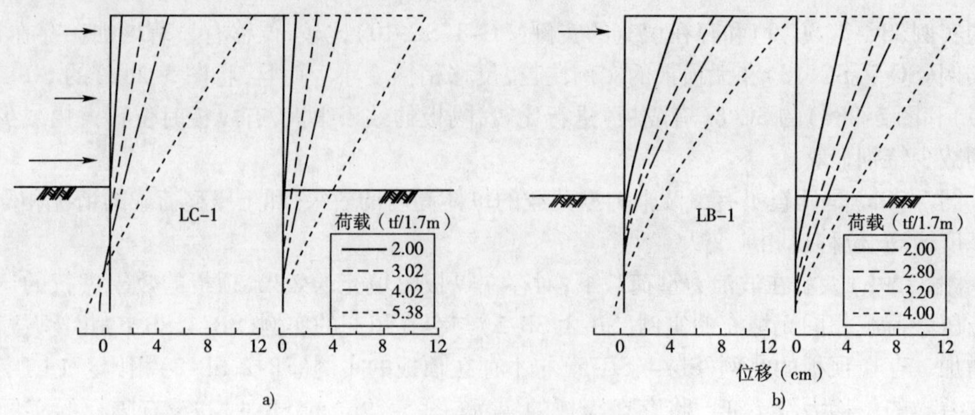

图5-33　大比尺模型的位移分布

a）土压型荷载；b）波浪力型荷载

注：1tf = 9.80665 × 10^3 N。

3）板桩的弯矩

如图5-34及图5-35表示根据应变片的实测值算出的板桩弯矩分布。图5-34a）~图5-34d）是在小比尺模型中板桩墙长1m时的弯矩分布。图5-35a）~图5-35c）是大比尺模型中板桩墙长1cm时换算出的弯矩分布。

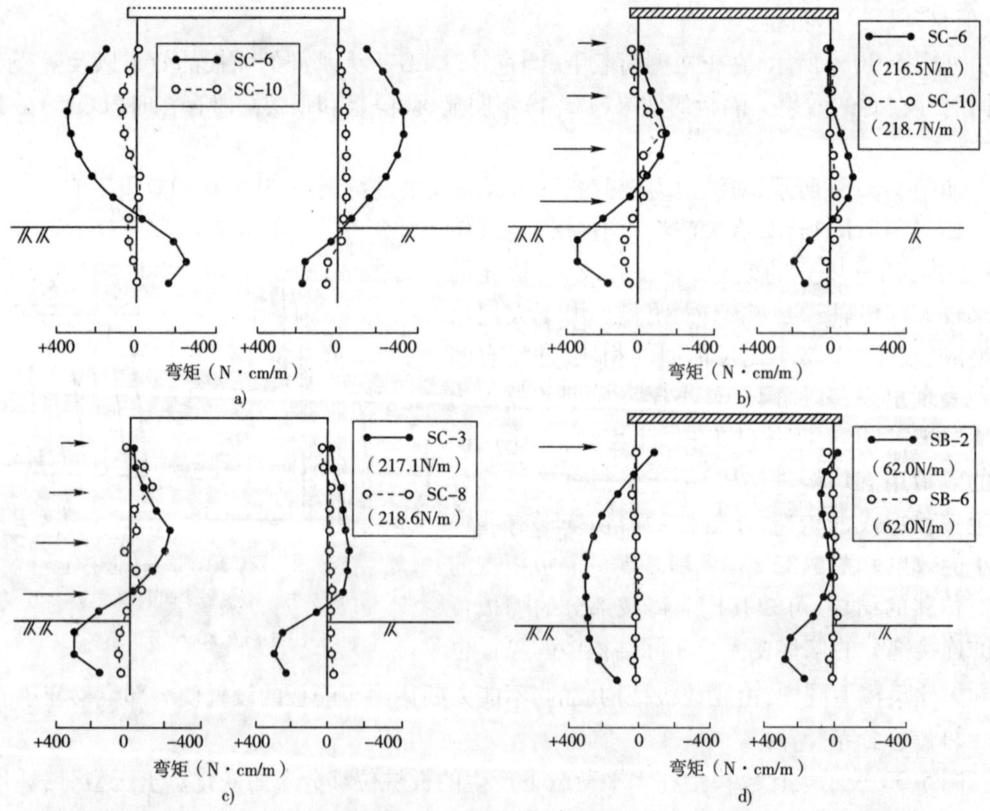

图5-34　小比尺模型的弯矩分布

a）填砂完成时；b）由土压型荷载造成的变化；c）由土压型荷载造成的变化；d）由波浪力型荷载造成的变化

首先，研究小比尺模型。

图 5-34a)表示填砂完成时的弯矩分布,SC-6 是无隔板但存在顶板的,SC-10 是存在顶板和隔板的。SC-6 的实例中,最大弯矩是在泥面以上产生的,在泥面附近为 0;SC-10 的实例中,基本没有产生弯矩。

图 5-34b)表示上述实例在填砂完成后受到水平荷载时在某个荷载阶段弯矩变化。无隔板的 SC-6 的实例中,填砂完成后受到水平荷载时泥面以上的弯矩增加,泥面以下荷载部分弯矩减少,非荷载部分弯矩增加。与此相对,存在隔板的 SC-10 的实例中,弯矩的变化量较小。

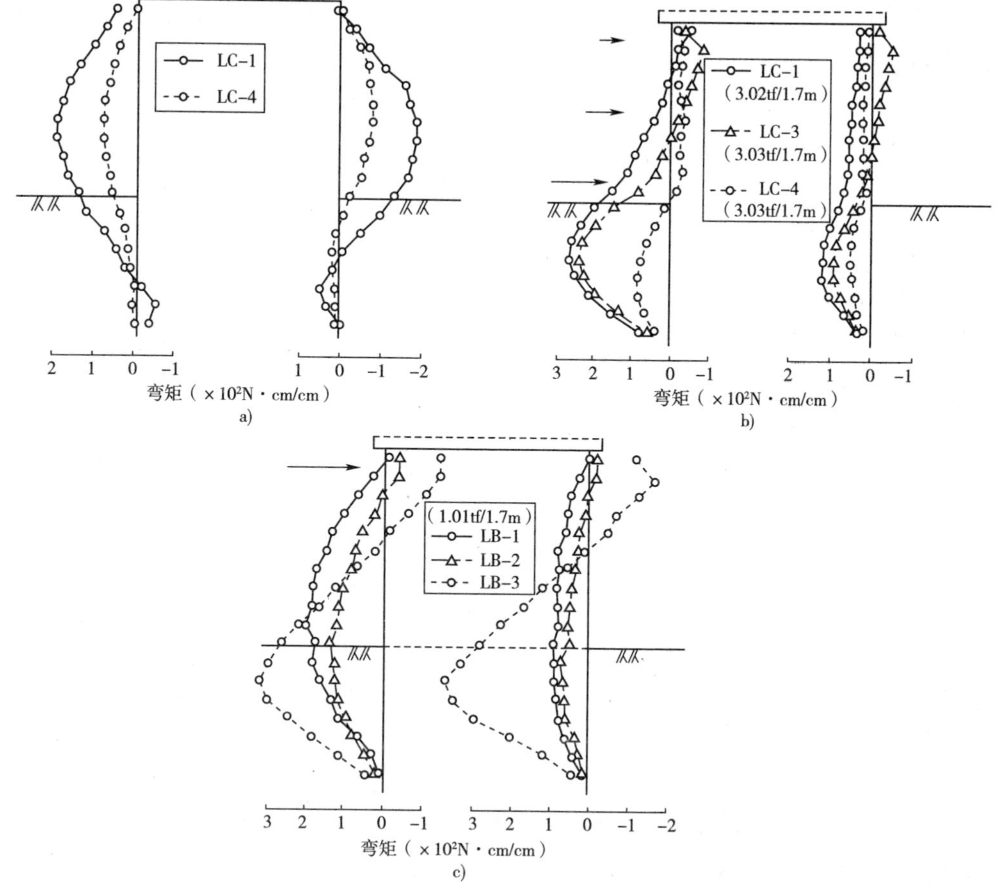

图 5-35　大比尺模型的弯矩分布

a)填砂完成时;b)由土压型荷载造成的变化;c)由波浪力型荷载造成的变化

注:1tf = 9.80665 × 10³N。

图 5-34c)表示和上述条件相同的土压型荷载的其他例子,弯矩变化的倾向是和上述的完全相同。

图 5-34d)表示波浪力型荷载下的情况。在无隔板的实例(SB-2)中的弯矩变化为:荷载部分使泥面以上在填砂完成时的弯矩增加,而使泥面以下向减少方向变化,相对的非荷载部分使泥面以上在填砂完成时的弯矩减小,而使泥面以下向增加方向变化。存在隔板的实例(SB-6)中,和土压型荷载相同,弯矩几乎没有增减。

接着研究大比尺模型。

图 5-35a)是填砂完成时的状态,无隔板的实例(LC-1)中,板桩的弯矩 0 点在泥面以下

相当深的地方。有隔板时的情况(LC-4)为:和没有隔板时相比,弯矩变得相当小,但和小比尺模型相比,隔板的效果较小。

图5-35b)表示对桩顶拉杆连接(LC-1)、顶板连接(LC-3)、有隔板(LC-4)时由土压型荷载造成板桩弯矩变化的情况。弯矩的增减在有隔板时变化最小,在没有隔板和顶板时变化最大。

图5-35c)表示对于桩顶拉杆连接(LB-1)、桩顶顶板连接(LB-2)、桩顶顶板连接无填砂(LB-3)的实例中由波浪力型荷载造成的板桩弯矩的增减。无填砂时弯矩的增减变化最大,有顶板时的弯矩的增减变化最小。

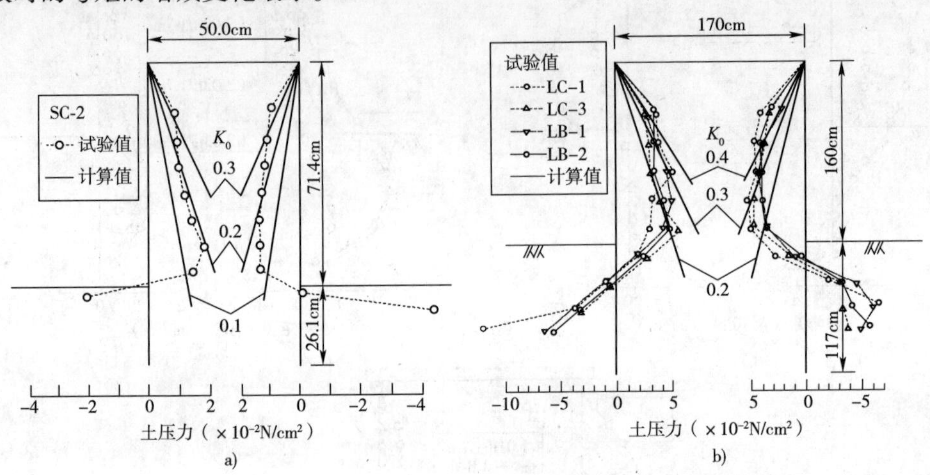

图5-36 填砂完成时的土压力分布

a)小比尺模型;b)大比尺模型

4)填砂完成时的土压力分布

图5-36a)及图5-36b)分别表示将小比尺模型(SC-2)及大比尺模型(LC-1、LC-3、LB-1、LB-2)在填砂完成时的弯矩分布进行二次微分算出的作用于板桩的土压力分布。图中的实线是使主动土压力系数 K_0 变化时的土压分布计算值。在5-36a)的小比尺模型SC-2中,K_0 =0.2的计算值和试验值很相近。与此相对,5-36b)的大比尺模型中,无论哪个实例,K_0 = 0.3的计算值都表现出和试验值很相近的分布。

5)根据多重摄影研究填砂的状态

图5-37a)、图5-37b)是由多重摄影表现出的小比尺模型填砂的状态。

可以将土压型荷载(SC-6)时填砂看成是近似水平地移动着,与此相对,波浪力型荷载(SB-2)时,填砂状态的不同是向非荷载部分板桩下部有圆弧状的移动。

6)试验结果的总结

由模型试验的结果得到双排板桩结构力学特性:

(1)双排板桩结构受到水平荷载时,位移增加的比例随着加载变大而变大。

(2)双排板桩结构受水平荷载加载时的位移及卸荷时的剩余位移都较大。但是,再次加载时的位移,沿着卸荷时的荷载—位移曲线,回到原荷载—位移曲线。

(3)双排板桩结构用填砂的剪切阻力和置入板桩的横向抗力抵抗外力,若边压实填砂、边加深板桩埋深则可以增大对外力的抵抗、减少位移。

(4)板桩桩顶设置顶板,与仅用拉杆连接头部相比,抗力较大、水平位移也较少,大比尺模型时这个倾向较小。

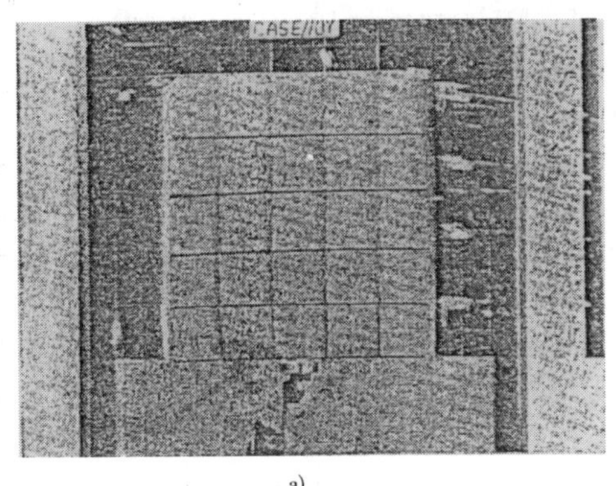

a)

b)

图 5-37　由多重曝光摄影得到的填砂的状态

a)(小比尺模型)SC-6;b)(小比尺模型)SB-2

(5)板桩壁用隔板连接,初期位移小,但当水平加载荷载变大,与不设隔板时的位移差值变小。另外,板桩产生的弯矩较小,与钢格板桩结构有相似特性。这个隔板的效果,在隔板为一块铝板的小比尺模型中比较显著,在用五块板桩构成的大比尺模型中效果较小。

(6)填砂完成时的板桩的弯矩分布,板桩相对柔软、地基较硬时,泥面附近弯矩为 0、地基上部中央附近弯矩最大;相反的,板桩较硬、地基较软时,弯矩为 0 的位置在地基表面以下,最大点也要靠下。

(7)由水平荷载导致弯矩的增减,在荷载部分的板桩和非荷载部分的板桩不同。而且,弯矩增加的分布模型根据荷载形式(土压型、波浪力型)而不同。

(8)由水平荷载造成的填砂的变化,根据荷载的形式而不同,土压型荷载时填砂粒子大致呈水平移动,波浪力型荷载时呈圆弧状移动。

5.5　根据试验结果的计算模型研究

5.5.1　概要

为研究双排板桩结构计算模型的适用性,对第 5.4 节模型试验的计算值和试验值进行比较。

关于水平外力作用时的计算模型,首先,地基上部计算公式中包含填砂剪切弹模的修正系数,将桩顶位移的计算值和试验值进行比较研究,接着,对位移分布、板桩的弯矩分布以及拉杆拉力进行研究。

填砂完成时的计算模型中将对板桩的弯矩分布及拉杆拉力进行研究。

表 5-8 表示出了与计算结果进行比较研究的试验实例的概要。这里,小比尺模型及大比尺模型中存在隔板。板桩桩顶的固定系数 F_A 及 F_B 是将安装顶板的双排桩结构中各个荷载部分板桩 A 及非荷载部分板桩 B 的桩顶弯矩值除以转角求得的,通过各荷载周期最大荷载时的试验求出平均值。

与计算结果进行比较的试验实例的概要　　表 5-8

模型	荷载类型	实验编号	桩体高度 H(cm)	埋深 D(cm)	桩体宽度 B(cm)	板桩杨氏模量 E (10^6N/cm^2)	截面惯性矩 I(10^{-2} cm^4/cm)	拉杆杨氏模量 E_t(10^6N/cm^2)	拉杆的截面积 A_t (cm^2/cm)	板桩桩顶固定系数(N·cm/cm) F_A	F_B	填砂的重度 γ (N/cm^3)
小比尺模型	土压力型	SC－1	71.4	17.8	50.0	0.686	0.256	0.296	0.00392			1.58
		SC－2	71.4	26.1	50.0	0.717	1.26	0.296	0.00392			1.54
		SC－3	50.0	17.8	50.0	0.686	0.268	0.296	0.00392			1.51
		SC－4	50.0	17.8	50.0	0.686	0.268	0.296	0.00392			1.59
		SC－5	38.5	17.8	50.0	0.686	0.279	0.296	0.00392			1.54
		SC－6	50.0	17.8	50.0	0.686	0.268	0.296	0.00392	38.1	38.1	1.53
	波浪力型	SB－1	71.4	17.8	50.0	0.686	0.265	0.296	0.00392	26.8	29.0	1.58
		SB－2	50.0	17.8	50.0	0.686	0.268	0.296	0.00392	95.7	48.0	1.53
大比尺模型	土压力型	LC－1	160.0	117.0	170.0	2.1	158.0	2.1	0.057			1.62
		LC－2	160.0	60.0	170.0	2.1	159.0	2.1	0.057			1.62
		LC－3	160.0	117.0	170.0	2.1	158.0	2.1	0.057	1.18×10^4	8.26×10^3	1.62
	波浪力型	LB－1	160.0	117.0	170.0	2.1	158.0	2.1	0.057			1.62
		LB－2	160.0	117.0	170.0	2.1	158.0	2.1	0.057	1.37×10^4	8.03×10^3	1.62
		LB－3	160.0	117.0	170.0	2.1	158.0	2.1	0.057	1.21×10^4	1.23×10^4	

注：板桩桩顶固定系数栏没有数据的实例即为没有顶板；

填砂的重度栏没有数据的实例即为没有填充物。

5.5.2　水平外力作用时的计算模型研究

水平外力作用计算中，填砂的剪切弹模 G 如式 $G=aG_t$ 表示，$G_t=f(\sigma_N,\theta)$ 是小比尺、大比尺模型试验中代入由砂的单剪试验求出的式(5-97)或式(5-98)。另外，表示压缩弹模 E_f 的式 $E_f=2(1+\nu)G$ 包含的泊松比 ν，参考土工试验结果取 $\nu=0.2$。泥面以下的计算公式中横向地基反力系数如式 $k_{hA}=g(y_{Ag},D)$ 及 $k_{hB}=g(y_{Bg},D)$ 所示，$g(y_{Ag},D)$ 及 $g(y_{Bg},D)$ 是由代入单排板桩的水平荷载试验求出的式(5-99)或式(5-100)。

存在顶板的实例中，由于板桩桩顶未完全固定，表示板桩桩顶的边界条件的式子：

$$\left.\begin{aligned}&y_{AN}-y_{BN}=0\\&y'_{AN}=0,y'_{BN}=0\\&y'''_{AN}+y'''_{BN}=\frac{BG_N}{2EI}(y'_{AN}+y'_{BN})-\frac{P_{AN}+P_{BN}}{EI}\end{aligned}\right\}$$

不能适用于转角为 0 的情况。因此，根据板桩桩顶固定系数 F_A 及 F_B，代替 $y'_{AN}=0$ 及 $y'_{BN}=0$ 这两个式子，使用表达式：

$$y''_{AN}=-\frac{F_A}{EI}y'_{AN} \tag{5-105}$$

$$y''_{BN}=-\frac{F_B}{EI}y'_{BN} \tag{5-106}$$

计算开始时，必须假设各层填砂的剪切变形 θ 及板桩 A、B 的泥面位移 y_{Ag}、y_{Bg}，此处 $\theta=0.01$，$y_{Ag}=y_{Bg}=1.0$(cm)。另外，假设 θ、y_{Ag} 及 y_{Bg} 的收敛判断条件是允许误差 1/1000。以下的计算中，迭代计算次数为 7～22 次。

1）泥面以上的分层数

图5-38、图5-39及图5-40表示对大比尺模型LC-1及LB-1进行泥面以上部分的等分分层以及分层数N变化的计算，并和试验值比较的例子。

计算填砂的剪切弹模G的表达式$G=\alpha G_t$其中修正系数α设为1.0。而且，在土压型荷载的LC-1中，被分配的三段荷载架的荷载换算成三角形或梯形分布荷载进行计算。

图5-38表示出加载荷载和非荷载部分板桩桩顶的水平位移y_{top}的关系，分层数N的影响较小，$N=3$时和$N=10$时表现出大致相同的值。但是，无论哪个都显示出位移计算值比试验值小。

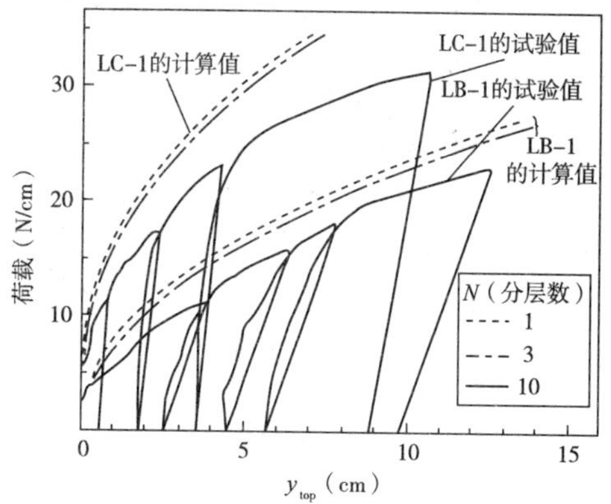

图5-38　在桩顶水平位移中分层数的影响

图5-39表示板桩的弯矩分布的比较，$N=1$时的计算值和$N=3$、$N=10$时的计算值及试验值的差值较大，由于填砂的力学特性用相同的土质常数评价，其误差非常明显。另外，$N=3$时，在层边界，上层和下层的填砂的剪切力之差作为板桩的集中力给出的影响表现为分布曲线的弯曲程度，$N=10$时表现出大致相同的值。

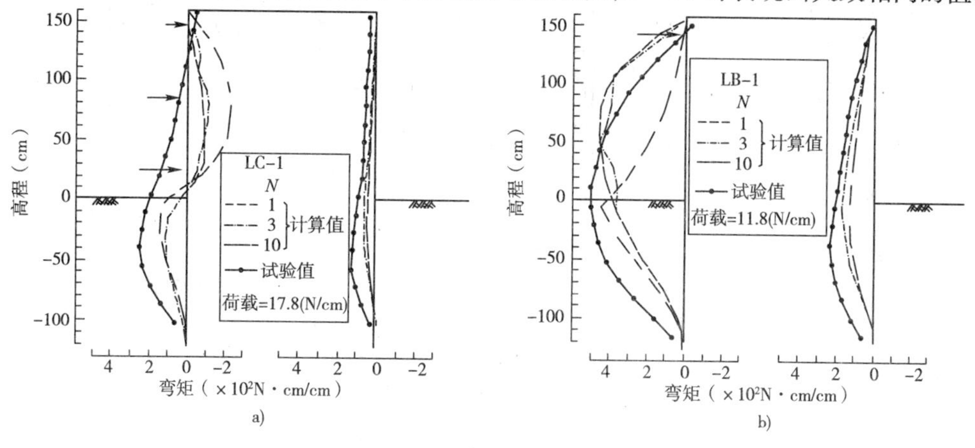

图5-39　在弯矩分布中分层数的影响

图5-40是板桩的剪力分布的比较，可知在分层数N变多的层边界，集中力变小，作用于板桩的填砂剪切阻力，与分布荷载的形态相似。

根据以上结果，明确了若分层数取3，则可以得到实用上精度较高的板桩位移和弯矩分布的计算值。

接着，在土压型荷载的模型试验中，假设土压力或水压力为三角形及梯形分布荷载，由分配成多个荷载架的集中荷载重新表现出来，但此荷载条件的差异对波及计算值的影响需以大比尺模型LC-1为例进行研究。

图5-41a)～图5-41c)中以填砂的剪切弹性模量的修正系数α为1.0时，对于板桩的位移分布、弯矩分布及剪力分布的计算值和试验值进行比较。No.1计算值是将水平外力换算成梯形分布荷载，将填砂等分成三层进行计算。与此相应，No.2计算值是在模型试验的载荷架的位置将地基上部一分为三，根据各自的荷载架将集中荷载作为荷载部分板桩的剪力

条件公式给出，进行计算。但是，最上段的集中荷载作为板桩桩顶的外荷载计算。

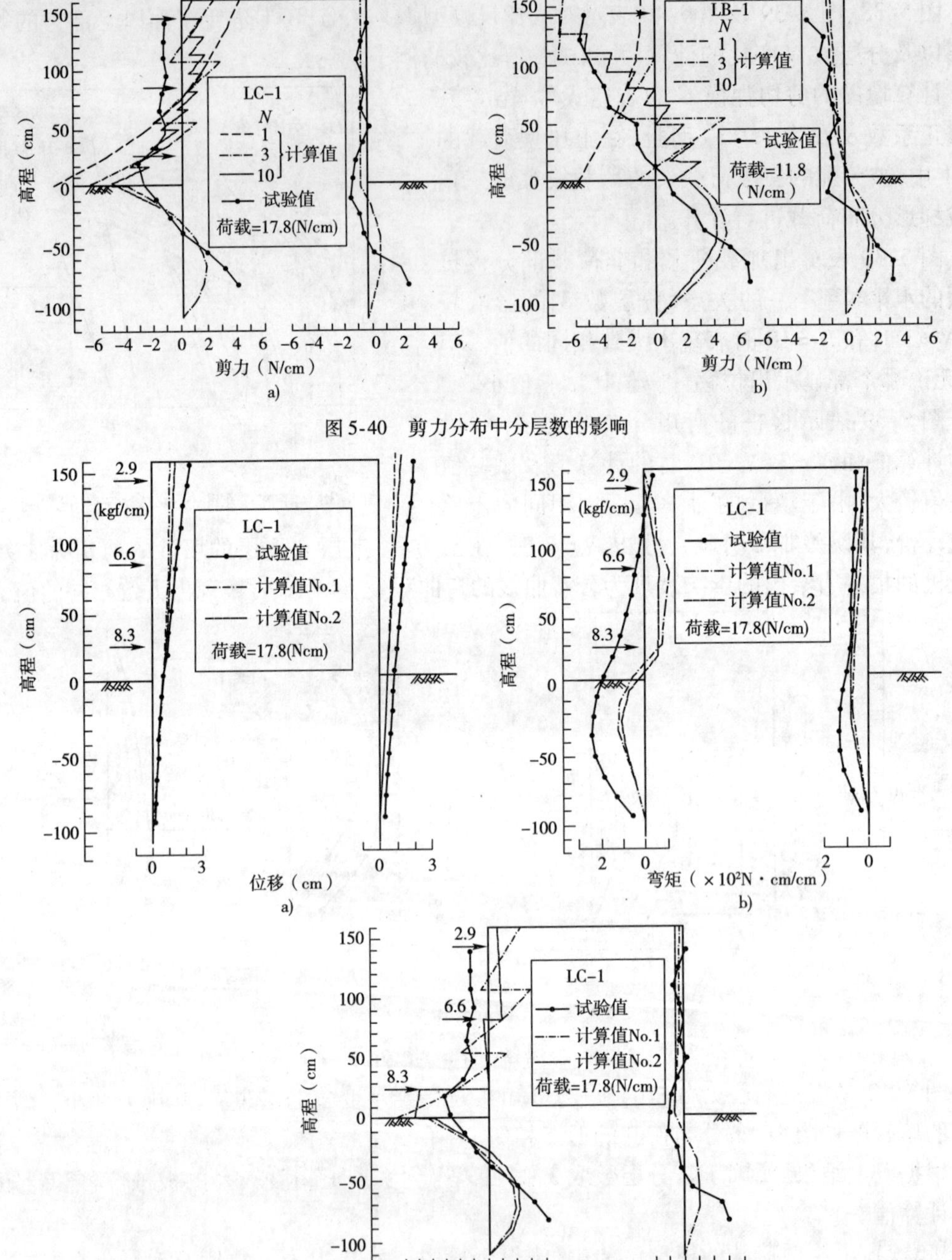

图 5-40　剪力分布中分层数的影响

图 5-41　多段荷载的影响（弯矩分布）

如图所示，在板桩的位移及弯矩分布中，虽然可知 No. 2 计算值比 No. 1 计算值与试验值稍微相近一些，但两计算值之差很小，可以忽略上述的荷载条件的差异给予计算结果的影响。以此可以认为，在模型试验中，将荷载分配成多个荷载架进行，即便作为三角形或梯形分布荷载来分析也没问题。

因此，和下面的模型试验结果比较，将地基上部等分成三层，对于土压型荷载的实例，将水平荷载换算成三角形或梯形分布荷载进行计算。

2）剪切弹模修正系数的研究

在上面的模型试验的计算中，填砂的剪切弹模的修正系数 α 全都取 1.0，将位移的计算结果和试验值进行比较，可知计算值明显比试验值小，且能算出水平外力对应的桩体的横向抗力过大。对于其他实例也都得出完全相同的结果，这在水平外力作用下双排板桩结构性能的计算模型中表现为，有必要使填砂剪切弹模 G 比由单剪试验求得的砂的剪切弹模 G_t 更小的值。由于这个原因，如图 5-37 所示，双排板桩结构受水平外力变形时，填砂呈圆弧状移动，与此相对，在计算模型公式中，仅需要考虑水平方向变形。在本计算模型中，为了修正这种模型简化给计算结果带来的误差，可以按式 $G=\alpha G_t$ 所示在填砂的剪切弹模 G 的计算中导入修正系数 α。因此，当比较计算值和试验值时，首先比较桩顶水平位移计算值和试验值，求出计算值与试验值最一致时的修正系数 α，研究模型的种类和 α 的关系。

图 5-42a）~图 5-42e）表示约 1% H 的墙高处非荷载部分板桩桩顶的水平位移 y_{top}，定出使计算值与试验值一致的修正系数 α，计算加载荷载—桩顶水平位移曲线，和试验值进行比较。对于无填砂的图 5-42e）的 LB-3 的计算值，由于填砂的剪切阻力微小，可取 $\alpha=0.001$。而且，小比尺模型中，由于在变形较小的范围内，计算公式中的双曲线函数的值变得非常大，时常发生无法得到数值解的情况，因此缺少这部分的计算曲线。

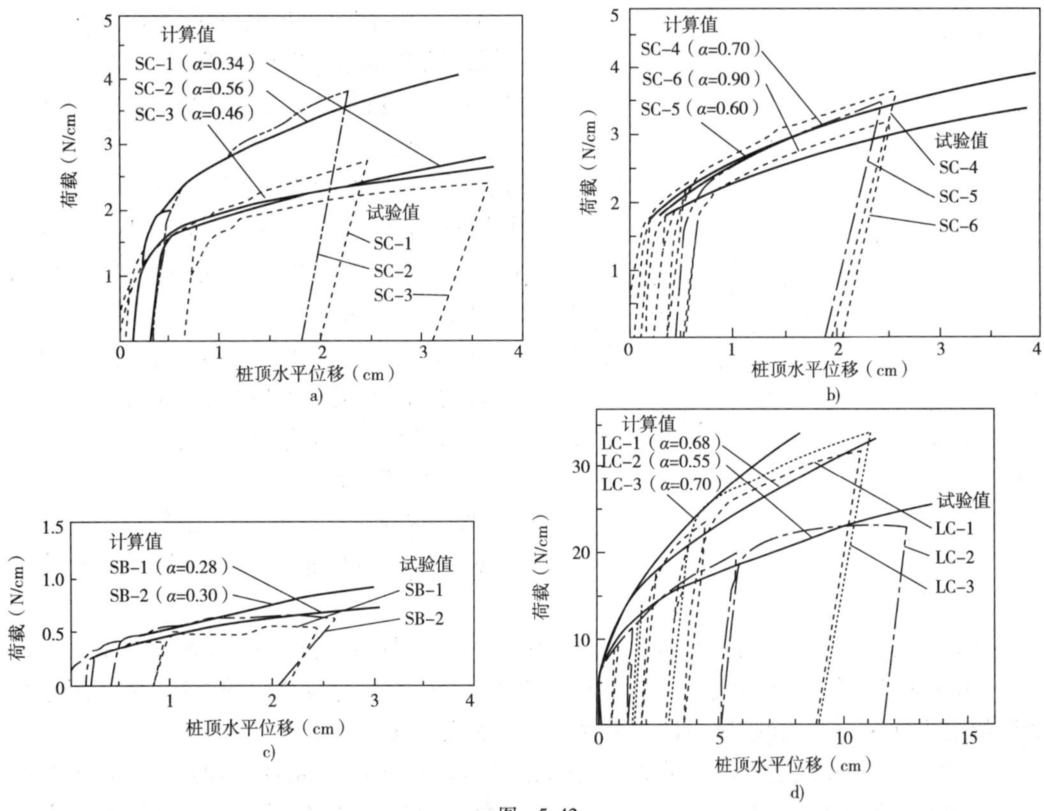

图　5-42

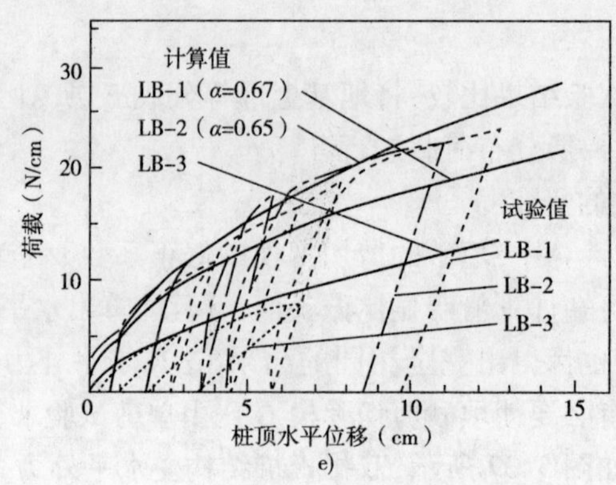

图 5-42　桩顶水平位移的计算值和试验值比较

a)小比尺模型的土压型荷载 1；b)小比尺模型的土压型荷载 2；c)小比尺模型的波浪力型荷载；d)大比尺模型的土压型荷载；e)大比尺模型的波浪力型荷载

如图所示，所有实例中，即使位移量变得很大时，计算值也和试验值十分吻合。而且，无填砂的 LB-3 的计算值和试验值也十分吻合，这是因为分别作用于双排板桩的地基反力的特性类似于单排板桩水平荷载试验中的地基反力。

图 5-43 表示用上述方法求出的填砂的剪切弹模修正系数 α 的值和桩体宽度与桩体高度之比 B/H 的关系，用不同的记号表示不同的模型种类。大比尺模型中 α 的范围为 0.55 ~ 0.70，小比尺模型中 α 的误差较大，范围为 0.28 ~ 0.90。另外，顶板的有无和由荷载类型形成的差异，不被记入在大比尺模型中，但在小比尺模型中，波浪力型荷载时的 α 值，与土压型荷载的 α 值相比，显得很小。这可以认为当波浪力型荷载时，填砂呈圆弧状的移动，α 的值与计算值之差存在变大的倾向，但在板桩挠度较大的小比尺模型中表现出明显的影响。卸去小比尺模型的波浪力型荷载时，α 的值伴随着 B/H 的增加有变大倾向。

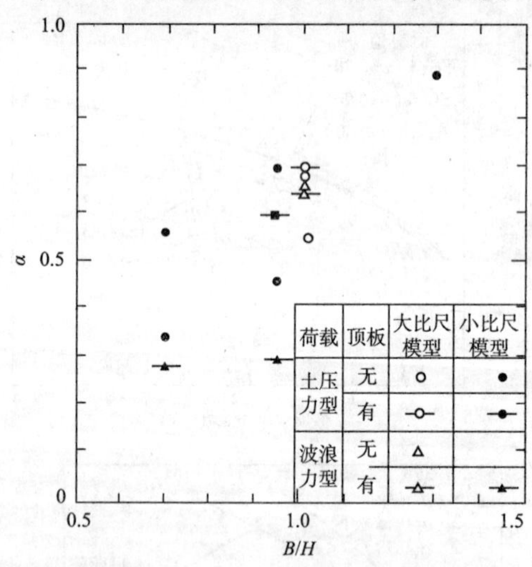

图 5-43　填砂剪切弹模的修正系数

以下对各实例用上述 α 的值进行计算，并对计算结果和试验结果进行比较。

3)计算结果和试验结果的比较

(1)位移分布

图 5-44a) ~ 图 5-44f) 是在大比尺模型中，对板桩位移分布的计算结果和试验结果的比较。

首先，对因荷载类型造成的不同状态进行研究。图 5-44a) ~ 图 5-44c) 是土压型荷载下的状态，图 5-44d)、图 5-44e) 是波浪力型荷载下的状态，由于荷载类型的不同，加载部分板桩的变形也不同，这一试验结果由计算结果较好地表现出来。

接着，关注一下板桩埋入部分的状况，在如图 5-44a) ~ 图 5-44d) 所示的实例中，相对于加载部分板桩以埋入部分的中央附近为中心旋转而言，非荷载部分板桩是以下端附近为中

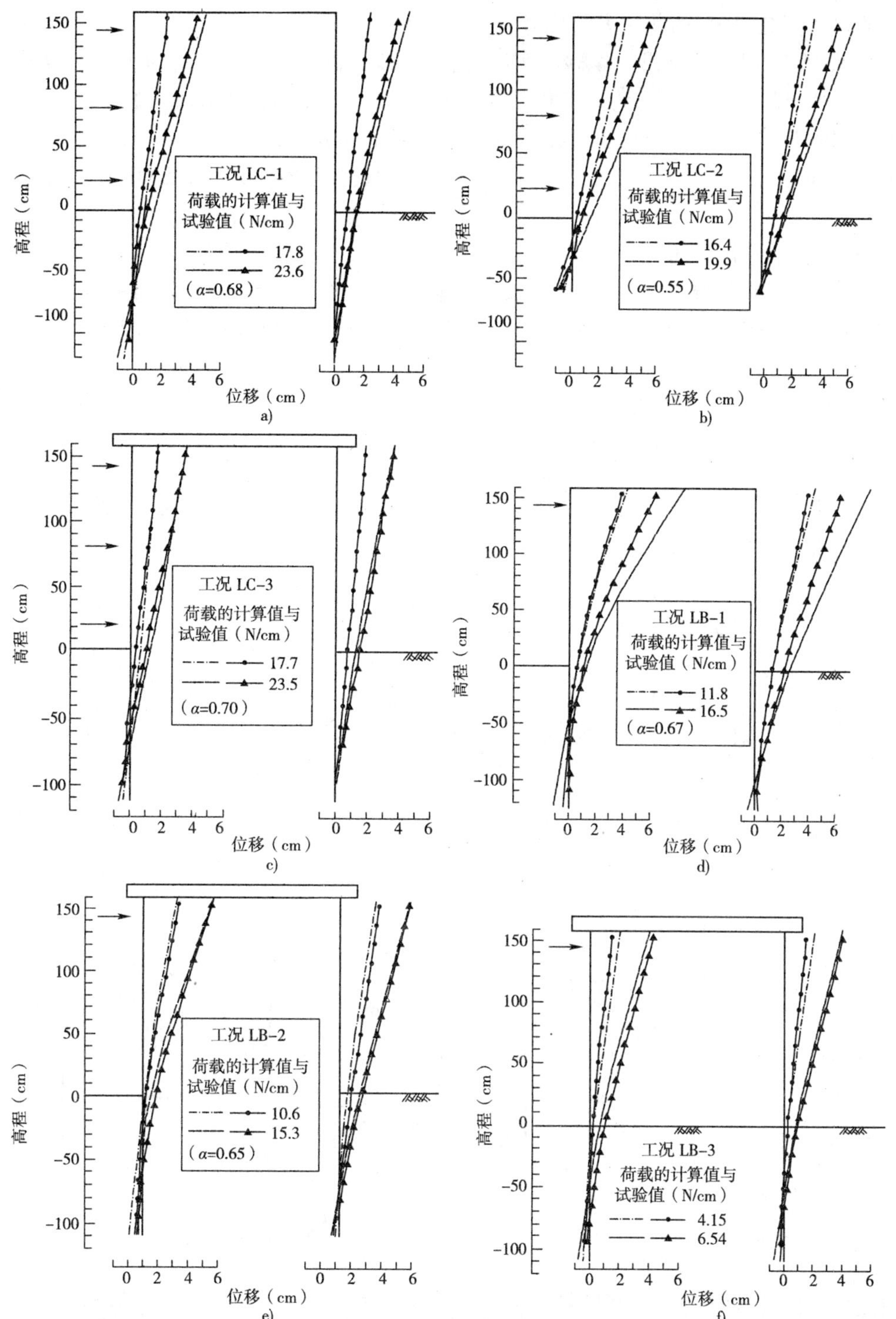

图 5-44　位移分布的计算值和试验值的比较

a）~c）大比尺模型的土压型荷载；d）~f）大比尺模型的波浪力型荷载

心旋转，其计算值和试验值非常一致。可以认为，这是伴随着桩体的变形而形成填砂压迫非荷载部分板桩埋入部分的现象，在本计算方法中填砂泥面剪力将作为非荷载部分板桩埋入部分的分布荷载给出,用此法表示模型化的妥当性。

图 5-44f) 的 LB-3 是没有填砂的实例,此时计算值和试验值也表现为十分一致的状态,明确了即使是填砂剪切阻力为 0 的极限状态时本计算方法也能给出适当的值。而且,LB-3 和存在填砂其他的实例不同,非荷载部分板桩和荷载部分板桩同样是以埋入部分的中央附近为中心旋转。这证明了上述的论述,即填砂的状态会使非荷载部分板桩的埋入部分受到影响。

(2) 板桩的弯矩分布

图 5-45 及图 5-46 对板桩弯矩分布的计算值和试验值进行了比较。图 5-45a) ~ 图 5-45h) 是小比尺模型时的状况,而图 5-46a) ~ 图 5-46f) 是大比尺模型时的状况。

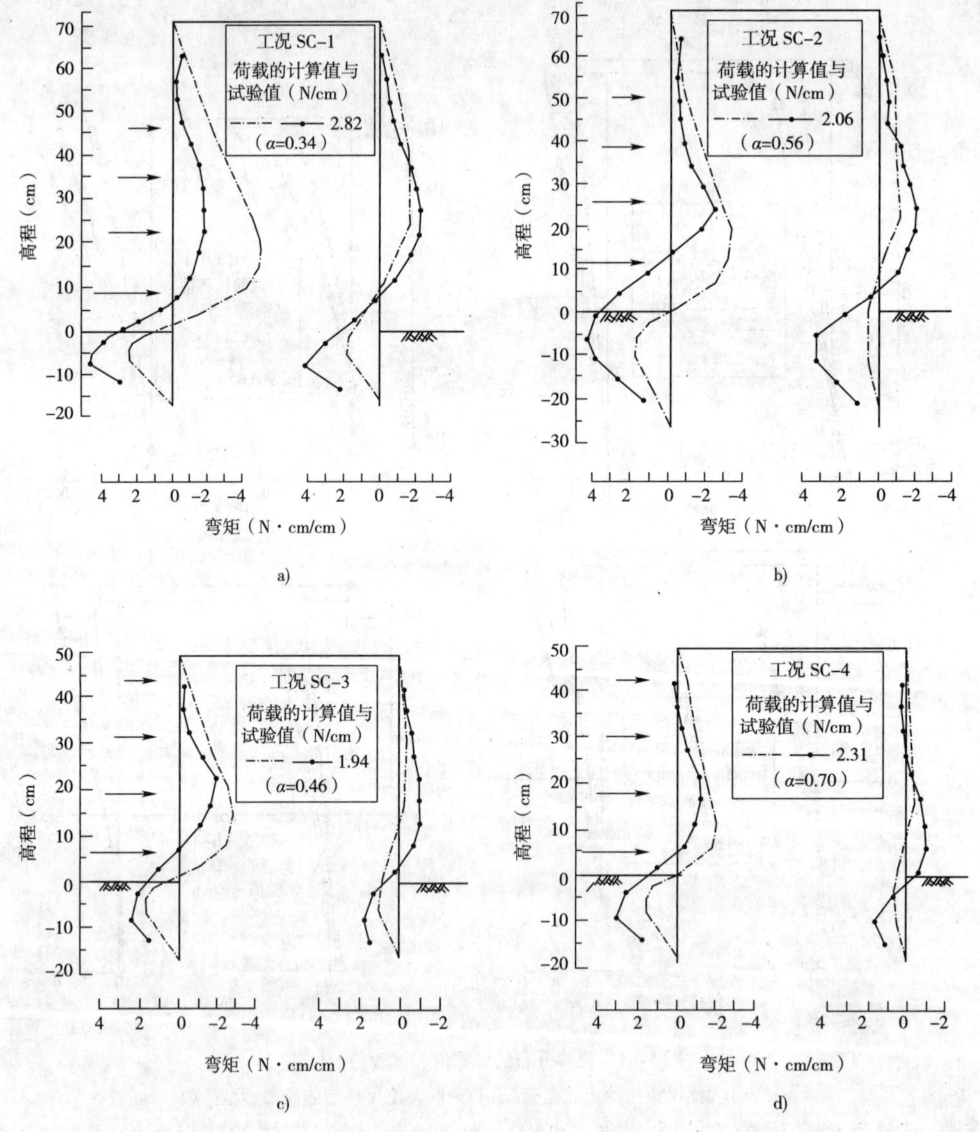

图 5-45

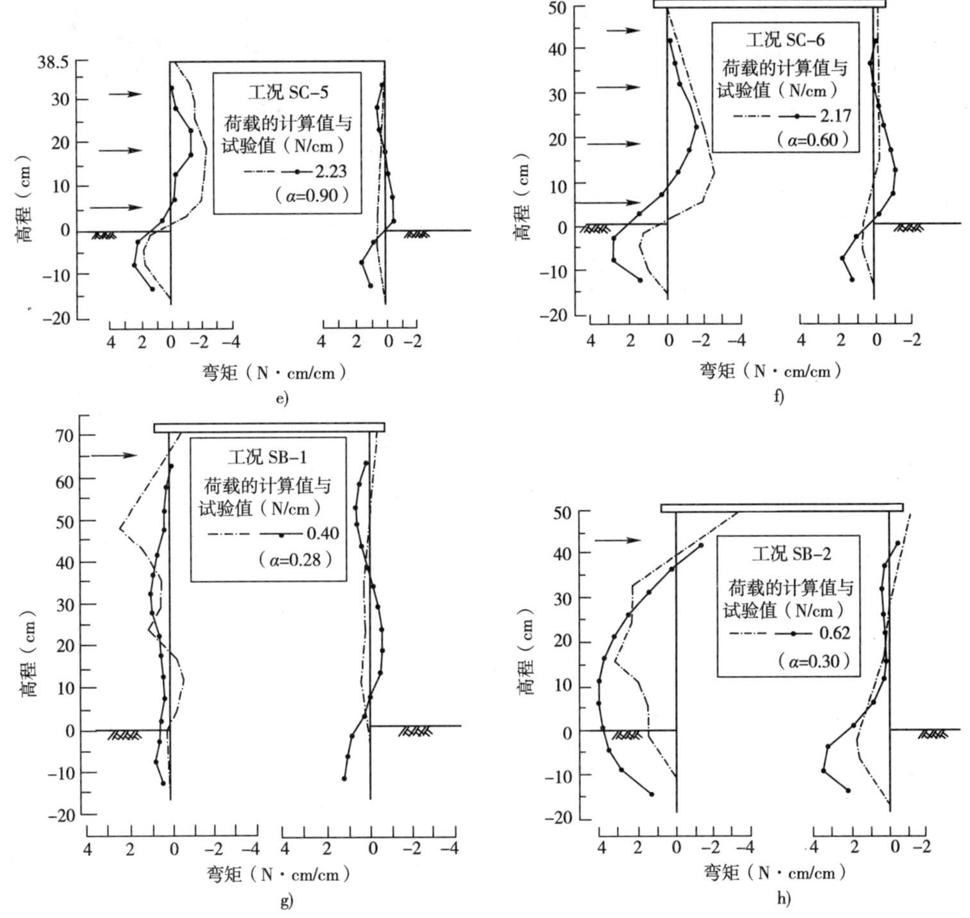

图 5-45　板桩的弯矩分布的计算值和试验值的比较

a)～f) 小比尺模型的土压型荷载；g)、h) 小比尺模型的波浪力型荷载

总体看来，根据模型的大小、荷载类型、桩体高度、埋深、板桩的弯曲刚度、顶板的有无、填砂的有无，可以由计算值较好地表现了双排板桩弯矩分布的差异。特别是，由荷载类型造成的荷载部分板桩弯矩分布的差异以及由模型的大小造成的非荷载部分板桩弯矩分布的差异都十分显著，但计算弯矩和试验值的分布吻合良好。

仔细看来，土压型荷载时，无论模型的大小怎样，荷载部分板桩弯矩分布的计算值和试验值相比，有朝反方向移动的迹象。而且，在所有实例中，泥面以下有板桩弯矩的计算值比试验值小的倾向。这样的结果，被认为是由于在本计算模型中泥面以下板桩的状态由张有龄法表示出来的缘故。也就是说，按 5.4.4 中叙述的单排板桩的水平荷载试验的结果所表现的，基于张有龄公式的计算值算出的泥面以下的弯矩较小[图 5-44b)]。在土压型荷载时的荷载部分板桩中，弯矩分布的不一致是受到泥面以下计算模型误差影响的显著表现。而且，可以认为，填砂可能影响到了荷载部分板桩埋入部分的状态，这一点在本计算模型中没有考虑完全也是一个原因。

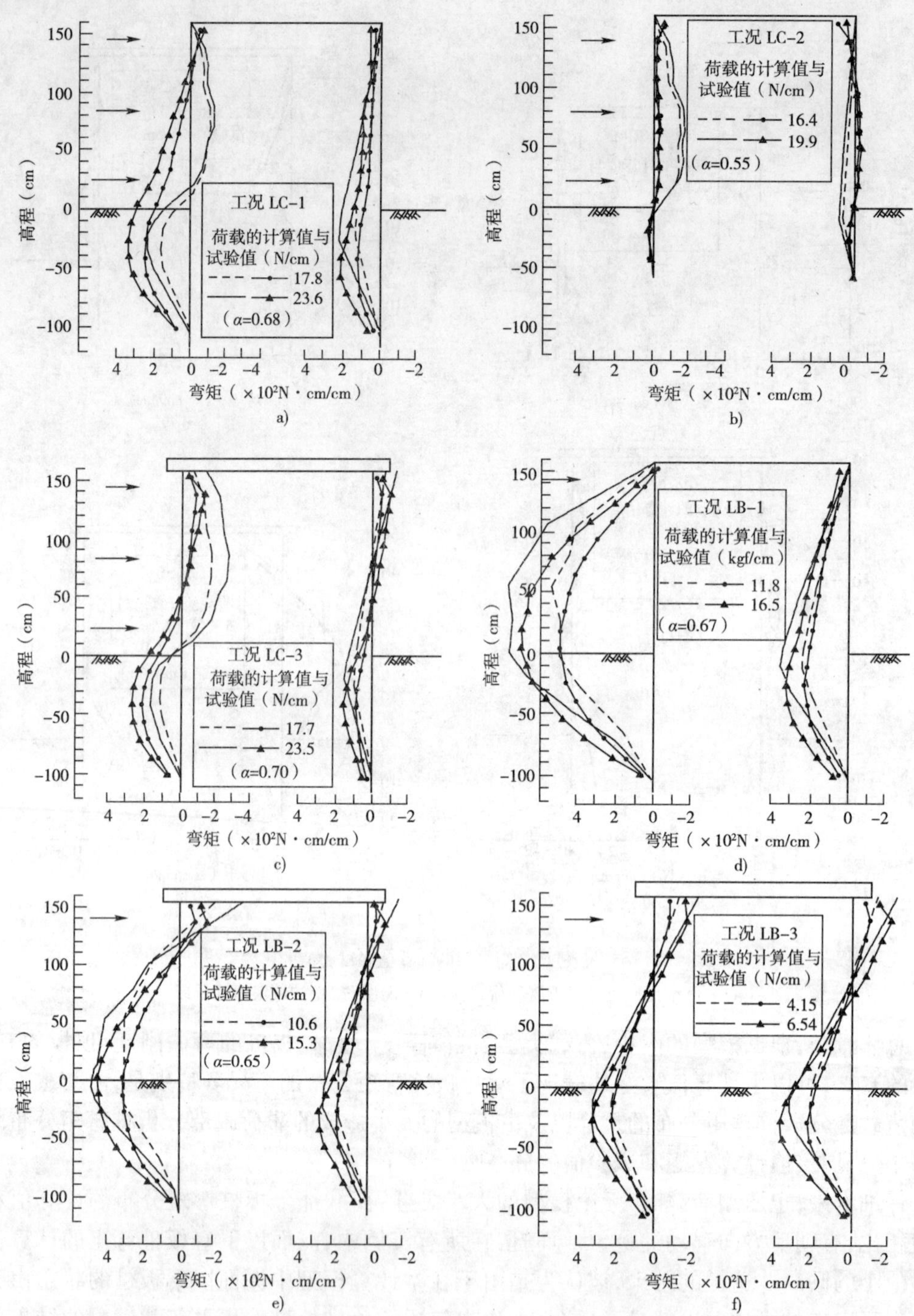

图 5-46　板桩的弯矩分布的计算值和试验值的比较

a）~ c）大比尺模型的土压型荷载；d）~ f）大比尺模型的波浪力型荷载

(3)拉杆拉力

图 5-47 是针对大比尺模型中拉杆拉力的变化将计算结果和试验结果进行比较。

拉杆拉力表现出计算值及试验值一起随着加载荷载的增大而增大，且存在由填砂完成时的值逐渐减少的倾向。波浪力型荷载的 LB-1 和土压型荷载的其他实例相比，拉力减少的比例较大，计算值比较明显地表现出了这个趋势。

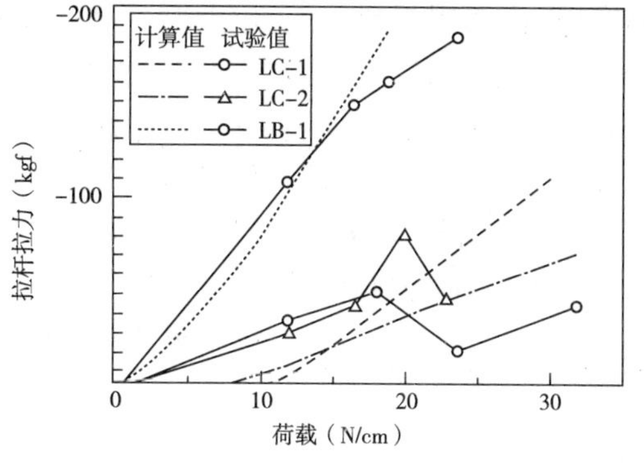

图 5-47　拉杆拉力的计算值和试验值的比较（大比尺模型）

5.5.3　填砂完成时的计算模型研究

图 5-48 是填砂完成时的板桩弯矩分布的计算结果和试验结果的比较。图 5-48a）是关于小比尺模型的 SC-2；图 5-48b）是关于大比尺模型的 LC-1 的比较。No. 1 计算值是根据 5.2.2 中所述填砂完成时的计算模型得到的。此时，横向地基反力系数 k_h 是根据单排板桩的水平荷载试验求得的结果。

小比尺模型

$$k_h = (-2.8\times10^{-4}D + 0.17)\gamma_g^{(2.6\times10^{-3}D-1.21)}$$

大比尺模型

$$k_h = (-3.1\times10^{-4}D + 0.31)\gamma_g^{(2.2\times10^{-3}D-0.83)}$$

式中，k_h 单位为 N/cm^3，γ_g 及 D 的单位为 cm。

而且，填砂的主动土压力系数为 K_a，在 5.4.5 节中是使用试验结果推算的值，地基的被动土压力系数 K_p 是根据模型试验使用的砂的内摩擦角 φ，假设板桩壁摩擦角 δ 为 0 而推算出来的值。另一方面，为了适用于一般的板桩桩壁的设计，No. 2 计算值使用和实践相同的主动土压力系数 K_a，将拉杆安装点和泥面作为两个支点的简支梁计算得到的结果。

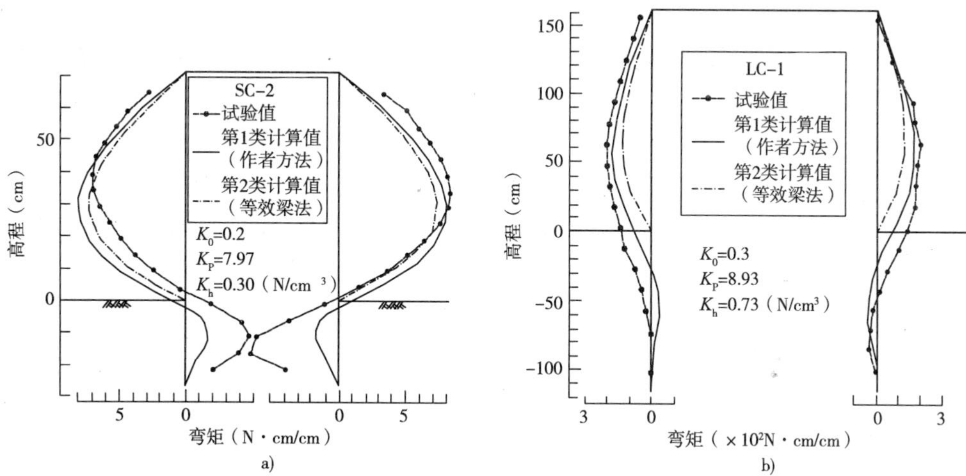

图 5-48　填砂完成时的弯矩分布的计算值和试验值的比较

a）小比尺模型；b）大比尺模型

图 5-48a）小比尺模型情况下，从泥面以上的弯矩分布来看，No. 1 和 No. 2 的计算值相差很小，均和试验值十分吻合。在泥面以下，如 No. 1 所示计算值比试验值小很多，这可以认为如 5.5.2 节所述，泥面以下板桩状态以张有龄公式计算的缘故。

图 5-48b)的大比尺模型,由于板桩刚度较大,板桩弯矩的 0 点位置低于泥面,本计算模型表现出其变化趋势。与此相对,为使在泥面板桩的弯矩取到 0,按等效梁计算法得出的 No.2 计算值和试验值的差较大,算出的最大弯矩偏小。

表 5-9 是大比尺模型的拉杆拉力的计算值和试验值的比较。No.1 和 No.2 中计算值的差异,与板桩弯矩分布的比较场合相同。试验值偏差很大,拉力变化的倾向表现出比计算值更大。由此可知,填砂完成时的土压力分布由于是按如图 5-36b)所示的圆弧状,这可用三角形分布近似地进行计算,因此可以得出拉杆安装点反力较小的结果。

填砂完成时拉杆拉力的计算值和试验值的比较 表 5-9

试验编号	试验值(N)	计 算 值 (kgf)	
		No.1 本计算模型	No.2 等效梁法
LC-1	71.4	166.6	138.1
LC-3	198.7		
LB-1	289.1		
LB-2	222.4		
LC-2	241.7	173.4	

5.5.4 土质参数选定的研究

1)砂的剪切弹模

为调查砂的剪切弹模的一般性质,对于粒径分布不同的三种干燥砂,改变其相对重度和法向应力,进行单剪试验。

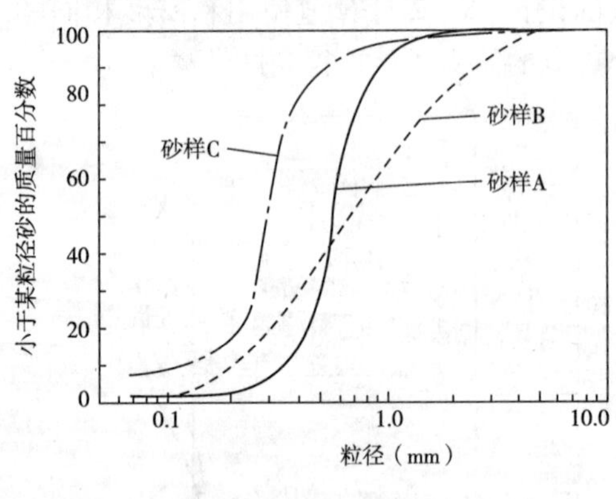

图 5-49 试验砂的粒径分布

用于试验的砂,分为 5.4.2 节的小比尺模型试验使用的砂(A)、鹿岛砂(B)以及在某废弃物填埋护岸使用的填充砂(C)三种。如图 5-49 所示为试验砂的粒径分布,而表 5-10 为试验砂的物理性质。

单剪试验的实例中,相对重度 D_r 分别为 80%、60% 及 40% 三类,在各类相对重度的试件上分别施加 $2.0Nf/cm^2$、$1.0Nf/cm^2$ 和 $0.5Nf/cm^2$ 的法向应力 σ_N。试件的制作采用多重筛分法,作类似于真空吸收法的矫正。另外,剪切速度取 0.03mm/min。

试验砂的物理性质 表 5-10

试样	15℃时土粒颗粒的比重 G_s	均匀系数 U_c	最大干燥重度 $\gamma_{d_{max}}$ (N/cm^3)	最小干燥重度 $\gamma_{d_{min}}$ (N/cm^3)
A	2.63	1.74	1.66	1.45
B	2.56	3.95	1.91	1.66
C	2.67	2.73	1.60	1.24

表 5-11 是和单剪试验同时进行的由三轴压缩试验(CD 试验)求得的有关各试样的相对

重度 D_r 和内摩擦角 φ 的关系。试样 A、B 相同，D_r 较大时，φ 也取到较大的值，可知试样的相对重度影响到填砂的力学性质。

由三轴压缩试验（CD 试验）求得试验砂的内摩擦角　　表 5-11

试样	相对重度 D_r（%）	内摩擦角 φ（°）
A	80	42.5
	60	40.6
	40	39.2
B	80	42.3
	60	40.4
	40	39.1
C	60	42.4

图 5-50 是从单剪试验得到的剪切弹模 G_t 和剪切变形 θ 的关系，由相对重度 D_r 及法向应力 σ_N 作为参量表示出来，图 5-50a）、图 5-50c）分别表示试样 A、B 及 C 的结果。

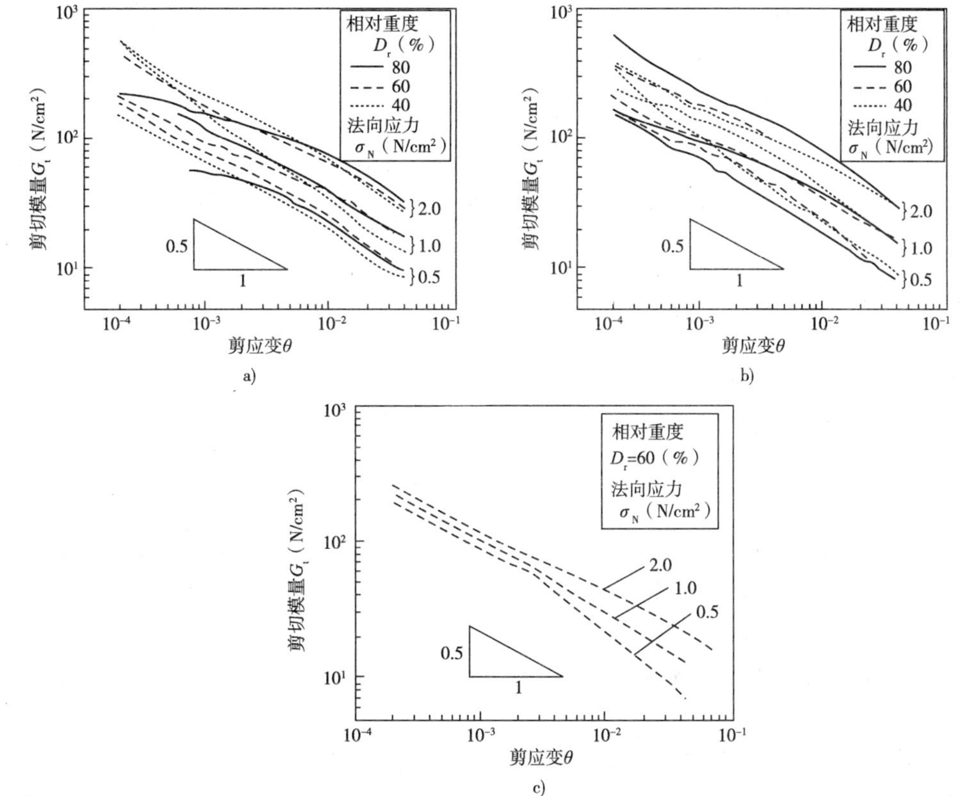

图 5-50　砂的剪切弹性模量和剪切变形、法向应力、相对重度的关系

a）试样 A；b）试样 B；c）试样 C

从 5-50 总体来看，G_t 大致有按 $\theta^{-0.5}$ 的比例变化的倾向。且明显地表现出，所有试样都在约 $\theta > 0.2\%$ 的范围时，当 σ_N 较大时，G_t 也有取较大值的趋势。

为了看出剪切弹模的特性受到不同试样的影响，对于 $D_r = 60\%$ 的实例，比较图 5-50a）、图 5-50b）及图 5-50c），试样 A、B 与 σ_N 无关，表现出大致相同的 G_t-θ 关系，与此相对的试样

C,在 $\sigma_N = 2.0$ 及 $1.0N/cm^2$ 的实例中,和其他试样相比表现出稍小的 G_t 值。

另外,在5-50a)和图5-50b)中还研究了相对重度 D_r 的效果,试样A、B无论在何种状态下,D_r 对剪切弹模 G_t 的影响不明显。如表5-12所示,由三轴压缩试验得出试验砂的内摩擦角 φ 表现为相对重度 D_r 的效果,与此相对,G_t 表现不出明显的效果,以此为由,在单剪试验中须考虑试样非均质的影响等。如5.4.2所述,双排板桩结构的模型试验中,可知由于填砂的压实使桩顶位移减少(SC-3、SC-4)。实际情况下,很大程度上需要考虑压实的效果,但在这里无法使其公式化。

另外,粒径分布对 G_t 的影响,三种试样种类较少,不能充分表示出定量性的不同。因此一般地将填砂剪切弹模 G 的计算公式表示为剪切变形角 θ 和法向应力 σ_N 的函数,将粒径分布和相对重度 D_r 产生的偏差作为需要考虑的部分表示出来。

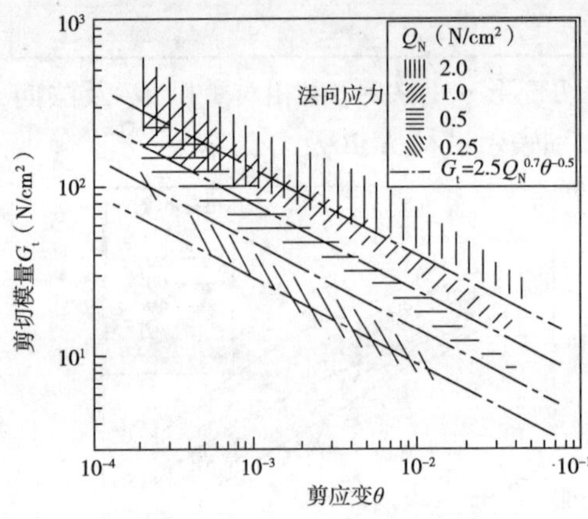

图5-51 砂的剪切模量的存在范围及其表达式

图5-51是综合了上述的单剪试验和5.4.2节及5.4.3节所述的模型试验砂的单剪试验的结果,在 σ_N 的各个实例中,总体试验结果的存在范围用斜线表示。G_t 的计算公式在图中用点画线表示,表示每个 σ_N 的偏差下限值的公式如下所示。

$$G_t = 2.5\sigma_N^{0.7}\theta^{-0.5} \tag{5-107}$$

本计算模型中,填砂的剪切弹模 G 用 G_t 乘以修正系数 α 得到的下式进行计算。

$$G = \alpha \times 2.5\sigma_N^{0.7}\theta^{-0.5} \tag{5-108}$$

2)泊松比

为了调查砂的泊松比的一般性质,需要进行饱和砂的三轴压缩试验(CD试验)。

试样选用单剪试验中使用的两种砂样A和B。对应单剪试验的试验实例,当相对重度 D_r 变化为80%、60%及40%时,对于试件的各个 D_r 值相应地将侧限压 σ_3 设定为 $2.0N/cm^2$、$1.0N/cm^2$ 及 $0.5N/cm^2$。试件的制作方法也和单剪试验相同。

图5-52是根据试验得到的砂的泊松比 v 和轴应变 ε 的关系,图5-52a)是关于试样A的结果,图5-52b)是关于试样B的结果。由于相对重度 D_r 和侧限压 σ_3 的效果不明显,综合所有实例,将 ν 的存在范围用斜线表示出来。

由同图,可知泊松比 ν 在轴应变 ε 增大的同时也有变大倾向。且试样B的泊松比 ν 和A相比,表示出稍小的值。

在本计算模型中,两排板桩的相对位移除以桩体宽度即可认为是轴应变,但其值由模型试验结果看来,认为最大为1%的程度。并且可知,泊松比 v 值未影响到计算结果。因此,本计算模型中的 v 取用轴应变 ε 较小范围时的代表值,定为如下数值:

$$v = 0.2 \tag{5-109}$$

(3)横向地基反力系数

泥面以下的计算公式含有横向地基反力系数。从5.4.4节中叙述的单排板桩的荷载试验结果可知,即使是同一地基及板桩,横向地基反力系数也受到板桩的变化、埋深及板桩宽度的影响。但这些影响不十分明确，一般形式的公式化现在还不可能的，而且也很复杂。

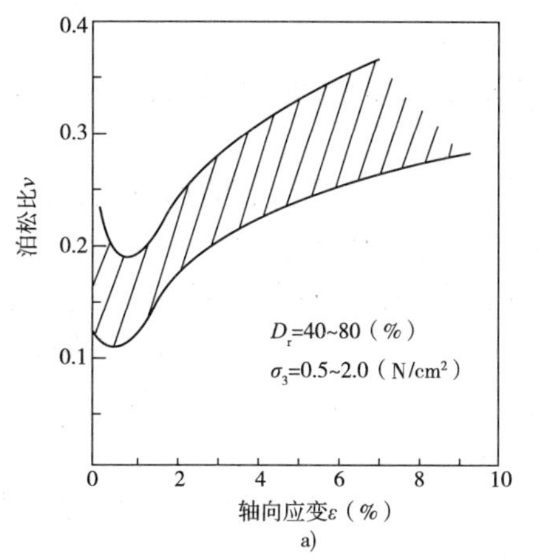

a)

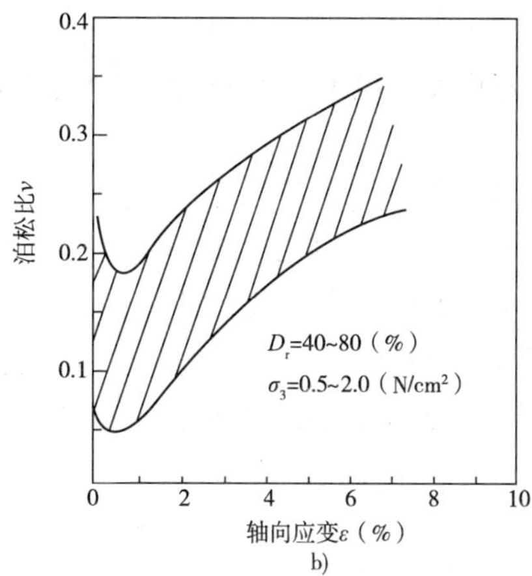

b)

图 5-52　砂的泊松比和轴应变的关系

a）试样 A；b）试样 B

因此，在这里使用张有龄公式计算横向抗力桩的状态时适用于与桩宽无关的横向地基反力系数。也就是说，使用从泥面到 $\beta-1$ 为止的 N 平均值（横山）的计算图 5-53 来求出此值。

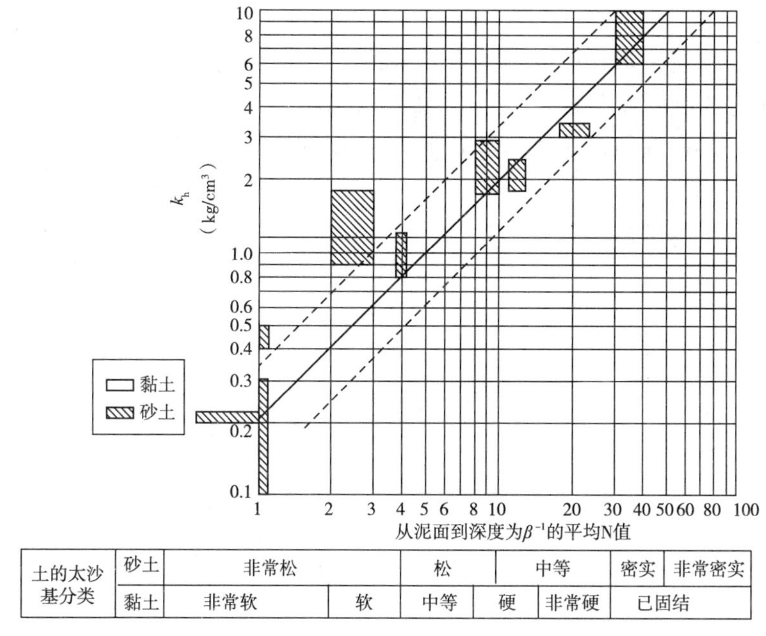

<table>
<tr><td rowspan="2">土的太沙基分类</td><td>砂土</td><td colspan="2">非常松</td><td colspan="2">松</td><td colspan="2">中等</td><td>密实</td><td>非常密实</td></tr>
<tr><td>黏土</td><td>非常软</td><td>软</td><td>中等</td><td colspan="2">硬</td><td>非常硬</td><td colspan="2">已固结</td></tr>
</table>

图 5-53　由桩的横向抗拉试验的结果反算出的 k_h 值（横山）

5.5.5　总结

将模型试验计算值与试验值比较，将力学性能计算模型适用性的研究结果作如下总结。

1）水平外力作用时的计算

（1）计算开始假设填砂剪切变形 θ 为 0.01，板桩 A、B 的泥面位移 y_{Ag}、y_{Bg}为 1.0cm，当

假设 θ、y_{Ag}及 y_{Bg}的收敛判别条件分别为 1/1000 的允许误差，则按 7～22 次的迭代计算来收敛。

(2)若将泥面以上三等分，会得到与将其十等分时大致吻合的结果，实用上的计算精度已经足够。

(3)将三角形或梯形分布荷载分配成多个集中荷载、土压型荷载的加载试验实例中，作为外力条件给出分布荷载和给出多个集中荷载的计算结果的差别较小。

(4)填砂的剪切弹模的修正系数 α 在小比尺模型中范围为 0.28～0.90，在大比尺模型中的范围为 0.55～0.70，α 伴随着桩体宽度与桩体高度之比 B/H 的增加有变大倾向。

(5)根据位移分布的比较，按荷载类型对关于荷载部分板桩状态的不同及埋入部分双排板桩间状态的不同，认为其计算结果较好地体现了试验结果。

(6)根据弯矩分布的比较，由模型的大小、荷载类型、板桩高、埋深、板桩的弯曲刚度、顶板的有无、填砂的有无，可以认为双排板桩弯矩分布的差异已由计算结果较好地体现。但是，对土压型荷载时荷载部分板桩的弯矩分布，其计算结果和试验结果的差距很大，这是由于本计算模型中，泥面以下状态是用张有龄法计算的结果，须考虑误差的影响。

(7)拉杆拉力的变化已由本计算模型做出了较好说明。

2)填砂完成时的计算

(1)由本计算模型得出的板桩弯矩分布计算值在小比尺模型和大比尺模型中都和试验值十分一致。

(2)由等效梁法得出的板桩弯矩计算值，和板桩弯曲刚度较小的小比尺模型试验值十分一致，但比板桩弯曲刚度较大的大比尺模型的试验值小。

(3)填砂的土压分布假设为三角形分布，则算出的拉杆拉力有些小。

3)各土质参数的选定

(1)砂的剪切弹模随法向应力及剪切变形的变化很大。与此相对，砂的粒径分布及相对重度的影响表现不明显。因此，填砂的剪切弹模 G 不考虑粒径分布和相对重度，可以由式(5-104)进行计算。

(2)填砂的泊松比 v 可以由式(5-105)取为 $v=0.2$。

另外，横向地基反力系数 k_h、k_{hA}及 k_{hB}用横山的计算图取值。

5.6 工程实例

1)计算条件

作为计算例子假设实体大型双排板桩结构的设计条件如图 5-54 所示。

(1)构造

桩顶高程	C. H.	= +3.0m
高水位	H. W. L.	= +2.0m
剩余水位	R. W. L.	= +1.0m
低水位	L. W. L.	= ±0.0m
海底面	D. L.	= −10.0m
拉杆位置		= +1.0m

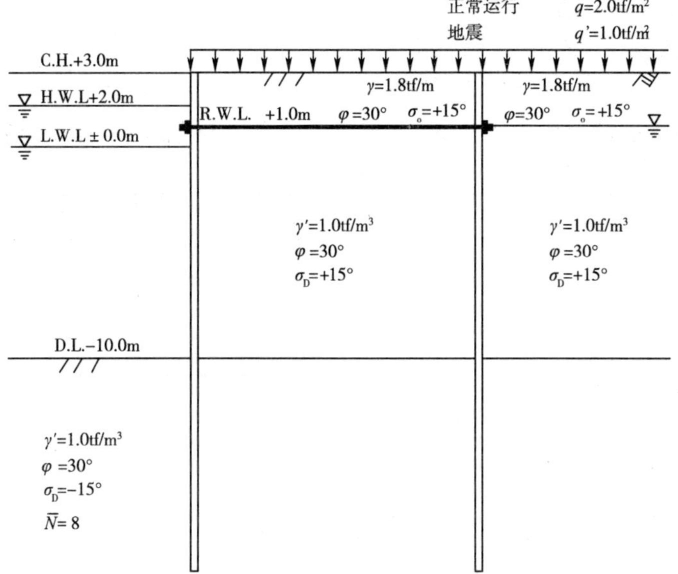

图 5-54　计算例子的设计条件

注：1tf = 9.80665 × 10^3 N。

(2)荷载

上覆荷载：

正常运行　　$q = 2.0(\mathrm{tf/m^2})$

地震　　　　$q' = 1.0(\mathrm{tf/m^2})$

地震强度：

水平地震力强度　　　　　$k = 0.1$

水面的水平地震力强度　　$k' = 0.2$

(3)材料的允许应力

①钢板桩(SY 30)。

正常　　$\sigma_a = 1800(\mathrm{N/m^2})$

地震　　$\sigma_a' = 2700(\mathrm{N/m^2})$

②钢管板桩(STK 41)。

正常　　$\sigma_a = 1400(\mathrm{N/m^2})$

地震　　$\sigma_a' = 2100(\mathrm{N/m^2})$

③拉杆(高强钢 45)。

正常　　$\sigma_a = 1800(\mathrm{N/m^2})$

地震　　$\sigma_a' = 2700(\mathrm{N/m^2})$

(4)土质

土质条件如图 5-54 所示。图中的记号含义如下：

γ 为土的重度($\mathrm{tf/m^2}$)；

γ'为土的浮重度($\mathrm{tf/m^2}$)；

φ 为土的内摩擦角(°)；

δ_a 为板桩壁的主动摩擦角(°);

δ_p 为板桩壁的被动摩擦角(°);

$\overline{N}$ 为海底表面至 $\beta-1$ 的平均 N 值。

根据土质条件,主动土压力系数 K_a 及被动土压力系数 K_p 的计算参照见表 5-12。

土压系数的计算值 表 5-12

设计条件		主动土压力系数 K_a	被动土压力系数 K_p
正常	$\varphi=30°,\delta=15°$	0.29	4.80
地震	$\varphi=30°,\delta=15°,k=0.1$	0.36	—
	$\varphi=30°,\delta=15°,k'=0.2$	0.44	4.05

2)按照惯用方法进行计算的例子

(1)桩体宽度

桩体宽度 B 适用格形钢板桩系船码头的设计方法,在海底表面,变形力矩 M_d 和填充砂的抵抗力矩 M_r 的平衡中需要考虑安全系数 F,须满足下式:

$$M_dF \leqslant M_r \tag{5-110}$$

由式(5-110)得到的计算结果如表 5-13 所示。以此结果,将桩体宽度 B 定为 19.0m。

桩体宽度的计算结果 表 5-13

设计条件	变形力矩 M_d(tf·m/m)	抵抗力矩 M_r(tf·m/m)	安全系数 F	需要的桩体宽度 B(m)
正常	244.2	$1.4B^2-0.028B^3$	1.2	18.2
地震	$299.7+16.4B$	$3.83B^2-0.078B^3$	1.2	16.3

注:$1\text{tf}=9.80665\times10^3\text{N}$。

(2)埋深

埋深 D 需要考虑拉杆安装点处由被动土压力形成的力矩 M_p 和由主动土压力及剩余水压力形成的力矩 M_a 的平衡,须满足下式。

$$M_p = FM_a \tag{5-111}$$

由式(5-111)得到的计算结果如表 5-14 表示。以此结果,将埋深 D 定为 7.5m。

埋深的计算结果 表 5-14

设计条件	由主动土压力及剩余水压力形成的力矩 M_a(tf·m/m)	由被动土压力形成的力矩 M_p(tf·m/m)	安全系数 F	埋深 D(m)
正常	$0.0967D^3+4.51D^2+63.91D+285.13$	$1.60D^3+26.40D^2$	1.5	5.94
地震	$0.0147D^3+6.33D^2+85.91D+376.08$	$1.35D^3+22.33D^2$	1.2	7.18

注:$1\text{tf}=9.80665\times10^3\text{N}$。

(3)板桩的弯矩

作用于板桩的最大弯矩 M_{max},以拉杆安装点和海底表面作为支点,假设将从海底泥面上的土压力和剩余水压力作为荷载作用的简支梁,进行计算。计算结果为:

正常

$$M_{max} = 62.9 \quad (\text{tf}\cdot\text{m/m}) \tag{5-112}$$

地震

$$M'_{max} = 81.8 \quad (\text{tf}\cdot\text{m/m}) \tag{5-113}$$

(4)拉杆的拉力

作用于拉杆的拉力 T,其计算与板桩弯矩的计算相同时,作为拉杆安装点反力进行计算。计算结果为:

正常

$$T = 22.15 \quad (\mathrm{tf/m}) \tag{5-114}$$

地震

$$T' = 27.17 \quad (\mathrm{tf/m}) \tag{5-115}$$

(5)板桩的截面

板桩的截面,由板桩最大弯矩计算得出的应力不能超出材料的允许应力。所需的板桩截面模量 Z 的计算结果为:

正常

$$Z = \frac{62.9 \times 10^5}{1800} = 3494 \quad (\mathrm{cm^3/m}) \tag{5-116}$$

地震

$$Z' = \frac{81.8 \times 10^5}{2700} = 3030 \quad (\mathrm{cm^3/m}) \tag{5-117}$$

因此,使用 KSP－Z38(截面惯性矩 $I = 69200\mathrm{cm^4/m}$,截面模量 $Z = 3800\mathrm{cm^3/m}$)。

(6)拉杆的截面

拉杆的截面,由拉杆拉力计算出的拉应力不能超出允许应力。

拉杆间隔 l 取 1.5m,一根拉杆的拉力计算结果为:

正常

$$T = 22.15 \times 1.5 = 33.23 \quad (\mathrm{tf/根}) \tag{5-118}$$

地震

$$T' = 27.17 \times 1.5 = 40.76 \quad (\mathrm{tf/根}) \tag{5-119}$$

因此,拉杆所需最小直径 d 的计算结果为:

正常

$$d = \sqrt{\frac{4 \times 33230}{3.14 \times 1800}} = 4.85 \quad (\mathrm{cm}) \tag{5-120}$$

地震

$$d' = \sqrt{\frac{4 \times 40760}{3.14 \times 2700}} = 4.39 \quad (\mathrm{cm}) \tag{5-121}$$

因此,选用 $d = 50\mathrm{mm}$。

(7)计算板桩的整体稳定性

以重力结构为标准,确定滑动安全系数 F,结果如下:

正常

$$F = 3.7 > 1.2 \tag{5-122}$$

地震

$$F = 1.7 > 1.0 \tag{5-123}$$

根据以上计算,双排板桩结构的截面如图 5-55 所示。

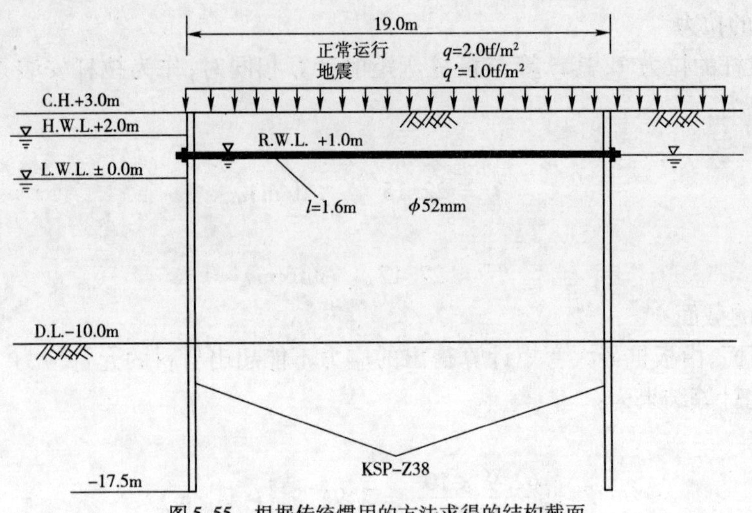

图 5-55　根据传统惯用的方法求得的结构截面

注：$1\text{tf}=9.80665\times10^3\text{N}$。

3）按照力学模型进行计算的例子

根据本文建立的双排板桩结构力学模型进行设计计算的例子如图 5-56 所示。

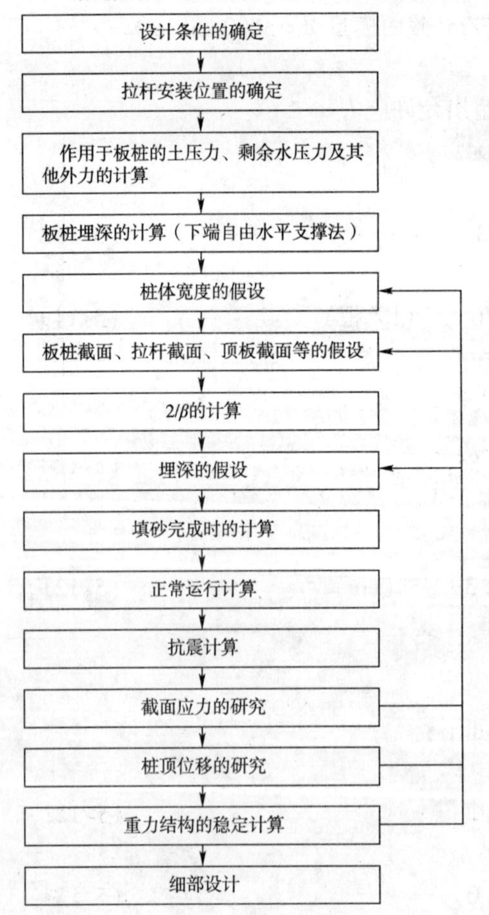

图 5-56　设计计算的流程图

（1）土压力、剩余水压力及其他外力

填砂完成时，正常和地震情况下的计算中，外力条件如图 5-57 和图 5-58 所示。图5-57是填砂完成时的外力条件，不考虑上覆荷载及地震力。图 5-58a）是在正常和地震情况下计算的初始条件，需要考虑当时填砂的主动土压力；图 5-58b）是对正常状态下水平外力作用时进行计算的外力条件；图 5-58c）是对地震状态下水平外力作用时进行计算的外力条件，需考虑填砂的地震力。且上覆荷载的地震力作为作用于双排板桩桩顶的集中力进行计算，桩体上部的上覆荷载 $q'B$ 乘以地震力强度 k，使两排板桩受到同等作用。从海底表面至 $\beta-1$ 为止 N 的平均值为 $\overline{N}=8$，因此，桩的水平力计算中，将横向地基反力系数 k_h、k_{hA} 及 k_{hB} 一起定为 1.6N/cm^2。

（2）板桩埋深的计算

按下端自由水平支撑法计算板桩的埋深，计算结果见表 5-15，计算得出的埋深为 $D7.5\text{m}$。

（3）桩体宽度的假设

本计算例子的双排板桩结构占地面积较窄，桩体宽度假设与桩体高度相等，为 $B=13.0\text{m}$。

（4）板桩截面及拉杆截面

板桩截面及拉杆截面和过去的方法一样，通过一般的板桩计算求出，假设如下：

钢板桩　　KSP－Z38

拉杆　　　直径 ϕ50mm

安装间隔 $l=1.5$m

(5)$2/\beta$ 的计算

钢板桩 KSP－Z38 的 $2/\beta$ 的计算如式(5-124)所示。

$$2/\beta = 4.91 \quad (\text{m}) \tag{5-124}$$

(6)埋深的假设

埋深选取由下端自由水平支撑法得到的计算值和 $2/\beta$ 中较长的，假设 $D=7.5$m。

(7)填砂完成时，正常和地震下的计算

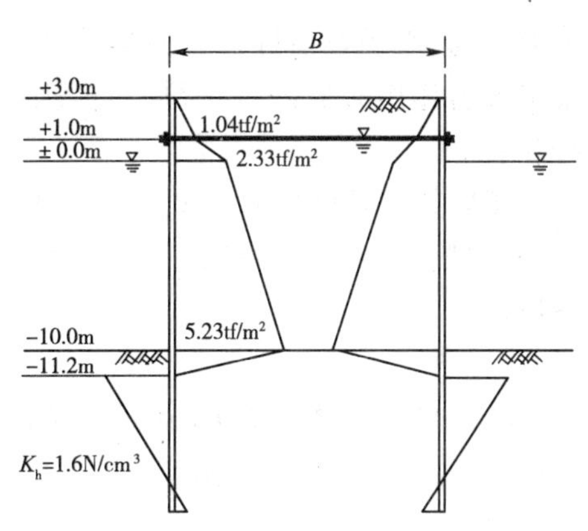

图 5-57　填砂完成时的外力

注：1tf＝9.80665×10³N。

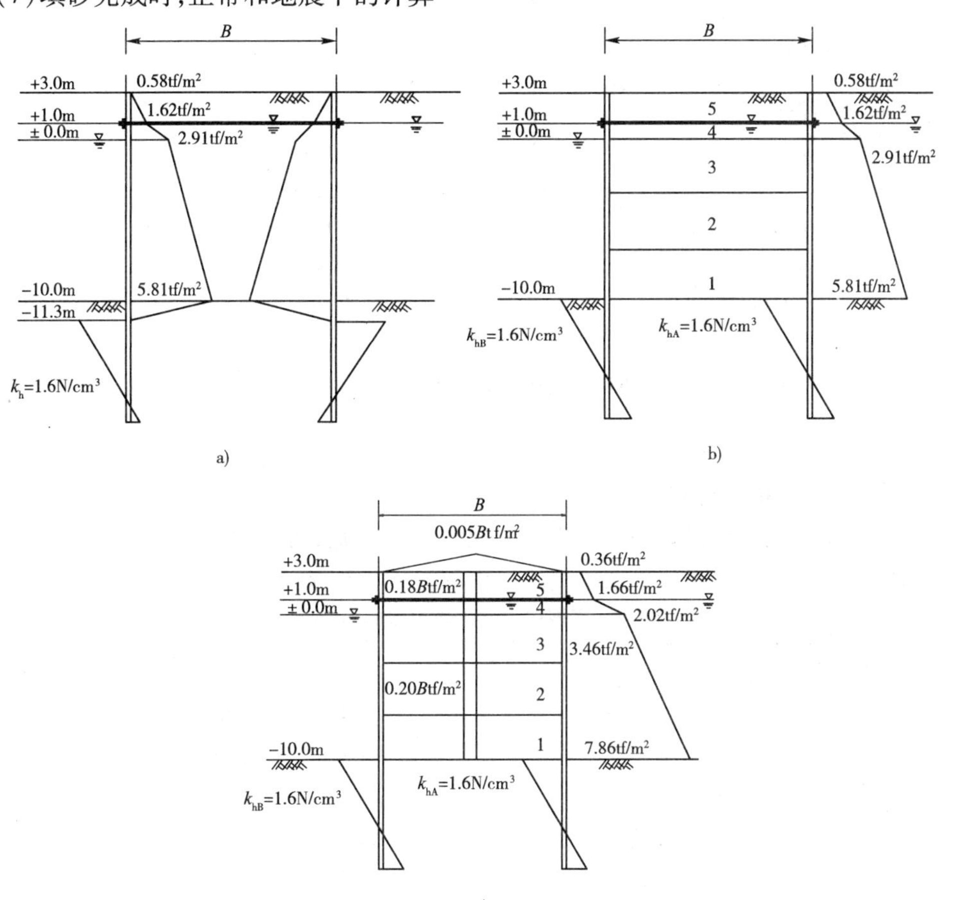

图 5-58　正常和地震下的外力

a)计算中的初始值外力；b)正常条件下的水平外力；c)地震时的水平外力

注：1tf＝9.80665×10³N。

遵循图 5-57 和图 5-58 的外力条件，进行填砂完成时正常和地震下的计算。在正常和地震下的计算中，首先，在图 5-58a)的外力条件下，根据填砂完成时的计算模型计算板桩的位移、弯矩及拉杆拉力的初始值,接着,在图5-58b)和图5-58c)的外力条件下,根据水平外力作用时的计算模型,计算从初期开始的变化部分,将两者合并,得到构筑物的实际状态。

填砂的剪切弹模 G 用式(5-125)计算。修正系数 α 参照图5-59,按 $B/H=1.0$ 及外力为土压型,取 $\alpha=0.5$ 进行计算。泥面以上土层分层如图5-58b)、图5-58c)所示分为五层。

$$G = \alpha \times 2.5\sigma_N^{0.7}\theta^{-0.5} \tag{5-125}$$

图5-59a)及图5-59b)分别表示板桩位移分布和弯矩分布的计算结果(构造方案1)。

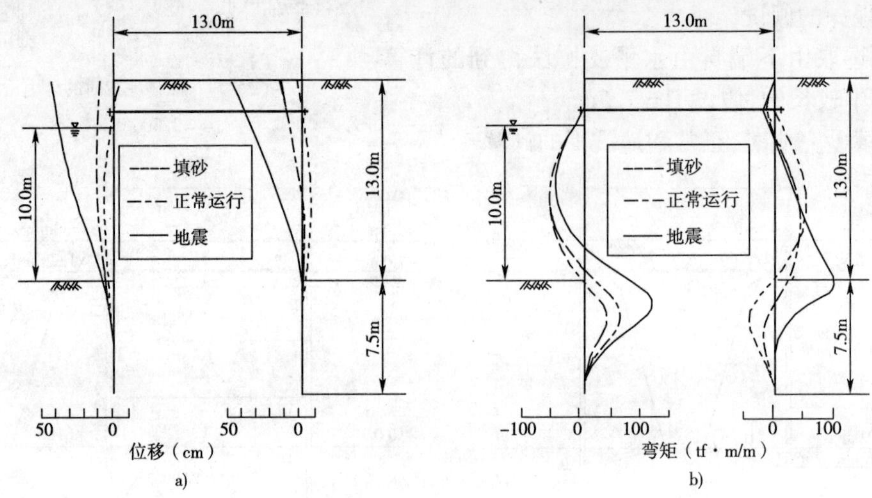

图5-59　结构状态的计算结果(构造方案1)

a)位移分布;b)弯矩分布

注:1tf=9.80665×10³N。

(8)截面应力及桩顶位移的研究

由力学性能计算模型得到的板桩最大弯矩、拉杆拉力及桩顶位移的计算结果如表5-15所示的构造方案1所示。同表也表示出了后面叙述的计算结果(构造方案2及3)。

由计算模型得出的力学性能计算结果　　表5-15

构造方案	计算条件	板桩的最大弯矩 M_{max}(tf·m/m)	拉杆拉力 T(tf)	桩顶水平位移 y_{TOP}(cm)
1	填砂	54.4	28.2	2.7
	正常	65.3	32.2	13.6
	地震	121.7	41.6	47.2
2	填砂	54.2	28.1	2.5
	正常	56.5	29.6	8.6
	地震	117.8	47.0	40.2
3	填砂	80.0	31.1	0.1
	正常	83.9	26.3	6.7
	地震	194.5	27.9	19.0

注:1tf=9.80665×10³N。

根据计算结果,进行截面应力及桩顶位移的研究,如下所述。

板桩的应力:

填砂完成 1450N/cm^2 <1800N/cm^2

正常 1718N/cm^2 <1800N/cm^2

地震 3203N/cm^2 >2700N/cm^2

拉杆应力:

填砂完成 1355N/cm^2 <1800N/cm^2

正常 1203N/cm^2 <1800N/cm^2

地震 1651N/cm^2 <2700N/cm^2

桩顶位移与板桩壁高之比:

填砂完成 0.2% <1.0%

正常 1.1% >1.0%

地震 3.6% >3.0%

地震时的板桩应力超过了允许值,而且,桩顶位移在正常和地震时都很大,所以这个构造方案不合适。

(9)使板桩宽度变大的状况(构造方案2)

修改板桩宽度的假设,进行 $B=19.0$m 的格形钢板桩的设计计算。板桩截面、拉杆及埋深的条件不变。

图5-60a)和图5-60b)分别表示板桩的位移分布及弯矩分布的计算结果。而且,板桩的最大弯矩、拉杆拉力及桩顶位移的计算结果也按表5-16的构造方案2所示。

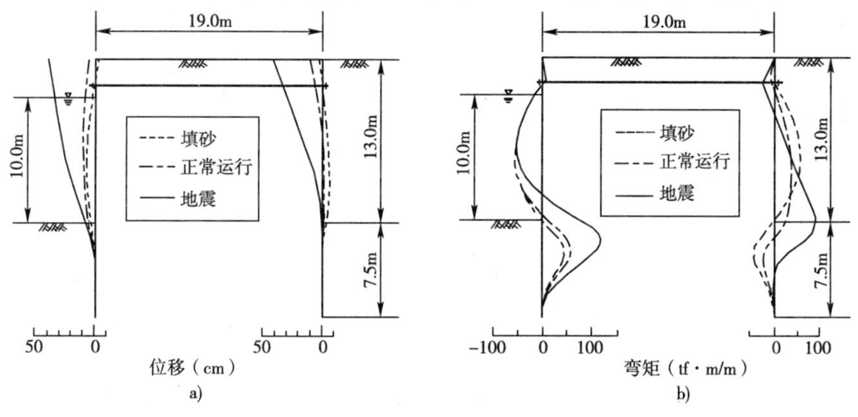

图5-60 结构状态的计算结果(构造方案2)

a)位移分布;b)弯矩分布

注:1tf = 9.80665 × 10^{3}N。

此时对截面应力及桩顶位移的研究如下所示。

板桩的应力:

填砂完成 1445N/cm^2 <1800N/cm^2

正常 1503N/cm^2 <1800N/cm^2

地震 3087N/cm^2 >2700N/cm^2

拉杆应力:

填砂完成　　1355N/cm^2 <1800N/cm^2

正常　　1090N/cm^2 <1800N/cm^2

地震　　1916N/cm^2 <2700N/cm^2

桩顶位移与板桩壁高之比：

填砂完成　　0.2% <1.0%

正常　　0.7% <1.0%

地震　　3.1% >3.0%

地震状态下，板桩应力超过了允许值，由于桩顶位移也变大，所以此构造方案不合适。

(10)使板桩截面变大的状况(构造方案 3)

板桩宽度和最初的假设(构造方案 1)相等，取 $B = 13.0$m，研究板桩截面变大的状况。板桩及拉杆如下假设。

钢管板桩：

外径　　ϕ1000mm，壁厚 18mm

截面惯性矩　　$I = 5.37 \times 105$cm^4/m

截面模量　　$Z = 1.07 \times 104$cm^3/m

管型接头：

拉杆　　直径 ϕ50mm

安装间隔　　$l = 1.25$m

此时，根据钢管板桩的截面，算出 $\beta = 8.2$m，按下端自由水平支撑法，为了使埋深大，假设为 $D = 8.5$m。

图 5-61a)和图 5-61b)分别表示板桩的位移分布及弯矩分布的计算结果。而且，表 5-16 的构造方案 3 表示了板桩的最大弯矩、拉杆拉力及桩顶位移的计算结果。

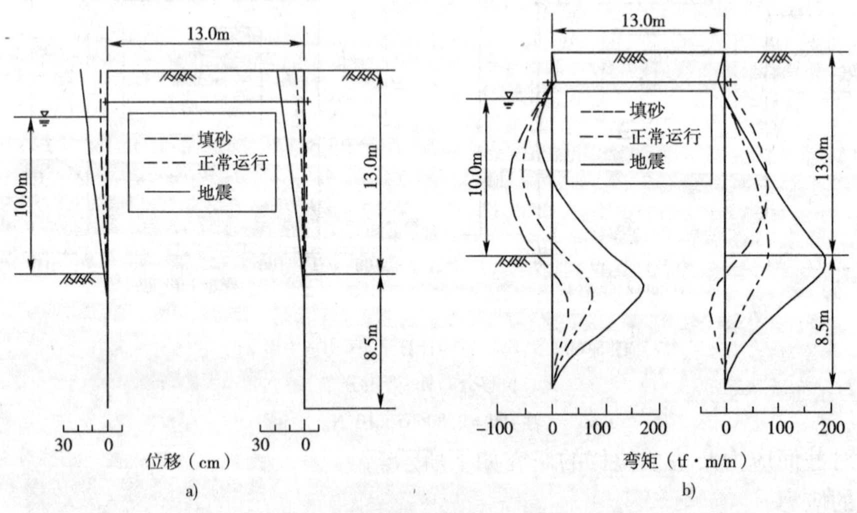

图 5-61　结构状态的计算结果(构造方案 3)

a)位移分布；b)弯矩分布

注：1tf = 9.80665 × 10^{3}N。

基于计算结果，截面应力及桩顶位移的研究如下。

板桩的应力:

填砂完成　　$749N/cm^2 < 1400N/cm^2$

正常　　$784N/cm^2 < 1400N/cm^2$

地震　　$1818N/cm^2 < 2100N/cm^2$

拉杆应力:

填砂完成　　$1585N/cm^2 < 1800N/cm^2$

正常　　$1340N/cm^2 < 1800N/cm^2$

地震　　$1422N/cm^2 < 2100N/cm^2$

桩顶位移与板桩壁高之比:

填砂完成　　0.01% <1.0%

正常　　0.5% <1.0%

地震　　1.5% <3.0%

因此,截面应力在允许值以下,由于桩顶位移也小,所以此构造方案可以说是安全的。图5-62表示出了由本构造方案得到的桩体截面。

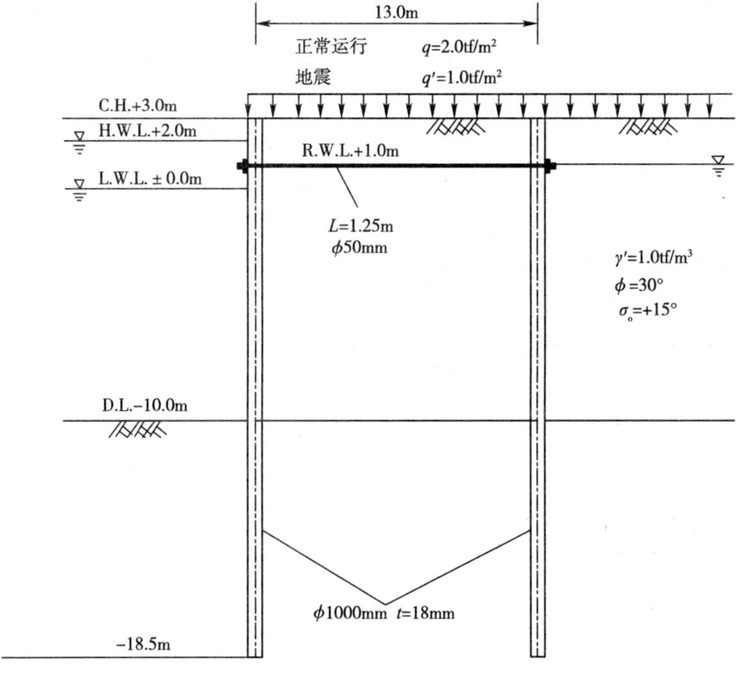

图5-62　由结构力学性能计算模型得到的结构截面(构造方案3)

注:$1tf = 9.80665 \times 10^3 N$。

第六章　双排混凝土管桩墙结构的设计

6.1　概述

双排桩墙(double sheet pilewall),作为一种承受侧向土压力和水压力的结构,较早被用于开放水域的围堰,也被用作防波堤工程。此后,这种双排桩墙还被用于路堤的防护。近年来在基坑围护工程中,还使用了双排灌注桩作为基坑开挖后的挡土结构。研究结果表明,这种结构应该被看作包括两排桩和其间的填土在内的复合结构来进行分析,也就是说,双排桩和填土在承受侧向外荷载时,必须考虑它们之间的相互作用,而不能简单地被看成互不相关的独立的结构物。正因为双排桩与填土的共同作用,所以才大大增强了抵抗侧向荷载的能力。

新型双排混凝土管桩结构采用在双排大管桩间分层抛砂并加固的结构形式。前后排管桩桩顶分别用钢筋混凝土纵梁连接,两排管桩之间的距离按集装箱装卸桥的轨距设计,即将两根纵梁作为码头的装卸桥轨道梁。沿纵梁每隔一定距离设置一根钢连杆用来连接前后排管桩。两排管桩间分层抛砂,并对管桩之间的下卧地基土和其上的抛砂用水泥深层搅拌桩进行分层加固至一定深度。在混凝土纵梁上布置集装箱装卸桥轨道,纵梁之间的码头面上铺设混凝土拼板。码头前沿设有排水沟,沿码头长度方向每隔一定距离设置一个系船柱,且整个码头被分为若干段,相邻两段之间留有伸缩缝(图6-1)。

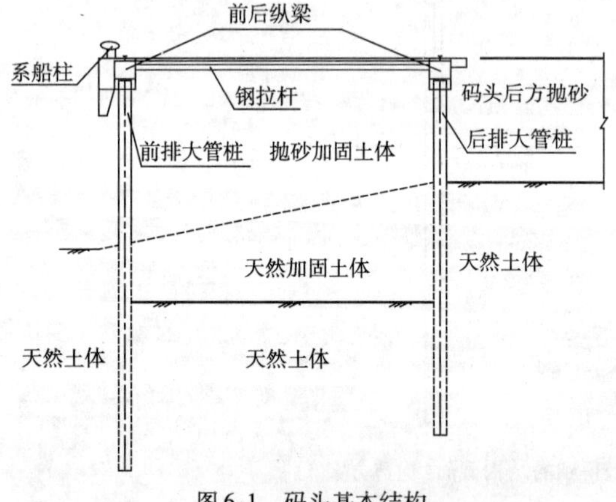

图6-1　码头基本结构

这种新型双排大管桩结构具有以下特点:

(1)双排管桩间的抛砂填料为加固体,且具有一定的深度(加固体的底面比天然泥面平均低10m),与双排管桩一起形成一刚性较大的块体,具有较大的抗弯刚度和较强的抗滑能力以抵抗码头后方堆土对码头产生的水平荷载。

(2)由于双排管桩间的填砂采用分层加固,排桩间的填料对管桩的水平侧向荷载将大大减小。

(3)因双排管桩间为加固土体,码头前沿荷载由加固土体承受,且可将集装箱装卸桥轨道布置在分别连接前后排桩基的纵梁上,即装卸桥的轮压力由前后排桩基承受,故无需铺设大跨度承载面板,较好地解决了桩和承载面板的受力问题,能适用于像第四代这样的大型集装箱码头。

(4)新方案的双排管桩结构形式较简单,整体性好,没有复杂的构件,便于施工和维修。

在水土压力及各类外荷载作用下,双排桩结构中的桩、桩间填料以及土体之间存在着共同作用、相互制约的关系,导致土体及各构件的应力重分布,进而影响到最终的内力和变形。因此双排桩结构的各构件之间实际上存在着复杂的共同作用关系,关键在于建立一个合理的力学模型。

建立合理的力学模型包括几个方面:

(1)整体结构模型。包括静力模型、动力模型、空间问题、平面问题等。

(2)边界条件和初始条件。当不考虑结构的动力特性时仅包括边界条件。

(3)各种材料性质的力学模型。

现将双排桩结构与地基看成一个共同的系统,并简化为图6-2。将系统中的桩和地基土分为两个部分进行分析,见图6-3与图6-4,显然图6-2是图6-3和图6-4的叠加。桩的分析计算模型和地基的分析计算模型见本章6.3节。最终将两个模型综合到有限元分析的体系中,解决双排桩的桩-土共同作用的问题。

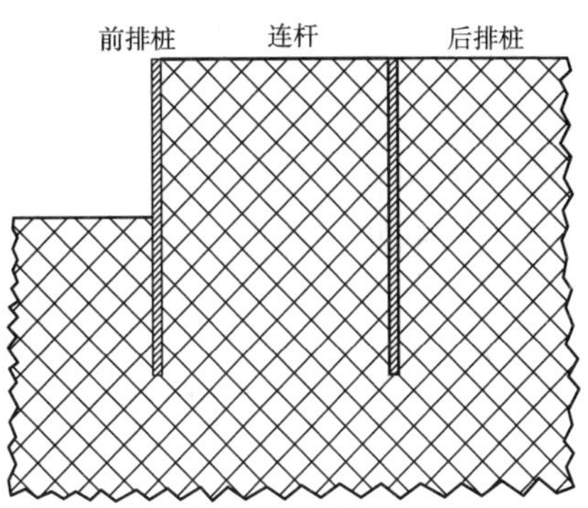

图6-2　双排桩结构典型断面示意图

6.2　双排混凝土管桩结构的设计原理(计算模型)

6.2.1　前排桩的计算模型

前排桩受桩间土体主动土压力和前方土体被动土压力以及波浪力、船舶力等其他荷载的作用,桩顶受拉杆水平力的作用,如图6-3所示。取前排桩的单宽作为研究对象,则前排桩的挠曲线微分方程为:

$$\left.\begin{aligned} EI\frac{d^4y_1}{dx^4} &= \sigma(x,y_1) \qquad (0\leqslant x\leqslant L_1) \\ EI\frac{d^4y_1}{dx^4} &= \sigma(x,y_1)+p_1(x,y_1) \qquad (L_1\leqslant x\leqslant L) \end{aligned}\right\} \tag{6-1}$$

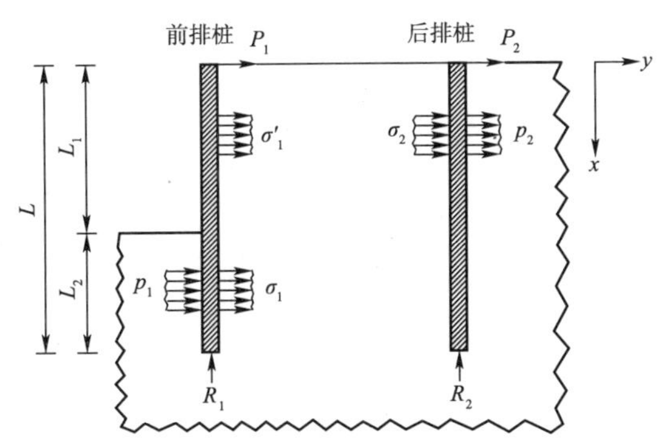

图6-3　前排桩和后排桩受力示意图

式中: EI——前排桩单宽抗弯刚度;

$\sigma_1(x,y_1)$——桩间土体对前排桩的主动土压力;

$p_1(x,y_1)$——前方土体对前排桩的被动土压力。

确定了$\sigma_1(x,y_1)$和$p_1(x,y_1)$的函数形式后即可求得方程(6-1)的含有四个积分常数的通解,若认为前排桩的桩尖被嵌固,有下述边界条件:

(1)桩顶的弯矩为零

$$[y''_1]_{x=0}=0(\text{桩与拉杆间考虑为铰接})$$

(2)桩顶的剪力为P_1

$$EI[y'''_1]_{x=0}=P_1 \tag{6-2}$$

(3)桩尖的位移为零

$$[y_1]_{x=L}=0$$

(4)桩尖的转角为零

$$[y'_1]_{x=L}=0$$

前排桩在 $x=L_1$ 处还应满足下列连续条件：

(5)位移相等

(6)转角相等

(7)弯矩相等

(8)剪力相等

$$\left.\begin{aligned}&[y_1]_{x=L_1^-}=[y_1]_{x=L_1^+}\\&[y'_1]_{x=L_1^-}=[y'_1]_{x=L_1^+}\\&[y''_1]_{x=L_1^-}=[y''_1]_{x=L_1^+}\\&[y'''_1]_{x=L_1^-}=[y'''_1]_{x=L_1^+}\end{aligned}\right\}\tag{6-3}$$

由于 P_1 未知，上述八个边界条件尚不能立即解出方程(6-1)通解中的八个积分常数，需要与后排桩的挠曲线微分方程进行联立求解。

6.2.2 后排桩的计算模型

后排桩受桩间土体和后方土体土压力的作用，桩顶受拉杆水平力的作用，如图 6-3 所示。取后排桩的单宽作为研究对象，则后排桩的挠曲线微分方程为：

$$\mathrm{EI}\frac{\mathrm{d}^4y_2}{\mathrm{d}x^4}=\sigma_2(x,y_2)+p_2(x,y_2)\qquad(0\leqslant x\leqslant L)\tag{6-4}$$

式中： EI——后排桩单宽抗弯刚度；

$\sigma_2(x,y_2)$——桩间土体对后排桩的土压力；

$p_2(x,y_2)$——后方土体对后排桩的土压力。

同样在确定了 $\sigma_2(x,y_2)$ 和 $p_2(x,y_2)$ 的函数形式后即可求得式(6-4)的含有四个积分常数的通解，若认为后排桩的桩尖也被嵌固，有下述边界条件：

(1)桩顶的弯矩为零

$$[y''_2]_{x=0}=0$$

(2)桩顶的剪力为

$$P_2\mathrm{EI}[y'''_2]_{x=0}=P_2$$

(3)桩尖的位移为零

$$[y_2]_{x=L}=0\tag{6-5}$$

(4)桩尖的转角为零

$$[y'_2]_{x=L}=0$$

由于 P_2 未知，上述四个边界条件也不能立即解出方程(6-4)通解中的四个积分常数，但因为前排桩的桩顶和后排桩的桩顶由拉杆连接，若拉杆与桩顶铰接，则有：

$$P_2=-P_1\tag{6-6}$$

且前排桩顶的水平位移与后排桩顶的水平位移有如下关系：

$$[y_2]_{x=0} - [y_1]_{x=0} = \frac{P_1}{\mathrm{E_0 A_0}} \tag{6-7}$$

式中：$\mathrm{E_0A_0}$——拉杆的抗拉刚度。

由式(6-5)~式(6-7)的13个条件式即可解出方程(6-1)和方程(6-4)通解中的12个积分常数以及拉杆的轴力 $P_1(P_2)$。

6.2.3　土体的计算模型

1)土体的三维计算模型

认为土体为连续介质，在土体中任取一微小的平行六面体，应满足平衡微分方程、几何方程(应变和位移的关系)和物理方程(应力和应变关系)，在土体的边界上则应满足边界条件。

(1)平衡微分方程

如果土体处于平衡状态，则从中取出的平行六面微分体也处于平衡状态，该微分体应满足以下六个静力平衡方程：

$$\sum X = 0, \sum Y = 0, \sum Z = 0$$
$$\sum M_x = 0, \sum M_y = 0, \sum M_z = 0$$

按应力理论，微分土体有下列平衡微分方程：

$$\left.\begin{aligned}
\frac{\partial \sigma_x}{\partial x} + \frac{\partial \tau_{xy}}{\partial y} + \frac{\partial \tau_{xz}}{\partial z} + X &= 0 \\
\frac{\partial \tau_{yx}}{\partial x} + \frac{\partial \sigma_y}{\partial y} + \frac{\partial \tau_{yz}}{\partial z} + Y &= 0 \\
\frac{\partial \tau_{zx}}{\partial x} + \frac{\partial \tau_{zy}}{\partial y} + \frac{\partial \sigma_z}{\partial z} + Z &= 0
\end{aligned}\right\} \tag{6-8}$$

土体在边界上的应力应满足如下应力边界条件：

$$\left.\begin{aligned}
l\sigma_x + m\tau_{xy} + n\tau_{xz} &= \overline{X} \\
l\tau_{yx} + m\sigma_y + n\tau_{yz} &= \overline{Y} \\
l\tau_{zx} + m\tau_{zy} + n\sigma_z &= \overline{Z}
\end{aligned}\right\} \tag{6-9}$$

(2)几何方程

几何方程只涉及几何变形的关系，与材料性质无关。六面微分体的应变和位移应满足如下关系：

$$\left.\begin{aligned}
\varepsilon_x &= \frac{\partial u}{\partial x}, \gamma_{xy} = \gamma_{yx} = \frac{\partial v}{\partial x} + \frac{\partial u}{\partial y} \\
\varepsilon_y &= \frac{\partial v}{\partial y}, \gamma_{yz} = \gamma_{zy} = \frac{\partial w}{\partial y} + \frac{\partial v}{\partial z} \\
\varepsilon_z &= \frac{\partial w}{\partial z}, \gamma_{zx} = \gamma_{xz} = \frac{\partial u}{\partial z} + \frac{\partial w}{\partial x}
\end{aligned}\right\} \tag{6-10}$$

土体在边界上的位移应满足位移边界条件：

$$\left.\begin{aligned}
u &= \bar{u} \\
v &= \bar{v} \\
w &= \bar{w}
\end{aligned}\right\} \tag{6-11}$$

(3)物理方程

物理方程又叫本构关系。对于土体来说,本构关系比较复杂,有多种本构模型假设。岩土工程中常用的是弹性模型和弹塑性模型,弹性模型包括线性弹性模型和非线性弹性模型。线性弹性模型即弹性理论中的广义虎克定律,非线性弹性模型为广义虎克定律的推广。弹塑性模型包括小变形理论和大变形理论,小变形理论即全量理论,大变形理论即增量理论。以下仅给出线性弹性模型和弹塑性模型大变形理论的物理方程。

①线性弹性模型的物理方程(广义虎克定律)。

在各向同性土体中的应变分量和应力分量应满足如下关系:

$$\left.\begin{aligned}\varepsilon_x&=\frac{1}{E}[\sigma_x-\mu(\sigma_y+\sigma_z)],\gamma_{yz}=\frac{2(1+\mu)}{E}\tau_{yz}\\\varepsilon_y&=\frac{1}{E}[\sigma_y-\mu(\sigma_z+\sigma_x)],\gamma_{zx}=\frac{2(1+\mu)}{E}\tau_{zx}\\\varepsilon_z&=\frac{1}{E}[\sigma_z-\mu(\sigma_x+\sigma_y)],\gamma_{xy}=\frac{2(1+\mu)}{E}\tau_{xy}\end{aligned}\right\}\tag{6-12}$$

②弹塑性模型大变形理论的物理方程。

在大变形理论(增量理论)中,微分体的应变增量分成弹性部分和塑性部分:

$$\{\Delta\varepsilon\}=\{\Delta\varepsilon\}^{e}+\{\Delta\varepsilon\}^{p}\tag{6-13}$$

式中:$\{\Delta\varepsilon\}=[\Delta\varepsilon_x\Delta\varepsilon_y\Delta\varepsilon_z\Delta\gamma_{xy}\Delta\gamma_{yz}\Delta\gamma_{zx}]^{T}$——微分体的应变增量;

$\{\Delta\varepsilon\}^{e}=[\Delta\varepsilon_x^{e}\Delta\varepsilon_y^{e}\Delta\varepsilon_z^{e}\Delta\gamma_{xy}^{e}\Delta\gamma_{yz}^{e}\Delta\gamma_{zx}^{e}]^{T}$——微分体的弹性应变增量;

$\{\Delta\varepsilon\}^{p}=[\Delta\varepsilon_x^{p}\Delta\varepsilon_y^{p}\Delta\varepsilon_z^{p}\Delta\gamma_{xy}^{p}\Delta\gamma_{yz}^{p}\Delta\gamma_{zx}^{p}]^{T}$——微分体的塑性应变增量。

$\{\Delta\varepsilon\}^{e}$ 按广义虎克定律计算,$\{\Delta\varepsilon\}^{p}$ 一般写成如下形式:

$$\{\Delta\varepsilon\}^{p}=\Delta\lambda\{n\}\tag{6-14}$$

式中:$\Delta\lambda$——塑性应变增量的大小;

$\{n\}$——代表塑性应变增量方向。

塑性应变增量的大小一般通过屈服面模型进行推算,通过屈服面函数 $f(\sigma)$ 的变化来计算 $\Delta\lambda$,即:

$$\Delta\lambda=\zeta\left\{\frac{\partial f(\sigma)}{\partial\sigma}\right\}^{T}\{\Delta\sigma\}\tag{6-15}$$

式中:ζ——塑性系数,表示屈服面增加一个单位所产生的塑性应变。

2)土体的平面应变计算模型

就双排桩结构而言,由于其纵向尺寸远大于横向和竖向尺寸,且与纵轴垂直的各截面的形状和尺寸均相同,又因为所有外力(包括约束)与纵轴近似垂直且不随纵轴坐标变化,所以远离结构两端的各截面可认为没有沿纵轴方向的位移,而沿横向和竖向的位移在各截面均相同,即与纵轴无关,各截面将产生平面应变。

对于平面应变问题,应力分量 $\tau_{xz}=\tau_{zx}=0,\tau_{yz}=\tau_{zy}=0$;应变分量 $\gamma_{yz}=0,\gamma_{zx}=0$;位移分量 $w=0$;塑性应变分量 $\gamma_{yz}^{p}=0,\gamma_{zx}^{p}=0,\varepsilon_z^{p}=0$。将这些分量代入式(6-8)~式(6-15)即得平面应变问题的平衡微分方程、应力边界条件、几何方程、位移边界条件和物理方程如下:

(1)平衡微分方程

$$\left.\begin{aligned}\frac{\partial\sigma_x}{\partial x}+\frac{\partial\tau_{xy}}{\partial y}+X=0\\ \frac{\partial\tau_{xy}}{\partial x}+\frac{\partial\sigma_y}{\partial y}+Y=0\end{aligned}\right\}\tag{6-16}$$

应力边界条件

$$\left.\begin{aligned}l\sigma_x+m\tau_{xy}=\overline{X}\\ l\tau_{xy}+m\sigma_y=\overline{Y}\end{aligned}\right\}\tag{6-17}$$

(2)几何方程

$$\left.\begin{aligned}\varepsilon_x&=\frac{\partial u}{\partial x}\\ \varepsilon_y&=\frac{\partial v}{\partial y}\\ \gamma_{xy}&=\frac{\partial v}{\partial x}+\frac{\partial u}{\partial y}\end{aligned}\right\}\tag{6-18}$$

位移边界条件

$$\left.\begin{aligned}u=\bar{u}\\ v=\bar{v}\end{aligned}\right\}\tag{6-19}$$

(3)物理方程

①线性弹性模型的物理方程：

$$\left.\begin{aligned}\varepsilon_x&=\frac{1-\mu^2}{E}\left[\sigma_x-\frac{\mu}{1-\mu}\sigma_y\right]\\ \varepsilon_y&=\frac{1-\mu^2}{E}\left[\sigma_y-\frac{\mu}{1-\mu}\sigma_x\right]\\ \gamma_{xy}&=\frac{2(1+\mu)}{E}\tau_{xy}\end{aligned}\right\}\tag{6-20}$$

②弹塑性模型大变形理论的物理方程：

$$\{\Delta\varepsilon\}^{\mathrm{p}}=\Delta\lambda\{n\}\tag{6-21}$$

式中：$\{\Delta\varepsilon\}^{\mathrm{p}}=[\Delta\varepsilon_x^{\mathrm{p}}\Delta\varepsilon_y^{\mathrm{p}}\Delta\gamma_{xy}^{\mathrm{p}}]^{\mathrm{T}}$——微分体的塑性应变增量；

$\Delta\lambda$——$\Delta\lambda=\zeta\left\{\frac{\partial f(\sigma)}{\partial\sigma}\right\}^{\mathrm{T}}\{\Delta\sigma\}$；

$\{\Delta\sigma\}=[\Delta\sigma_x\Delta\sigma_y\Delta\sigma_z\Delta\tau_{xy}]^{\mathrm{T}}$——微分体的应力增量。

对于如图6-4所示双排桩结构的土体边界条件则为：

①$x\to+\infty,y\to\pm\infty$：$u=0,v=0$；

②BC 边$(l=0,m=1)$：$\sigma_y=-p_1$；

③CD 边$(l=1,m=0)$：$\sigma_x=-\dfrac{R_1}{A_1}$；

④DE 边$(l=0,m=-1)$：$\sigma_y=\sigma_1$；

⑤EF 边$(l=-1,m=0)$：$\sigma_x=-q_1$；

⑥FG 边$(l=0,m=1)$：$\sigma_y=-\sigma_2$；

⑦GH 边$(l=1,m=0)$：$\sigma_x=-\dfrac{R_2}{A_2}$；

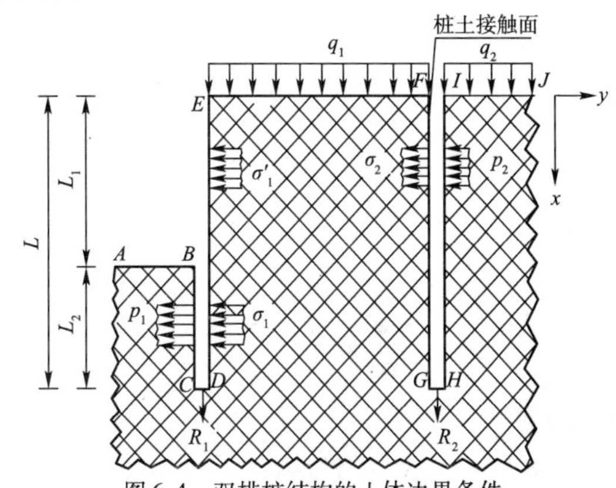

图6-4　双排桩结构的土体边界条件

⑧HI 边($l=0,m=-1$):$\sigma_y=-p_2$;

⑨IJ 边($l=-1,m=0$):$\sigma_x=-q_2$。

6.2.4 双排桩结构的计算模型

1)使用期结构整体变形的计算模型

双排大管桩桩结构的桩基间的填料采用分层抛砂分层加固,使每一层抛砂所产生的土压力被“冻结”,从而形成一不连续的荷载,大大减少桩间填料对排桩的水平侧向压力。此外,加固后的桩间土体相比于一次性抛石或抛砂等散体填料,其本身可视为一弹性体,具有一定的抗压、抗剪和抗拉强度,因而可承受来自码头后方的土压力、堆载和剩余水压力。

双排大管桩结构主体为双排大管桩和其间的加固土体,由于加固土体两侧排桩的作用,与重力式结构相比,新型双排大管桩结构的抗滑、抗倾和地基承载能力均有所提高。双排桩具有一定的抗剪能力,在抵抗码头的水平滑动和整体圆弧滑动都能起到一定作用;双排桩还具有一定的抗拔能力,对码头的抗倾覆能力也有较大贡献;双排桩还可以起到阻挡加固体下面的地基土向两侧挤出的作用,地基承载能力也大大提高。然而,在设计计算时,可不考虑双排桩在抗滑、抗倾和地基承载能力等方面的作用,而将其作为安全储备。

由于双排管桩结构的两排管桩之间的跨度较大,如采用面板的结构形式来承受面上的堆载,面板将产生很大的弯矩,这无疑对面板的结构提出很高的要求,因而双排管桩结构采用无承载面板,使面上的堆载由加固土体承受,集装箱装卸桥的轮压力则由前后排桩基来承受,此改进措施较好地解决了桩和承载面板的受力问题,且便于施工和维修。

双排桩结构作为码头结构在使用期受到码头前沿堆载、集装箱装卸桥轮压力、海水波吸力、系缆力以及码头后方的堆载等荷载的作用,此外,码头在完成施工和投入使用之前,码头后方回填土和静止水位差已对整个码头形成了水平侧向压力,因此对于两排桩基,除了要考虑施工时期分层抛砂加固引起的内力外,还必须考虑码头后方的主动土压力、剩余水压力以及使用时期的堆载作用下引起的桩基内力,桩基的最终内力应为以上两者的叠加。

原双排桩码头结构设计方法中将后排桩作为锚桩,也就是说,后排桩是处于锚定状态,周围的土体是不变形的。从理论上讲,后排桩要处于锚定状态,两排桩间距是无穷大。然而实际上,这类结构的宽高比一般设计为1~3,两排桩的相互影响是明显的。双排管桩结构的原体观测以及本章所做的模型试验结果都证明了这一点。本书的新型双排大管桩结构的桩间填料采用水泥加固体,使桩间填料本身也成为一连续弹性体,结构的整体性更强,桩间土与前、后排桩共同承担侧向荷载、协同变形。因此,本文将桩间土与前、后排桩视作一弹性复合体,采用弹性力学的方法建立简化的力学模型。

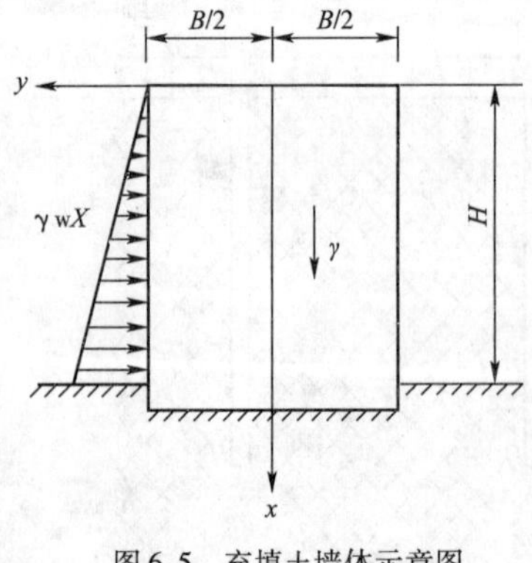

图6-5 充填土墙体示意图

首先将桩间土体简化为如图6-5所示的弹性墙体,墙高为H、墙厚为B,土重度为γ_w,墙重度为γ,取单宽($b=1$)。采用弹性力学求得该问题的解析解为:

$$\sigma_x^e=\frac{2\gamma_w}{B^3}x^3y+\frac{3\gamma_w}{5B}xy-\frac{4\gamma_w}{B^3}xy^3-\gamma x \tag{6-22}$$

$$\sigma_y^e = \gamma_w x\left(\frac{2}{B^3}y^3 - \frac{3}{2B}y - \frac{1}{2}\right) \tag{6-23}$$

$$\tau_{xy}^e = \frac{3\gamma_w x^2}{B^3}\left(\frac{B^2}{4} - y^2\right) - \frac{\gamma_w}{B^3}\left(\frac{B^4}{16} - y^4\right) + \frac{3\gamma_w}{10B}\left(\frac{B^2}{4} - y^2\right) \tag{6-24}$$

而在材料力学假设下,该问题的解为:

$$\sigma_x^m = \frac{M}{I}y - \gamma x = \frac{\frac{\gamma_w}{6}x^3}{\frac{B^3}{12}}y - \gamma x = \frac{2\gamma_w}{B^3}x^3 y - \gamma x \tag{6-25}$$

$$\sigma_y^m = 0 \tag{6-26}$$

$$\tau_{xy}^m = \frac{QS}{bI} = \frac{\frac{\gamma_w}{2}x^2 \cdot \frac{1}{2}\left(\frac{B^2}{4} - y^2\right)}{\frac{B^3}{12}} = \frac{3\gamma_w}{B^3}x^2\left(\frac{B^2}{4} - y^2\right) \tag{6-27}$$

比较以上式子,σ_x、τ_{xy}的弹性力学解均比材料力学解多了两项修正项,而在材料力学中是假设纵向纤维之间无挤压,即 $\sigma_y \equiv 0$,弹性力学则不作此假设,因此 $\sigma_y \neq 0$,而是 $\sigma_y \leq 0$。

根据以上公式,可分别求得墙体内最大应力值的弹性力学解与材料力学解。

墙内 σ_x 的最大拉应力值在 $x = H$、$y = B/2$ 处,最大压应力值在 $x = H$、$y = -B/2$ 处,σ_y(≤ 0)的最大压应力值在 $x = H$、$y = B/2$ 处,τ_{xy}的最大值在 $x = H$、$y = 0$ 处。

根据弹性力学解,各最大拉应力值如下。

σ_x 的最大拉应力值为:

$$\sigma_{x_{L\max}}^e = \gamma_w \frac{H^3}{B^2} - \frac{1}{5}\gamma_w H - \gamma x \tag{6-28}$$

σ_x 的最大压应力值为:

$$\sigma_{x_{y\max}}^e = -\gamma_w \frac{H^3}{B^2} + \frac{1}{5}\gamma_w H - \gamma x \tag{6-29}$$

σ_y 的最大压应力值为:

$$\sigma_{y\max}^e = -\gamma_w H \tag{6-30}$$

τ_{xy}的最大应力值为:

$$\tau_{xy_{\max}}^e = \frac{3}{4}\gamma_w \frac{H^2}{B} + \frac{1}{80}\gamma_w B \tag{6-31}$$

根据材料力学解,各最大拉应力值如下。

σ_x 的最大拉应力值为:

$$\sigma_{x\,L\max}^m = \gamma_w \frac{H^3}{B^2} - \gamma x \tag{6-32}$$

σ_x 的最大压应力值为：

$$\sigma_{x\,y\max}^{m} = -\gamma_w \frac{H^3}{B^2} - \gamma x \tag{6-33}$$

σ_y 的最大压应力值为：

$$\sigma_{y_{\max}}^{m} = 0 \tag{6-34}$$

τ_{xy}的最大应力值为：

$$\tau_{xy_{\max}}^{m} = \frac{3}{4}\gamma_w \frac{H^2}{B} \tag{6-35}$$

据此求得最大应力的弹性力学解和材料力学解的差值如下。

σ_x 的最大拉应力差值：

$$\Delta\sigma_{xL\max} = \sigma_{xL\max}^{e} - \sigma_{xL_{\max}}^{m} = -\frac{1}{5}\gamma_w H \tag{6-36}$$

σ_x 的最大压应力差值：

$$\Delta\sigma_{xy_{\max}} = \sigma_{xy_{\max}}^{e} - \sigma_{xy_{\max}}^{m} = \frac{1}{5}\gamma_w H \tag{6-37}$$

σ_y 的最大压应力差值：

$$\Delta\sigma_{y_{\max}} = \sigma_{y_{\max}}^{e} - \sigma_{y_{\max}}^{m} = -\gamma_w H \tag{6-38}$$

τ_{xy}的最大应力差值：

$$\Delta\tau_{xy_{\max}} = \tau_{xy_{\max}}^{e} - \tau_{xy_{\max}}^{m} = \frac{1}{80}\gamma_w B \tag{6-39}$$

由式(6-37)和式(6-38)可知，无论是最大拉应力还是最大压应力，σ_x 的弹性力学解均小于材料力学解，所以用材料力学计算 σ_x 是偏于安全的。由式(6-35)和式(6-36)知，τ_{xy}最大值的材料力学解与弹性力学解的相对误差为：

$$\delta = \frac{\tau_{xy_{\max}}^{e} - \tau_{xy_{\max}}^{m}}{\tau_{xy_{\max}}^{e}} = \frac{B^2}{60H^2 + B^2} = \frac{1}{60\left(\frac{H}{B}\right)^2 + 1} \tag{6-40}$$

通常 $B \leqslant H$，$\delta \leqslant \frac{1}{61} = 0.016 = 1.6\%$，故 τ_{xy}最大值的材料力学解与弹性力学解的相对误差远小于工程上的允许误差，完全可用材料力学方法来求解 τ_{xy}。

至于 y 方向上的正应力 σ_y，其最大压应力的绝对值通常均小于 σ_x 的最大压应力的绝对值，故在计算正应力强度时，对于各向同性材料充填土墙，只需计算 σ_x 即可。

本书采用材料力学叠合梁的计算模式，即假定管桩和加固土体之间无摩擦、前后两排管桩桩顶的水平位移和加固体顶面水平位移均相等，然后就可在某种荷载的作用下通过位移反算求得分配在管桩和加固土体上各自的弯矩值。

在水平外荷载作用下，复合结构中的加固土体的变形应包括两部分，一是加固土体本身的弹性变形，二是加固土体的下卧地基土的弹性变形，因此加固土体除了自身发生的弹性变形外，还要绕加固土体底面中点发生刚体转动，而加固土体两侧的桩基仅发生弹性变形。为了计算加固土体和两侧桩基的内力和变形，可先假设加固土体底面被地基刚性嵌固，于是可求加固土体因自身的弹性变形而产生的顶面水平位移，然后释放其嵌固，允许加固土体在弹性地基上发生刚体转动，可求在加固土体底面上的弯矩作用下因刚体转动产生的顶面水平位移，加固土体总的顶面水平位移应是以上两个位移之和。又因两排桩基的桩顶通过导梁用钢连杆连接，故前后排桩基的桩顶水平位移与加固土体的顶面水平位移（包括弹性变形和刚体转动两部分）应相等，由此水平位移即可在某假设的荷载形式下求得加固土体和前后排桩基的内力。桩—加固土复合结构体的简化计算模型如图 6-6 所示。

2）分层抛砂加固计算模型

双排桩结构中的施工顺序是先进行桩间的分层抛砂加固至设计高程，再回填结构后方砂土。在进行桩间的分层抛砂加固阶段，前后排桩基受天然泥面以下地基土的约束，该约束状态可简化为一系列水平土弹簧作用，桩基在泥面以上部分为自由悬臂状态（图 6-7）。

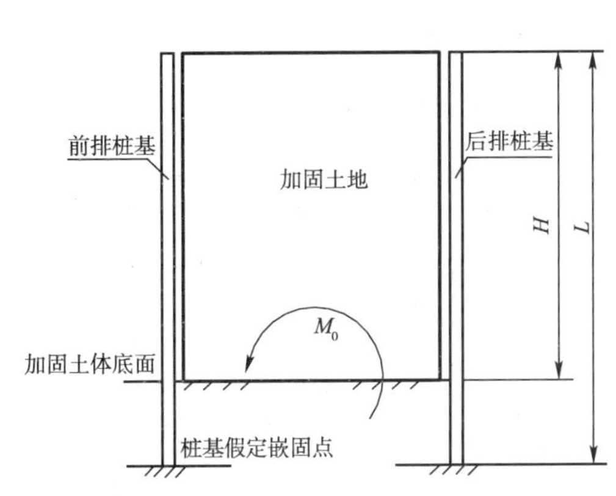

图 6-6　桩—加固土复合结构体的简化计算模型

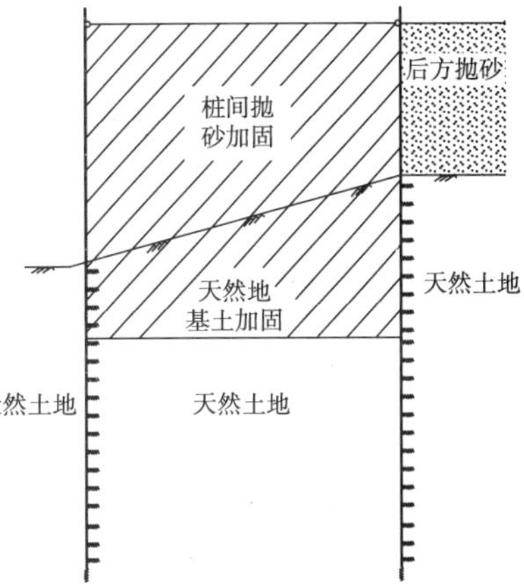

图 6-7　约束模型示意图

分层抛砂、加固的目的在于减小桩间填料对排桩产生的侧向土压力。如图 6-8 所示，如果桩间填料采用一次性抛砂，排桩所受的荷载为阶梯形分布，而采用分层抛砂加固后，其土压力分布将产生较大变化。当第一层抛砂至一定高程后，对桩基将产生该高程范围内的阶梯形分布土压力，对第一层抛砂层进行深层搅拌加固后，该层的 C 值变得很大；当抛第二层砂土时，同样在第二层高度范围内产生一新的阶梯形分布土压力，但由于第一层加固土体具有很大的 C 值，由 Rankine 的黏性土土压力强度公式计算得 $e_a \leqslant 0$，此时第二层抛砂引起第一层加固土的侧压力为零，前排管桩承受的仅仅为第二层抛砂的三角形荷载和未加固的下层土的土压力，如图 6-9 所示。同理，第三层抛砂后，由于第二层土也被加固，此时前排管桩承受的土压力也只是第三层抛砂产生的位于第三层的三角形主动土压力和位于未加固的下层土的主动土压力。对于后排管桩，由于所处的天然泥面较高，一般要到抛第二层砂土时才出现侧土压力，即如图 6-10 所示，而抛第三层砂土时，作用在后排管桩的荷载也仅仅是第三层抛砂产生的位于第三层的三角形主动土压力和位于未加固的下层土的主动土压力（图 6-11）。具体计算时须根据具体的分层情况对每一层抛砂后的受力情况分别进行计算，最后将每一步计算结果进行叠加。

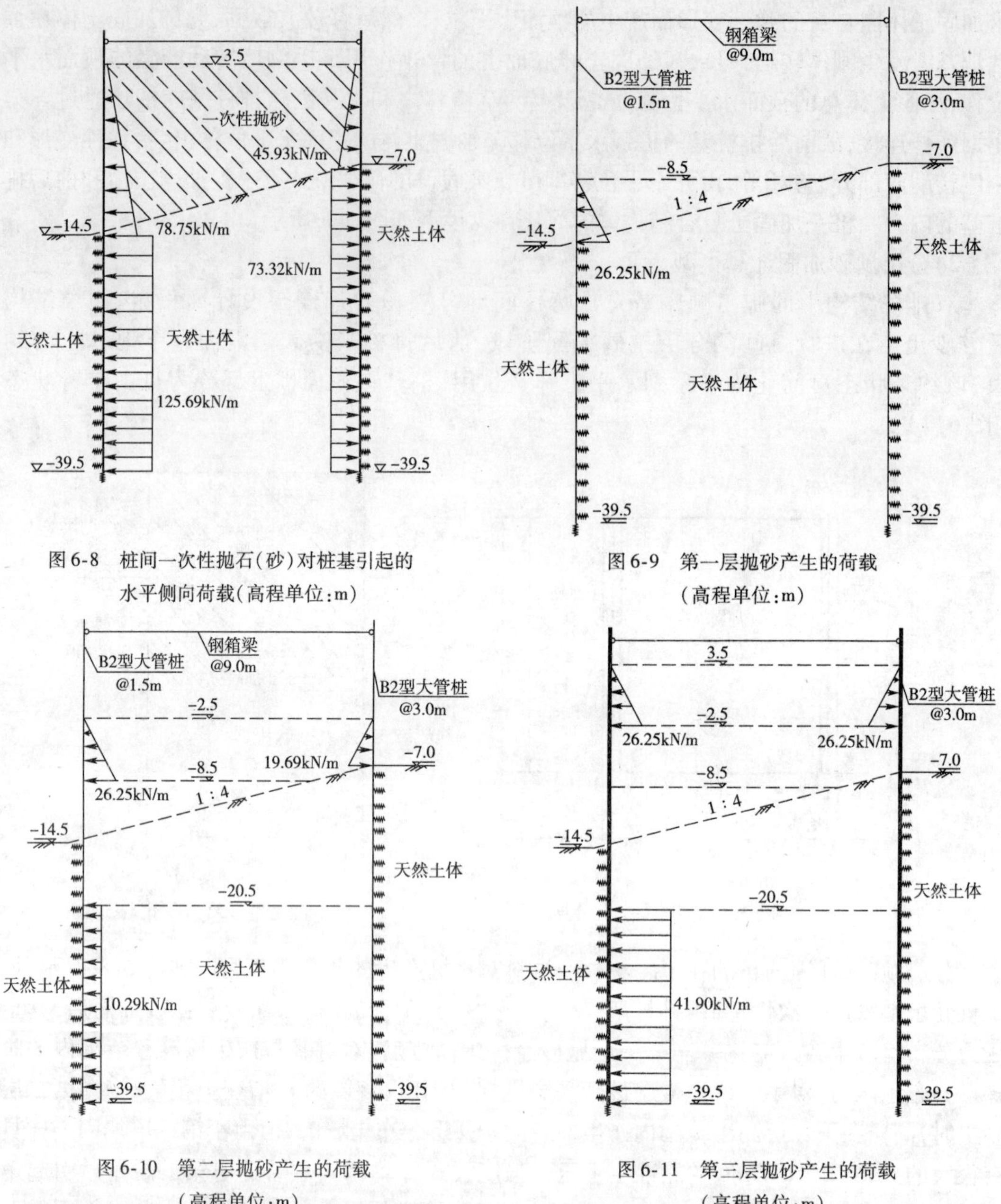

图 6-8　桩间一次性抛石(砂)对桩基引起的水平侧向荷载(高程单位:m)

图 6-9　第一层抛砂产生的荷载(高程单位:m)

图 6-10　第二层抛砂产生的荷载(高程单位:m)

图 6-11　第三层抛砂产生的荷载(高程单位:m)

3)前后排纵梁计算模型

在双排大管桩码头的上部结构中,前后排桩基的桩顶用两道钢筋混凝土纵梁连接,两道纵梁之间则用钢连杆连接从而形成双排桩的空间框架结构,理论上应采用空间梁系的计算方法求解纵梁和连杆的内力,但从工程实用的原则出发,为简化计算考虑,可将此空间梁系的问题简化为两个平面问题,即简化为水平面内的弹性连续梁和垂直面内的弹性连续梁进行求解。在水平面内的纵梁计算模式中,将桩顶对纵梁的水平剪力化为作用在纵梁上的均布荷载,连接两道纵梁的钢连杆则为弹性约束。如果不计钢连杆的弹性伸缩,认为两道纵梁的水平位移相一致,即两道纵梁与连接它们的钢连杆仅作整体平移,则可进一步将钢连杆对纵梁的约束视为固定支座,可更方便地使用材料力学的三弯矩方程来求解。由于双排桩结构在施工期与使用期所受的荷载和约束情况不同,因此需要分别求解,然后取施工期与使用期的内力叠加后的最大值进行验算。

(1)施工期的计算模式

施工时期双排管桩码头前后排桩基之间分层抛砂并逐层加固,纵梁受桩基和连杆的作用,纵梁与连杆的连接可视为铰接。前排纵梁的荷载为前排桩基顶部作用于纵梁的剪力,约束力为连杆的轴力;后排纵梁的荷载为连杆的轴力,而约束力为后排桩基顶部作用于后排纵梁的剪力,其受力计算可参考连续梁的受力分析计算方法。

(2)使用期的计算模式

当考虑系缆力作用时,使用时期双排管桩码头前排纵梁所受荷载为水平面内的船舶系缆力和垂直面内的集装箱装卸桥的前轮压力,属于斜弯曲问题,可分别在水平面内和垂直面内求解梁的内力。在水平面内,前排纵梁的约束为前排桩顶的水平弹性支撑和钢连杆的轴向弹性支撑;在垂直面内,前排纵梁的约束为前排桩基的竖向弹性支撑。后排纵梁的内力也需分别在水平面内和垂直面内进行分析,在水平面内,荷载为钢连杆的轴力,约束为后排桩顶的水平弹性支撑;在垂直面内,荷载为集装箱装卸桥的后轮压力,约束为后排桩基的竖向弹性支撑。使用时期纵梁的受力计算仍可使用连续梁的受力分析计算方法。

4)桩间土体的平面弹性力学解

$$\frac{\partial \sigma_x}{\partial x} + \frac{\partial \tau_{xy}}{\partial y} + X = 0$$

$$\frac{\partial \tau_{xy}}{\partial x} + \frac{\partial \sigma_y}{\partial y} + Y = 0 \tag{6-41}$$

式(6-41)为一非齐次偏微分方程组,其解为任意一个特解与下列齐次偏微分方程组的通解之和:

$$\frac{\partial \sigma_x}{\partial x} + \frac{\partial \tau_{xy}}{\partial y} = 0 \tag{6-42a}$$

$$\frac{\partial \tau_{xy}}{\partial x} + \frac{\partial \sigma_y}{\partial y} = 0 \tag{6-42b}$$

将式[6-42a)]改写为:

$$\frac{\partial \sigma_x}{\partial x} = \frac{\partial}{\partial y}(-\tau_{xy}) \tag{6-43}$$

根据微分方程理论,一定存在某函数 $A_1(x,y)$ 使得:

$$\left.\begin{aligned} \sigma_x &= \frac{\partial A_1}{\partial y} \\ -\tau_{xy} &= \frac{\partial A_1}{\partial x} \end{aligned}\right\} \tag{6-44}$$

将式[6-42b)]改写为:

$$\frac{\partial \sigma_y}{\partial y} = \frac{\partial}{\partial x}(-\tau_{xy}) \tag{6-45}$$

则一定存在某函数 $A_2(x,y)$ 使得：

$$\sigma_y = \frac{\partial A_2}{\partial x}, -\tau_{xy} = \frac{\partial A_2}{\partial y} \tag{6-46}$$

由式(6-44)和式(6-46)可得：

$$\frac{\partial A_1}{\partial x} = -\tau_{xy} = \frac{\partial A_2}{\partial y} \tag{6-47}$$

这样一定存在一个 Airy 应力函数 $\varphi(x,y)$ 使得：

$$\left.\begin{aligned} A_1 &= \frac{\partial \varphi}{\partial y} \\ A_2 &= \frac{\partial \varphi}{\partial x} \end{aligned}\right\} \tag{6-48}$$

将式(6-48)代入式(6-44)、式(6-46)，可得式(6-42)的通解为：

$$\sigma_x = \frac{\partial A_1}{\partial y} = \frac{\partial^2 \varphi}{\partial y^2}, \sigma_y = \frac{\partial A_2}{\partial x} = \frac{\partial^2 \varphi}{\partial x^2}$$

$$-\tau_{xy} = \frac{\partial A_1}{\partial x} = \frac{\partial A_2}{\partial y} = \frac{\partial^2 \varphi}{\partial x \partial y}$$

即

$$\sigma_x = \frac{\partial^2 \varphi}{\partial y^2}, \sigma_y = \frac{\partial^2 \varphi}{\partial x^2}, \tau_{xy} = -\frac{\partial^2 \varphi}{\partial x \partial y} \tag{6-49}$$

另外可设式(6-16)：

$$\frac{\partial \sigma_x}{\partial x} + \frac{\partial \tau_{xy}}{\partial y} + X = 0$$

$$\frac{\partial \tau_{xy}}{\partial x} + \frac{\partial \sigma_y}{\partial y} + Y = 0$$

它的一个特解为： $\sigma_x = -Xx, \sigma_y = -Yy, \tau_{xy} = 0$ (6-50)

但对 X、Y 要求满足一定条件，首先满足：

$$\frac{\partial \sigma_x}{\partial x} + X = 0, \frac{\partial \sigma_y}{\partial y} + Y = 0$$

则应有：

$$X = X(y), Y = Y(x)$$

其次要满足相容方程：$\left(\frac{\partial^2}{\partial x^2} + \frac{\partial^2}{\partial y^2}\right)(\sigma_x + \sigma_y) = 0$，

所以必须满足 $X(y)$ 为次数小于 2 的 y 的多项式，$Y(x)$ 为次数小于 2 的 x 的多项式。

这里将双排大管桩间的土体简化为如图 6-5 所示的弹性墙体，墙高为 H、墙厚为 B，土重度为 γ_w，墙重度为 γ，取单宽($b=1$)，采用弹性力学的方法求得解析解。

用半逆解法求解方程(6-16)，在上述假设下有 $X=\gamma, Y=0$，并假设 $\sigma_y = xf(y)$，

则式(6-16)的解为：

$$\sigma_x = \frac{\partial^2 \varphi}{\partial y^2} - \gamma x, \sigma_y = xf(y), \tau_{xy} = -\frac{\partial^2 \varphi}{\partial x \partial y} \tag{6-51}$$

把 $\sigma_y = \frac{\partial^2 \varphi}{\partial x^2} = xf(y)$ 积分两次后得：

$$\varphi = \frac{x^3}{6} f(y) + xf_1(y) + f_2(y) \tag{6-52}$$

代入相容协调方程$\left(\frac{\partial^4 \varphi}{\partial x^4} + 2\frac{\partial^4 \varphi}{\partial x^2 \partial y^2} + \frac{\partial^4 \varphi}{\partial y^4}\right) = 0$，有：

$$\frac{\partial^4 \varphi}{\partial x^4} = 0, \frac{\partial^4 \varphi}{\partial x^2 \partial y^2} = x\frac{\mathrm{d}^2 f(y)}{\mathrm{d}y^2}$$

$$\frac{\partial^4 \varphi}{\partial y^4} = \frac{x^3}{6}\frac{\mathrm{d}^4 f(y)}{\mathrm{d}y^4} + x\frac{\mathrm{d}^4 f_1(y)}{\mathrm{d}y^4} + \frac{\mathrm{d}^4 f_2(y)}{\mathrm{d}y^4}$$

得到：

$$\frac{x^3}{6} \cdot \frac{\mathrm{d}^4 f(y)}{\mathrm{d}y^4} + \frac{\mathrm{d}^4 f_2(y)}{\mathrm{d}y^4} + x\left[\frac{\mathrm{d}^4 f_1(y)}{\mathrm{d}y^4} + 2\frac{\mathrm{d}^2 f(y)}{\mathrm{d}y^2}\right] = 0 \tag{6-53}$$

要使式(6-53)对于任意可取值范围内的 x 都成立，必须有：

$$\frac{\mathrm{d}^4 f(y)}{\mathrm{d}y^4} = 0, \frac{\mathrm{d}^4 f_2(y)}{\mathrm{d}y^4} = 0, \frac{\mathrm{d}^4 f_1(y)}{\mathrm{d}y^4} + 2\frac{\mathrm{d}^2 f(y)}{\mathrm{d}y^2} = 0 \tag{6-54}$$

因而有：

$$f(y) = \frac{A}{6}y^3 + \frac{C}{2}y^2 + Dy + E$$

$$f_2(y) = \frac{F}{6}y^3 + \frac{G}{2}y^2$$

而：$\frac{\mathrm{d}^4 f_1(y)}{\mathrm{d}y^4} = -2\frac{\mathrm{d}^2 f(y)}{\mathrm{d}y^2} = -(2Ay + 2C)$，积分四次后得：

$$f_1(y) = -\frac{A}{60}y^5 - \frac{C}{12}y^4 + \frac{I}{6}y^3 + \frac{J}{2}y^2 + Ky$$

$f_1(y)$ 中略去了常数项，$f_2(y)$ 中略去了一次项及常数项，对应力无影响。

所以 Airy 应力函数 $\varphi(x,y)$ 为：

$$\varphi = \frac{x^3}{6}\left(\frac{A}{6}y^3 + \frac{C}{2}y^2 + Dy + E\right) + x\left(-\frac{A}{60}y^5 - \frac{C}{12}y^4 + \frac{I}{6}y^3 + \frac{J}{2}y^2 + Ky\right) + \left(\frac{F}{6}y^3 + \frac{G}{2}y^2\right) \tag{6-55}$$

$$\sigma_x = \frac{\partial^2 \varphi}{\partial y^2} - \gamma x = \frac{x^3}{6}(Ay + C) + x\left(-\frac{A}{3}y^3 - Cy^2 + Iy + J\right) + Fy + G - \gamma x$$

$$\sigma_y = xf(y) = x\left(\frac{A}{6}y^3 + \frac{C}{2}y^2 + Dy + E\right)$$

$$\tau_{xy} = -\frac{\partial^2 \varphi}{\partial x \partial y} = -\frac{x^2}{2}\left(\frac{A}{2}y^2 + Cy + D\right) - \left(-\frac{A}{12}y^4 - \frac{C}{3}y^3 + \frac{I}{2}y^2 + Jy + K\right)$$

即：

$$\begin{cases}\sigma_x = \dfrac{x^3}{6}(Ay + C) + x\left(-\dfrac{A}{3}y^3 - Cy^2 + Iy + J\right) + Fy + G - \gamma x \\ \sigma_y = x\left(\dfrac{A}{6}y^3 + \dfrac{C}{2}y^2 + Dy + E\right) \\ \tau_{xy} = -\dfrac{x^2}{2}\left(\dfrac{A}{2}y^2 + Cy + D\right) - \left(-\dfrac{A}{12}y^4 - \dfrac{C}{3}y^3 + \dfrac{I}{2}y^2 + Jy + K\right)\end{cases} \tag{6-56}$$

利用边界条件确定常数：

$(\sigma_y)_{y=\frac{B}{2}} = -\gamma_w x$ 导出：

$$x\left(\frac{A}{6}\frac{B^3}{8} + \frac{C}{2}\frac{B^2}{4} + D\frac{B}{2} + E\right) = -\gamma_w x$$

$$\frac{A}{48}B^3 + \frac{C}{8}B^2 + \frac{D}{2}B + E = -\gamma_w \tag{6-57}$$

$(\sigma_y)_{y=-\frac{B}{2}} = 0$ 导出：

$$-\frac{A}{48}B^3 + \frac{C}{8}B^2 - \frac{D}{2}B + E = 0 \tag{6-58}$$

$$\left.\begin{aligned}(\tau_{xy})_{y=\frac{B}{2}} = 0 \\ (\tau_{xy})_{y=-\frac{B}{2}} = 0\end{aligned}\right\}$$要求 x^2 及 x 零次项的系数必须为零，所以有

$(\tau_{xy})_{y=\frac{B}{2}} = 0$ 导出：

$$\frac{A}{2}\cdot\frac{B^2}{4} + C\cdot\frac{B}{2} + D = 0 \tag{6-59}$$

$$-\frac{A}{12}\cdot\frac{B^4}{16} - \frac{C}{3}\cdot\frac{B^3}{8} + \frac{I}{2}\cdot\frac{B^2}{4} + J\cdot\frac{B}{2} + K = 0 \tag{6-60}$$

$(\tau_{xy})_{y=-\frac{B}{2}} = 0$ 导出：

$$\frac{A}{2}\cdot\frac{B^2}{4} - C\cdot\frac{B}{2} + D = 0 \tag{6-61}$$

$$-\frac{A}{12}\cdot\frac{B^4}{16} + \frac{C}{3}\cdot\frac{B^3}{8} + \frac{I}{2}\cdot\frac{B^2}{4} - J\cdot\frac{B}{2} + K = 0 \tag{6-62}$$

式(6-59) - 式(6-61)导出 $C = 0, \frac{A}{8}B^2 + D = 0$；

式(6-57) + 式(6-58)导出 $2E = -\gamma_w, E = -\frac{\gamma_w}{2}$；

$$\frac{A}{48}B^3 + \frac{D}{2}B = -\frac{\gamma_w}{2}$$

式(6-60) - 式(6-62)导出 $J = 0$；

联立 $\begin{cases}\dfrac{A}{8}B^2 + D = 0 \\ \dfrac{A}{24}B^3 + DB = -\gamma_w\end{cases} \Rightarrow \begin{cases}\dfrac{A}{8}B^2 + D = 0 \\ \dfrac{A}{24}B^2 + D = -\dfrac{\gamma_w}{B}\end{cases}$

右边两式相减得：

$$\frac{A}{12}B^2=\frac{\gamma_w}{B}$$

从而

$$A=\frac{12\gamma_w}{B^3}$$

$$D=-\frac{A}{8}B^2=-\frac{3\gamma_w}{2B}$$

这样得到

$$A=\frac{12\gamma_w}{B^3},C=0,D=-\frac{3\gamma_w}{2B},E=-\frac{\gamma_w}{2},J=0$$

再用上端边界条件来确定常数 F、G、I、K。

由$(\sigma_x)_{x=0}=0$，导出 $Fy+G=0$，从而有：

$$F=G=0$$

因为$(\tau_{xy})_{x=0}=0$ 不能精确地满足，所以只能近似地满足下式：

$$\int_{-\frac{B}{2}}^{\frac{B}{2}}(\tau_{xy})_{x=0}\mathrm{d}y=0$$

$$\int_{-\frac{B}{2}}^{\frac{B}{2}}\left(\frac{A}{12}y^4-\frac{I}{2}y^2-K\right)\mathrm{d}y=0$$

$$\left(\frac{A}{60}y^5-\frac{I}{6}y^3-Ky\right)\Bigg|_{-\frac{B}{2}}^{\frac{B}{2}}=0$$

$$\frac{A}{30}\frac{B^5}{32}-\frac{I}{3}\frac{B^3}{8}-KB=0$$

$$\frac{A}{30}\frac{B^4}{32}-\frac{I}{3}\frac{B^2}{8}-K=0 \tag{6-63}$$

由式(6-60)得：

$$-\frac{A}{12}\frac{B^4}{16}+\frac{I}{8}B^2+K=0 \tag{6-64}$$

式(6-63)＋式(6-64)得： $\left(\frac{1}{30}\cdot\frac{1}{32}-\frac{1}{12}\cdot\frac{1}{16}\right)AB^2+\left(\frac{1}{8}-\frac{1}{24}\right)I=0$

$\Rightarrow I=\frac{1}{20}AB^2=\frac{3\gamma_w}{5B}$；代入式(6-63)得：

$$K=\frac{A}{30\times 32}B^4-\frac{I}{24}B^2=-\frac{\gamma_w}{80}B$$

把 $A=\frac{12\gamma_w}{B^3},D=-\frac{3\gamma_w}{2B},E=-\frac{\gamma_w}{2},C=J=F=G=0,I=\frac{3\gamma_w}{5B},K=-\frac{\gamma_w}{80}B$

代入式(6-56)得：

$$\sigma_x = \frac{12\gamma_w}{6B^3}x^3y - \frac{4\gamma_w}{B^3}xy^3 + \frac{3\gamma_w}{5B}xy - \gamma x$$

$$\Rightarrow \sigma_x = \frac{2\gamma_w}{B^3}x^3y + \frac{3\gamma_w}{5B}xy - \frac{4\gamma_w}{B^3}xy^3 - \gamma x$$

$$\sigma_y = x\left(\frac{2\gamma_w}{B^3}y^3 - \frac{3\gamma_w}{2B}y - \frac{\gamma_w}{2}\right)$$

$$\Rightarrow \sigma_y = \gamma_w x\left(\frac{2}{B^3}y^3 - \frac{3}{2B}y - \frac{1}{2}\right)$$

$$\tau_{xy} = -\frac{x^2}{2}\left(\frac{6\gamma_w}{B^3}y^2 - \frac{3\gamma_w}{2B}\right) + \frac{\gamma_w}{B^3}y^4 - \frac{3\gamma_w}{10B}y^2 + \frac{\gamma_w}{80}B$$

因为

$$-\frac{\gamma_w}{B^3}\cdot\frac{B^4}{16} + \frac{3\gamma_w}{10B}\cdot\frac{B^2}{4} = \frac{\gamma_w}{80}B$$

所以

$$\tau_{xy} = \frac{3\gamma_w x^2}{B^3}\left(\frac{B^2}{4} - y^2\right) - \frac{\gamma_w}{B^3}\left(\frac{B^4}{16} - y^4\right) + \frac{3\gamma_w}{10B}\left(\frac{B^2}{4} - y^2\right)$$

6.3 结构验算

6.3.1 承载力验算

1)桩基垂直承载力计算

在码头使用期间，前后排桩基将承受集装箱装卸桥轮压力的作用，因此还必须计算前后排桩基的垂直承载力。桩基垂直承载能力按下式计算：

$$\gamma_0 N \leqslant Q_d \tag{6-65}$$

式中：γ_0——结构重要性系数，对于港口码头，取 $\gamma_0 = 1.0$；

N——桩顶轴向压力设计值，由集装箱装卸桥轮压力的设计值计算得到；

Q_d——桩基垂直极限承载力设计值。

当管桩中心距大于3倍桩径时，桩基垂直承载能力可按单桩的垂直承载能力进行计算。由《港口工程桩基规范》(JTS 167-4—2012)第4.2节，单桩垂直极限承载力的设计值可按下式计算：

$$Q_{ud} = \frac{1}{\gamma_R}(U\sum q_{fi}l_i + q_R A) \tag{6-66}$$

式中：Q_{ud}——单桩垂直极限承载力设计值(kN)；

γ_R——单桩垂直承载力分项系数，γ_R 取1.45；

U——桩身截面周长(m)；

q_{fi}——单桩第 i 层土的极限侧摩阻力标准值(kPa)；

l_i——桩身穿过第 i 层土的长度(m)；

q_R——单桩极限端阻力标准值(kPa);

A——桩身截面面积(m^2)。

当管桩中心距 d_0 大于3倍桩径 d 时,应考虑排桩效应,可把排桩看成板桩(图6-12),只取排桩的两个侧面计算摩阻力,即取 $U=2d_0$ 代入上式后,仍可使用式(6-65)计算中心距小于三倍桩径的排桩的垂直极限承载力设计值。

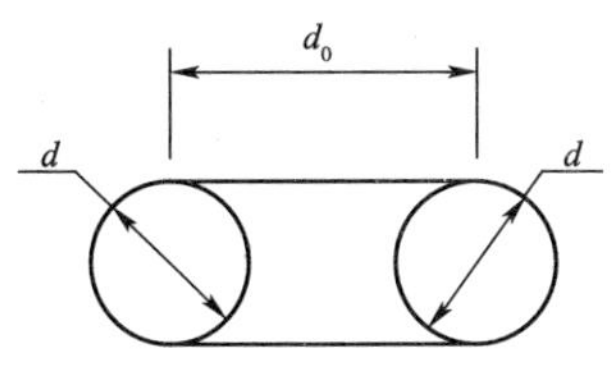

图6-12 排桩效应示意图

2)桩基水平承载力计算

桩基受力计算包括桩基抗弯承载能力计算和桩基垂直承载能力计算。由于双排管桩结构在施工期与使用期所受的荷载和约束情况不同,因此在计算桩基抗弯承载能力时需要分别求解施工期与使用期的弯矩,此外,桩基的最终弯矩应为施工期与使用期的弯矩的叠加,然后取叠加后的最大弯矩值进行计算。

(1)施工期的计算模式

当施打完前后排管桩,且现浇纵梁和安装钢连杆后,即可在两排管桩间进行分层抛砂和加固,一般可分3~4层进行,在进行该施工期的计算时,须按分层设立计算工况,分别计算出桩基的内力和变形,最后将各工况的计算结果进行叠加,找出内力的最大值。另在进行抛砂作业过程中,应先抛桩间砂土再抛后方砂土,以免钢连接杆受压失稳。

①桩间抛砂施工期间作用于管桩上的荷载。

桩间抛砂施工期间作用于管桩上的荷载为抛砂加固土体对前后排管桩的侧向主动土压力,因为是分层抛填、分层加固,所以该主动土压力为非通常的梯形荷载。理由是当抛完第一层砂土后,产生一梯形荷载如图6-13所示,其主动土压力可由Rankine的黏性土土压力强度公式计算:

$$e_a = \gamma z\tan^2\left(45° - \frac{\varphi}{2}\right) - 2c\tan\left(45° - \frac{\varphi}{2}\right)$$

然后对该层砂土及下卧地基土进行水泥搅拌桩加固至一定深度。

当抛第二层砂土时,第二层抛砂的侧土压力同样可用Rankine的土压力强度公式计算,但由于第一层土体加固后,c 值变得很大,由Rankine的黏性土土压力强度公式计算得 $e_a \leqslant 0$,此时第二层抛砂引起第一层加固土的侧压力为零,前排管桩承受的仅仅为第二层抛砂的三角形荷载和未加固的下层土的土压力。根据6.2.4节中建立的计算模型,前后排桩承受总的荷载和弯矩为分次抛砂情况的叠加,而实际上每层抛砂被加固后,抛砂加固土已被"固化定型",桩身所受荷载和由此产生的内力也被"固化",其后的抛砂产生的土压力和由此引起的桩

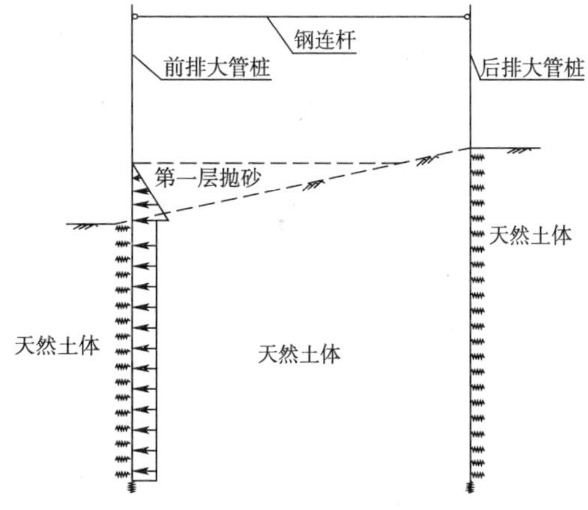

图6-13 第一层抛砂作用于前排管桩上的荷载

身内力使其下面的加固土的土压力和桩身内力有一个释放和抵消的过程,因此桩身的实际内力远小于叠加的内力,但出于安全考虑,在桩间抛砂期间,前后排管桩的弯矩仍取以上各次分层抛砂加固计算工况叠加后的弯矩值,而管桩内的实际弯矩值却要小得多。

②桩间抛砂施工期桩基的力学计算模型。

如果前后排桩基间的抛砂加固分三层作业,则在计算时应分为三个工况,土对桩基的约束可用土弹簧进行模拟,三个工况下的荷载和约束情况已分别示于图6-13~图6-15。荷载和约束均取码头单宽进行计算。

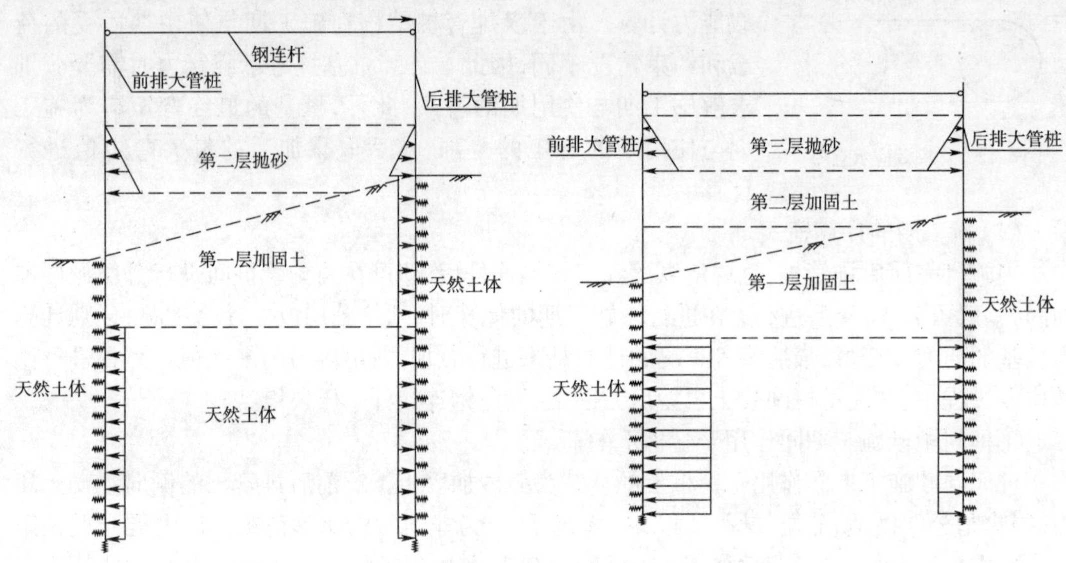

图6-14 第二层抛砂作用于前后排管桩上的荷载　　图6-15 第三层抛砂作用于前后排管桩上的荷载

土弹簧分为水平弹簧和竖向弹簧,水平弹簧对桩提供水平约束,竖向弹簧则对桩提供竖向约束。按《港口工程桩基规范》(JTS 167－4—2012),可采用 m 法计算水平弹簧的弹性系数,计算土体分段的弹性系数由下式确定:

$$k_x = m \cdot z \cdot b \cdot h \tag{6-67}$$

式中:k_x——水平弹簧弹性系数(kN/m);

m——水平弹簧弹性系数随地基深度增长的比例系数(kN/m^4);

z——计算土体分段距泥面的深度(m);

b——计算土体分段的计算宽度(m);

h——计算土体分段的高度(m)。

当 $Z \geqslant Z_r$ 时,水平弹簧的弹性系数 k_x 保持不变。

$$Z_r = \frac{6C_u d}{\gamma d + \zeta C_u}$$

式中:Z_r——极限水平土抗力转折点的深度(m);

C_u——原状黏土不排水抗剪强度标准值(kPa);

d——桩径(m);

ζ——系数，取0.25～0.5。

竖向弹簧的弹性系数由下式确定：

$$k_y = \frac{1}{K} \tag{6-68}$$

式中：k_y——竖向弹簧弹性系数(kN/m)；

K——轴向反力系数(m/kN)，对于大管桩，按三航局所做的静载试验资料分析，取$(1.27 \sim 2.53)\times 10^{-6}$ m/kN。

③后方抛砂期间作用于管桩上的荷载。

如前所述，为了确保连接前后排管桩的钢连杆不至于发生受压失稳，在施工过程中必须先抛两排桩基间的砂土，再抛排桩后方砂土。当抛完后方砂土后，后方抛砂将对整个加固体结构(包括前后排管桩和桩间加固土体)产生侧向主动土压力，为了简化计算过程，可将这部分荷载作用放入使用时期的计算中。

(2)使用期的计算模式

如上一节所述，在码头建成后，可将前后排管桩和桩间加固土体视为一叠合梁的复合结构，按照此假设，可按式(6-84)、式(6-85)得到在使用期荷载作用下码头单宽内前、后排桩基内的弯矩值。将该弯矩值经过折算可得每根桩基内的弯矩，再将使用时期每根桩基内的弯矩与施工时期折算到每根桩基的弯矩叠加即得管桩内的最终弯矩。

(3)验算公式

前、后排桩基内的最大弯矩为施工期的弯矩与使用期的弯矩叠加后的最大值，即：

$$M_{max} = \max(M_{施工} + M_{使用}) \tag{6-69}$$

$$M_{施工} = \gamma_o \gamma_E M_c$$

式中：$M_{施工}$——施工时期每根桩基内的弯矩设计值(kN·m)；

γ_o——结构重要性系数，$\gamma_o = 1.0$；

γ_E——施工时期侧向土压力分项系数，$\gamma_E = 1.35$；

M_c——施工时期每根桩基内的最大弯矩标准值(kN·m)；

$M_{使用}$——使用时期每根桩基内的弯矩设计值(kN·m)。

根据《港口工程预应力混凝土大管桩设计与施工规程》(JTS 167-6—2011)，桩基抗弯承载能力计算公式如下：

$$M_{max} \leqslant Mf_1 \tag{6-70}$$

式中：Mf_1——在正常使用极限状态下，不考虑混凝土的抗拉强度时，大管桩正截面抗弯能力，可由《港口工程预应力混凝土大直径管桩设计与施工规程》(JTS 167-6—2011)附录B常用管桩力学性能——轴力与弯矩关系图来确定，其中的轴力指桩基使用时期所受的轴向压力设计值。

通常情况下，使用时期大管桩所受的轴力不会很大，桩的弯曲变形也较小，因此由轴力引起的桩的附加弯矩可不考虑。

3)地基承载力验算

在码头使用期间前后排桩间加固土体的下卧地基土将受到加固体重力、加固体顶面面荷载、加固体后方填土压力、剩余水压力、系缆力的共同作用，需按《港口工程地基规范》(JTS

147-1—2010）中地基承载力这一章节的有关规定进行承载力的计算。

由于加固体码头的纵向长度（L）与横向宽度（B）之比 L/B 通常大于10，可视为条形基础。按规范第5.2.3条规定，计算地基承载力应考虑作用于基础底面的合力倾斜率和偏心距的影响。在无抛石基床情况下：

$$\tan\delta = \frac{H_{kB}}{V_k} \tag{6-71}$$

式中：$\tan\delta$——作用于基础底面的合力倾斜率；

H_{kB}——作用于基础底面上平行于基础短边（条形基础宽度方向）的水平合力标准值，对重力式码头为墙底面以上土压力的水平分力及其他水平力（如水压力和系缆力等）合力的标准值（kN）；

V_k——作用于墙底面或基础底面上的竖向合力的标准值（kN）。

当作用于基础底面的合力为偏心时，应根据偏心距将基础面积或宽度化为中心受荷的有效面积（对矩形基础）或有效宽度（对条形基础）。对条形基础，该基础底面的有效宽度按下式计算：

$$B_{ef} = B - 2e \tag{6-72}$$

式中：B_{ef}——条形基础底面的有效宽度（m）；

B——条形基础底面的受压宽度（m）；

e——基础底面合力标准值的偏心距（m），应按下式计算：

$$e = \frac{B}{2} - \xi$$

ξ——合力作用点与墙前趾的距离（m），$\xi = \dfrac{M_R - M_O}{V_k}$；

M_R——对墙前趾的稳定力矩（kN·m）；

M_O——对墙前趾的倾覆力矩（kN·m）。

又按规范第5.3条的规定，地基承载力的计算应满足以下极限状态设计值表达式。在无抛石基床情况下：

$$\gamma'_0 V_d \leqslant \frac{1}{\gamma_R} F_k \tag{6-73}$$

式中：V_d——作用于墙底面或基床底面上竖向合力的设计值（kN）；

γ_R——抗力分项系数；

γ'_0——重要性系数；

F_k——地基极限承载力的竖向分力标准值（kN）。

对条形基础，F_k 应按下式计算：

当 $\varphi_k > 0$，且 $\delta < \varphi_k$ 时，

$$F_k = B_{ef}\left(\frac{1}{2}\gamma_k B_{ef} N_\gamma + c_k N_c + q_k N_q\right) \tag{6-74}$$

式中：φ_k——基础面以下土的摩擦角标准值（°），可取均值；

γ_k——基础面以下土的重度标准值（kN/m³）。水下用浮重度，可取均值；

c_k——基础面以下土的黏聚力标准值(kPa),可取均值;

q_k——墙前基础底面以上边载的标准值(kPa),$q_k = \gamma_k D$。D 为基础埋深,考虑到加固体两侧排桩的抗土体滑动的作用,基础埋深可取加固体两侧埋深的平均值;

N_γ、N_c、N_q——地基处于极限平衡状态下的承载力系数。N_γ、N_c 可查该规范附录 F 的地基承载力系数表,即表 6-1 ~ 表 6-6,表中的承载力因子 λ 按下式计算:

$$\lambda = \frac{\gamma_k B_{ef}}{c_k + q_k \tan\varphi_k}$$

N_q 则由下式确定:

$$N_q = N_c \tan\varphi_k + 1$$

承载力系数 N_c　　表 6-1

φ \ N_c \ $\tan\delta$	$\tan\delta=0$	$\tan\delta=0.1$	$\tan\delta=0.2$	$\tan\delta=0.3$	$\tan\delta=0.4$	φ \ N_c \ $\tan\delta$	$\tan\delta=0$	$\tan\delta=0.1$	$\tan\delta=0.2$	$\tan\delta=0.3$	$\tan\delta=0.4$
2°	5.632					22°	16.883	13.900	10.790	7.616	3.652
4°	6.185					24°	19.324	15.919	12.469	9.085	5.633
6°	6.813	3.581				26°	22.254	18.317	14.424	10.719	7.194
8°	7.527	5.202				28°	25.803	21.192	16.731	12.590	8.811
10°	8.345	6.254				30°	30.140	24.672	19.488	14.779	10.606
12°	9.285	7.244	4.091			32°	35.490	28.972	22.822	17.381	12.671
14°	10.370	8.281	5.573			34°	42.164	34.187	26.900	20.520	15.106
16°	11.631	9.420	6.789			36°	50.585	40.765	31.949	24.358	18.031
18°	13.104	10.706	8.009	4.751		38°	61.352	49.094	38.278	29.116	21.604
20°	14.835	12.182	9.323	6.227		40°	75.313	59.789	46.321	35.097	26.038

6.3.2　变形验算

1)复合结构中加固土体的变形

如 6.2.4 节所述,在水平外荷载作用下复合结构中的加固土体的变形包括两部分,一是加固土体本身的弹性变形,二是加固土体的下卧地基土的弹性变形,而加固土体两侧的桩基仅发生弹性变形。计算时可先假设加固土体底面被地基刚性嵌固,且管桩和加固土体之间无摩擦,按简化材料力学模型求得加固土体因自身的弹性变形而产生的顶面水平位移,然后释放其嵌固允许加固土体在弹性地基上发生刚体转动,求得刚体转动产生的顶面水平位移,最后将两部分叠加。

(1)加固土体顶面水平位移

承载力系数 $N_\gamma(\tan\delta=0)$

表 6-2

φ \ N_γ \ λ	0.5	1	2	3	4	5	7	9	11	13	15	20	25	30	40	60	80	100
2°	0.152	0.154	0.153	0.151	0.149	0.148	0.1444	0.141	0.138	0.136	0.134	0.129	0.125	0.121	0.115	0.107	0.101	0.097
4°	0.348	0.349	0.343	0.335	0.328	0.322	0.311	0.302	0.291	0.287	0.281	0.268	0.258	0.250	0.237	0.219	0.206	0.196
6°	0.598	0.597	0.580	0.564	0.549	0.537	0.515	0.497	0.483	0.470	0.459	0.437	0.420	0.406	0.386	0.357	0.338	0.324
8°	0.918	0.912	0.880	0.851	0.826	0.805	0.770	0.742	0.719	0.699	0.683	0.650	0.625	0.605	0.575	0.535	0.510	0.492
10°	1.329	1.314	1.262	1.215	1.177	1.144	1.092	1.051	1.018	0.991	0.967	0.922	0.888	0.861	0.821	0.768	0.735	0.712
12°	1.857	1.830	1.748	1.678	1.623	1.577	1.503	1.447	1.402	1.365	1.333	1.272	1.227	1.192	1.140	1.073	1.031	1.003
14°	2.538	2.493	2.372	2.273	2.195	2.131	2.030	1.955	1.895	1.846	1.805	1.726	1.667	1.622	1.557	1.473	1.421	1.385
16°	3.421	3.350	3.175	3.039	2.932	2.845	2.712	2.612	2.534	2.471	2.418	2.316	2.243	2.196	2.104	1.999	1.935	1.890
18°	4.569	4.461	4.216	4.030	3.886	3.772	3.597	3.468	3.368	3.286	3.219	3.090	2.997	2.926	2.824	2.694	2.614	2.559
20°	6.071	5.911	5.573	5.322	5.132	4.981	4.754	4.588	4.460	4.357	4.272	4.110	3.994	3.895	3.777	3.617	3.518	3.449
22°	8.049	7.816	7.353	7.019	6.768	6.572	6.279	6.057	5.904	5.773	5.666	5.463	5.317	5.206	5.047	4.847	4.724	4.638
24°	10.673	10.336	9.706	9.262	8.934	8.679	8.302	8.031	7.824	7.660	7.524	7.269	7.086	6.948	6.749	6.500	6.345	6.237
26°	14.178	13.698	12.843	12.255	11.826	11.495	11.010	10.664	10.402	10.192	10.022	9.701	9.472	9.302	9.048	8.734	8.538	8.389
28°	18.911	18.225	17.065	16.286	15.724	15.295	11.669	14.227	13.893	13.628	13.412	13.005	12.716	12.501	12.180	11.779	11.526	11.344
30°	25.364	24.384	22.807	21.772	21.035	20.475	19.667	19.099	18.671	18.334	18.058	17.540	17.179	16.897	16.486	15.969	15.636	15.392
32°	34.262	32.859	30.708	29.328	28.356	27.623	26.573	25.839	25.288	24.854	24.499	23.846	23.370	23.006	22.473	21.791	21.343	21.010
34°	46.690	44.672	41.720	39.869	38.580	37.615	36.239	35.284	34.568	34.005	33.546	32.695	32.075	31.599	30.894	29.976	29.358	28.888
36°	64.296	61.375	57.294	54.791	53.067	51.785	49.968	48.712	47.773	47.034	46.450	45.309	44.488	43.852	42.901	41.632	40.753	40.069
38°	89.636	85.369	79.677	76.260	73.932	72.211	69.785	68.113	66.865	65.907	65.099	63.571	62.461	61.594	60.276	58.168	57.177	56.147
40°	126.758	120.459	112.428	107.711	104.529	102.191	98.907	96.650	94.998	93.661	92.564	90.475	88.940	87.724	85.843	83.181	81.216	79.614

承载力系数 N_γ（$\tan\delta=0.1$）　表6-3

φ \ N_γ \ λ	0.5	1	2	3	4	5	7	9	11	13	15	20	25	30	40	60	80	100
6°	0.163	0.166	0.166	0.165	0.164	0.163	0.161	0.159	0.158	0.156	0.155	0.153	0.150	0.148	0.145	0.141	0.138	0.135
8°	0.425	0.427	0.420	0.412	0.405	0.398	0.387	0.377	0.369	0.362	0.356	0.343	0.333	0.325	0.313	0.297	0.285	0.276
10°	0.728	0.727	0.708	0.689	0.673	0.659	0.635	0.616	0.600	0.587	0.575	0.552	0.535	0.521	0.500	0.472	0.453	0.440
12°	1.111	1.104	1.067	1.034	1.005	0.981	0.942	0.911	0.886	0.865	0.847	0.812	0.787	0.766	0.735	0.694	0.668	0.650
14°	1.602	1.585	1.523	1.470	1.426	1.389	1.331	1.286	1.250	1.220	1.195	1.145	1.108	1.079	1.037	0.983	0.949	0.925
16°	2.236	2.205	2.109	2.029	1.965	1.912	1.829	1.766	1.716	1.675	1.641	1.574	1.525	1.487	1.431	1.361	1.317	1.286
18°	3.060	3.006	2.864	2.749	2.659	2.586	2.472	2.387	2.320	2.266	2.220	2.132	2.069	2.019	1.947	1.858	1.802	1.763
20°	4.135	4.050	3.844	3.685	3.561	3.461	3.309	3.196	3.109	3.037	2.978	2.865	2.783	2.720	2.628	2.515	2.445	2.396
22°	5.547	5.416	5.125	4.907	4.740	4.607	4.606	4.259	4.145	4.053	3.977	3.832	3.727	3.648	3.532	3.389	3.301	3.239
24°	7.413	7.217	6.812	6.516	6.293	6.117	5.854	5.663	5.516	5.398	5.301	5.117	4.985	4.884	4.741	4.559	4.448	4.370
26°	9.898	9.608	9.049	8.651	8.355	8.124	7.782	7.536	7.347	7.197	7.073	6.839	6.672	6.545	6.364	6.135	5.994	5.895
28°	13.234	12.813	12.044	11.511	11.120	10.817	10.372	10.055	9.813	9.621	9.463	9.167	8.955	8.794	8.564	8.274	8.094	7.965
30°	17.755	17.146	16.092	15.379	14.862	14.465	13.887	13.477	13.167	12.921	12.720	12.342	12.073	11.873	11.574	11.203	10.968	10.800
32°	23.954	23.072	21.624	20.667	19.983	19.462	18.709	18.179	17.779	17.463	17.204	16.720	16.382	16.118	15.734	15.251	14.941	14.716
34°	32.550	31.270	29.277	27.990	27.080	26.393	25.407	24.717	24.198	23.790	23.456	22.830	22.392	22.049	21.548	20.908	20.490	20.180
36°	44.631	42.768	40.008	38.267	37.051	36.140	34.839	33.934	38.257	32.723	32.287	31.481	30.894	30.443	29.777	28.911	28.331	27.891
38°	61.867	59.138	55.287	52.914	51.276	50.056	48.326	47.128	46.233	45.528	44.971	43.882	43.100	42.494	41.590	40.387	39.557	38.913
40°	86.872	82.837	77.415	74.149	71.920	70.271	67.943	66.338	65.139	64.219	63.443	61.976	60.912	60.081	58.820	57.094	55.866	54.890

表 6-4

承载力系数 N_γ ($\tan\delta=0.2$)

φ \ N_γ \ λ	0.5	1	2	3	4	5	7	9	11	13	15	20	25	30	40	60	80	100
12°	0.371	0.375	0.373	0.369	0.365	0.362	0.355	0.350	0.345	0.341	0.338	0.331	0.325	0.321	0.314	0.304	0.297	0.292
14°	0.743	0.745	0.729	0.714	0.700	0.687	0.667	0.650	0.637	0.625	0.615	0.596	0.581	0.569	0.551	0.527	0.512	0.501
16°	1.185	1.181	1.147	1.114	1.087	1.064	1.027	0.997	0.973	0.953	0.936	0.903	0.878	0.859	0.830	0.792	0.769	0.752
18°	1.749	1.735	1.673	1.619	1.574	1.537	1.478	1.433	1.397	1.367	1.341	1.292	1.256	1.227	1.186	1.133	1.100	1.077
20°	2.481	2.451	2.350	2.207	2.199	2.144	2.058	1.933	1.942	1.899	1.804	1.796	1.746	1.707	1.650	1.580	1.535	1.505
22°	3.439	3.384	3.231	3.108	3.012	2.933	2.813	2.723	2.653	2.595	2.548	2.456	2.389	2.338	2.263	2.171	2.113	2.073
24°	4.703	4.611	4.385	4.211	4.076	3.969	3.804	3.683	3.589	3.513	3.450	3.329	3.242	3.175	3.078	2.959	2.885	2.833
26°	6.381	6.236	5.911	2.669	5.484	5.338	5.118	4.957	4.833	4.733	4.651	4.494	4.382	4.296	4.171	4.018	3.923	3.856
28°	8.628	8.405	7.946	7.612	7.362	7.166	6.874	6.662	6.500	6.371	6.264	6.062	5.917	5.807	5.649	5.451	5.329	5.243
30°	11.664	11.328	10.682	10.227	9.891	9.630	9.244	8.967	8.756	8.588	8.450	8.190	8.004	7.863	7.661	7.407	7.249	7.137
32°	15.805	15.303	14.402	13.784	13.333	12.985	12.477	12.116	11.841	11.624	11.445	11.110	10.871	10.689	10.429	10.100	9.893	9.745
34°	21.512	20.772	19.516	18.675	18.071	17.609	16.938	16.466	16.108	15.826	15.596	15.161	14.852	14.622	14.278	13.847	13.572	13.372
36°	29.485	28.390	26.636	25.491	24.678	24.063	23.176	22.554	22.087	21.717	21.416	20.850	20.455	20.145	19.694	19.119	18.746	18.470
38°	40.776	39.153	36.692	35.126	34.028	33.203	32.022	31.199	30.582	30.096	29.699	28.965	28.431	28.021	27.416	26.634	26.114	25.720
40°	57.019	54.599	51.124	48.967	47.472	46.357	44.771	43.673	42.851	42.203	41.692	40.693	39.975	39.421	38.595	37.501	36.752	36.173

承载力系数 N_γ（$\tan\delta=0.3$）　　表 6-5

φ \ N_γ \ λ	0.5	1	2	3	4	5	7	9	11	13	15	20	25	30	40	60	80	100
18°	0.657	0.663	0.655	0.645	0.636	0.628	0.614	0.603	0.594	0.586	0.579	0.566	0.555	0.547	0.534	0.518	0.507	0.500
20°	1.164	1.165	1.137	1.110	1.086	1.066	1.034	1.008	0.987	0.970	0.955	0.926	0.905	0.888	0.862	0.830	0.810	0.795
22°	1.795	1.786	1.729	1.678	1.636	1.601	1.545	1.502	1.468	1.440	1.416	1.370	1.335	1.309	1.270	1.220	1.190	1.168
24°	2.617	2.591	2.493	2.410	2.343	2.289	2.203	2.139	2.088	2.046	2.011	1.944	1.895	1.857	1.801	1.732	1.689	1.659
26°	3.704	3.652	3.495	3.369	3.270	3.190	3.064	2.975	2.903	2.845	2.796	2.703	2.636	2.584	2.509	2.416	2.357	2.318
28°	5.156	5.063	4.825	4.641	4.500	4.386	4.214	4.088	3.989	3.910	3.845	3.720	3.629	3.560	3.460	3.337	3.260	3.207
30°	7.113	6.959	6.608	6.346	6.148	5.991	5.755	5.584	5.452	5.347	5.259	5.193	5.075	4.884	4.752	4.591	4.490	4.420
32°	9.775	9.529	9.021	8.654	8.380	8.166	7.848	7.619	7.443	7.303	7.188	6.970	6.815	6.696	6.527	6.313	6.181	6.088
34°	13.434	13.052	12.324	11.814	11.439	11.148	10.721	10.416	10.184	9.999	9.847	9.562	9.359	9.204	8.982	8.702	8.527	8.402
36°	18.522	17.935	16.897	16.191	15.679	15.286	14.413	14.308	14.001	13.758	13.558	13.184	12.917	12.719	12.423	12.052	11.817	11.648
38°	25.680	24.793	23.315	22.337	21.639	21.107	20.338	19.798	19.391	19.069	18.806	18.312	17.967	17.697	17.304	16.806	16.485	16.248
40°	35.915	34.566	32.458	31.100	30.142	29.420	28.384	27.660	27.116	26.688	26.337	25.691	25.219	24.858	24.327	23.645	23.193	22.854

承载力系数 N_{γ}（$\tan\delta = 0.4$）

表 6-6

φ \ N_{γ} \ λ	0.5	1	2	3	4	5	7	9	11	13	15	20	25	30	40	60	80	100
22°	0.465	0.474	0.476	0.474	0.471	0.469	0.465	0.461	0.458	0.456	0.453	0.449	0.445	0.442	0.438	0.431	0.427	0.424
24°	1.087	1.093	1.073	1.052	1.034	1.018	0.991	0.971	0.953	0.939	0.927	0.904	0.886	0.872	0.851	0.825	0.808	0.796
26°	1.787	1.784	1.734	1.688	1.649	1.617	1.565	1.526	1.495	1.469	1.447	1.404	1.372	1.348	1.312	1.267	1.238	1.219
28°	2.699	2.679	2.585	2.504	2.439	2.386	2.303	2.240	2.190	2.150	2.116	2.051	2.003	1.966	1.912	1.845	1.804	1.775
30°	3.920	3.842	3.714	3.587	3.486	3.405	3.280	3.188	3.115	3.057	3.008	2.914	2.846	2.794	2.719	2.626	2.567	2.527
32°	5.578	5.484	5.236	5.043	4.895	4.777	4.598	4.465	4.365	4.284	4.216	4.087	3.994	3.923	3.819	3.693	3.613	3.558
34°	7.851	7.688	7.310	7.029	6.817	6.649	6.399	6.217	6.078	5.966	5.874	5.699	5.573	5.478	5.339	5.169	5.062	4.988
36°	11.004	10.733	10.171	9.768	9.496	9.235	8.890	8.642	8.452	8.301	8.177	7.942	7.775	7.647	7.465	7.235	7.091	6.989
38°	15.419	14.993	14.168	13.596	13.177	12.854	12.381	12.044	11.788	11.585	11.418	11.105	10.881	10.711	10.467	10.158	9.963	9.823
40°	21.726	21.034	19.831	19.021	18.437	17.996	17.344	16.887	16.542	16.268	16.045	15.625	15.326	15.103	14.769	14.348	14.078	13.881

桩—加固土的复合结构可视为下端固定的悬臂叠合深梁,由于管桩与加固土体的接触面之间的摩阻力为零,在水平外荷载作用下,加固土体和前后排桩基的横截面将绕其自身的中性轴转动。假设加固土体底面被地基嵌固,可用材料力学解代替弹性力学解求得加固土体在水平外力作用下的顶面弹性水平位移 Δ'。外力可假设为正三角形荷载,当然外力也可假设为其他形状,但三角形分布荷载较具有普遍意义。

于是由悬臂梁的材料力学公式得:

$$\Delta'_3 = \frac{q_3 H^4}{30E_e I_e} \tag{6-75}$$

式中:Δ'_3——在正三角形分布荷载作用下加固土体的顶面弹性水平位移(m);

H——加固土体高度(m);

E_e——加固土体的弹性模量(kPa),取水泥土的变形模量;

I_e——单宽加固土体(水泥土部分)对自身中性轴的截面惯性矩(m^4);

q_3——单宽加固土体所受正三角形荷载的底边值(kN/m),$q_3=\frac{6M_3}{H^2}$;

M_3——加固土体底截面上的弯矩值(kN·m)。

将 $q_3=\frac{6M_3}{H^2}$代入 Δ'_3 得:

$$\Delta'_3 = \frac{H^2}{5E_e I_e} M_3 \tag{6-76}$$

释放加固土体底面的刚性嵌固,允许其在弹性地基上发生刚体转动,在 M_3 的作用下加固土体的刚体转动角。

$$\alpha = \frac{M_3}{C_z I_e} \tag{6-77}$$

式中:C_z——地基土的比例系数(kN/m^3)。

加固土体因刚体转动产生的顶面水平位移为:

$$\Delta'' = \alpha H = \frac{H}{C_z I_e} M_3 \tag{6-78}$$

故加固土体的顶面水平位移(包括弹性变形和刚体转动两部分)为:

$$\Delta_3 = \Delta'_3 + \Delta''_3 = \frac{H^2}{5E_e I_e} M_3 + \frac{H}{C_z I_e} M_3 = \frac{C_z H + 5E_e}{5C_z E_e I_e} H M_3 = a_3 M_3 \tag{6-79}$$

式中:$a_3=\frac{C_z H+5E_e}{5C_z E_e I_e}H$。

(2)前、后排桩基的桩顶水平位移

假设前、后排桩基所受荷载形状也为正三角形(图 6-16),则有:

$$\Delta_1 = \frac{q_1 L_1^4}{30E_{p1} I_{p1}}$$

$$\Delta_2 = \frac{q_2 L_2^4}{30E_{p2} I_{p2}} \tag{6-80}$$

式中:L_1、L_2——前、后排桩基桩顶至假定嵌固点的长度(m);

E_{p1}、E_{p2}——前、后排桩基的弹性模量(kPa)；

I_{p1}、I_{p2}——单宽内前、后排桩基对其自身中性轴的截面惯性矩(m^4)；

q_1、q_2——单宽内前、后排桩基所受正三角形荷载的底边值(kN/m)。

通常 $L_1 = L_2 = L, E_{p1} = E_{p2} = E_p$，则由上述表达式可解出：

$$q_1 = \frac{30E_p I_{p1}}{L^4}\Delta_1$$

$$q_2 = \frac{30E_p I_{p2}}{L^4}\Delta_2$$

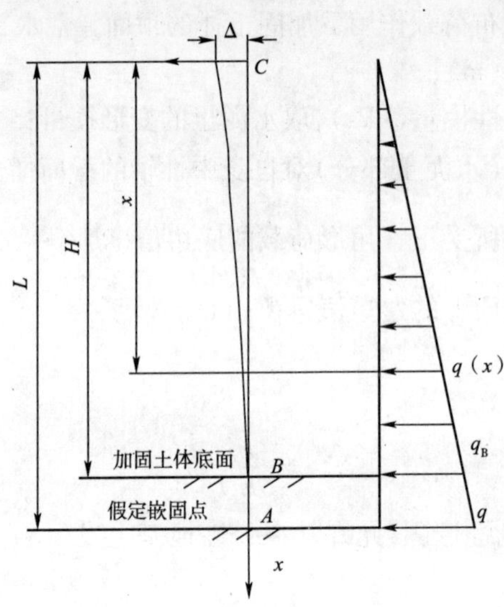

图 6-16

(3)加固土体和前、后排桩基的弯矩

前、后排桩基的桩顶水平位移与加固土体的顶面水平位移应相等，即：

$$\Delta_1 = \Delta_2 = \Delta_3 \tag{6-81}$$

式中：Δ_1、Δ_2、Δ_3——前排桩基、后排桩基、加固土体的顶面水平位移(m)。

同时，前、后排桩基在加固土体底面处的弯矩和加固土体底面的弯矩之和应等于复合结构在水平外载作用下的加固底面处的总弯矩，即：

$$M_1 + M_2 + M_3 = M_0 \tag{6-82}$$

式中：M_0——复合结构在加固土体底面处的总弯矩(kN·m)；

M_1、M_2——前、后排桩基在加固土体底面处的弯矩(kN·m)。

$$M_1 = \frac{q_{B1}H^2}{6} = \frac{H^3}{6L}q_1 = \frac{5E_p I_{p1} H^3}{L^5}\Delta_3 = a_1\Delta_3 = a_1 a_3 M_3$$

$$M_2 = \frac{q_{B2}H^2}{6} = \frac{H^3}{6L}q_2 = \frac{5E_p I_{p2} H^3}{L^5}\Delta_3 = a_2\Delta_3 = a_2 a_3 M_3$$

式中：q_{B1}、q_{B2}——前、后排桩基所受三角形荷载在加固土体底面处的值(kN/m)，由图 6-16，有：

$$q_{B_1} = \frac{H}{L}q_1, q_{B_2} = \frac{H}{L}q_2$$

$$a_1 = \frac{5E_p I_{p1} H^3}{L^5}, a_2 = \frac{5E_p I_{p2} H^3}{L^5} = \beta a_1, \beta = \frac{a_2}{a_1} = \frac{I_{p2}}{I_{p1}}$$

将 M_1、M_2 代入上式可求得 M_3，继而进一步求得 M_1、M_2 如下：

$$M_3 = \frac{M_0}{1+(a_1+a_2)a_3} = \frac{M_0}{1+(1+\beta)a_1 a_3}$$

$$M_1 = a_1 a_3 M_3 = \frac{a_1 a_3 M_0}{1+(1+\beta)a_1 a_3}$$

$$M_2 = a_2 a_3 M_3 = \beta M_1$$

加固土体的最大弯矩位于加固体底面，其单宽上的值等于 M_3，即

$$M_e = M_3 = \frac{M_0}{1+(1+\beta)a_1 a_3} \tag{6-83}$$

单宽内前、后排桩基任一截面 x 上的弯矩为：

$$M_1(x) = \frac{q_1(x)}{6}x^2 = \frac{q_1}{6L}x^3 = \frac{5a_3 E_p I_{p1} M_0}{L^5[1+(1+\beta)a_1 a_3]}x^3 \tag{6-84}$$

$$M_2(x) = \frac{q_2(x)}{6}x^2 = \frac{q_2}{6L}x^3 = \beta M_1(x) \tag{6-85}$$

式中：$M_1(x)$、$M_2(x)$——单宽内前、后排桩任一截面 x 上的弯矩(kN·m)；

$q_1(x)$、$q_2(x)$——单宽内前、后排桩基所受正三角形荷载在 x 断面处的值(kN/m)，由图6-16：$q_1(x) = \frac{x}{L}q_1$，$q_2(x) = \frac{x}{L}q_2$。

$$a_1 = \frac{5E_p I_{p1} H^3}{L^5}, a_2 = \beta a_1, a_3 = \frac{C_z H + 5E_e}{5C_z E_e I_e}H, \beta = \frac{a_2}{a_1} = \frac{I_{p2}}{I_{p1}}$$

式中：C_z——地基土的弹性系数(kN/m³)；

E_p——前、后排管桩的弹性模量(kPa)；

E_e——加固土体(水泥土)的弹性模量(kPa)；

I_e——单宽加固土体对自身中性轴的截面惯性矩(m⁴)；

I_{p1}——单宽内前排桩基对其自身中性轴的截面惯性矩(m⁴)；

I_{p2}——单宽内后排桩基对其自身中性轴的截面惯性矩(m⁴)；

H——加固土体高度(m)；

L——前、后排桩基桩顶至假定嵌固点的长度(m)。

2)地基沉降验算

前后排管桩间的加固土的下卧土层受到加固土的重力和码头面荷载的共同作用，在施工期以及使用期都会发生沉降，计算地基沉降应根据《港口工程地基规范》(JTS 147-1—2010)第七章的有关规定，通常只需计算持久状况下的地基最终沉降量。因下卧土层受到前后排管桩的限制，在双排管桩以上部分不可能发生横向变形，且加固土体被视为沿码头纵向无限长的条形基础，其上作用连续均布荷载，下卧土层也不会发生纵向变形，只能发生竖向压缩变形，故下卧地基土层属一维压缩，可用分层总和法计算地基最终沉降量。当需要计算地基的沉降过程时，可按第七章的有关规定执行；对岩石、碎石土、密实的砂土和第四纪晚更新世 Q_3

及其以前沉积的黏性土,可不进行沉降计算。由于在本工程中两排管桩间的加固土是采用分层抛填分层加固的,如果下卧地基土的排水情况较理想,则在施工过程中已完成了大部分沉降,也就是说,施工期的沉降在施工过程中已被填补掉,至于施工完成后剩余的固结沉降以及使用期码头面荷载引起的地基沉降,可采用间隔一段时间加填码头面层的方法予以解决,以确保码头面的高程达到设计要求。因此在下卧地基土层排水较好的情况下,尤其是对岩石、碎石土、密实的砂土和第四纪晚更新世 Q_3 及其以前沉积的黏性土,可不进行沉降计算。

当考虑因地基沉降时,桩周土的沉降可能会引起桩的负摩阻力。考虑因地基沉降引起的排桩桩侧摩阻力的基桩承载力可参照有关规范计算。

6.3.3 稳定性验算

码头整体稳定性的验算包括水平抗滑稳定性、抗倾覆稳定性和码头与地基整体抗滑稳定性的验算。在验算码头的整体稳定性时,取前后排桩基间的加固土体作为验算对象,而将两排桩基的水平抗滑力作为安全储备。加固体结构可视为深埋重力式码头结构,应根据《重力式码头设计与施工规范》(JTS 167-2—2009)中的第 2.5 节的码头稳定性验算公式进行验算,计算段可取单宽。

1)水平抗滑稳定性的验算

因在本设计方案中,码头后方堆土较高,故堆载土压力为主导可变作用:

(1)不考虑波浪作用,且由可变作用产生的土压力为主导可变作用时,采用如下验算公式:

$$\gamma_0(\gamma_E E_H + \gamma_{PW} E_W + \gamma_E E_{qH} + \psi\gamma_{PR} P_{RH}) \leqslant \frac{1}{\gamma_d}(\gamma_G G + \gamma_E E_V + \gamma_E E_{qV})f \tag{6-86}$$

(2)考虑波浪作用,堆载土压力为主导可变作用时,采用如下验算公式:

$$\gamma_0(\gamma_E E_H + \gamma_{PW} E_W + \gamma_E E_{qH} + \psi\gamma_P E_B) \leqslant \frac{1}{\gamma_d}(\gamma_G G + \gamma_E E_V + \gamma_E E_{qV} + \psi\gamma_U P_{BU})f \tag{6-87}$$

式中:γ_0——结构重要性系数;

γ_d——结构系数,无波浪作用取 1.0,有波浪作用取 1.1;

γ_E——土压力的分项系数;

E_H、E_V——分别为计算面以上永久作用总主动土压力的水平分力标准值和竖向分力标准值(kN);

γ_{PW}——剩余水压力的分项系数;

E_W——作用在计算面以上的剩余水压力的标准值(kN);

E_{qH}、E_{qV}——分别为计算面以上可变作用总主动土压力的水平分力标准值和竖向分力标准值(kN);

γ_{PR}——系缆力的分项系数;

P_{RH}——系缆力水平分力作用于计算段的标准值(kN);

ψ——作用效应组合系数,持久组合取 0.7,短暂组合取 1.0;

γ_G——自重力的分项系数,取 1.0;

γ_P——波浪水平力分项系数;

E_B——波谷作用时计算面以上水平波浪力的标准值(kN)；

G——作用在计算面以上的结构自重力的标准值(kN)；

f——沿计算面的摩擦系数设计值；

γ_U——波浪浮托力分项系数；

P_{BU}——波谷作用时计算面以上波浪浮托力的标准值(kN)。

2)抗倾覆稳定性的验算

同样,因堆载土压力为主导可变作用:

(1)不考虑波浪作用,且由可变作用产生的土压力为主导可变作用时,采用如下验算公式:

$$\gamma_0(\gamma_E M_{EH}+\gamma_{PW}M_{PW}+\gamma_E M_{EqH}+\psi\gamma_{PR}M_{PR})\leqslant\frac{1}{\gamma_d}(\gamma_G M_G+\gamma_E M_{EV}+\gamma_E M_{EqV})\tag{6-88}$$

(2)考虑波浪作用,堆载土压力为主导可变作用时,采用如下验算公式:

$$\gamma_0(\gamma_E M_{EH}+\gamma_{PW}M_{PW}+\gamma_E M_{EqH}+\psi\gamma_P M_{PB})\leqslant\frac{1}{\gamma_d}(\gamma_G M_G+\gamma_E M_{EV}+\gamma_E M_{EqV}+\psi\gamma_u M_{PBU})\tag{6-89}$$

式中:γ_0——结构重要性系数,采用规范表2.5.2－1中的数值;

γ_E——土压力分项系数;

γ_{PW}——剩余水压力分项系数;

γ_{PR}——系缆力分项系数;

γ_G——自重力分项系数,取1.0;

γ_d——结构系数,无波浪力作用取1.25,有波浪力作用取1.35;

γ_P——波浪力水平压力分项系数,采用规范表2.5.1－2中的数值;

γ_u——波浪浮托力分项系数,采用规范表2.5.1－2中的数值;

ψ——作用效应组合系数,持久组合取0.7,短暂组合取1.0;

M_{EH}——永久作用总土压力的水平分力标准值对计算面前趾的倾覆力矩(kN·m);

M_{EV}——永久作用总土压力的竖向分力标准值对计算面前趾的稳定力矩(kN·m);

M_{PW}——剩余水压力标准值对计算面前趾的倾覆力矩(kN·m);

M_{PR}——系缆力标准值对计算面前趾的倾覆力矩(kN·m);

M_{EqH}——可变作用总土压力的水平分力标准值对计算面前趾的倾覆力矩(kN·m);

M_{EqV}——可变作用总土压力的竖向分力标准值对计算面前趾的稳定力矩(kN·m);

M_G——结构自重力标准值对计算面前趾的稳定力矩(kN·m);

M_{PB}——波谷作用时水平波浪力标准值对计算面前趾的倾覆力矩(kN·m);

M_{PBU}——波谷作用时在计算底面以上的波浪浮托力标准值对计算面前趾的稳定力矩(kN·m)。

3)码头与地基整体抗滑稳定性的验算

因为双排管桩码头建造在海岸的边坡上,所以除了要验算码头的整体水平滑动稳定性和抗倾覆稳定性之外,还应验算码头的整体(非)圆弧滑动稳定性。

由《重力式码头设计与施工规范》(JTS 167-2—2009)第2.5.8条,码头与地基整体抗滑稳定性的验算应按现行行业标准《港口工程地基规范》(JTS 147－1—2010)的规定执行。

按《港口工程地基规范》第6.3.1条“土坡和条形基础的地基稳定验算,可按平面问题考虑,宜采用复合滑动面法或圆弧滑动简单条分法验算。验算方法可采用总应力法或有效应力法”、第6.3.7条“对有桩的土坡和地基,在稳定计算中,不宜计入桩的抗滑作用”和第6.3.9条“板桩码头通常只计算滑动面通过桩尖时的稳定性,如桩尖下有软土层,尚应验算滑动面通过软土层时的稳定性”。

验算公式按《港口工程地基规范》第6.3.2条,对不同情况的土坡和地基的稳定验算,其危险滑弧均应满足以下极限状态设计表达式:

$$\gamma'_0 M_{sd} \leqslant \frac{1}{\gamma_R} M_{Rk} \tag{6-90}$$

式中:M_{sd}、M_{Rk}——作用于危险滑弧面上滑动力矩的设计值(kN·m/m)和抗滑力矩的标准值(kN·m/m);

γ'_0——重要性系数;

γ_R——抗力分项系数。

式(6-90)中的M_{Rk}、M_{sd}宜按下列公式计算:

$$M_{Rk} = R\sum \frac{c_{ki}b_i + (q_{ki}b_i + W_{ki} - u_{ki}b_i)\tan\varphi_{ki}}{\cos\alpha_i + \sin\alpha_i \tan\varphi_{ki}\dfrac{1}{\gamma_R}} \tag{6-91}$$

$$M_{sd} = \gamma_s \{ [\sum R(q_{ki}b_i + W_{ki})\sin\alpha_i] + M_p \} \tag{6-92}$$

式中:R——滑弧半径(m);

γ_s——综合分项系数,可取1.0;

W_{ki}——第i土条的重力标准值(kN/m)。可取均值,浸润线以下用浮重度计算;当有渗流时,极端低水位以上浸润线以下用饱和重度、极端低水位以下用浮重度计算;

u_{ki}——第i土条滑动面上水头超过浸润线以上的孔隙水压力标准值(kPa),可取均值;

M_P——其他原因,如作用于直立式防波堤的波浪力标准值引起的滑动力矩(kN·m/m);

q_{ki}——第i土条顶面作用的可变作用的标准值(kPa);

b_i——第i土条宽度(m);

α_i——第i土条的滑弧中点切线与水平线的夹角(°);

φ_{ki}、c_{ki}——第i土条滑动面上的固结快剪内摩擦角(°)和黏聚力(kPa)标准值,可取均值。

式(6-91)为考虑渗流作用的简化Bishop公式的总强度表达式,强度指标标准值c、φ取固结快剪指标。

当采用简单条分法验算边坡和地基稳定时,其抗滑力矩标准值可按下式计算:

$$M_{Rk} = R[\sum c_{ki}L_i + \sum (q_{ki}b_i + W_{ki})\cos\alpha_i \tan\varphi_{ki}] \tag{6-93}$$

式(6-93)为Fellenius公式(总应力法,未考虑渗流作用)。

推荐使用简化Bishop公式验算圆弧滑动稳定性,而使用Fellenius公式进行校核。

抗力分项系数γ_R(即通常所谓的边坡稳定安全系数)应综合考虑强度指标的可靠程度、

结构安全等级和地区经验等因素，计算的最小抗力分项系数 γ_R 应满足表6-7 的规定。按照表6-7，强度指标为固结快剪，当采用计算公式(6-91)和式(6-92)、土坡为黏性土坡时，γ_R 的范围为 1.2 ~1.4；当土坡为其他土坡时，γ_R 的范围为1.3 ~1.5；当采用计算公式为式(6-92)和式(6-93)时，γ_R 的范围为 1.1 ~1.3。

最小抗力分项系数　　　　表6-7

<table>
<tr><th>强度指标</th><th colspan="2">采用计算公式</th><th>γ_R</th></tr>
<tr><td rowspan="3">固结快剪(直剪)</td><td rowspan="2">$M_{Rk}=R\sum\frac{c_{ki}b'_i+(q_{ki}b_i+W_{ki}-u_{ki}b'_i)\tan\varphi_{ki}}{\cos\alpha_i+\sin\alpha_i\tan\varphi_{ki}\frac{1}{\gamma_R}}$
$M_{Sd}=\gamma_s\{[\sum R(q_{ki}b_i+W_{ki})\sin\alpha_i]+M_p\}$</td><td>黏性土坡</td><td>1.2 ~1.4</td></tr>
<tr><td>其他土坡</td><td>1.3 ~1.5</td></tr>
<tr><td colspan="2">$M_{Rk}=R[\sum c_{ki}L_i+\sum(q_{ki}b_i+W_{ki})\cos\alpha_i\tan\varphi_{ki}]$
$M_{Sd}=\gamma_s\{[\sum R(q_{ki}b_i+W_{ki})\sin\alpha_i]+M_p\}$</td><td>1.1 ~1.3</td></tr>
<tr><td>有效剪</td><td colspan="2">$M_{Rk}=R\sum\frac{c_{ki}b'_i+(q_{ki}b_i+W_{ki}-u_{ki}b_i)\tan\varphi'_{ki}}{\cos\alpha_i+\sin\alpha_i\tan\varphi'_{ki}\frac{1}{\gamma_R}}$
$M_{Sd}=\gamma_s\{[\sum R(q_{ki}b_i+W_{ki})\sin\alpha_i]+M_p\}$</td><td>1.3 ~1.5</td></tr>
<tr><td>十字板剪
无侧限抗压强度
三轴不排水剪</td><td colspan="2">$M_{Rk}=R\sum S_{uki}L_i$
$M_{Sd}=\gamma_s\{[\sum R(q_{ki}b_i+W_{ki})\sin\alpha_i]+M_p\}$</td><td>1.1 ~1.3</td></tr>
<tr><td>快剪(直剪)</td><td colspan="2">$M_{Rk}=R[\sum c_{ki}L_i+\sum(q_{ki}b_i+W_{ki})\cos\alpha_i\tan\varphi_{ki}]$
$M_{Sd}=\gamma_s\{[\sum R(q_{ki}b_i+W_{ki})\sin\alpha_i]+M_p\}$</td><td>根据经验取值</td></tr>
</table>

表中的 M_{sd}与 M_{Rk}的关系为：

$$M_{sd}=\frac{1}{\gamma_R}M_{Rk} \tag{6-94}$$

求得 γ_R 后，检验 γ_R 是否满足上述范围或大于上述范围，如果满足，则必然也满足式(6-90)。当上式中的 M_{Rk}采用式(6-91)计算时，因式(6-91)中也含有 γ_R，故无法直接求得 γ_R，需使用试算的办法，迭代求解 γ_R 的值。一般先假定 $\gamma_R^{(1)}=1.0$，代入式(6-91)和式(6-94)，求出 $\gamma_R^{(2)}$ 值，然后将 $\gamma_R^{(2)}$ 值再代入式(6-91)和式(6-94)求出 $\gamma_R^{(3)}$ 值，直至 $\gamma_R^{(i+1)}-\gamma_R^{(i)}<\delta$($\delta$ 一般可取 0.01)，此时的 $\gamma_R^{(i+1)}$ 或 $\gamma_R^{(i)}$ 即为所求值。

土坡稳定分析有两种方法：总应力分析法和有效应力法。总应力分析法建立在不排水抗剪强度的基础上；有效应力法建立在排水抗剪强度的基础上。不排水抗剪强度通常用于施工过程中或施工结束时短期稳定性计算，而排水抗剪强度用于长期稳定性计算。从理论上讲，凡是能计算出孔隙水压力的，都应采用有效应力法。但在许多情况下，孔隙水压力难以准确计算，只能采用总应力法。目前在工程界中这两种方法均有应用，但在强度指标的配合选用上，必须根据工程实际情况选择合适的抗剪强度指标。

在实际工程中，如果黏性土先在某种应力下固结，例如在本码头工程中，地基土在其上面的填土荷载作用下逐步固结并在施工结束后已完成大部分固结沉降，然后比较迅速地加载，如在本工程中使用期的码头堆载，由附加应力引起的地基土中的水来不及排出，在这种情况下，若用总应力法分析土体的稳定性时，就可以采用固结不排水试验或固结快剪试验来测定土的抗剪强度指标。从某种意义上说,这种强度指标是反映土体已部分固结,但又不完全固结时的抗剪强度。工程上如果土体在加载过程中既非完全不排水,又非完全排水,而处于这两者之间时也常用这种抗剪强度指标。

6.3.4　主要构件计算

1)纵梁和连杆

由于纵梁主要受弯剪作用,纵梁的承载力计算应包括正截面受弯承载力计算和斜截面受剪承载力计算;钢连杆则为轴向拉压杆,此外由于钢连杆较长,尚需考虑钢连杆的自重产生的弯矩和剪力。对于受压的连杆,还需进行压杆稳定计算。

纵梁一般设计为矩形截面的钢筋混凝土梁,应按上述计算的施工期和使用期弯矩和剪力叠加后的最大值进行截面尺寸的选择和配筋,可根据《水运工程混凝土结构设计规范》(JTS 151—2011)中有关规定计算。

钢连杆可设计为矩形钢箱梁或工字梁,应按施工期和使用期的拉力叠加后的最大值以及自重产生的弯矩和剪力进行截面尺寸的选择,对于系船柱后方的钢连杆可适当加大梁的壁厚,必要时对某些受压连杆还要进行压杆稳定计算。

2)加固土体应力验算

水泥搅拌法是基础工程中常用的一种加固方法,所用的水泥土具有较高的无侧限抗压强度和一定的抗拉、抗剪强度,该法具有造价低、无噪声、无污染、设备简单、工期短等优点,目前在港口码头工程中也有应用,如在挖入式港池码头中用深层搅拌桩加固板桩间的土体以增加码头的稳定性。在本设计方案中,对码头前后两排桩基之间的抛砂及原状土,从天然泥面以下一定深度至码头面用水泥搅拌桩进行加固,将搅拌桩相互搭接成格栅体而形成具有一定宽度和一定深度的加固体,利用搅拌桩和格栅内土的自重及水泥土的抗压、抗剪能力承受来自码头后方的土压力、水压力和堆载的侧压力的作用,水泥搅拌桩的平面布置见图6-17。对加固土体需要进行正应力的验算和剪应力的验算,在验算加固土体的正应力和剪应力是否满足允许值时,由于加固土体的强度是由水泥土的强度所决定,因此实际上是验算水泥土是否能满足强度要求。在计算加固土体内力时,还要考虑加固土体前后排管桩的作用。

(1)加固土体的内力

在码头建成后,前后排管桩和桩间加固土体共同承受系缆力、码头后方填土、堆载、剩余水压力及码头前方被动土压力等水平外荷载的作用,在管桩和加固土体内将产生内力。可将管桩和加固土体视为一复合结构,该复合结构的理想状态是管桩和加固土体之间紧密接触(无间隙和相互错动),可称作100%的接触。最不利的极端状态是管桩和加固土体完全脱开,即使不完全脱开,接触面也可自由滑动(管桩和加固土体之间的摩阻力为零),称作0%的接触。在通常情况下,管桩和加固土体为一般接触(部分有间隙、部分无间隙并有一

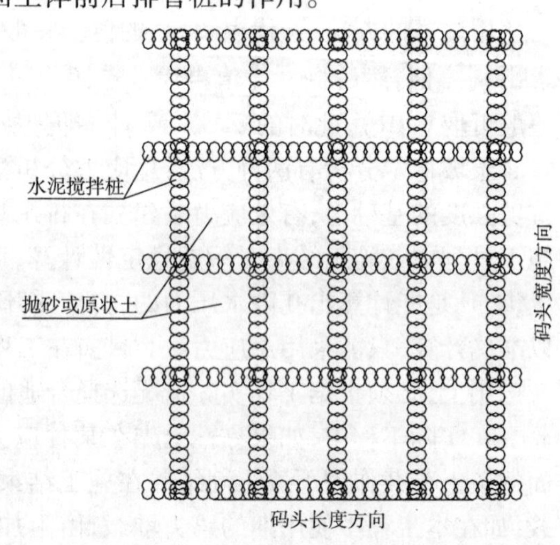

图6-17　水泥搅拌桩的平面布置图

定的摩阻力)。

文献[7]对双排板桩间经固化处理的充填土的影响进行了试验和有限元分析研究,表明如果对管桩和加固土体之间的接触面不进行特别处理,结构的变位、板桩弯矩的最大值均相对较大;如果使板桩与固化土之间采取充分接触,结构的变位、板桩弯矩的最大值将会变小。为了提高复合结构的抵抗水平荷载的能力,需要对管桩和加固土体之间的接触面进行处理,可采用灌浆等办法增强管桩和加固体的摩阻力及较充分的接触。然而,在设计计算时,应按不利情况考虑,即假设管桩与加固体能接触,但接触面之间的摩阻力为零。

在水平外荷载作用下,复合结构中的加固土体的变形应包括两部分,一是加固土体本身的弹性变形,二是加固土体的下卧地基土的弹性变形,因此加固土体除了自身发生的弹性变形外,还要绕加固土体底面中点发生刚体转动,而加固土体两侧的桩基仅发生弹性变形。为了计算加固土体和两侧桩基的内力和变形,可先假设加固土体底面被地基刚性嵌固,于是可求加固土体因自身的弹性变形而产生的顶面水平位移,然后释放其嵌固允许加固土体在弹性地基上发生刚体转动,可求在加固土体底面上的弯矩作用下因刚体转动产生的顶面水平位移,加固土体总的顶面水平位移应是以上两个位移之和,又因两排桩基的桩顶通过导梁用钢连杆连接,故前后排桩基的桩顶水平位移与加固土体的顶面水平位移(包括弹性变形和刚体转动两部分)应相等,由此水平位移即可在某假设的荷载形式下求得加固土体和前后排桩基的内力。在进行加固土体内力计算时,计算截面可取水泥土的净截面,即图 6-17 中的水泥土部分,加固土体的弹性模量也取水泥土的变形模量。加固土体的位移如 6.3.2 节所述,则加固土体的应力验算如下。

(2)加固土体正应力计算

加固土体抗压强度的计算公式为:

$$\sigma_{\mathrm{cad}} \leqslant \frac{1}{\gamma_{\mathrm{R}}}\bar{q}_{\mathrm{uf}} \tag{6-95}$$

式中:σ_{cad}——加固体抗压强度设计值(kPa),正应力计算面取加固土体底面,σ_{cad}由下式确定:

$$\sigma_{\mathrm{cad}} = \sigma_1 + \sigma_2$$

σ_1——单宽加固土体自重产生的应力(kPa),$\sigma_1 = \frac{G_{\mathrm{e}}}{A_{\mathrm{e}}} = \frac{G_{\mathrm{e}}}{B_{\mathrm{e}}}$;

σ_2——侧向水平力产生的正应力(kPa),$\sigma_2 = \frac{M_{\mathrm{e}}}{W_{\mathrm{c}}}$;

G_{e}——单宽加固土体自重(kN);

A_{e}——加固土体底面积(m^2);

B_{e}——加固土体沿码头横向宽度(m);

M_{e}——侧向水平力对加固土体底面产生的弯矩(kN·m),由式(6-83)确定,当地基土的比例系数较大、加固土体较宽(厚)时,$M_{\mathrm{e}} \approx M_0$;

W_{c}——单宽内水泥土抗弯截面模量(m^3),$W_{\mathrm{c}} = \frac{I_{\mathrm{c}}}{B_{\mathrm{e}}/2}$;

I_{c}——单宽内水泥土截面惯性矩(m^4),$I_{\mathrm{c}} = \frac{b_{\mathrm{c}} B_{\mathrm{e}}^3}{12}$;

b_c——单宽加固土体中水泥土所占宽度(m);

$\overline{q}_{uf}$——水泥土的无侧限抗压强度平均值;

γ_R——抗力分项系数,按国家现行行业标准《建筑地基处理技术规范》(JGJ 79—2012)、浙江省标准《水泥搅拌桩法》(BJ-10-1),取 $\gamma_R=2\sim3.3$;而按《港口工程地基规范》(JTS 147-1—2010),取 $\gamma_R=5.0$。后者偏保守,本算例中取 $\gamma_R=4.0$。

(3)加固土体剪应力计算

不考虑桩的抗剪作用,在进行加固土体剪应力计算时,认为加固体所受的剪力全部由桩间加固土体承担。

加固体抗剪强度的计算公式为:

$$\tau_{ad}\leqslant\frac{1}{2}\sigma_{cad} \tag{6-96}$$

式中:τ_{ad}——加固体抗剪强度设计值(kPa),剪应力计算面取为加固土体底面,τ_{ad}由下式确定:

$$\tau_{ad}=\frac{QS_c}{I_c b_c}$$

Q——单宽加固体计算面上的剪力(kN),可利用水平抗滑稳定的计算结果;

S_c——所求剪应力所在纤维到截面最外边缘之间的水泥土面积对于中性轴的静矩(m^3)。

6.4 双排管桩的模型试验

6.4.1 概述

模型试验是验证新理论、新假设的一种重要手段。早在1755年,德国格莱伯曼为了在莱茵河上建造木桥,就曾用模型试验验证其设计的可靠性;1829年法国科学家柯西利用模型进行梁和板的振动试验;1846年英国罗伯特·斯坦福等人为了做不列颠桥设计进行缩尺1:6的桥梁结构模型试验,之后他对另一座管形结构铁路做了模型试验。然而有关模型试验的理论——相似原理,则是到1848年由别尔特兰首先提出,他通过对相似现象的研究,建立了量纲分析的基本原理,为结构模型试验的发展奠定了理论基础。

进入21世纪后,随着模型相似理论的建立,现代科学技术的发展及普及,结构模型试验也进入了正规发展时期,一系列新技术被相继应用,如机械式引伸仪,电阻应变片、激光技术以及电子计算机技术等。结构模型试验被广泛地应用于大坝、大跨度桥梁、高层建筑、海洋平台等各类新型工程结构的研究与设计。

对于存在岩土介质的模型试验,由于重力是直接决定受力和变形的重要物理量,而材料密度比较难以满足相似条件,因此可以利用惯性力或离心力来模拟原型的重力条件。1981年国际土壤及基础协会,设立离心模型试验技术委员会(TC2 ISSMFE)收集世界各国离心机的发展现状,并加强技术交流。其后离心模型试验进入快速发展时期,研究内容涵盖大地工程、地质及污染扩散等诸多方面。在现代技术条件下,离心力已成为一种稳定的人工重力场,所以离心机是提供人造重力场最方便且稳定可靠的装置。

对于双排桩结构,日本的大堀晃一(1984)对双排板桩式结构做了小型和大型模型试验比较,证明桩间有充填砂的结构比没有充填砂的结构,其位移明显减小,桩入土越深、板桩刚度越大、墙的宽高比 B/H 越大、充填砂越密实,其桩顶位移越小。在小型模型中效果显著的隔墙,在大型模型中效果不明显,但在大型模型中,在隔墙和连梁都有的条件下,桩顶位移能得到明显的控制,同时,板桩上弯矩分布也更合理。菊池喜昭等用离心机进行了固化土充填的双排板桩式岸坡的小型模型试验,结果表明,结构的内力变形与排距、桩间充填材料及海底地基密实程度有关,排距越大,地基相对密度越大,板桩的弯矩以及结构变形越小,桩间土体加固也具有一定的优越性。

6.4.2　试验原理

1)相似理论

模型试验的基本原理是相似理论,所谓相似理论是对于两个具有相似的单值条件(几何形状、初始状态、边界条件)的体系,其中一个体系中的所有参数可以用另一个体系中相应的参数乘以一定的换算系数(或乘相似系数)而得到。两体系相似的充分必要条件是平衡方程中的无量纲函数对应相等且单值条件相似。

对于静力结构模型试验,相似系数有:

几何相似系数

$$C_{\mathrm{l}} = \frac{l_{\mathrm{p}}}{l_{\mathrm{m}}} \tag{6-97a}$$

应力相似系数

$$C_{\sigma} = \frac{\sigma_{\mathrm{p}}}{\sigma_{\mathrm{m}}} \tag{6-97b}$$

应变相似系数

$$C_{\varepsilon} = \frac{\varepsilon_{\mathrm{p}}}{\varepsilon_{\mathrm{m}}} \tag{6-97c}$$

位移相似系数

$$C_{\delta} = \frac{\delta_{\mathrm{p}}}{\delta_{\mathrm{m}}} \tag{6-97d}$$

弹性模量相似系数

$$C_{\mathrm{E}} = \frac{E_{\mathrm{p}}}{E_{\mathrm{m}}} \tag{6-97e}$$

泊松比相似系数

$$C_{\mu} = \frac{\mu_{\mathrm{p}}}{\mu_{\mathrm{m}}} \tag{6-97f}$$

边界应力相似系数

$$C_{\bar{\sigma}} = \frac{\bar{\sigma}_{\mathrm{p}}}{\bar{\sigma}_{\mathrm{m}}} \tag{6-97g}$$

体积应力相似系数

$$C_{\bar{\mathrm{x}}} = \frac{\bar{X}_{\mathrm{p}}}{\bar{X}_{\mathrm{m}}} \tag{6-97h}$$

材料密度相似系数

$$C_{\rho} = \frac{\rho_{\mathrm{p}}}{\rho_{\mathrm{m}}} \tag{6-97i}$$

材料重度相似系数

$$C_\gamma = \frac{\gamma_p}{\gamma_m} \tag{6-97j}$$

式中,C 表示相似系数,即原型物理量与模型物理量的比例常数,p 表示原型,m 表示模型。

在两相似系统之间,除需满足几何相似与物理量成比例之外,所有相似系数还需满足一定的关系,即一定的相似指标(相似指标 =1)。也就是说,模型系统所有相关的物理量间存在一定的指数关系,与原型的相应物理量指数关系相同,称为相似判据 π。

$$\pi = \prod_{i=1}^{m} X_i^k = idem \tag{6-98}$$

相似指标可通过三大相似定理推导:

(1)相似第一定理

该定理由别尔特兰提出。表述为:彼此相似的现象、单值条件相同,其相似判据的数值也相同。所谓单值条件可以指系统的几何性质、对研究对象影响较大的物理参数、边界条件、初始条件等。相似第一定理可总结为:对于两相似系统,其相似指标 =1。

(2)相似第二定理

该定理由俄国费吉尔曼和美国的布海金提出。表述为:当一现象由 n 个物理量的函数关系来表示,且这些物理量中含有 m 中基本量纲时,则能得到$(n-m)$个相似判据。根据该定理,可将研究对象的一般物理方程:

$$f(x_1, x_2, \cdots, x_n) = 0 \tag{6-99}$$

转换为判据方程:

$$\varphi(\pi_1, \pi_2, \cdots, \pi_n) = 0 \tag{6-100}$$

相似第二定理是量纲分析法的基础,只要将研究对象的物理方程转化为无量纲方程的形式,就可以由方程式的各项直接获得相似判据。

(3)相似第三定理

该定理由原苏联的基尔皮契夫提出。表述为:凡具有同一特性的现象,当单值条件(系统的几何性质、介质的物理性质、初始条件和边界条件等)彼此相似,且由单值条件的物理量所组成的相似判据数值相等,则这些现象必定相似。该定理确定了两系统成为相似的充分必要条件。

根据上述三个相似定理,可以根据量纲分析法和分析方程法获得所研究对象的相似判据。其中,前者是指物理方程必须满足量纲均衡性,后者是指通过将相似系数带入物理方程而获得相似判据。

2)离心模型试验

当模型试验的研究对象存在岩土介质时,如桩土相互作用问题,体积力最主要表现为重力。重力是土体介质最主要的受力变形和破坏因素,其固结沉降、对排桩的侧向土压力等都是直接由重力产生的。如果模型试验中,在与原型相同的地球重力场(1g)下,将原型按几何相似缩小 N 倍,用原型材料制成的模型,其各点之自重应力会远低于原型中相对应点的应力。因此普通 1g 条件下之模型的相似性较差,无法正确地反映出原型所产生的现象。但是

将此模型放置在 Ng 的重力场中，使模型材料加重 N 倍，则可以将模型中的每点的自重应力提高到原型中相对应点的应力，排桩也会受到相同的侧向土压力，其相似性提高，模型就可以表现原型的受力行为。

离心模型原理的正确性是基于下面两个物理原理：

(1)根据近代相对论解释，重力与惯性力是等效的，所以原型受地球的重力与模型在离心机上受离心惯性力其物理效应是一致的。

(2)材料之力学性质主要与原子电磁力有关(重力或离心力与电磁力相比微不足道)，因此在离心力场内岩土介质的材料性质也不会发生变化。

对于桩—土相互作用问题，可以考虑为平面应变条件下的静力平衡微分方程：

$$\frac{\partial\sigma_x}{\partial x}+\frac{\partial\tau_{xy}}{\partial y}+X=0 \tag{6-101a}$$

$$\frac{\partial\tau_{xy}}{\partial x}+\frac{\partial\sigma_y}{\partial y}+Y=0 \tag{6-101b}$$

式中：X、Y——体积力。

当体积力为重力时，若取 x 轴为水平方向，y 轴为竖直方向，则式(6-101)可改写为：

$$\frac{\partial\sigma_x}{\partial x}+\frac{\partial\tau_{xy}}{\partial y}=0 \tag{6-102a}$$

$$\frac{\partial\tau_{xy}}{\partial x}+\frac{\partial\sigma_y}{\partial y}-\rho g=0 \tag{6-102b}$$

同理，在缩尺 $1/N$ 的离心模型试验中，相应的平衡微分方程为：

$$\frac{\partial\sigma_x}{\partial x'}+\frac{\partial\tau_{xy}}{\partial y'}+X'=0 \tag{6-103a}$$

$$\frac{\partial\tau_{xy}}{\partial x'}+\frac{\partial\sigma_y}{\partial y'}+Y'=0 \tag{6-103b}$$

当体积力为重力时，将几何相似系数和重力加速度相似系数代入上式，可得：

$$\frac{\partial\sigma_x}{\partial(x/N)}+\frac{\partial\tau_{xy}}{\partial(y/N)}=0 \tag{6-104a}$$

$$\frac{\partial\tau_{xy}}{\partial(x/N)}+\frac{\partial\sigma_y}{\partial(y/N)}-\rho Ng=0 \tag{6-104b}$$

比较原型与缩尺 $1/N$ 的离心模型，当相同材料及边界条件相同时，不考虑尺度效应，则由离心模型观测得到的力学行为与原型完全相同。

3)其他相似系数的推导

假设模型试验的各相似系数表达式如式(6-97)所示，原型桩(包括前排桩、后排桩)在侧向土压力作用下的静力平衡微分方程表达为：

$$(EI)_{\mathrm{p}}\frac{\mathrm{d}^4y_{\mathrm{p}}}{\mathrm{d}x_{\mathrm{p}}^4}+B_{\mathrm{p}}p_{\mathrm{p}}=0 \tag{6-105}$$

式中：EI——抗弯刚度；

y_{p}——水平位移；

x_{p}——深度坐标；

p_p——单位面积上的土压力；

B_p——桩宽或桩径。

字母下标 p 表示原型。

如果以下标 m 表示模型，C_p 表示水平位移的相似系数，C_x 表示深度坐标的相似系数，有：

$$\frac{dy_p}{dx_p}=\frac{dy_p}{dy_m}\frac{dy_m}{dx_m}\frac{dx_m}{dx_p}=C_y\frac{dy_m}{dx_m}\frac{1}{C_x}=\frac{C_y}{C_x}\frac{dy_m}{dx_m} \tag{6-106}$$

以此类推，有：

$$\frac{d^2y_p}{dx_p^2}=\frac{C_y}{C_x^2}\frac{d^2y_m}{dx_m^2} \tag{6-107a}$$

$$\frac{d^4y_p}{dx_p^4}=\frac{C_y}{C_x^4}\frac{d^4y_m}{dx_m^4} \tag{6-107b}$$

代入式(6-105)，得：

$$C_{EI}(EI)_m\frac{C_y}{C_x^4}\frac{d^4y_m}{dx_m}+C_BB_mC_pp_m=0 \tag{6-108a}$$

即：

$$\frac{C_{EI}C_y}{C_BC_pC_x^4}(EI)_m\frac{d^4y_m}{dx_m^4}+B_mp_m=0 \tag{6-108b}$$

式中：C_B——桩宽（桩径）相似系数；

C_p——土压力相似系数。

由于对模型存在，有：

$$(EI)_m\frac{d^4y_m}{dx_m^4}+B_mp_m=0 \tag{6-109}$$

比较式[6-108b)]与式(6-109)，根据相似第二定理，可得：

$$\frac{C_{EI}C_y}{C_BC_pC_x^4}=1 \tag{6-110}$$

上式即为该模型试验的相似指标。

在 N_g 离心力、几何相似系数为 N 的离心模型试验中，$C_B=C_x=C_y=N$，$C_p=1$，代入式(6-110)，得：

$$C_{EI}=N^4 \tag{6-111}$$

原型桩的弯矩、剪力满足下式：

$$M_p=(EI)_p\frac{d^2y_m}{dx_m{}^2} \tag{6-112}$$

$$Q_p=(EI)_p\frac{d^3y_m}{dx_m{}^3} \tag{6-113}$$

将相关的相似系数及式(6-107a)代入式(6-112)，得：

$$C_MM_m=C_{EI}(EI)_m\frac{C_y}{C_x^2}\frac{d^2y_m}{dx_m^2} \tag{6-114}$$

由于对模型桩，有：

$$M_{\mathrm{m}}=(EI)_{\mathrm{m}}\frac{\mathrm{d}^2y_{\mathrm{m}}}{\mathrm{d}x_{\mathrm{m}}^2} \tag{6-115}$$

同样采用量纲分析法，可得：

$$C_{\mathrm{m}}=C_{EI}\frac{C_y}{C_x^2}=N^3 \tag{6-116}$$

同理，由式(6-113)，根据量纲分析法可得：

$$C_{\mathrm{Q}}=N^2 \tag{6-117}$$

将所有相似系数汇总于表6-8。

相似系数汇总表　　表6-8

物理量	符号	单位	相似系数
深度坐标	X	m	N
土体密度	ρ	t/m³	1
土体重度	γ	kN/m³	$1/N$
抗弯刚度	EI	kN·m/m²	N^4
位移	Y	m	N
应变	ε		1
应力	σ	kPa	1
荷载	P	kN	N^2
弯矩	M	kN·m	N^3
剪力	Q	kN	N^2

6.4.3　双排桩结构的模型试验

1）概述

为验证双排桩结构与单排桩结构的效果差异以及双排桩计算理论方法的合理性，利用某学院的离心机进行了一次离心模型试验，离心加速度为150～180g。

试验的结构形式有两种，一种是单排桩加水泥搅拌体的结构形式，另一种是双排桩加水泥搅拌体的结构形式，共分六种工况。见表6-9和图6-18，本节所绘图形如无特殊说明长度及水位单位均为m。

模型试验各工况一览表　　表6-9

工况	桩排数	泥面高程(m)	桩长度(m)	桩入土深度(m)	搅拌体深度(m)	搅拌体宽度(m)
一	1	-7.0	20	7	16.0	18.2
二	1	-8.5	24	9.5	20.0	21.2
三	1	-11.0	28	11	24.0	29.2
四	2	-7.0	29.7	16.7	14.5	18.2
五	2	-8.5	30.7	16.2	16.5	18.2
六	2	-11.0	30.7	13.7	20.0	19.2

双排桩为钢筋混凝土板桩，厚500mm，宽600mm。地基土分三层：

(1)淤泥质粉质黏土。

(2)砂质粉土。

(3)淤泥质黏土。

测试内容包括桩顶位移和桩身弯矩。

2)相似材料的制作与荷载的模拟

(1)地基土

模型地基土采用重塑法制作,将各土层做成流动状土膏,含水率控制在80% ~120%,提供上、下排水条件,将制成的土膏在离心机上分层固结,为使模型地基土达到原型地基土的固结程度,考虑了固结系数与固结时间的相似性。

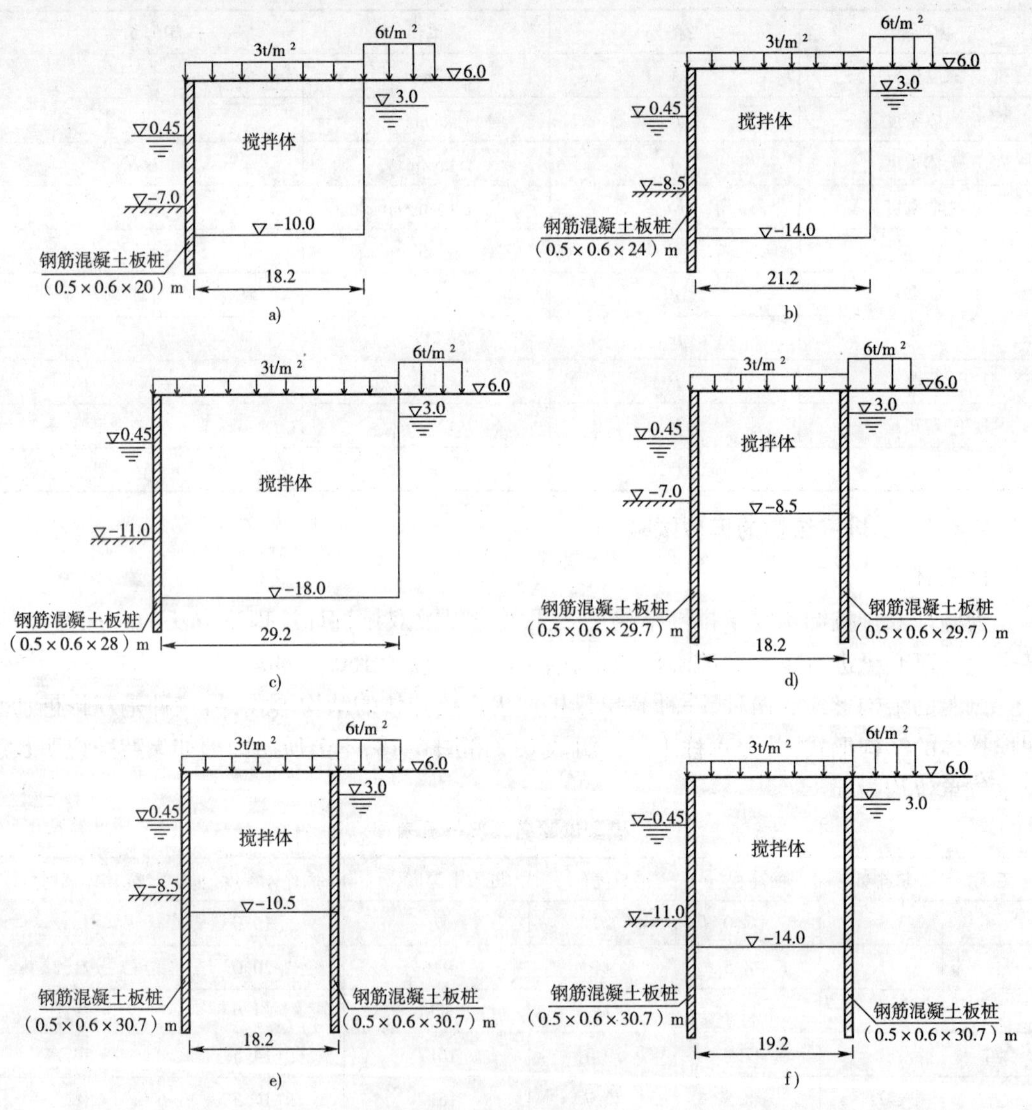

图6-18 离心模型试验各工况示意图

a)工况一;b)工况二;c)工况三;d)工况四;e)工况五;f)工况六

模拟地基土的物理力学指标列于表6-10。

模拟地基土的物性参数　　表6-10

土 名	w (%)	γ (kN/m³)	e	I_p	E_{1-2} (MPa)	φ (°)	c (kPa)
粉质黏土	30.90	19.46	0.810	14	4.94	19.8	14.3
砂质粉土	24.95	19.00	0.900	8	14.99	30.6	6.2
淤泥质黏土	46.70	17.90	1.240	19.7	6.33	14.1	15.9

(2)水泥搅拌土

模型水泥土搅拌桩格栅墙的水泥掺量为15%,水灰比0.4~0.5。格栅墙成型后蒸汽养护24h,使搅拌体达到1.0~1.5MPa。

(3)桩

考虑到影响排桩变形的主要因素为抗弯刚度(EI),因此排桩墙体按抗弯刚度相似的原则进行制作。试验中采用了以下两种模型板桩。

①铝合金板材,其厚度根据刚度相似的原则来确定,即:

$$h_{AL}=\sqrt[3]{\frac{E_c}{E_{AL}}}\cdot\frac{h_c}{N} \tag{6-118}$$

式中:h_c、h_{AL}——铝合金板材厚度,mm;

E_{AL}、E_c——铝合金板材与混凝土的弹性模量;

N——离心加速度与重力加速度之比,即几何相似系数。

②采用水泥和ϕ0.5mm钢丝,制作成宽30mm、厚4mm的水泥板条,模拟原型厚500mm宽600mm的板桩墙。

(4)水位

为满足如图6-19所示的水位要求,模型试验采用水位自动补给的辅助装置,使试验过程中保持水位(包括地下水位)不变,如图6-19所示。

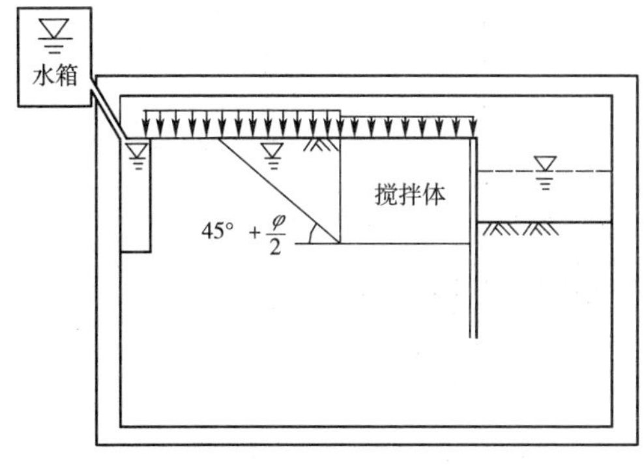

图6-19　模型箱的布置

(5)荷载

根据我国《港口工程荷载规程》(JTS 144-1—2010)规定,前超载30kPa均布荷载,布置在水泥搅拌体上,后超载60kPa均布荷载,布置在水泥搅拌体后,超载按$\gamma=18\text{kN/m}^3$等代换算成土柱高度。

(6)其他

为使离心模型试验的边界条件接近原型,除了控制地基土的含水率与强度指标外,模型墙墙后土体范围大于破裂楔体($45°+\varphi/2$)影响范围,如图6-19所示。

3)试验结果

根据高速同步摄影资料整理,各工况的变形测试结果见图6-20~图6-25。墙体变形结果见表6-11。

各工况变形结果　　表 6-11

工况	墙顶水平位移（cm）	墙顶垂直沉降（cm）	墙体变形特点	板桩墙转点位置（开挖面以下）（m）
一	>20	23	平移	—
二	14	16	略向后转动	—
三	12	17	平移略转动	4
四	7	5	平移略转动	10
五	6	5	平移略转动	5
六	8	9	略有转动	4～5

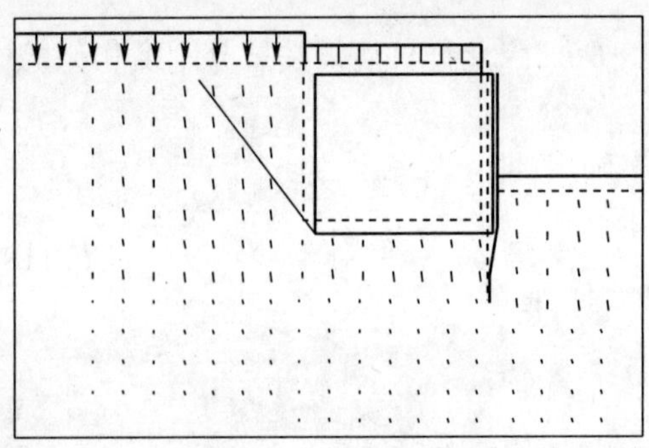

图 6-20　工况一结构位移

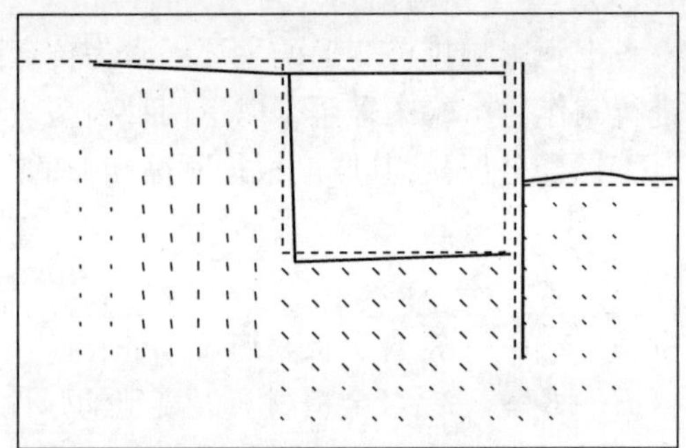

图 6-21　工况二结构位移

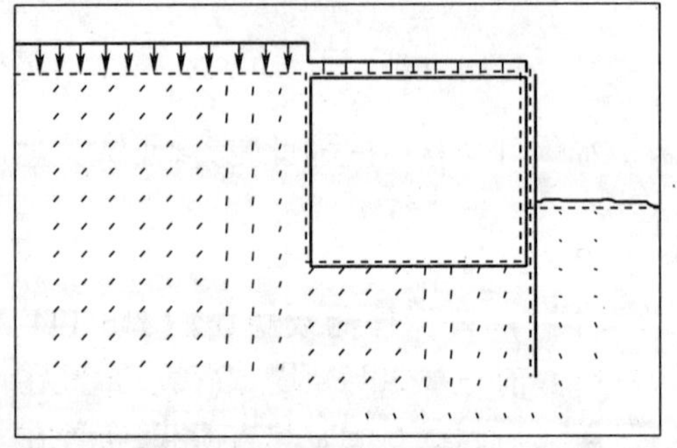

图 6-22　工况三结构位移

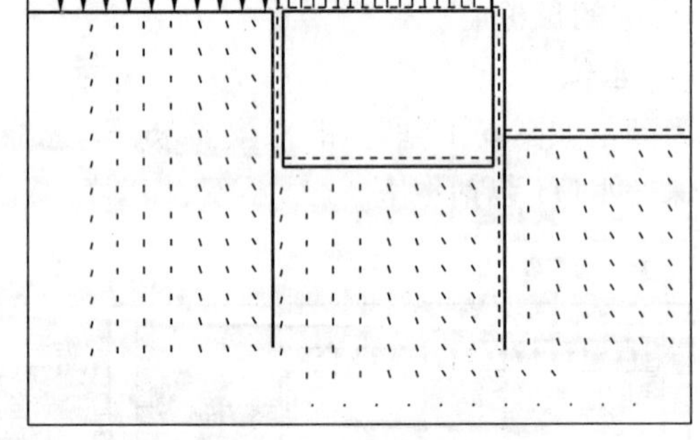

图 6-23　工况四结构位移

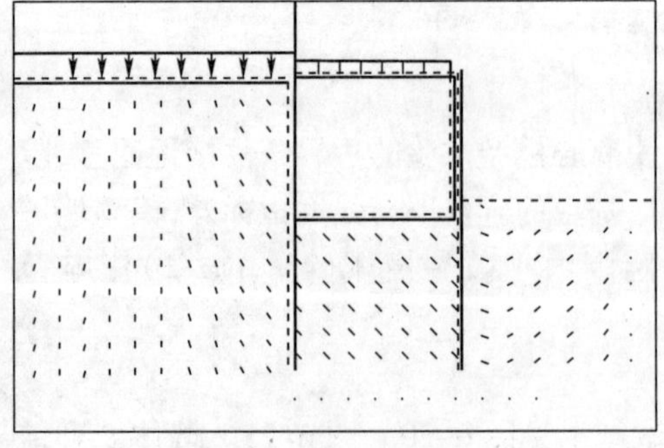

图 6-24　工况五结构位移

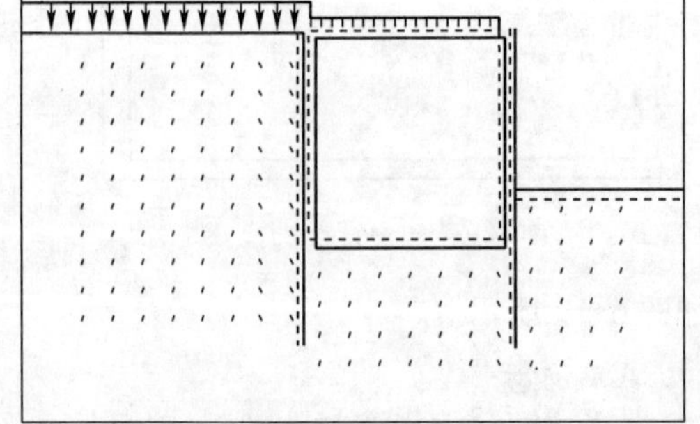

图 6-25　工况六结构位移

(1)工况一:水泥土搅拌体变位为向开挖面方向移动,墙顶水平位移大于20cm,搅拌体沉降23cm,搅拌体后土体形成破裂楔体,整个结构有向开挖面方向滑动趋势。这可能由于插入深度不足引起的。

(2)工况二:搅拌体绕墙顶稍向后转动,搅拌体后最大沉降约16cm,墙趾向开挖面方向位移约14cm。墙顶位移约2cm,沉降仍以固结沉降为主,板桩墙稍有挠曲。

(3)工况三:位移主要为搅拌体向开挖面方向移动,沉降以固结沉降为主,墙顶水平位移约12cm,墙顶沉降约17cm,板桩墙转点发生在开挖面下近4.0m处,板桩墙顶位移与转点间的相对位移5.7‰(转角0.36°)。

(4)工况四:搅拌体向开挖面方向移动,墙顶水平位移约7cm,搅拌体沉降约5cm。板桩墙转动的转点位置在开挖面下近10m处,板桩墙墙顶位移与转点间的相对位移3‰(转角0.19°)。

(5)工况五:搅拌体向开挖面方向移动,墙顶位移约6cm,搅拌体沉降约5cm,板桩墙转动的转点位置在开挖面下约5.0m处,板桩墙墙顶位移与转点间的相对位移0.23%(转角0.15°)。

(6)工况六:搅拌体向开挖面方向平移,墙体向开挖面方向略有转动。墙顶位移约8cm,墙体沉降约9cm。板桩墙转点位置约在开挖面下4~5m处,板桩墙墙顶位移与转点间的相对位移0.38%(转角0.24°)。

6.4.4　小结

从变形测试结果看,可以得到以下结论:

(1)排桩与水泥搅拌土构成的复合体结构在后方水、土压力作用下表现出较强的整体性。

(2)在相同泥面深度情况下,双排桩结构的墙顶位移比单排桩结构的墙顶位移要小得多,水平位移几乎只有单排桩结构的1/2。

(3)即使是双排桩结构,墙顶位移仍达到6cm以上,以往认为桩间距大于10d后可不考虑共同变形、而将后排桩作为锚桩的观点是不成立的。

6.5　计算实例

6.5.1　概述

本计算实例是以某码头工程的地质资料为地质计算参数,并以第四代集装箱码头作为设计对象,用前述的计算方法进行设计。

6.5.2　设计资料

1)设计水位

水文资料见表6-12。

水文资料　　表6-12

设计高水位	设计低水位	校核高水位	校核低水位	施工水位	平均水位
5.14m	0.58m	6.48m	-0.60m	2.94m	2.94m

2)码头面高程

本码头面高程采用7.00m。

3)设计船型

设计船型为第四代集装箱船(3500～4800 标准箱),船长×型宽×型深×满载吃水=294m×35m×21.8m×13.3m。

4)前沿泥面高程

(1)设计水深 D:15.0m。

(2)前沿泥面高程:-14.5m。

5)地质资料

(1)抛砂:$\gamma=18.0\text{kN/m}^3$,$\gamma'=9.5\text{kN/m}^3$,$\varphi=32°$。

(2)天然土:$\gamma=18.0\text{kN/m}^3$,$\gamma'=10.0\text{kN/m}^3$,$\varphi=20°$,$c=35\text{kPa}$。

(3)加固土:$\gamma=18.5\text{kN/m}^3$,$\gamma'=10.0\text{kN/m}^3$。

6)风浪资料

(1)风

①强风向为 N 向,其次为 NNE 向。历年定时实测最大风速为 28m/s,N 向;瞬时极大风速为 40m/s,SSE 向。

②基本风压:$W_0=0.70\text{kN/m}^2$。

(2)波浪资料

波浪资料见表 6-13。

波浪资料　　表 6-13

波向	50 年一遇(5.14m 设计水位)			
	$H_{1\%}$(m)	$H_{5\%}$(m)	T(s)	L(m)
E	1.65	1.85	4.30	29.30
ENE	1.74	1.42	4.40	29.90
NE	1.56	1.28	4.20	27.40
NNE	1.36	1.11	3.90	23.70
N	1.38	1.13	3.90	23.70
NNW	1.28	1.03	3.80	22.50
NW	1.33	1.09	3.90	23.70
WNW	1.61	1.31	4.30	23.60

7)设计荷载

(1)恒载:结构物自重+装卸桥自重。

(2)码头前沿均布荷载:$q=20$ kPa。

(3)码头后方均布荷载:$q=40$ kPa。

(4)加固土体后方主动土压力。

(5)加固土体后方剩余水压力。

(6)加固土体前方被动土压力。

(7)集装箱装卸桥轮压力。

集装箱装卸桥轮压力标准值应按实际机型确定。集装箱装卸桥轨距 30m,腿距 14.9m,每腿 10 个轮子,两机作业时轮子最小间距 4m,见图 6-26,集装箱装卸桥轮压力见表 6-14。

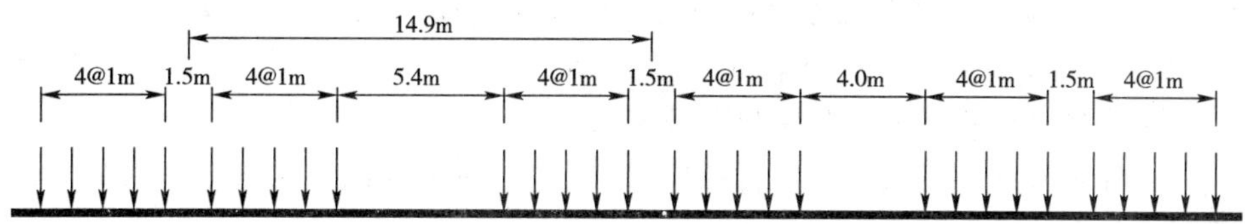

图 6-26　集装箱装卸桥轮压力图

集装箱装卸桥轮压力(单位:kN)　　表 6-14

位置	工作状态	非工作状态	位置	工作状态	非工作状态
前排轨道	500	600	后排轨道	350	550

(8)系缆力。

系缆力标准值可按《港口工程荷载规范》(JTS 144-1—2010)第 10.2 条中的有关规定计算。系缆力按 1500kN 考虑,$\alpha=30°$,$\beta=15°$。

在确定水平集中力(如船舶撞击力或系缆力等)的横向分力在各排架中的分配时,由于双排管桩码头沿长度方向的桩基间距较小,且两排管桩间的加固土体刚度较大,所以《高桩码头设计与施工规范》(JTS 167-1—2010)第 3.2 条的计算方法已不适用,系缆力的水平横向分力在码头两端排架中的分配系数可按下述方法进行计算:

通常作用在码头两端的系缆力较大,应以此处的系缆力作为计算的控制值,当集中力 F_x 作用在纵向尺寸为 L 的码头左端时[图 6-27a)],可用作用在码头中点的集中力 F_x 和力偶 $F_xL/2$ 来替代[图 6-27b)],再将此集中力 F_x 沿码头长度均匀分布,得均布力大小为 F_x/L[图 6-27c)],力偶 $F_xL/2$ 则沿码头长度呈三角形分布[图 6-27d)],得左、右端的大小为 $3F_x/L$,将均布力和三角形分布力叠加,即得作用在码头左端的集中力 F_x 化为沿码头的分布力情况[图 6-27e)],因此得集中力 F_x 在码头左端排架的分配系数为 $4/L$。

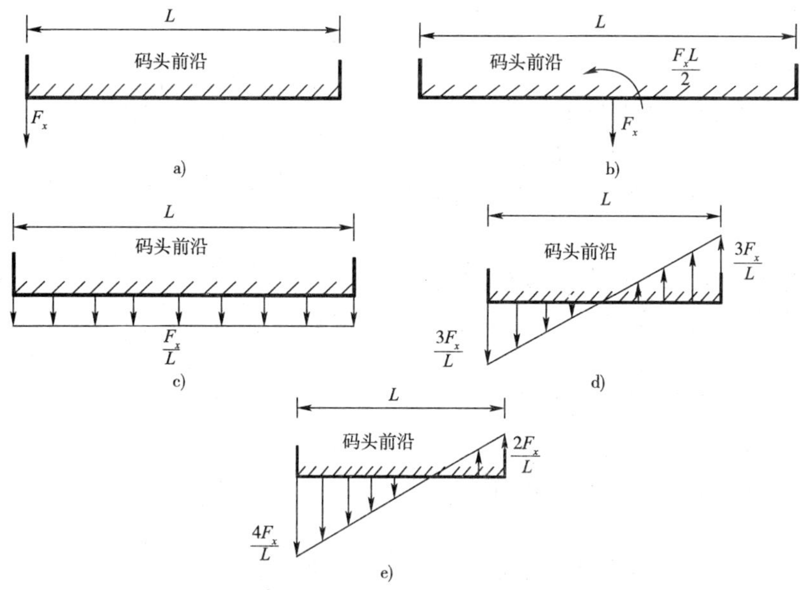

图 6-27　码头左端受集中力作用的分配系数计算简图

在确定码头排架上的系缆力水平横向分力的标准值时，应按下式计算：

$$E_R = K_F \cdot F \cdot \sin\alpha \cdot \cos\beta \tag{6-119}$$

式中：E_R——系缆力水平横向分力标准值(kN)；

K_F——分配系数，当系缆力作用在码头两端时，其在码头两端的分配系数为 $4/L$；

F——系缆力标准值(kN)；

α——系船缆的水平投影与码头前沿线所成的夹角(°)；

β——系船缆与水平面之间的夹角(°)。

(9)波浪力。

①施工时期波浪对单根桩基的作用力。

在施打前排管桩后，可按《海港水文规范》(JTS 145-2—2013)第8.3条计算出波浪对单根管桩作用的最大速度分力 $P_{D_{max}}$ 和最大惯性分力 $P_{I_{max}}$ 以及 $P_{D_{max}}$、$P_{I_{max}}$ 对管桩任一断面的力矩 $M_{D_{max}}$、$M_{I_{max}}$。

②使用时期波浪对码头的作用。

当码头建成后，海水的波浪对码头产生较大的波吸力，可按《海港水文规范》(JTS 145-2—2013)第8.1节(波浪对直墙式建筑物的作用)计算，由第8.1.1条确定波态后，即可根据波态确定波谷作用下波浪力(波吸力)强度的计算公式，并由波吸力强度计算出波浪对码头作用的波吸力。

6.5.3 码头构件尺寸

1)码头平面尺度

码头总长度为 $L_b = L + 2d = 294 + 2 \times 43 = 380$ m。

码头共分为10段，分段长度为38 m。

码头宽度由集装箱装卸桥轨距确定，考虑到第四代集装箱装卸桥轨距30m，现取码头总宽度为36 m。

2)码头构件尺寸

码头构件详见码头结构断面(图6-28)。

(1)码头面层：轨道梁之间的面板采用10cm厚的六角形板，轨道梁外侧的面板采用现浇面板。

(2)轨道梁：沿码头通长方向布置，轨道梁截面尺寸为2.0m(宽)×2.0m(高)，混凝土设计强度为C30。

(3)桩基：桩基采用三股钢绞线预应力混凝土大管桩，混凝土设计强度为C60，含混凝土抗拉强度的抗裂弯矩为1944kN·m，破坏弯矩为2767kN·m。

(4)前排桩基：桩基间距为1.5m，桩顶高程为4.50m，桩底高程为-39.50m，桩长为44m，桩径1.2m，壁厚0.145m。

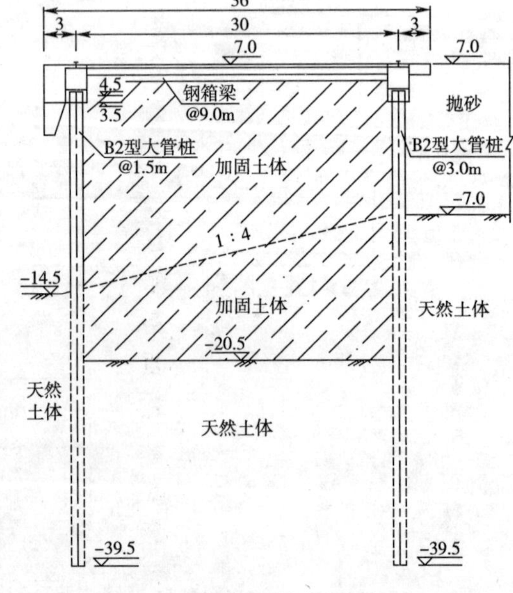

图6-28 码头结构断面(尺寸单位:m)

(5)后排桩基:桩基间距为3.0m,桩顶高程为4.50m,桩底高程为-39.50m,桩长为44m,桩径1.2m,壁厚0.145m。

(6)拉杆:前、后排桩基之间采用0.4m(宽)×0.6m(高)×0.014m钢箱梁以联系前后排桩基,沿码头长度方向每9m布设一根钢箱梁。

6.5.4　码头整体稳定性验算

码头整体稳定性的计算包括水平抗滑稳定性、抗倾覆稳定性和码头与地基整体抗滑稳定性的计算。在计算码头的整体稳定性时,取前后排桩基间的加固土体作为计算对象,而将两排桩基的水平抗滑力作为安全储备。加固体结构可视为深埋重力式码头结构,码头稳定性计算段可取单宽。

本算例中,码头前后排桩基之间抛砂用搅拌水泥桩进行加固,加固土体宽度为28.8m,加固深度达到-20.5 m,加固土体的水泥置换率为40%。对于码头结构稳定性计算时,取加固土体作为计算对象,而将加固土体两边的桩基作为安全储备的手段,计算简图见图6-29。

由于本码头结构受力比较简单,码头所受荷载形式不是很多,本次计算实例以主动土压力、剩余水压力、码头后方堆载产生的侧压力、系缆力(或波吸力)的荷载组合作为最为不利的荷载组合进行码头结构计算。

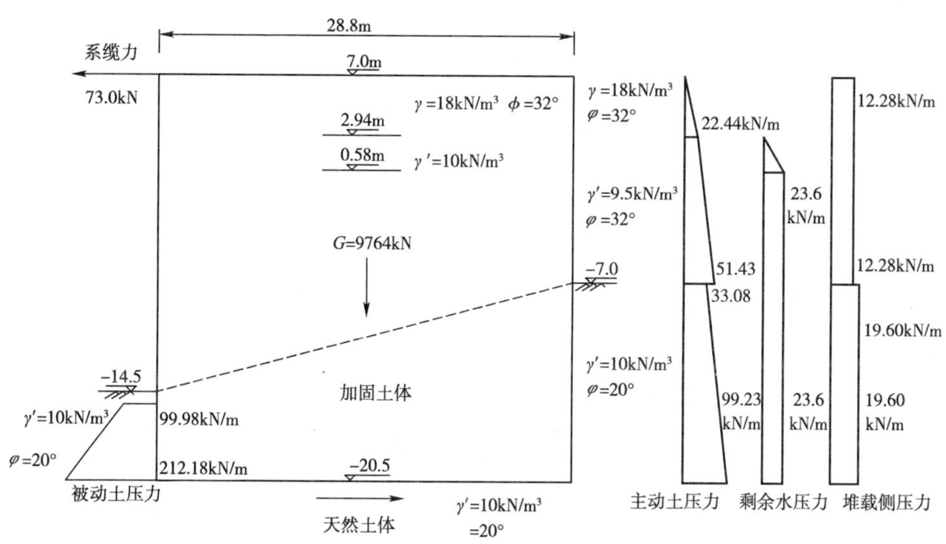

图6-29　整体稳定计算简图

1)水平抗滑稳定验算

荷载计算结果见表6-15。

荷载汇总表　　表6-15

后方主动土压力 E_H (kN)(1)	后方剩余水压力 E_W (kN)(2)	后方堆载产生侧压力 E_Q (kN)(3)	系缆力水平分力 E_R (kN)(4)	码头前方波吸力 E_b (kN)(5)	前方被动土压力 E_P (kN)(6)	底端摩阻力 E_G (kN)(7)
1306	525	437	73	59.06	858	8914

因为每米宽度的系缆力水平分力标准值大于水平波吸力标准值，故采用系缆力进行荷载组合，按式(6-86)进行抗滑稳定性验算。汇总表中第(1)、(2)、(3)、(4)项荷载，每米宽度范围内码头的滑移力为：

$$\begin{aligned}&\gamma_0(\gamma_E\cdot E_H+\gamma_{PW}\cdot E_W+\gamma_E\cdot E_Q+\psi\cdot\gamma_{PR}\cdot E_R)\\&=1.0\times(1.35\times1306+1.05\times525+1.35\times437+1.0\times1.30\times73)\\&=2999\quad(\text{kN})\end{aligned}$$

汇总第(6)、(7)项荷载，每米宽度范围内码头的抗滑力为：

$$\frac{1}{\gamma_d}(\gamma_G\cdot G\cdot f+\gamma_P\cdot E_P)=\frac{1}{1.0}(1.0\times8914\times0.35+1.0\times858)=3978\quad(\text{kN})$$

抗滑稳定性计算中的各项计算数据见表6-16。

加固土体抗滑稳定性计算数据表 表6-16

每米宽度的滑移力			每米宽度的抗滑力		
序号	类　别	数值(kN)	序号	类　别	数值(kN)
1	土体后方主动土压力 E_H	1306	1	土体前方被动土压力 E_P	858
2	土体后方剩余水压力 E_W	525	2	土体底端摩阻力 E_G	3120
3	土体后方堆载侧压力 E_Q	437			
4	系缆力水平分力 E_R	73			
汇　总		2999	汇　总		3978

注：表中汇总数值按分项系数表达的极限状态设计方法计算。

由上表可知，每米宽度范围内码头的滑移力小于每米宽度范围内码头的抗滑力，故码头沿加固土体底面的水平抗滑稳定满足要求。

2）抗倾覆稳定验算

荷载计算结果如表6-17所示。

荷载汇总表 表6-17

后方主动土压力 M_H (kN·m) (1)	后方剩余水压力 M_W (kN·m) (2)	后方堆载产生侧压力 M_Q (kN·m) (3)	系缆力水平分力产生的 M_R (kN·m) (4)	前方被动土压力 M_P (kN·m) (5)	加固土体产生的 M_G (kN·m) (6)
12766	5847	5315	2008	2077	128362

同样因为每米宽度的系缆力水平分力标准值大于水平波吸力标准值，故采用系缆力进行荷载组合按式(6-88)进行抗倾稳定性验算。汇总表中第(1)、(2)、(3)、(4)项，每米宽度范围内码头的倾覆力矩为：

$$\begin{aligned}&\gamma_0(\gamma_E\cdot M_H+\gamma_{PW}\cdot M_W+\gamma_E\cdot M_Q+\psi\cdot\gamma_{PR}\cdot M_R)\\&=1.0\times(1.35\times12766+1.05\times5847+1.35\times5315+1.0\times1.30\times2008)\\&=33159\quad(\text{kN}\cdot\text{m})\end{aligned}$$

汇总第(5)、(6)项，每米宽度范围内码头的抗倾覆力矩为：

$$\frac{1}{\gamma_d}(\gamma_G \cdot M_G + \gamma_P \cdot M_P) = \frac{1}{1.0}(1.0 \times 2007 + 1.0 \times 128362) = 130439 \qquad (kN \cdot m)$$

抗滑稳定性计算中的各项计算数据详见表6-18。由表可知，每米宽度范围内码头的倾覆力矩小于每米宽度范围内码头的抗倾覆力矩，故码头加固土体倾覆稳定验算满足要求。

加固土体抗倾稳定性计算数据表　　表6-18

每米宽度的倾覆力矩(kN·m)			每米宽度的抗倾力矩(kN·m)		
序号	类　别	数值	序号	类　别	数值
1	土体后方主动土压力力矩 M_H	12766	1	土体前方被动土压力力矩 M_P	2077
2	土体后方剩余水压力力矩 M_W	5847	2	加固土体自重力矩 M_G	128362
3	土体后方堆载侧压力力矩 M_Q	5315			
4	系缆力水平分力矩 M_R	2008			
汇　总		33159	汇　总		130439

注：表中汇总数值按分项系数表达的极限状态设计方法计算。

3)圆弧滑动稳定验算

由本工程地区地质勘探资料，除表层有厚度不超过10m的淤泥层且在施工要求中也要进行清淤工作外，其余土层为黏土、粉质黏土、粉土和细纱、砾石，且 I_L 均小于1，不含软土层，所以采用圆弧滑动面计算，且只计算滑动面通过桩尖以下土层的稳定性而不计桩的抗滑作用。

土坡稳定分析计算采用的是Yang H. Huang的《土坡稳定分析》中的电脑程序。

双排大管桩码头的圆弧滑动稳定计算示意见图6-30、图6-31，土的重度 γ、摩擦角 φ 和黏聚力 c 都取均值，且 φ 和 c 为固结快剪指标。按规范，土的重度在浸润线以上采用天然重度，浸润线与校核低水位之间采用饱和重度，校核低水位以下采用浮重度。在该程序中则规定零压线以下均输入土的饱和重度，但在计算中，水也必须作为一种"土质"处理，只要输入水的 $\gamma(=9.8kN/m^3)$、$\varphi(=0)$、$c(=0)$即可。在本计算中，码头前方为海水，故取海水的 $\gamma = 10kN/m^3$、$\varphi = 0$、$c = 0$；天然地基土的 $\gamma = 18kN/m^3$、$\varphi = 20°$、$c = 35kPa$；码头后方填土的 $\gamma = 18.0kN/m^3$、$\varphi = 32°$、$c = 0$；前后排桩间加固土的 $\gamma = 18.5kN/m^3$、$\varphi = 30°$、$c = 900kPa$，并取土的天然重度与饱和重度相等。码头后方堆场荷载为向后方无限延伸的、大小为 $40kN/m^2$ 的均布面荷载。并在计算中考虑海水的渗流作用，校核低水位为 -0.6m，平均地下水位为2.94m。

为了在本设计中比较使用简化Bishop法和Fellenius法的计算结果，分别采用程序中的简化Bishop法和常规法(考虑渗流作用的Fellenius法)计算了圆弧滑动的安全系数(分项系数)。

用简化Bishop法算得穿越前后排桩桩尖以下的圆弧滑动面的最小安全系数 $\gamma_R = 1.863$，用常规法算得穿越前后排桩桩尖以下的圆弧滑动面的最小安全系数 $\gamma_R = 1.616$。其相应的圆弧滑动面分别示于图6-30、图6-31中。

此外不计桩的抗滑作用时的最危险圆弧滑动面均刚好穿过前后排桩间的加固土体的右下角，如图6-30、图6-31所示，使用简化Bishop法得到的相应的安全系数为1.487，而使用常规法得到的相应的安全系数为1.314。此结果符合用Fellenius法计算的安全系数略小于用简化Bishop法计算的安全系数的通常情况。

由计算结果可知，不仅穿过前后排桩桩尖以下的圆弧滑动面的安全系数(分项系数)大于规范中的要求，而且在即使未考虑桩的抗滑作用情况下最危险圆弧滑动面的安全系数也能满足圆弧滑动稳定的条件。如果考虑排桩的抗滑作用，安全系数(分项系数)的数值会更大。

在使用软件计算后，还用手工计算进行了校核，结果对比如表6-19所示。

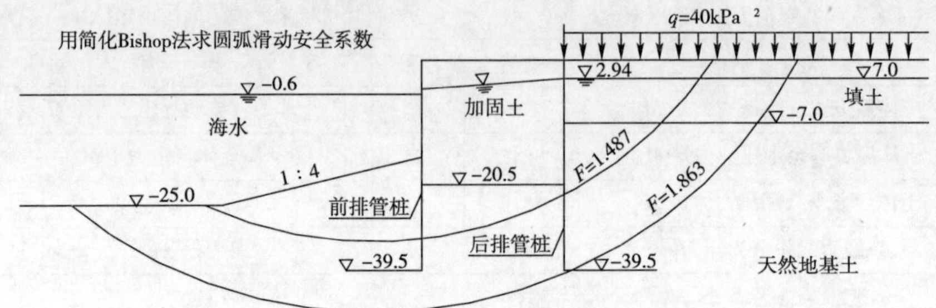

图6-30　用简化 Bishop 法求圆弧滑动安全系数

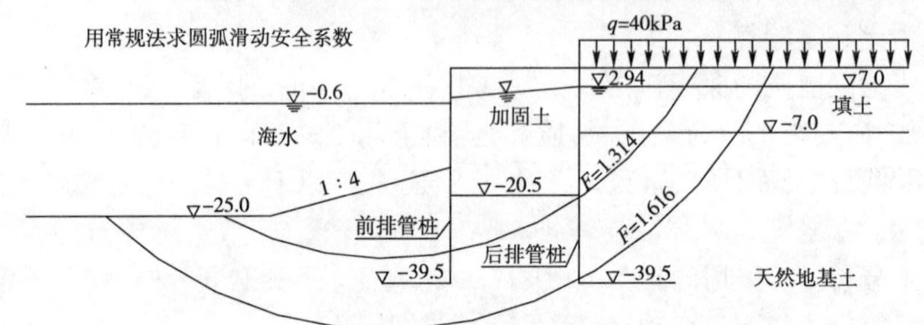

图6-31　用常规法求圆弧滑动安全系数

圆弧滑动安全系数软件计算与手工计算结果对比　　表6-19

方法	滑动圆弧		安全系数		相对误差(%)
	圆心(m)	半径(m)	软件计算	手工计算	
简化Bishop	(-10,50)	83.111	1.487	1.530	2.9
		98.696	1.863	1.860	0.16
常规法	(-15,50)	84.156	1.314	1.272	3.2
		99.602	1.616	1.627	0.68

由表6-19可看出，无论是用简化 Bishop 法还是用常规法，软件计算与手工计算所得的安全系数相当一致。在简化 Bishop 法和常规法中较小滑动圆弧(最危险滑弧)的安全系数相对误差均略大，是因为在计算最危险滑弧时，软件对地面线的每个转折点和在圆弧与边界线的交点处的条块进行了细分，而手工计算没有作此细分。

6.5.5　地基承载力验算

码头加固土体的纵向尺寸 $L=380\text{m}$，横向尺寸 $B=28.8\text{m}$，$L/B=380/28.8=13.19>10$，可视为条形基础。利用前面的计算结果有：

作用于加固土体上平行于宽度方向的水平合力标准值 $H_{kB}=2341-858=1483\text{kN}$，作用于加固土体上的竖向合力的标准值 $V_k=8914+20\times28.8=9490\text{kN}$，代入式 $\tan\delta=\dfrac{H_{kB}}{V_k}$，得作

用于基础底面的合力倾斜率 $\tan\delta = 1483/9490 = 0.156$，$\delta = 8.87°$。

对加固体前趾的稳定力矩 $M_R = 130439 + 20 \times 28.8 \times 14.4 = 138733(kN \cdot m)$，对加固体前趾的倾覆力矩 $M_0 = 33159(kN \cdot m)$，代入式(6-72)得：

$$\xi = \frac{138733 - 33159}{9490} = 11.1 \qquad (m)$$

$$e = \frac{28.8}{2} - 11.1 = 3.3 \qquad (m)$$

$$B_e = 28.8 - 2 \times 3.3 = 22.2 \qquad (m)$$

加固土体下面地基土的摩擦角标准值、黏聚力标准值和浮重度标准值(均取均值)分别为 $\varphi_k = 20°$、$c_k = 35kPa$ 和 $\gamma'_k = 10kN/m^3$，加固土体底面以上边载的标准值 $q_k = \gamma_k D = 10 \times (6 + 13.5)/2 = 97.5kPa$(其中基础埋深 D 取加固体两边埋深的平均值)。

地基极限承载力的竖向分力标准值 F_k 计算如下：

$$\lambda = \frac{\gamma_k B_e}{c_k + q_k \tan\varphi_k} = \frac{10 \times 22.2}{35 + 97.5\tan 20°} = 3.150$$

查《港口工程地基规范》(JTS 147-1—2010)附表并插值后得：

$$N_c = 10.1807$$

$$N_\gamma = 2.7849$$

而
$$N_q = 10.1807\tan 20° + 1 = 4.7055$$

将以上各数据代入式(6-74)后得：

$$F_k = 22.2 \times (0.5 \times 10 \times 22.2 \times 2.7849 + 35 \times 10.1807 + 97.5 \times 4.7055) = 24958 \qquad (kN)$$

取 $\gamma_R = 2$，则：

$$\frac{1}{\gamma_R}F_k = \frac{1}{2} \times 24958 = 12479$$

$$V_d = \gamma_G G + q_0 B_0 = 1.0 \times 8914 + 20 \times 28.8 = 9490 \qquad (kN)$$

$V_d < \frac{1}{\gamma_R}F_k$，满足 $V_d \leqslant \frac{1}{\gamma_R}F_k$ 地基承载力的要求。

6.5.6　地基沉降

根据江苏省水文地质勘探公司和江苏省第六地质大队于1986年8月撰写的《连云港庙岭二期工程试桩取土、弃土孔勘探说明书》中的地质资料，除地表的淤泥层(厚度不超过10m)为全新统Q4地层外，以下其余土层均属上更新统Q3的黏土、亚黏土或亚砂土，即第四纪晚更新世地质时代形成的土层。根据施工要求，表层的淤泥层要予以清除，换填好土，此外前后排桩间的天然土和上面的填土均要进行混凝土搅拌加固至-20.5m深，而加固土以下的土层均属更新统Q3地质土层。

按照《港口工程地基规范》(JTS 147-1—2010)规定“对建筑物地基为岩石、密实的沙土和第四纪晚更新世Q3及其以前沉积的黏性土，可不进行沉降计算”。此外由于连云港庙岭地区黏土层较薄(层厚不超过5m)，且黏土层与黏土层之间均夹沙土层，甚至夹有碎石层，排水较畅，又由于施工填土是分层进行的，即施工荷载为逐级加载过程，在码头施工期(一般需要6～12个月）结束前，已完成了大部分沉降，施工期的沉降在施工过程中已被填平，至于施工完成后剩余的固结沉降以及使用期码头面荷载引起的地基沉降，可采用间隔一段时间加填码头面层的方法予以解决，以确保码头面的高程达到设计要求。鉴于上述的理由，本设计方案中的地基沉降可不进行计算。

6.5.7 码头构件计算

1）加固体应力验算

（1）加固土体参数确定

对于码头前后两排桩基之间的抛砂及原状土，从 -20.5m 直至码头面，用水泥搅拌法进行加固。加固土体中水泥搅拌桩的置换率 α_c 为40%，从码头面高程至 -7.0m 高程段的加固土体水泥掺入比 α_w 为15%，-7.0～-20.5m 高程段的加固土体水泥掺入比 α_w 为20%，水泥采用425号硅酸盐水泥，水泥土龄期为90d。

水泥土的力学参数见表6-20。

水泥土力学参数表 表6-20

无侧限抗压强度 q_u（kPa）		抗剪强度				变形模量 E_{50}（MPa）	
码头面～-7.0m	-7.0～-20.5m	码头面～-7.0m		-7.0～-20.5m		码头面～-7.0m	-7.0～-20.5m
		c（kPa）		φ（°）			
2600	3500	700	30	900	30	350	440

（2）土体加固布置

按照水泥搅拌桩的置换率 α_c 为40%，为适当提高加固土体的整体抗弯刚度，同时考虑到加固土体正应力、剪应力需满足要求，对于加固土体采取工字形的加固方式，即在每5m范围的加固土体中水泥土宽度为1.2m，沿28.8m的码头宽度方向均匀布置五道1.2m宽的水泥土，实际置换率为$(1\times22.8\times0.25+5\times1.2\times5.0)/(28.8\times5.0)=39.8\%$，与设计置换率吻合。加固土体搅拌桩平面布置详见图6-32。

（3）加固土体抗压强度验算

抗压强度验算面取为加固土体底面，正应力 σ 由下式确定：

$$\sigma=\sigma_1+\sigma_2$$

其中：$\sigma_1=\gamma_1\cdot h+q=327$（kPa），$\sigma_2=\frac{M_0}{W_c}=\frac{31082}{63.37}=490$（kPa），则有：

$$\sigma=327+490=817 \quad (\text{kPa})$$

加固土体的抗压强度设计值 σ_{cad} 按下式计算：

$$\sigma_{cad}=\frac{1}{\gamma_R}\bar{q}_{uf}=\frac{1}{4.0}\times3500=875 \quad (\text{kPa})$$

$\sigma<\sigma_{cad}$，故每米宽度的加固土体正应力验算满足要求。

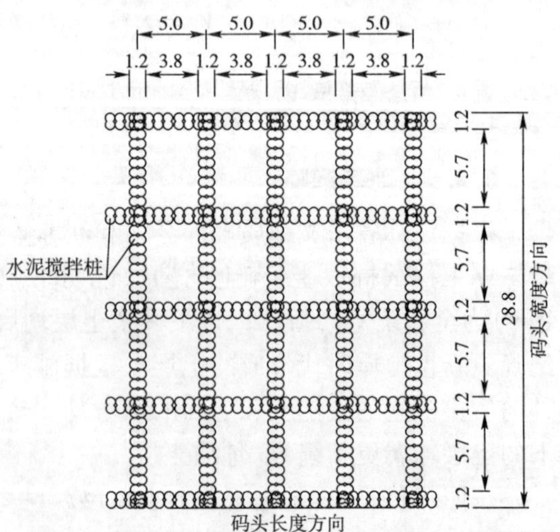

图6-32 搅拌桩平面布置图（尺寸单位：m）

(4)加固土体抗剪强度验算

剪应力验算面取为加固土体底面，剪应力 τ 值为：

$$\tau = \frac{QS}{Ib} = \frac{2141 \times 43.90}{912.5 \times 0.24} = 429 \qquad (\text{kPa})$$

为安全计，现以水泥土的抗剪强度替代加固土体的抗剪强度，而将天然土体的抗剪强度作为安全储备。加固土体的抗剪强度设计值按下式计算：

$$\tau_{ad} = \frac{1}{2}\sigma_{cad} = 437.5 \qquad (\text{kPa})$$

$\tau < \tau_{ad}$，故每米宽度的加固土体剪应力验算能够满足要求。

2)前后排桩基的计算

(1)桩基抗弯承载力验算

①施工(抛砂加固)期间桩基的内力和变形。

前后排桩基间的填土分三层抛砂加固，可分为三个工况计算。抛砂加固期间桩基内力计算时取1.5m宽度的码头单元作为计算单元。每层抛砂的施工简图和计算简图如图6-35和图6-36所示。

a. 第一层抛砂期间(−8.5～−14.5m)。

第一层抛砂期间施工简图见图6-33。

第一层抛砂期间−8.5～−14.5m这6m厚的抛砂作为外荷载作用于前排桩基，主动土压力强度为 $e_a = K_a \cdot \gamma' \cdot z \cdot b$；从−14.5～−39.5m，桩基也承受侧向土压力作用。

主动土压力强度为 $e'_a = K'_a \cdot \gamma' \cdot h \cdot b - 2b \cdot c\sqrt{K'_a}$，第一层抛砂期间桩基所受荷载简图见图6-34。

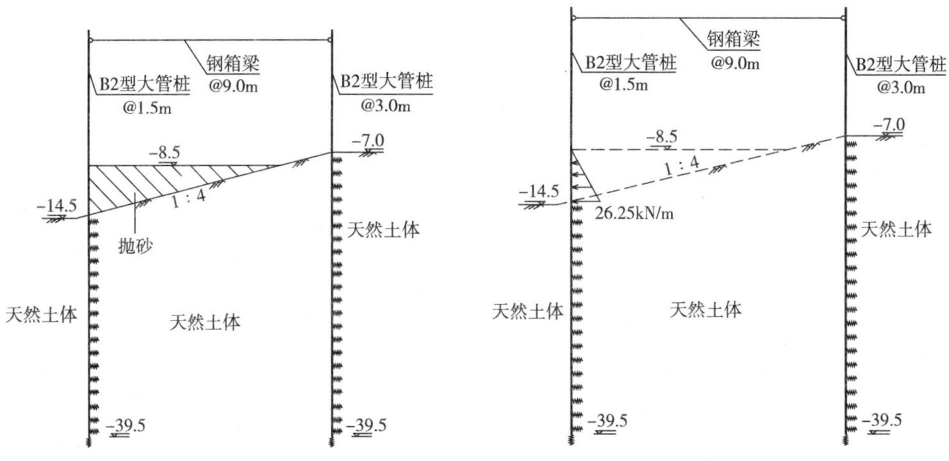

图6-33　第一层抛砂期间施工简图　　图6-34　第一层抛砂计算简图

前排桩基从−14.5～−39.5m共25m长度的桩基在泥面以下，地基对于桩基的作用近似以水平弹簧和竖向弹簧模拟，水平弹簧的弹性系数由式(6-67)确定，当 $Z \geq Z_r$ 时，水平弹簧的弹性系数 k_x 保持不变。

$$Z_r = \frac{6C_u d}{\gamma d + \zeta C_u} = \frac{6 \times 35 \times 1.2}{10 \times 1.2 + 0.4 \times 35} = 9.7\text{m}，按 Z_r = 10.0\text{m} 取用$$

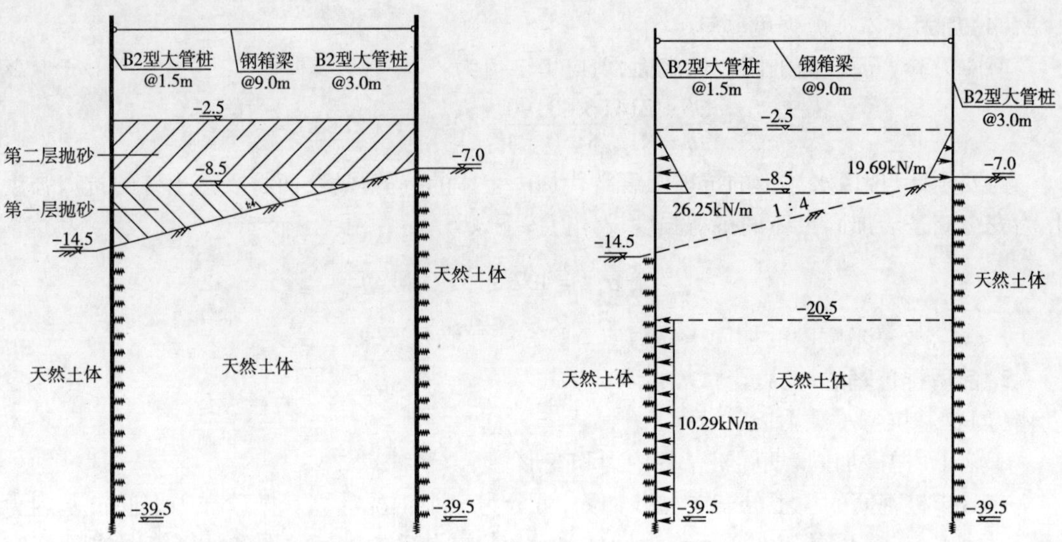

图 6-35　第二层抛砂期间施工简图　　　图 6-36　第二层抛砂计算简图

前排桩基的水平弹簧弹性系数详见表 6-21。

前排桩基水平弹簧弹性系数表　　　表 6-21

土体分段高程(m)	m (kN/m^4)	z (m)	b (m)	h (m)	$k_x = m \cdot z \cdot b \cdot h$ (kN/m)
-14.5 ~ -16.0	5000	1.5	1.2	1.5	13500
-16.0 ~ -17.5	8000	3.0	1.2	1.5	43200
-17.5 ~ -19.0	8000	4.5	1.2	1.5	64800
-19.0 ~ -20.5	8000	6.0	1.2	1.5	86400
-20.5 ~ -22.0	8000	7.5	1.2	1.5	108000
-22.0 ~ -23.5	8000	9.0	1.2	1.5	129600
-23.5 ~ -25.0	8000	10.0	1.2	1.5	144000
-25.0 ~ -26.5	8000	10.0	1.2	1.5	144000
-26.5 ~ -28.0	8000	10.0	1.2	1.5	144000
-28.0 ~ -29.5	8000	10.0	1.2	1.5	144000
-29.5 ~ -31.0	8000	10.0	1.2	1.5	144000
-31.0 ~ -32.5	8000	10.0	1.2	1.5	144000
-32.5 ~ -34.0	8000	10.0	1.2	1.5	144000
-34.0 ~ -35.5	8000	10.0	1.2	1.5	144000
-35.5 ~ -37.0	8000	10.0	1.2	1.5	144000
-37.0 ~ -38.5	8000	10.0	1.2	1.5	144000
-38.5 ~ -39.5	8000	10.0	1.2	1.0	144000

前排桩基的竖向弹簧弹性系数由式 $k_y=1/K$ 确定，取 $K=1.5\times10^{-6}$m/kN，得：

$$k_y=1/K=6.67\times10^5\quad(\text{kN/m})$$

后排桩基从 -7.0 ~ -39.5m 共 32.5m 位于泥面以下天然土中，现每 1.5m 作为一个土体分段计算后排桩基水平弹簧弹性系数 k_x，考虑到后排桩基间距为 3.0m，而计算土体的计算宽度为 1.5m，现以半个桩宽即 0.6m 作为后排桩基水平弹簧弹性系数的计算宽度，后排桩基水平弹簧弹性系数 k_x 详见表 6-22。后排桩基竖向弹簧弹性系数 k_y 为前排桩基的一半，即 $k_y=3.34\times10^5$kN/m。

后排桩基水平弹簧弹性系数表　　表 6-22

土体分段高程(m)	M (kN/m^4)	z (m)	b (m)	h (m)	$k_x=m\cdot z\cdot b\cdot h$ (kN/m)
-7.0 ~ -8.5	8000	1.5	0.6	1.5	10800
-8.5 ~ -10.0	8000	3.0	0.6	1.5	21600
-10.0 ~ -11.5	8000	4.5	0.6	1.5	32400
-11.5 ~ -13.0	8000	6.0	0.6	1.5	43200
-13.0 ~ -14.5	8000	7.5	0.6	1.5	54000
-14.5 ~ -16.0	8000	9.0	0.6	1.5	64800
-16.0 ~ -17.5	8000	10.0	0.6	1.5	72000
-17.5 ~ -19.0	8000	10.0	0.6	1.5	72000
-19.0 ~ -20.5	8000	10.0	0.6	1.5	72000
-20.5 ~ -22.0	8000	10.0	0.6	1.5	72000
-22.0 ~ -23.5	8000	10.0	0.6	1.5	72000
-23.5 ~ -25.0	8000	10.0	0.6	1.5	72000
-25.0 ~ -26.5	8000	10.0	0.6	1.5	72000
-26.5 ~ -28.0	8000	10.0	0.6	1.5	72000
-28.0 ~ -29.5	8000	10.0	0.6	1.5	72000
-29.5 ~ -31.0	8000	10.0	0.6	1.5	72000
-31.0 ~ -32.5	8000	10.0	0.6	1.5	72000
-32.5 ~ -34.0	8000	10.0	0.6	1.5	72000
-34.0 ~ -35.5	8000	10.0	0.6	1.5	72000
-35.5 ~ -37.0	8000	10.0	0.6	1.5	72000
-37.5 ~ -38.5	8000	10.0	0.6	1.5	72000
-38.6 ~ -39.5	8000	10.0	0.6	1.0	72000

根据以上情况，进行桩基内力和变形计算，计算结果详见表 6-23。

第一层抛砂时期桩基内力和水平位移计算结果表　　表6-23

前排桩基				后排桩基			
桩身高程（m）	弯矩（kN·m）	剪力（kN）	水平位移（mm）	桩身高程（m）	弯矩（kN·m）	剪力（kN）	水平位移（mm）
4.5	-7	6	-9.7	4.5	7	-6	-8.9
3.5	-13	6	-9.5	3.5	13	-6	-8.1
2.0	-22	6	-9.1	2.0	22	-6	-6.9
0.5	-31	6	-8.8	0.5	31	-6	-5.8
-1.0	-40	6	-8.4	-1.0	40	-6	-4.7
-2.5	-49	6	-8.0	-2.5	49	-6	-3.7
-4.0	-58	6	-7.6	-4.0	58	-6	-2.8
-5.5	-67	6	-7.1	-5.5	67	-6	-2.0
-7.0	-75	6	-6.5	-7.0	75	-6	-1.3
-8.5	-84	6	-5.9	-8.5	84	-6	-0.8
-10.0	-91	1	-5.2	-10.0	81	10	-0.4
-11.5	-82	-14	-4.4	-11.5	66	14	-0.1
-13.0	-45	-38	-3.5	-13.0	45	14	0.0
-14.5	38	-73	-2.6	-14.5	25	13	0.1
-16.0	147	-49	-1.8	-16.0	9	10	0.1
-17.5	220	-49	-1.0	-17.5	1	6	0.0
-19.0	226	28	-0.5	-19.0	-3	2	0.0
-20.5	185	41	-0.2	-20.5	-4	0	0.0
-22.0	123	41	0.0	-22.0	-3	-1	0.0
-23.5	65	39	0.1	-23.5	-2	-1	0.0
-25.0	24	28	0.1	-25.0	-1	-1	0.0
-26.5	1	15	0.1	-26.5	0	0	0.0
-28.0	-8	6	0.0	-28.0	0	0	0.0
-29.5	-9	-1	0.0	-29.5	0	0	0.0
-31.0	-7	-2	0.0	-31.0	0	0	0.0
-32.5	-4	-2	0.0	-32.5	0	0	0.0
-34.0	-2	-2	0.0	-34.0	0	0	0.0
-35.5	-1	-1	0.0	-35.5	0	0	0.0
-37.0	0	0	0.0	-37.0	0	0	0.0
-38.5	0	0	0.0	-38.5	0	0	0.0
-39.5	0	0	0.0	-39.5	0	0	0.0

根据计算结果，绘制桩基弯矩图如图 6-39 所示。对 -8.5 ~ -20.5m 这 12m 厚的土层在第一层抛砂完成后进行加固。

b. 第二层抛砂期间（-2.5 ~ -8.5m）。

第二层抛砂期间施工简图见图 6-35。

第二层抛砂期间，-2.5 ~ -8.5m 这 6m 厚的抛砂作为外荷载作用于前排桩基，主动土压力强度为 $e_a = K_a \cdot \gamma' \cdot z \cdot b$；-8.5 ~ -20.5m 为第一层加固土，由于 c 值很大，由 Rankine 土压力强度公式得 $e_a < 0$，取 $e_a = 0$kN/m；-20.5 ~ -39.5m，桩基承受由其上面抛砂及土体自重引起侧向土压力作用，主动土压力强度为 $e'_a = K'_a \cdot \gamma' \cdot h \cdot b - 2b \cdot c\sqrt{K'_a}$。

由以上计算可知第二层抛砂引起第一层加固土的侧压力为零，前排管桩仅承受第二层抛砂的三角形荷载和未加固的下层土的侧土压力，作用在前排管桩上的荷载呈不连续的荷载，如图 6-36 所示。

对于后排桩基，从 -2.5 ~ -7.0m 这 4.5m 厚的抛砂作为外荷载作用于后排桩基，从 -20.5 ~ -39.5m，桩基承受由其上面抛砂及土体自重引起侧向土压力作用。

第二层抛砂期间桩基所受荷载如图 6-36 所示。

对于前、后排桩基，其水平弹簧弹性系数 k_x 及竖向弹簧弹性系数 k_y 均与第一层抛砂期间的相应值相同。

根据以上情况，进行结构计算，计算结果详见表 6-24，弯矩图见图 6-40。

第二层抛砂时期桩基内力和水平位移计算结果表　　表 6-24

前排桩基				后排桩基			
桩身高程 (m)	弯矩 (kN·m)	剪力 (kN)	水平位移 (mm)	桩身高程 (m)	弯矩 (kN·m)	剪力 (kN)	水平位移 (mm)
4.5	-25	20	-18.1	4.5	25	-20	-16.1
3.5	-44	20	-17.7	3.5	44	-20	-14.3
2.0	-74	20	-17.1	2.0	74	-20	-11.8
0.5	-104	20	-16.5	0.5	104	-20	-9.4
-1.0	-133	20	-15.8	-1.0	133	-20	-7.1
-2.5	-163	20	-14.9	-2.5	163	-20	-5.1
-4.0	-190	15	-13.9	-4.0	190	-15	-3.4
-5.5	-203	0	-12.8	-5.5	203	0	-2.1
-7.0	-186	-25	-11.4	-7.0	186	25	-1.1
-8.5	-124	-59	-9.9	-8.5	149	25	-0.5
-10.0	-36	-59	-8.3	-10.0	112	29	-0.1
-11.5	53	-59	-6.6	-11.5	68	29	0.1
-13.0	141	-59	-5.0	-13.0	31	24	0.1
-14.5	230	-59	-3.5	-14.5	9	15	0.1
-16.0	318	-59	-2.2	-16.0	-3	8	0.1
-17.5	362	-29	-1.2	-17.5	-6	2	0.0
-19.0	327	59	-0.5	-19.0	-6	-1	0.0

续上表

前排桩基				后排桩基			
桩身高程（m）	弯矩（kN·m）	剪力（kN）	水平位移（mm）	桩身高程（m）	弯矩（kN·m）	剪力（kN）	水平位移（mm）
-20.5	238	74	-0.2	-20.5	-4	-1	0.0
-22.0	139	59	0.0	-22.0	-2	-1	0.0
-23.5	63	43	0.0	-23.5	-1	-1	0.0
-25.0	16	23	0.0	-25.0	0	-1	0.0
-26.5	-6	12	0.0	-26.5	0	0	0.0
-28.0	-12	7	-0.1	-28.0	0	0	0.0
-29.5	-11	-9	-0.1	-29.5	0	0	0.0
-31.0	-7	-10	-0.1	-31.0	0	0	0.0
-32.5	-5	-10	-0.1	-32.5	0	0	0.0
-34.0	-4	-8	-0.1	-34.0	0	0	0.0
-35.5	-5	8	-0.1	-35.5	0	0	0.0
-37.0	-5	-7	-0.1	-37.0	0	0	0.0
-38.5	-3	-9	-0.1	-38.5	0	0	0.0
-39.5	0	-9	-0.1	-39.5	0	0	0.0

c. 第三层抛砂期间(3.5 ~ -2.5m)。

第三层抛砂期间施工简图见图 6-37。同前,第三层抛砂期间桩基所受荷载见图 6-38。对于前、后排桩基,其水平弹簧弹性系数 k_x 及竖向弹簧弹性系数 k_y 均与第一层抛砂期间的相应值相同。

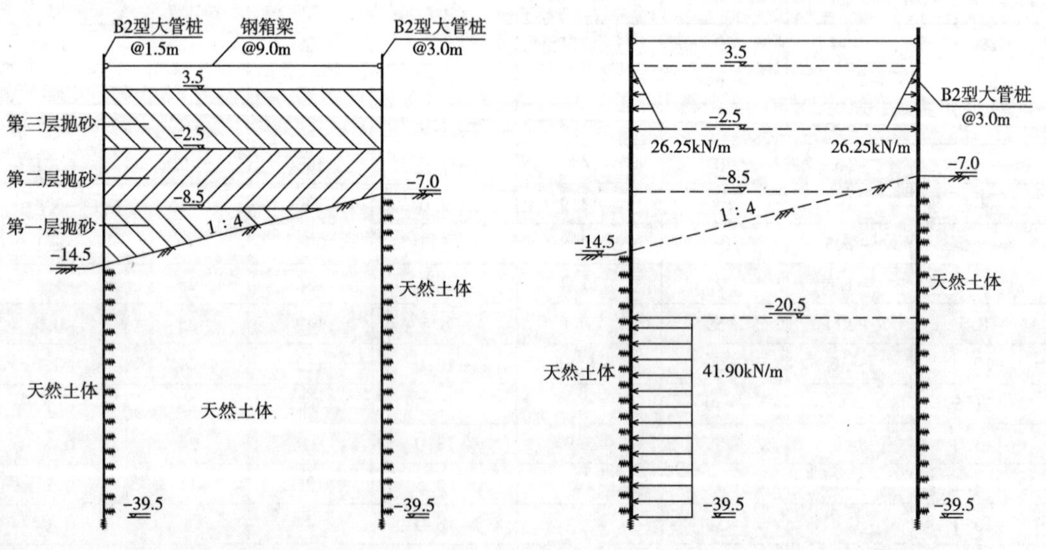

图 6-37　第三层抛砂期间施工简图

图 6-38　第三层抛砂计算简图

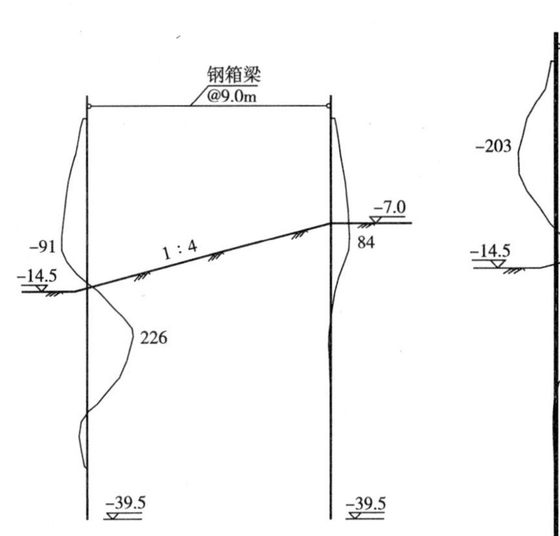

图6-39　第一层抛砂产生的桩基弯矩图
（尺寸单位：kN·m）

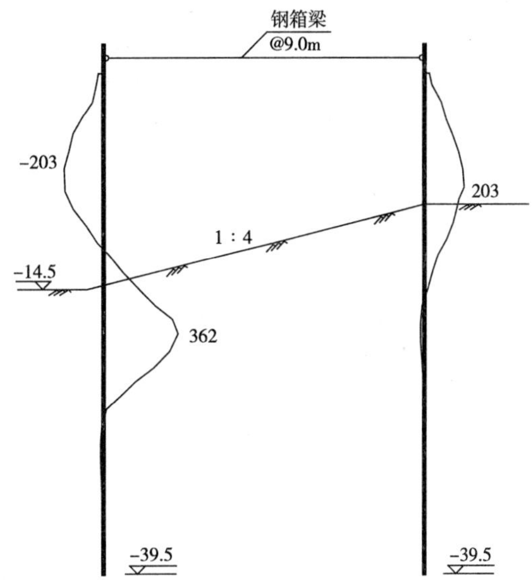

图6-40　第二层抛砂产生的桩基弯矩图
（尺寸单位：kN·m）

进行结构计算，计算结果详见表6-25，弯矩图见图6-42。

第三层抛砂时期桩基内力和变形计算结果表　　表6-25

前排桩基				后排桩基			
桩身高程（m）	弯矩（kN·m）	剪力（kN）	水平位移（mm）	桩身高程（m）	弯矩（kN·m）	剪力（kN）	水平位移（mm）
4.5	-58	46	-10.3	4.5	58	-46	-7.8
3.5	-104	46	-10.4	3.5	104	-46	-6.3
2.0	-171	41	-10.5	2.0	171	-41	-4.2
0.5	-223	26	-10.4	0.5	223	-26	-2.4
-1.0	-245	2	-10.2	-1.0	245	-2	-1.0
-2.5	-223	-33	-9.7	-2.5	223	33	-0.1
-4.0	-174	-33	-9.0	-4.0	174	33	0.5
-5.5	-125	-33	-8.1	-5.5	125	33	0.7
-7.0	-76	-33	-7.1	-7.0	76	33	0.7
-8.5	-28	-33	-6.1	-8.5	28	33	0.5
-10.0	21	-33	-5.0	-10.0	-21	33	0.3
-11.5	70	-33	-3.9	-11.5	-34	9	0.2
-13.0	119	-33	-3.0	-13.0	-30	-7	0.1
-14.5	168	-33	-2.1	-14.5	-20	-7	0.0

续上表

前排桩基				后排桩基			
桩身高程（m）	弯矩（kN·m）	剪力（kN）	水平位移（mm）	桩身高程（m）	弯矩（kN·m）	剪力（kN）	水平位移（mm）
-16.0	217	-33	-1.3	-16.0	-11	-6	0.0
-17.5	239	21	-0.8	-17.5	-4	-4	0.0
-19.0	208	53	-0.5	-19.0	0	-2	0.0
-20.5	129	83	-0.4	-20.5	1	-1	0.0
-22.0	51	57	-0.3	-22.0	1	0	0.0
-23.5	13	40	-0.4	-23.5	1	0	0.0
-25.0	1	33	-0.4	-25.0	1	0	0.0
-26.5	-2	30	-0.4	-26.5	0	0	0.0
-28.0	0	-33	-0.4	-28.0	0	0	0.0
-29.5	2	-33	-0.4	-29.5	0	0	0.0
-31.0	2	34	-0.5	-31.0	0	0	0.0
-32.5	-1	36	-0.5	-32.5	0	0	0.0
-34.0	-8	37	-0.4	-34.0	0	0	0.0
-35.5	-17	35	-0.4	-35.5	0	0	0.0
-37.0	-22	-28	-0.4	-37.0	0	0	0.0
-38.5	-14	-37	-0.3	-38.5	0	0	0.0
-39.5	0	-35	-0.2	-39.5	0	0	0.0

d. 抛砂加固作业完成后桩基内力分析。

根据以上第一、二、三层每层抛砂后侧向土压力所产生的桩基内力计算，出于安全考虑，将各层产生的桩基内力进行叠加，叠加后桩基内力详见表6-26，第三层抛砂产生的桩基弯矩图见图6-41，叠加后的桩基弯矩值详见图6-42。

抛砂完成后桩基内力和变形计算结果表 表6-26

前排桩基				后排桩基			
桩身高程（m）	弯矩（kN·m）	剪力（kN）	水平位移（mm）	桩身高程（m）	弯矩（kN·m）	剪力（kN）	水平位移（mm）
4.5	-90	72	-38.1	4.5	90	-72	-32.8
3.5	-161	72	-37.6	3.5	161	-72	-28.7
2.0	-267	67	-36.7	2.0	267	-67	-22.9
0.5	-358	52	-35.7	0.5	358	-52	-17.6
-1.0	-418	28	-34.4	-1.0	418	-28	-12.8
-2.5	-435	-5	-32.6	-2.5	435	7	-8.9
-4.0	-422	-12	-30.5	-4.0	422	12	-5.7
-5.5	-395	-27	-28.0	-5.5	395	27	-3.4
-7.0	-337	-52	-25.0	-7.0	337	52	-1.7

续上表

前排桩基				后排桩基			
桩身高程 (m)	弯矩 (kN·m)	剪力 (kN)	水平位移 (mm)	桩身高程 (m)	弯矩 (kN·m)	剪力 (kN)	水平位移 (mm)
-8.5	-236	-86	-21.9	-8.5	261	52	-0.8
-10.0	-106	-91	-18.5	-10.0	172	72	-0.2
-11.5	41	106	-14.9	-11.5	100	52	0.2
-13.0	215	-130	-11.5	-13.0	46	31	0.2
-14.5	436	-165	-8.2	-14.5	14	21	0.2
-16.0	682	-141	-5.3	-16.0	-5	12	0.2
-17.5	821	-57	-3.0	-17.5	-9	4	0.0
-19.0	761	140	-1.5	-19.0	-9	-1	0.0
-20.5	552	198	-0.8	-20.5	-7	0	0.0
-22.0	313	157	-0.3	-22.0	-4	-2	0.0
-23.5	141	122	-0.3	-23.5	-2	-2	0.0
-25.0	41	84	-0.3	-25.0	0	-2	0.0
-26.5	-7	57	-0.3	-26.5	0	0	0.0
-28.0	-20	-20	-0.5	-28.0	0	0	0.0
-29.5	-18	-43	-0.5	-29.5	0	0	0.0
-31.0	-12	22	-0.6	-31.0	0	0	0.0
-32.5	-10	24	-0.6	-32.5	0	0	0.0
-34.0	-14	27	-0.5	-34.0	0	0	0.0
-35.5	-23	42	-0.5	-35.5	0	0	0.0
-37.0	-23	-35	-0.5	-37.0	0	0	0.0
-38.5	-17	-46	-0.4	-38.5	0	0	0.0
-39.5	0	-44	-0.3	-39.5	0	0	0.0

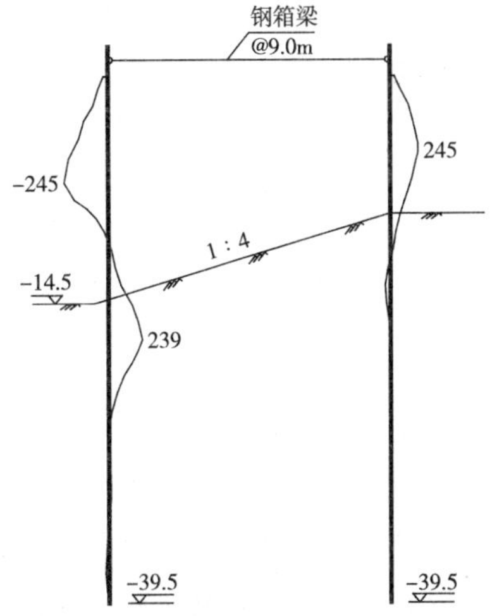

图 6-41　第三层抛砂产生的桩基弯矩图
(尺寸单位:kN·m)

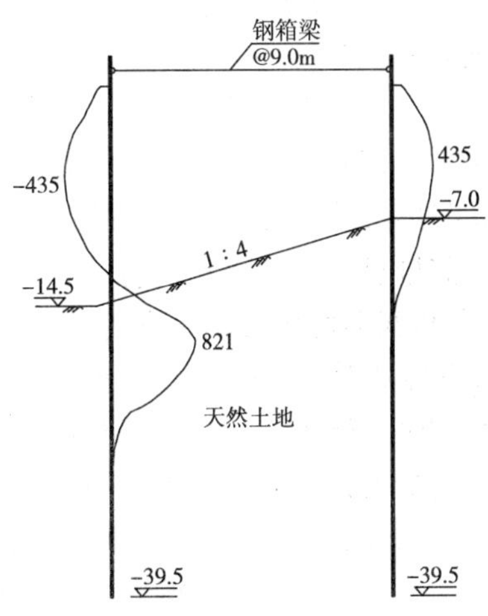

图 6-42　抛砂完成后桩基弯矩图
(尺寸单位:kN·m)

由于码头计算宽度为1.5m，前排桩基中心距亦为1.5m，而后排桩基中心距为3m，故后排单根桩基的内力为叠加值乘以2。

e. 施工期间波浪力作用下单桩承载内力验算。

由于码头前沿水深较深，而该地区波浪波高较小，故作用于大管桩上的波浪按立波计算。

设计水位：+4.0m；设计波高：$H=1.0$m；波长：$L=19.4$m。

码头前沿水深 $d=4.0-(-14.5)=18.5$m。

$\frac{D}{L}=\frac{1.2}{19.4}=0.062<0.2$，$\frac{H}{d}=\frac{1.0}{18.5}=0.054<0.2$ 且 $\frac{d}{L}=\frac{18.5}{19.4}=0.95>0.2$，按《海港水文规范》(JTS 145-2—2013)第8.3.2条计算 $P_{D_{max}}$、$M_{D_{max}}$、$P_{I_{max}}$、$M_{I_{max}}$，计算结果汇总见表6-27。

施工期波浪荷载汇总表 表6-27

$P_{D_{max}}$ (kN)	$M_{D_{max}}$ (kN·m)	$P_{I_{max}}$ (kN)	$M_{I_{max}}$ (kN·m)
1.269	22.1863	11.42	176.5276

当 $P_{D_{max}}=1.269\text{kN}<0.5P_{I_{max}}=5.710\text{kN}$ 时，正向水平最大波浪力为：

$$P_{max}=P_{I_{max}}=11.42 \qquad (\text{kN})$$

$$M_{max}=M_{D_{max}}\left(1+0.25\frac{M_{I_{max}}^2}{M_{D_{max}}^2}\right)=373.3 \qquad (\text{kN}\cdot\text{m})$$

对于三股钢绞线预应力混凝土大管桩，当桩轴力按 $N=0$ 考虑，根据三航科研所报告中提供的三股钢绞线预应力混凝土大管桩轴力与弯矩关系图查得，不含混凝土抗拉强度的抗裂弯矩 $M_{f_1}=1500\text{kN}\cdot\text{m}$，故施工期间波浪力作用下单桩承载能力满足抗弯承载能力验算公式 $M_{max}\leqslant M_{f_1}$ 的要求。

②使用期桩基的内力和变形。

使用时期码头结构受水平向荷载作用时，码头结构所受荷载可近似按三角形荷载形式分布，码头前后排桩基及加固土体等构件的受力形式也可近似按三角形荷载形式分布，现按单位宽度的码头结构进行计算，码头结构受力可简化为图6-43，其中 M_0 为桩基与加固土体在加固体底截面上的总弯矩。

使用时期码头结构计算的假定条件为：

a. 前排桩基、加固土体、后排桩基的顶端位移相等。

b. 前排桩基、后排桩基以假定嵌固点为固定端，加固土体则与天然地基的接触面为固端面，内力和变形均按悬臂梁进行计算。

c. 前排桩基、加固土体、后排桩基的受力形式近似按三角形荷载形式分布。

d. 加固土体顶面位移包括加固土体弹性变形位移和刚体转动位移。

桩基受力计算简图见图6-44。

单宽内前、后排桩基任一截面 x 上的弯矩用式(6-84)和式(6-85)计算：

$$M_1(x)=\frac{5a_3E_pI_{p1}M_0}{L^5[1+(1+\beta)a_1a_3]}x^3=\frac{5\times8.79\times10^{-7}\times3.6\times10^7\times0.0454\times31082}{31^5\times[1+(1+0.5)\times5.936\times10^3\times8.79\times10^{-7}]}x^3$$

$$=7.74\times10^{-3}x^3 \qquad (\text{kN}\cdot\text{m})$$

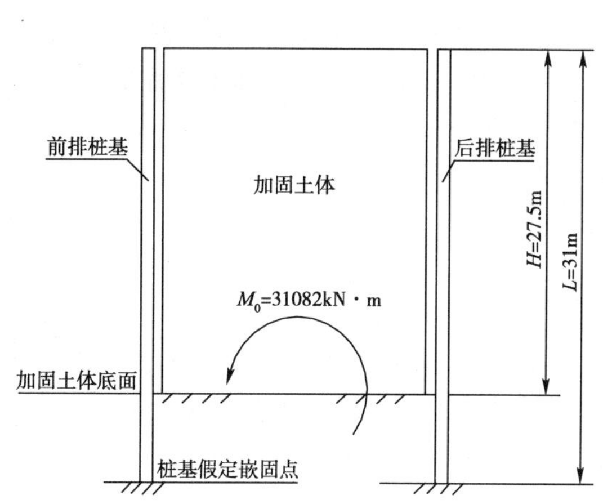

图 6-43　水平荷载作用下码头使用期计算简图

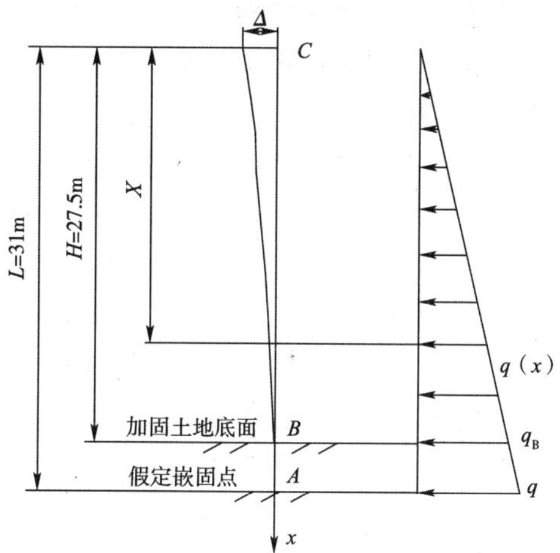

图 6-44　桩基受力计算简图

$$M_2(x)=\beta M_1(x)=0.5\times7.74\times10^{-3}x^3=3.87\times10^{-3}x^3 \qquad (\mathrm{kN\cdot m})$$

前、后排每根桩基的任一截面 x 上的弯矩为：

$$M_{p1}(x)=d_{01}\times M_1(x)=1.5\times7.74\times10^{-3}x^3=0.012x^3 \qquad (\mathrm{kN\cdot m})$$

$$M_{p2}(x)=d_{02}\times M_2(x)=3.0\times3.87\times10^{-3}x^3=0.012x^3 \qquad (\mathrm{kN\cdot m})$$

故前、后排桩基中任何一根管桩截面 x 上的弯矩均为：

$$M_p(x)=0.012x^3 \qquad (\mathrm{kN\cdot m})$$

a. 前排桩基抗弯承载能力验算。

前排桩基抗弯承载能力验算前排桩基的最大弯矩是否满足式 $M_{max}\leqslant M_{f_1}$，前排桩基最大弯矩为施工时期产生的弯矩和使用时期产生的弯矩叠加后的最大值。

根据施工时期抛砂完成后桩基内力计算结果，施工时期前排每根桩基产生的最大正弯矩为 821kN·m，作用于 -17.5m 高程处。

由上述求得的本算例中使用时期任一根管桩截面 x 上的弯矩表达式可得：

-17.5m 高程处（$x=24.5$m）桩基的弯矩值为：

$$M_{-17.5}=M_p(24.5)=0.012\times24.5^3=176.5 \qquad (\mathrm{kN\cdot m})$$

假定嵌固点处（$x=31$m）桩基弯矩值为：

$$M_A=M_p(31)=0.012\times31^3=357.5 \qquad (\mathrm{kN\cdot m})$$

前排桩基最大弯矩为施工时期产生的弯矩和使用时期产生的弯矩叠加后的最大值，经计算比较后得前排桩基在 -17.5m 处的弯矩值最大，每根桩基承受的最大弯矩按式(6-69)计算：

$$\begin{aligned}M_{max}&=\max(M_{施工}+M_{使用})\\&=1.0\times1.35\times821+176.5=1285 \qquad (\mathrm{kN\cdot m})\end{aligned}$$

对于三股钢绞线预应力混凝土大管桩，桩轴力按 $N=500$kN 考虑，根据三股钢绞线预应力混凝土大管桩轴力与弯矩关系图查得，不含混凝土抗拉强度的抗裂弯矩 $M_{f_1}=1650$ kN·m，满足式 $M_{max}\leqslant M_{f_1}$ 要求。故双排管桩码头前排桩基的间距 $d_{01}=1.5$m 是合理的。

b. 后排桩基抗弯承载能力验算。

后排桩基抗弯承载能力验算后排桩基的最大弯矩是否满足式 $M_{max}\leqslant M_{f_1}$，后排桩基最大弯矩为施工时期产生的弯矩和使用时期产生的弯矩叠加后的最大值。

根据施工时期抛砂完成后桩基内力计算结果,施工时期 1.5m 宽内后排桩基产生的最大正弯矩为 435kN·m,单根后排桩基的最大弯矩为 870kN·m,作用于 -2.5m 高程处。

由本算例中使用时期任一根管桩截面 x 上的弯矩表达式可得:

-2.5m 高程处($x=9.5$m)桩基弯矩值为:

$$M_{-2.5}=M_{p}(9.5)=0.012\times 9.5^{3}=10.3 \qquad (\text{kN}\cdot\text{m})$$

假定嵌固点处($x=31$m)桩基弯矩值为:

$$M_{A}=M_{p}(31)=0.012\times 31^{3}=357.5 \qquad (\text{kN}\cdot\text{m})$$

故使用时期单根后排桩基的最大弯矩为 357.5kN·m,作用于假定嵌固点处。后排桩基最大弯矩为施工时期产生的弯矩和使用时期产生的弯矩叠加后的最大值,经计算比较后得每根后排桩基在 -2.5m 处的弯矩值最大,其数值为:

$$M_{\max}=1.0\times 1.35\times 870+10.3=1185 \qquad (\text{kN}\cdot\text{m})$$

对于三股钢绞线预应力混凝土大管桩,桩轴力按 $N=500$kN 考虑,根据三股钢绞线预应力混凝土大管桩轴力与弯矩关系图查得,不含混凝土抗拉强度的抗裂弯矩 $M_{f_1}=1650$ kN·m,满足式 $M_{\max}\leqslant M_{f_1}$ 要求。故双排管桩码头后排桩基的间距 $d_{02}=3.0$m 是合理的。

c. 桩顶水平位移。

由本章 6.3.2 节中方法可计算码头使用期的前、后排桩顶水平位移为:

$$\Delta_1=\Delta_2=\Delta_3=a_3M_3=a_3\frac{M_0}{1+(1+\beta)a_1a_3}=\frac{8.79\times 10^{-7}\times 31082}{1+(1+0.5)\times 5.936\times 10^{3}\times 8.79\times 10^{-7}}$$

$$=0.0271\text{m}=27.1 \qquad (\text{mm})$$

(2)桩基垂直承载能力验算

由于大管桩直径 $d=1.2$m,而前排桩基的中心距 $d_0=1.5$m,后排桩基的中心距 $d_0=3.0$m,$d_0<3d$,故应考虑排桩效应,在式(6-66)中,取 $U=2d_0$。前排桩基承受集装箱装卸桥前侧轮压力作用,根据表 6-14,在非工作状态下,前排桩基所受轴压力最大。按下面纵梁计算结果,前排桩基所受最大轴压力为 1560kN。后排桩基承受集装箱装卸桥后侧轮压力作用,根据表 6-14,在非工作状态下,后排桩基所受轴压力最大。按下面纵梁计算结果,后排桩基所受最大轴压力为 1970kN。

前后排桩身截面面积均为 $A=\frac{\pi}{4}(D^2-d^2)=0.48\text{m}^2$,入土深度仅考虑加固土底面以下桩身埋入的深度,即 $\sum l_i=-20.5-(-39.5)=19.0$m,根据本地区 -20m 以下土质情况,按《港口工程桩基规范》(JTS 167-4—2012)表 4.2.4-1 和表 4.2.4-2,取 $q_{f_i}=75$kPa(均值),$q_R=2200$kPa(均值)。将以上数据代入式(6-66)可得:

①前排桩基的垂直承载能力。

$$Q_d=\frac{1}{1.45}(2\times 1.5\times 75+19.0\times 2200\times 0.48)=3676.6 \qquad (\text{kN})$$

而

$$\gamma_0N=1.0\times(1.2\times 574+1.5\times 871)=1995 \qquad (\text{kN})$$

故前排桩基满足式 $\gamma_0N\leqslant Q_d$ 的垂直承载能力要求。

②后排桩基的垂直承载能力。

$$Q_d = \frac{1}{1.45}(2 \times 3.0 \times 75 \times 19.0 + 2200 \times 0.48) = 6624.8 \qquad (\text{kN})$$

而

$$\gamma_0 N = 1.0 \times (1.2 \times 565 + 1.5 \times 1292) = 2616 \qquad (\text{kN})$$

故后排桩基也满足式 $\gamma_0 N \leqslant Q_d$ 的垂直承载能力要求。

3)纵梁的承载力验算

纵梁的承载力验算包括纵梁正截面抗弯能力验算和斜截面抗剪承载能力验算两部分。

纵梁正截面承载能力验算包括纵梁的水平面内和竖直面内抗弯能力验算。

(1)前排纵梁正截面承载能力验算

前排纵梁正截面所受的弯矩包括水平方向产生的弯矩和竖直方向产生的弯矩两部分，其中水平方向最大弯矩由施工时期产生的弯矩和使用时期产生的弯矩叠加而成。

①施工期前排纵梁水平向弯矩计算。

施工期双排管桩码头前后排桩基之间抛砂并逐层加固，前排纵梁受连杆(钢箱梁)的约束作用，荷载为桩基顶部作用于纵梁的剪力，其受力计算可参考连续梁受力计算。

现以一个码头分段长度的纵梁作为计算段，将前排纵梁受前排桩顶剪力的作用简化为一均布荷载，该剪力取自本节第一部分的抛砂作业完成后桩基内力计算结果，由表6-24，有前排桩基在高程4.5m处的剪力值为72 kN，简化为均布荷载并乘以分项系数后为64.8 kN/m。

纵梁受钢箱梁作用亦类似连续梁受弹簧作用，弹簧间距为9m，普通钢箱梁采用0.4m(宽)×0.6m(高)×0.014m(厚)的钢箱梁。钢箱梁对于纵梁的弹簧系数按下式计算：

$$k_s = \frac{1}{\Delta_s}$$

$$\Delta_s = \frac{l_s}{E_s A_s} = \frac{30}{200000 \times 10^3 \times 0.0272} = 5.5 \times 10^{-6} \qquad (\text{m/kN})$$

得

$$k_s = 1.8 \times 10^5 \text{kN/m}$$

在150T系船柱处的钢箱梁进行加强，采用0.4m(宽)×0.6m(高)×0.030m(厚)的钢箱梁，其对于纵梁的弹簧系数为：

$$\Delta_t = \frac{l_1}{E_1 A_1} = \frac{30}{200000 \times 10^3 \times 0.0564} = 2.66 \times 10^{-6} \qquad (\text{m/kN})$$

得

$$k_t = 1/\Delta_t = 3.76 \times 10^5 \qquad (\text{kN/m})$$

前排纵梁在施工期受水平荷载作用的计算简图如图6-45所示(本节所绘简图如无特殊说明长度单位均为m)。

前排纵梁在施工期受水平荷载作用产生的弯矩如图6-46所示。

②使用期前排纵梁水平向弯矩计算。

在水平面内使用期钢箱梁对前排纵梁的约束作用与施工期相同，而桩基对前排纵梁的约束作用也类似连续梁受弹簧作用，弹簧间距为1.5m，桩基对于纵梁的弹簧系数按下式计算：

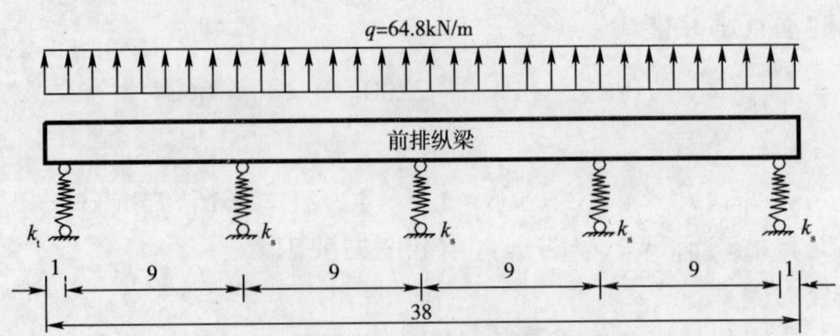

图 6-45　施工期前排纵梁水平面内受力计算简图(尺寸单位:m)

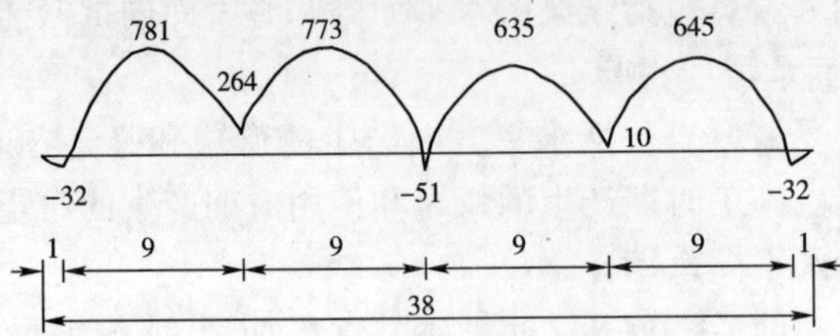

图 6-46　施工期前排纵梁水平面内弯矩图(单位:kN·m)

$$k_p = \frac{1}{\Delta_p}$$

$$\Delta_p = \frac{l_p^3}{3E_pI_p} = \frac{30^3}{3 \times 36000 \times 10^3 \times 0.0681} = 3.67 \times 10^{-3} \qquad (\text{m/kN})$$

得

$$k_p = 272 \qquad (\text{kN/m})$$

前排纵梁在使用期受水平荷载作用的计算简图如图 6-47 所示。前排纵梁在使用期受水平荷载作用产生的弯矩如图 6-48 所示。

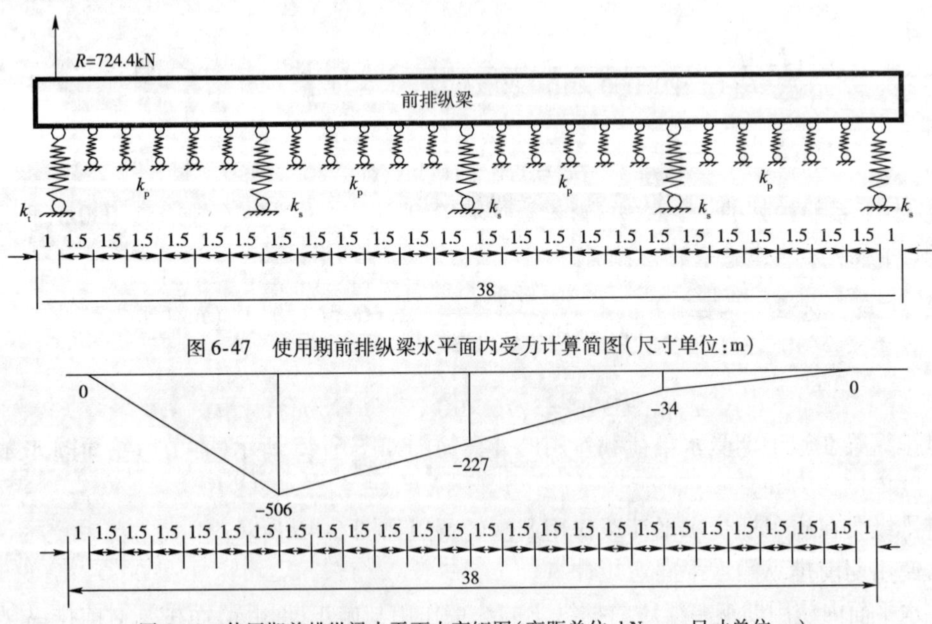

图 6-47　使用期前排纵梁水平面内受力计算简图(尺寸单位:m)

图 6-48　使用期前排纵梁水平面内弯矩图(弯距单位:kN·m;尺寸单位:m)

③前排纵梁水平面内最大弯矩计算。

根据①、②两部分的计算，得前排纵梁水平面内出现的最大弯矩为 $1.0\times1.35\times781=1054$kN·m。

④前排纵梁垂直面内最大弯矩计算。

同理，在码头使用过程中，纵梁承受的垂直面内弯矩由码头构件自重及集装箱装卸桥产生。纵梁受前排桩基的支承，其受力计算可参考连续梁受力计算。

现以一个码头分段长度的纵梁作为计算段，纵梁受桩基作用类似连续梁受弹簧作用，弹簧间距为1.5m，桩基对于纵梁的弹簧系数按下式计算：

$$k_z=\frac{1}{\Delta_z}$$

$$\Delta_z=\frac{L_0}{E_pA_p}+K=2.636\times10^{-6}\qquad(\text{m/kN})$$

得

$$k_z=3.8\times10^5\qquad(\text{kN/m})$$

前排纵梁在施工期受自重荷载作用的计算简图如图6-49所示，前排纵梁在施工期受自重荷载作用的弯矩如图6-50所示。前排纵梁在使用期受集装箱装卸桥荷载作用的计算简图如图6-51所示，前排纵梁在使用期受集装箱装卸桥荷载作用的弯矩如图6-52所示。

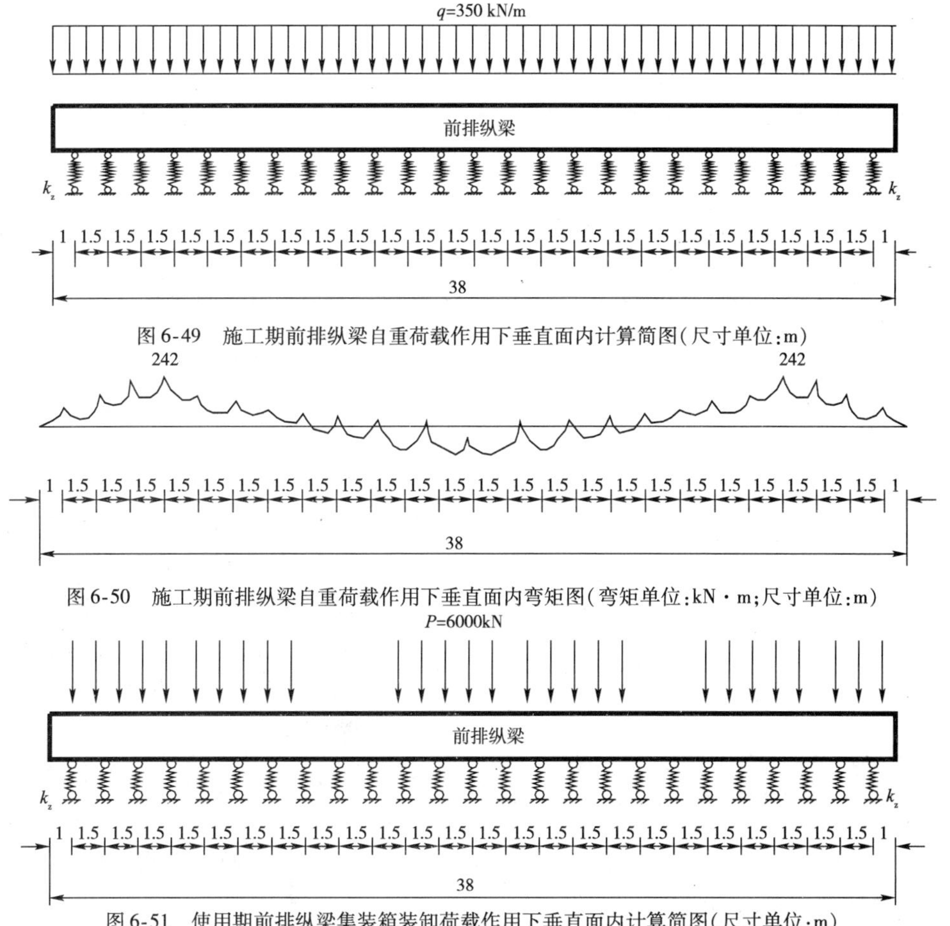

图6-49　施工期前排纵梁自重荷载作用下垂直面内计算简图(尺寸单位:m)

图6-50　施工期前排纵梁自重荷载作用下垂直面内弯矩图(弯矩单位:kN·m;尺寸单位:m)

图6-51　使用期前排纵梁集装箱装卸荷载作用下垂直面内计算简图(尺寸单位:m)

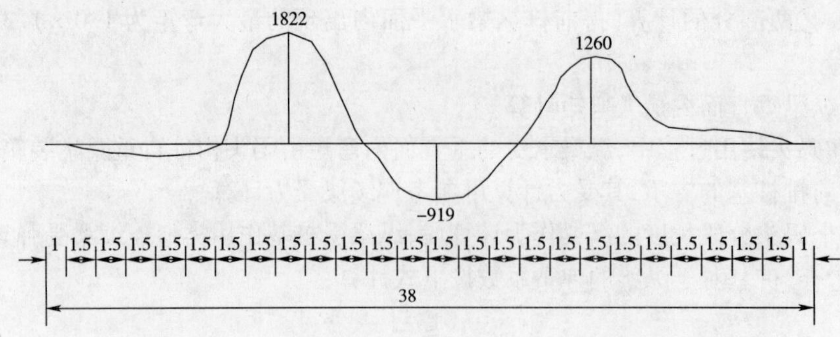

图 6-52 使用期前排纵梁集装箱装卸荷载作用下垂直面内弯矩图(弯矩单位:kN·m;尺寸单位:m)

竖直方向最大弯矩由施工期产生的弯矩和使用期产生的弯矩叠加而成。根据以上计算,得前排纵梁竖直面内出现的最大弯矩为:

$$1.0 \times 1.2 \times 100 + 1.5 \times 1822 = 2853 \qquad (\mathrm{kN \cdot m})$$

(2)后排纵梁正截面承载能力验算

后排纵梁受桩基作用类似连续梁受弹簧作用,弹簧间距为 3.0m,桩基对于纵梁的弹簧系数 k_p、普通钢箱梁对于纵梁的弹簧系数 k_s、150T 系船柱处加强型钢箱梁对于纵梁的弹簧系数 k_t 均与前排纵梁的相应值相同。

①施工期后排纵梁水平向弯矩计算。

后排纵梁在施工期受水平荷载作用的计算简图如图 6-53 所示,后排纵梁在施工期受水平荷载作用产生的弯矩如图 6-54 所示。

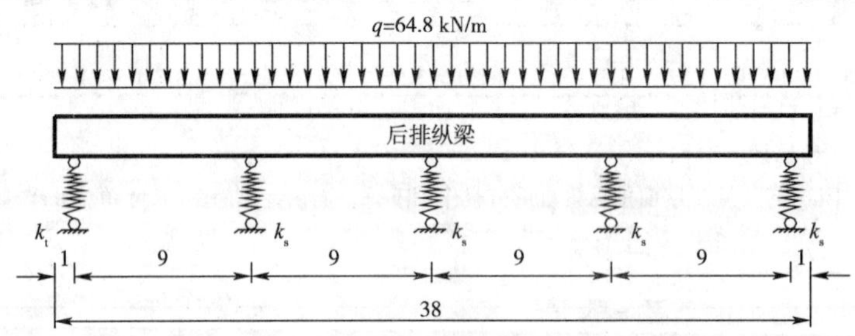

图 6-53 施工期后排纵梁水平面内受力计算简图(尺寸单位:m)

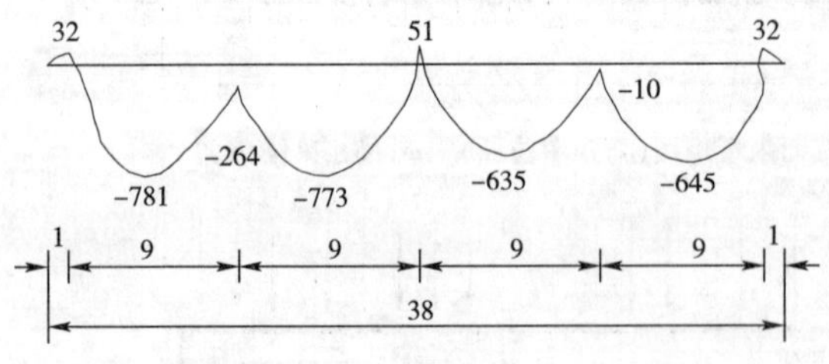

图 6-54 施工期后排纵梁水平面内弯矩图(弯矩单位:kN·m;尺寸单位:m)

②使用时期后排纵梁水平向弯矩计算。

使用期双排管桩码头后排纵梁受后排桩基作用,荷载为钢箱梁传给后排纵梁的轴向拉力,其受力计算也可参考连续梁受力计算。

使用期后排纵梁受桩基作用类似连续梁受弹簧作用,弹簧间距为 3.0m,桩基对于纵梁的弹簧系数为 $k_p = 5.9 \times 10^4 \mathrm{kN/m}$。

后排纵梁在施工期受水平荷载作用的计算简图如图 6-55 所示,后排纵梁在施工期受水平荷载作用产生的弯矩如图 6-56 所示。

③后排纵梁垂直面内最大弯矩计算。

根据①、②两部分的计算,得前排纵梁水平面内出现的最大弯矩为:$1.0 \times 1.35 \times$

$(-781)+1.5\times(-1377)=-3120\text{kN}\cdot\text{m}$。

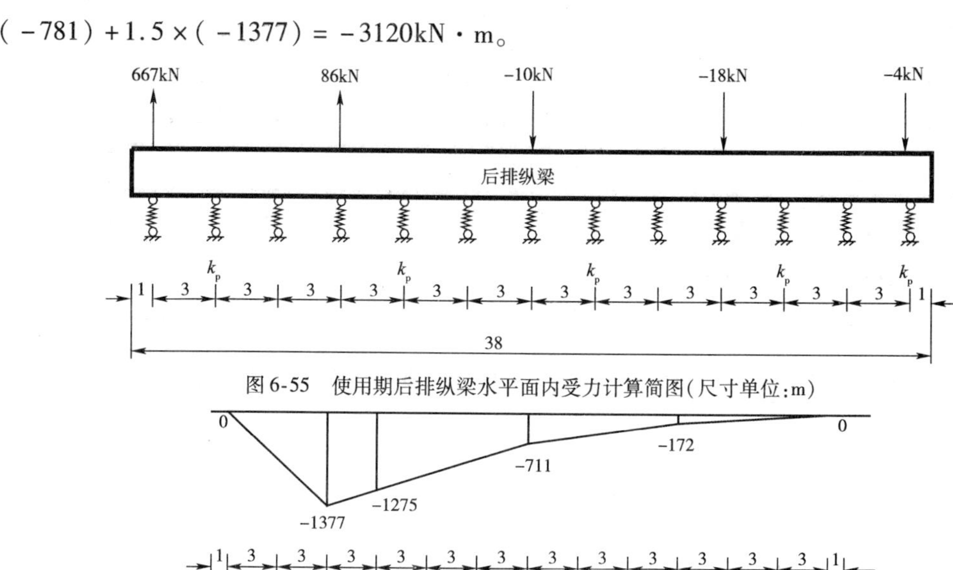

图 6-55　使用期后排纵梁水平面内受力计算简图(尺寸单位:m)

图 6-56　使用期后排纵梁水平面内弯矩图(弯矩单位:kN·m;尺寸单位:m)

④后排纵梁垂直面内最大弯矩计算。

同前排纵梁,在码头使用过程中,纵梁承受的垂直面内弯矩由码头构件自重及集装箱装卸桥产生。纵梁受前排桩基的支承,其受力计算可参考连续梁受力计算。

现以一个码头分段长度的纵梁作为计算段,纵梁受桩基作用类似连续梁受弹簧作用,弹簧间距为 3.0m,桩基对于纵梁的竖向弹簧系数为 $k_z=3.8\times10^5\text{kN/m}$。

后排纵梁在施工期受自重荷载作用的计算简图如图 6-57 所示,后排纵梁在施工期受自重荷载作用的弯矩如图 6-58 所示。后排纵梁在使用期受集装箱装卸桥荷载作用的计算简图如图 6-59 所示,后排纵梁在使用期受集装箱装卸桥荷载作用的弯矩如图 6-60 所示。

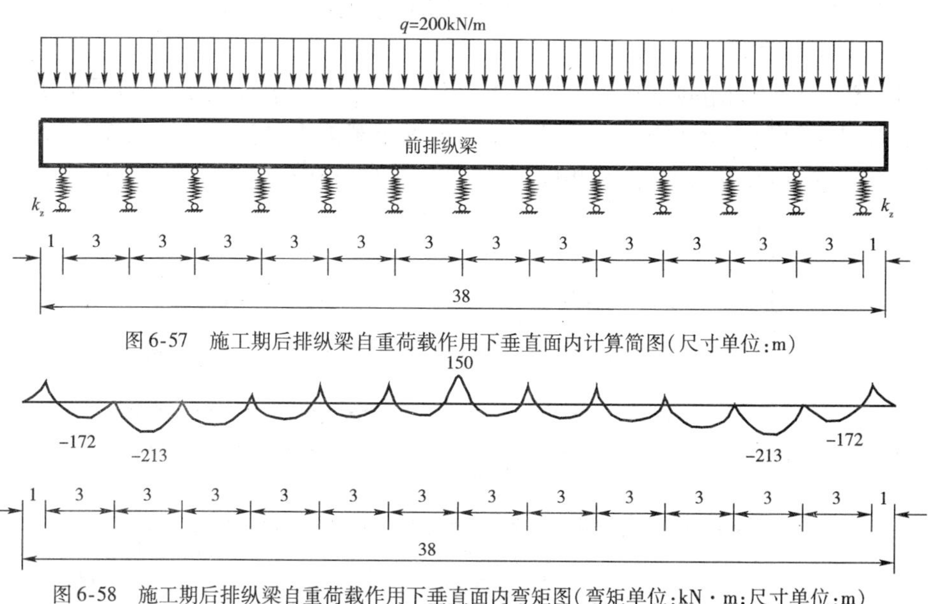

图 6-57　施工期后排纵梁自重荷载作用下垂直面内计算简图(尺寸单位:m)

图 6-58　施工期后排纵梁自重荷载作用下垂直面内弯矩图(弯矩单位:kN·m;尺寸单位:m)

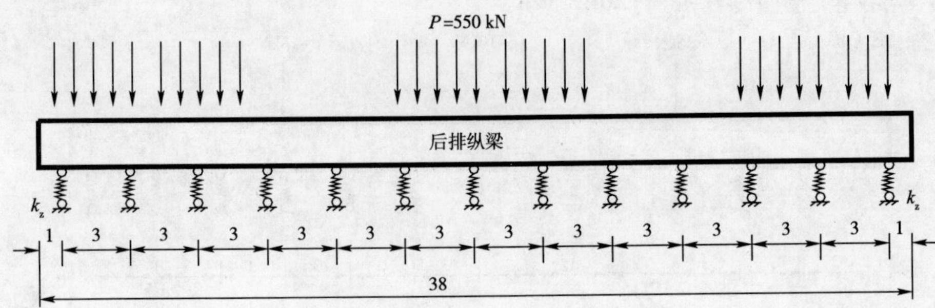

图 6-59　使用期后排纵梁集装箱装卸荷载作用下垂直面内计算简图(尺寸单位:m)

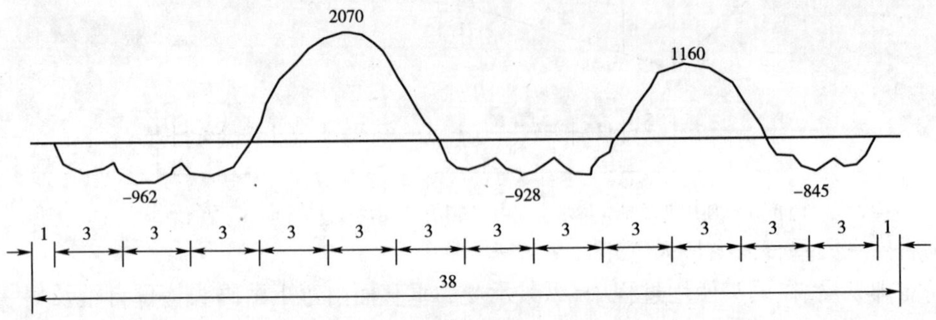

图 6-60　使用期后排纵梁集装箱装卸荷载作用下垂直面内弯矩图(弯矩单位:kN·m;尺寸单位:m)

竖直方向最大弯矩由施工期产生的弯矩和使用期产生的弯矩叠加而成。根据以上计算,得后排纵梁竖直面出现的最大弯矩为:

$$1.0\times1.2\times110+1.5\times2070=3237\qquad(\text{kN}\cdot\text{m})$$

由以上计算得到前、后排纵梁的最大弯矩,即可对纵梁进行配筋计算。

(3)纵梁斜截面承载能力验算

后排纵梁的桩基间距较前排纵梁的桩基间距大,根据计算,后排纵梁所受剪力值较大,现验算后排纵梁斜截面承载能力。后排纵梁斜截面承载能力验算的计算简图与后排纵梁正截面承载能力验算相应的计算简图相同,其计算结果如图 6-61 ~ 图 6-64 所示。

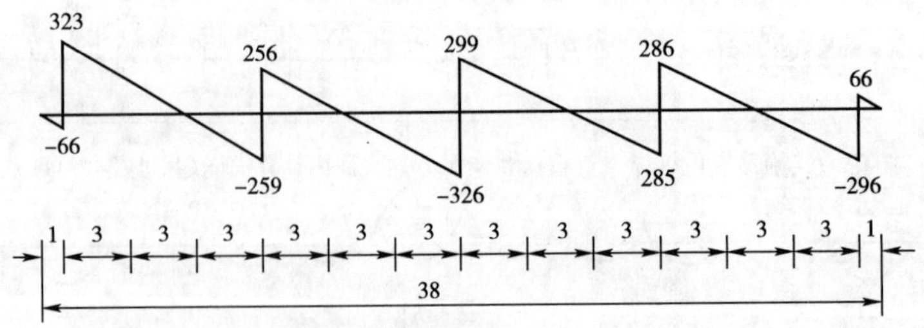

图 6-61　施工期后排纵梁水平面内剪力图(弯矩单位:kN;尺寸单位:m)

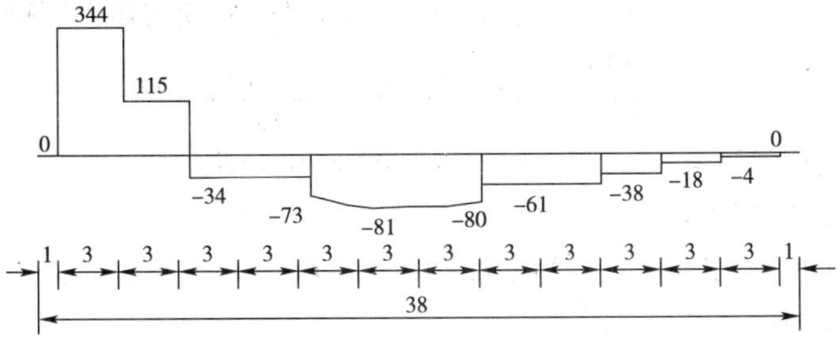

图 6-62　使用期后排纵梁水平面内剪力图(剪力单位:kN;尺寸单位:m)

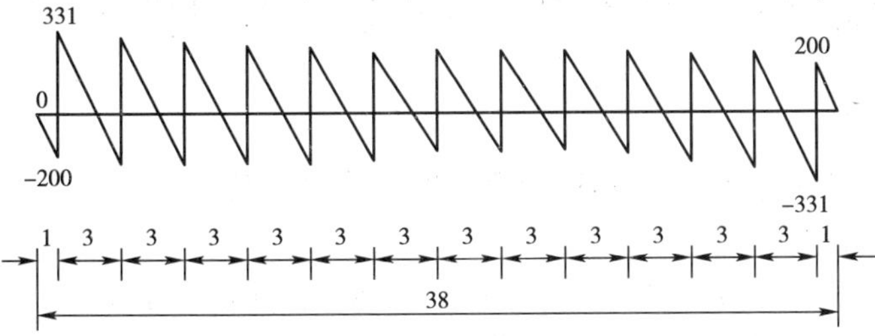

图 6-63　施工期后排纵梁竖直面内剪力图(剪力单位:kN;尺寸单位:m)

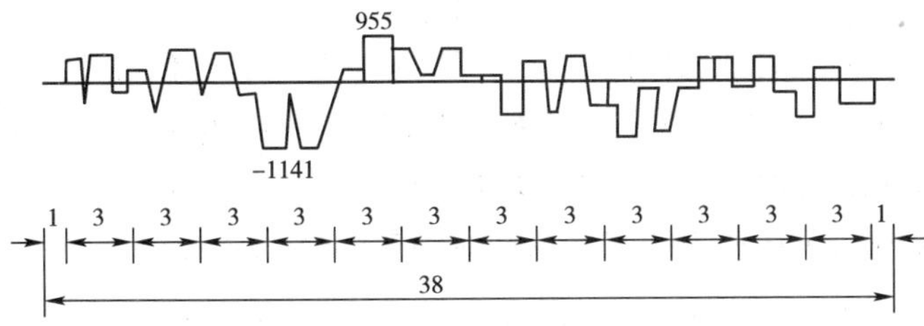

图 6-64　使用期后排纵梁竖直面内剪力图(剪力单位:kN;尺寸单位:m)

①后排纵梁水平面内剪力验算。

由图 6-61、图 6-62 可得,后排纵梁水平方向最大剪力由施工时期和使用时期的相应值进行叠加,受剪截面应符合下式:

$$\frac{h_w}{b}=\frac{1900}{2000}=0.95<4.0\text{ 时},V\leqslant\frac{1}{\gamma_d}0.25f_c bh_0 \tag{6-120}$$

式中:V——剪力设计值,$V=1.35\times323+1.5\times344=952$kN;

γ_d——结构系数,取 1.1;

f_c——混凝土轴心抗压强度设计值,$f_c=15.0$MPa;

b——矩形截面的宽度,$b=2000$mm;

h_0——截面的腹板高度,$h_0=1900$mm。

$V=952\text{kN}\leqslant\frac{1}{\gamma_d}0.25f_c bh_0=12955\text{kN}$,即前排纵梁在水平方向剪力设计值作用下,截面尺寸满足要求。

②后排纵梁垂直面内剪力验算。

由图 6-64 可得，后排纵梁垂直面内最大剪力为 1141kN，受剪截面应符合下式：

$$\frac{h_w}{b}=\frac{1900}{2000}=0.95<4.0\text{ 时}, V\leqslant\frac{1}{\gamma_d}0.25f_c bh_0 \tag{6-121}$$

式中：V——剪力设计值，$V=1.2\times316+1.5\times1141=2091\text{kN}$；

γ_d——结构系数，取 1.1；

f_c——混凝土轴心抗压强度设计值，$f_c=15.0\text{MPa}$；

b——矩形截面的宽度，$b=2000\text{mm}$；

h_0——截面的腹板高度，$h_0=1900\text{mm}$。

$V=2091\text{kN}\leqslant\frac{1}{\gamma_d}0.25f_c bh_0=12955\text{kN}$，即后排纵梁在垂直面内剪力设计值作用下，截面尺寸满足要求。

4）钢连杆的验算

连杆为钢箱梁，其受力计算包括钢箱梁强度计算和钢箱梁稳定验算。

（1）钢连杆强度验算

钢箱梁承受自重、施工时期产生的轴向拉力及使用时期产生的轴向拉力作用，现以 1500 kN 系船柱处的加强型钢箱梁为例进行计算。

$$\frac{N}{A_n}+\frac{M_x}{\gamma_x W_{nx}}\leqslant f \tag{6-122}$$

式中：N——钢箱梁在施工时期和使用时期所受的轴向拉力设计值（kN）；

$$N=1.35\times[6\times(5.9+19.8+46.2)]+1.4\times667=1516\text{kN};$$

A_n——钢箱梁截面净面积（m^2），$A_n=0.0564\text{m}^2$；

M_x——钢箱梁在自重作用下的弯矩设计值（kN·m）；

$$M_x=1.2\times\frac{1}{8}\times(78\times0.0564)\times30^2=594\text{kN}\cdot\text{m}$$

γ_x——截面塑性发展系数，$\gamma_x=1.05$；

W_{nx}——钢箱梁净截面抵抗矩（m^3），$W_{nx}=9.133\times10^{-3}\text{m}^3$；

f——钢材抗拉强度设计值（MPa），$f=210\text{MPa}$。

$\frac{N}{A_n}+\frac{M_x}{\gamma_x W_{nx}}=\frac{1516\times10^{-3}}{0.0564}+\frac{594\times10^{-3}}{1.05\times9.133\times10^{-3}}=88.8\text{MPa}<f=210\text{MPa}$，钢箱梁强度计算满足要求。

（2）钢箱梁稳定计算

对于拉弯构件，验算其长细比：

$$\lambda\leqslant[\lambda] \tag{6-123}$$

式中：λ——受拉钢箱梁的长细比，$\lambda=\frac{l_0}{i}$；

l_0——受拉钢箱梁的计算长度（m），$l_0=30\text{m}$；

i——截面的回转半径（m），$i=\sqrt{\frac{I}{A}}=\sqrt{\frac{2.74\times10^{-3}}{0.0564}}=0.22\text{m}$；

I——截面的惯性矩(m^4)；

$$I=\frac{1}{12}\times0.4\times0.6^3-\frac{1}{12}\times0.34\times0.54^3=2.74\times10^{-3}m^4$$

A——截面面积(m^2),$A=0.4\times0.6-0.34\times0.54=0.0564m^2$；

$[\lambda]$——受拉钢箱梁的允许长细比,$[\lambda]=250$。

得:$\lambda=\frac{l_0}{i}=\frac{30}{0.22}=136<[\lambda]=250$,钢箱梁稳定验算满足要求。

第三部分　双排桩结构的施工

第七章　挖除淤泥

7.1　概述

在双排桩结构设置于软黏土的场合,填砂之前把双排桩之间的软黏土挖除是必要的。在软黏土层很厚的场合,在双排桩施工前需要进行疏浚。

7.2　挖泥要求

7.2.1　挖泥原则

1)有利于船舶安全施工

挖泥中心线与主流向交角不应过大,在可能条件下不应超过15°,斜交的水流可能会引起船舶发生海损事故。

2)施工可能性

挖泥设计要充分考虑到施工的可能性,使挖泥水域能正常从事疏浚施工,考虑施工船舶抛锚、转头、设标、提驳、靠驳、浮管布置、让船等情况。

3)水力最佳

水力最佳是指要使挖泥区内水力条件较好,挖泥不易回淤或少回淤,使挖泥稳定。

7.2.2　抛泥区选择

挖除的泥土处理必须与挖泥设计同时考虑,挖泥弃土的处理有两种方法:一种是卸泥于岸上,一般和陆上吹填相结合,需要有被吹填的泥塘和吹泥机具;另一种是水下卸泥,即在河流、海湾等合适的水域直接进行水下抛泥。由于所抛泥土在水流的作用下仍具有一定的活动性,对抛泥区水域的自然条件,对周围环境会带来一定的影响,因此,在选择抛泥区时应尽量减少对周围环境的不利影响。一般情况下,选择抛泥区时应坚持以下原则:

(1)泥土抛置后,应不致再回淤至挖泥或附近的区域。一般将抛泥区选在挖泥下游的深槽,有双向水流的潮汐或湖区,应特别注意正、反向水流作用,尽量减少对挖泥及附近航道的淤积的影响。

(2)应避免在养殖场、取水口等工、农、渔生产地区选择泥区,防止对环境产生污染。

(3)抛泥区应有足够水深,使抛泥船能打开泥门正常抛泥。抛泥区容量能否容纳需要抛入的泥土,事先应进行验算,抛泥区最小水深可按下式计算:

$$h = h_T + h_K + h_B + h_n \tag{7-1}$$

式中:h——抛泥区最小水深(m);

h_T——有泥舱的挖泥船或泥驳的最大吃水(m);

h_K——富裕水深,河床质为软泥时取0.1~0.2m,为中等密实沙时取0.2~0.3m,为坚硬或胶结土时取0.3～0.4m；

h_B——泥门开启超出船底的深度；

h_n——计划抛泥厚度，该值必须大于一般泥的堆积高度（此高度可根据土质、泥舱载泥深度，并经试验确定）。

当拖船吃水大于泥驳满载吃水与 h_B 之和时，则式（7-1）中的 h_T 和 h_B 值可用拖船吃水代替。

（4）挖泥区至抛泥区应有安全航道可通。在条件许可下挖泥区至抛泥区的距离应尽可能缩短，以提高工效。

（5）尽量使所抛泥沙有利于维护挖泥区稳定。

（6）用边抛法抛泥，应慎重研究水流的流速、流向能否将边抛的泥土带出挖泥及航道之外，尽量减少挖泥区及附近航道的淤积。

第八章　钢板桩施工

8.1　概述

钢板桩施工方法有如下几种：

(1)用振动锤的振动法。

(2)用打桩锤的打桩法。

(3)用压桩机的压桩法。

(4)与螺旋钻并用的压桩法。

对于硬质地基还可以和水冲法一起使用。

本书论述的双排桩结构主要用于码头、护岸、船坞等，所以施工方法主要为振动法和打桩法。

振动法是通过振动锤产生的竖向振动，将振动传递给钢板桩从而打入土中的施工方法。因为没有打击力，钢板桩的头部不会损伤，施工效率较高。

打桩法打击力大，打击速度快，具有机动性，但是必须选择适宜的打桩锤以防止打坏桩头。

钢板桩是否可以打设一般用标准贯入试验的 N 值来判断，但在粒径大的砂砾层和黏土地基，仅凭 N 值有时很难判断钢板桩的打设性。因此必须进行试打，检验钢板桩是否可以打设，同时选择所用的钢板桩的截面和规格合适的施工机械。

将钢板桩打入细砂层时，即使在 $N<10$ 的比较软弱的地基上，由于锁口处填塞砂的楔作用产生的很大的摩阻力，造成打入困难。采用试打确认时，可以同时使用水冲法或螺旋钻等辅助方法进行打设。

8.2　钢板桩施工

8.2.1　钢板桩验收、吊运和堆存

钢板桩及其配件的材质与规格应符合设计要求与规范的规定，必要时应抽样检验机械性能和化学组成。进口钢板桩，由于各国的标准各异，其材质等性能是否符合设计要求。在使用前应有检查，必要时应抽样进行机械性能和化学成分检查。

钢板桩接长的焊接和异形钢板桩的制作参照《水运工程质量检验标准》(JTS 257—2008)有关规定，其允许偏差应符合表 8-1 要求。

钢板桩的锁口必须平直通顺，互相咬合，使用前应进行套索通过检查。

钢板桩防护层的涂料品种和质量应符合设计要求。

涂料防护层的施工应符合设计要求，并遵守《海港工程钢结构防腐蚀技术规范》(JTS 153-3—2007)的有关规定。

钢板桩允许偏差 表 8-1

项　目	允许偏差(mm)	项　目	允许偏差(mm)
钢板桩长度	±100	钢板桩侧向弯曲矢高	≤2L/1000
异形钢板桩宽度	±10	接头错牙	≤δ/10
钢板桩正向弯曲矢高	≤3L/1000		

注:L-板桩总长度(mm);δ-板桩厚度(mm)。

涂层在吊运和沉桩的过程中如有损坏,应及时修补,修补的涂料应与原涂层相同或相配套。受潮水影响部位应采用快干涂料。

钢板桩的拼组质量对沉桩影响很大,钢板桩拼组应符合下列要求:

(1)拼组的台架能保证钢板桩在拼组的过程中的各点、面的平直度符合设计要求。U 形钢板桩组,可采用三根一组,先将两根钢板桩平行安放在已垫平的支墩上,将另一根钢板桩对准锁口插入,用卷扬机拉入,保证钢板桩的平直度。

(2)拼组钢板桩每组的根数:U 形钢板桩为奇数;Z 形钢板桩为偶数。拼组根数除按型号规定外,应考虑施工机具的起吊能力,一般 U 形钢板桩可按三根一组,Z 形钢板桩按两根一组进行拼组。

(3)拼组前清除锁口的残渣,涂抹润滑油脂,以利组合和沉桩时顺利插入。拼组时钢板桩的顶端齐平,高差不超过 5mm。为防止钢板桩起吊时错动,成组钢板桩的锁口用电焊固定。

(4)拼组钢板桩相邻板桩的接头互相错开,间距大于 5m,每根钢板桩的接头不超过一个。钢板桩接头的焊缝,只能在腹板及侧板处加焊接,接长处的断面因锁口处不能加焊而受到削弱,故一根钢板桩的接头不能超过一个,相邻组的接头应错开。

为了保证钢板桩堆存时不产生变形和方便吊运,钢板桩堆存应符合下列要求:

(1)堆存场地平整坚实,便于起吊运输。

(2)堆垛按沉桩顺序布置。

(3)采用多支垫堆存,支垫间距取 4~5m,支垫采用 100~150mm 的方木,堆垛高度不大于 2m,组合钢板桩堆高不超过三层。

(4)在岸坡顶部堆存时,注意加载后的岸坡稳定。

钢板桩吊运可采用两点吊,不得斜拖起吊。

8.2.2　钢板桩施工工艺

(1)钢板桩施工工艺流程如图 8-1 所示。

(2)常见的钢板桩施工工艺如表 8-2 所示。

8.2.3　钢板桩锤击沉桩

打桩船或打桩机应有足够的起重能力和起吊高度。施工水域或场地条件应满足船舶吃水深度或打桩机的接地压力的要求。

应根据地质条件、桩的品种、规格和打入深度选择桩锤。

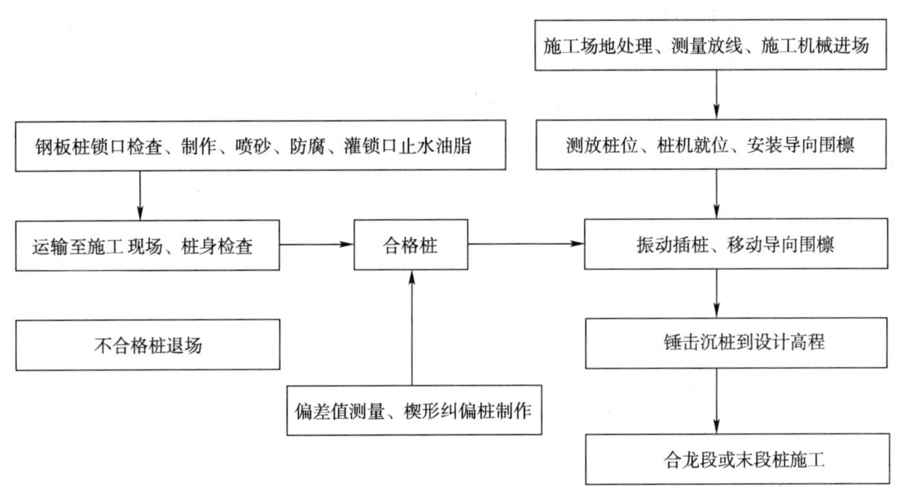

图 8-1　钢板桩施工工艺流程

钢板桩主要打桩施工工艺分析、归类表　　表 8-2

序号	施工工艺名称	主要设备组合	导向装置类型	辅助措施	适应条件	备注
1	陆上振动插桩，锤击送桩	履带吊吊振动锤插桩，打桩机锤击送桩（变幅双层导架时配备两台打桩机）	单层导架		箱形钢板桩；打桩较容易的施工区	打桩质量一般，纠偏桩需求量大
			双层导架		箱形钢板桩；一般施工区	打桩质量较好，纠偏桩需求量大
			变幅双层导架	振动锤沿桩架导轨移动，桩端射水插桩	箱形钢板桩；打桩较困难的施工区	打桩质量好，纠偏桩需求量小
2	水上振动插桩，锤击送桩	打桩船吊振动锤插桩，然后锤击送桩	单层导架		箱形或普通钢板桩；水域打桩（需要深送）	打桩质量较好，纠偏桩需求量大
3	陆上振动打桩	履带吊吊振动锤打桩	单层导架		普通短钢板桩；打桩较容易施工区	打桩质量一般，纠偏桩需求量大
		打桩机吊振动锤打桩	变幅双层导架	振动锤沿桩架导轨移动	普通长钢板桩；打桩较困难的施工区	打桩质量好，纠偏桩需求量小
4	水上振动打桩	起重船吊振动锤打桩	单层导架		普通钢板桩；水域打桩	打桩质量好，纠偏桩需求量小
5	水上锤击打桩	打桩船锤击打桩	变幅双层导架	打桩锤沿桩架导轨移动	普通钢板桩；水域打桩	打桩质量一般，纠偏桩需求量大

沉桩施工宜设置导桩和导架等导向装置，导向装置应具有足够的强度和刚度。工程沉桩经验表明，凡设导桩和导架的板桩其偏位值容易控制。

板桩的沉桩方法，由于桩的品种、规格以及施工船、机和施工水位等的不同，采用的方法会有不同，可采用一次沉桩或多次往复沉桩方法。

钢板桩沉桩的允许偏差应符合表 8-3 的规定。

钢板桩沉桩允许偏差 表 8-3

项目		允许偏差(mm)
桩顶平面位置	陆上沉桩	100
	水上沉桩	200
垂直板桩墙纵轴线方向的垂直度		1.0%
沿板桩墙轴线方向的垂直度		2.0%

对沉桩过程中出现的异常情况，应采取以下有效的措施：

(1)钢板桩沿板桩墙纵轴线方向的垂直度偏差超过规定时，可用加楔形钢板桩的方法进行调整。

(2)板桩偏移轴线产生平面扭转时，可在后沉的板桩中逐根纠正，使墙面平滑过渡。

(3)下沉的板桩将临近已沉的板桩"带下"或"上浮"时可根据"带下"的情况重新确定后沉板桩的桩顶高程，对"上浮"的板桩，应复打至设计高程。

(4)发生不联锁现象时应与设计单位研究处理。

板桩沉桩不论是在砂性土或黏性土中，一律以设计桩尖高程作为控制标准。否则板桩入土深度不够，会导致失稳，桩顶高程可高出设计高程 100mm，但不允许打低，因为那样会影响浇筑的上部结构。当桩尖沉至设计高程有困难时，应会同设计单位研究处理。当有承载力要求时，要求沉桩双控。

应在已沉入的桩位处设置明显的标志，夜间应挂警示灯，严禁在已沉入的桩上系缆，应防止锚缆碰桩。

沉桩的其他有关要求，可按《港口工程桩基规范》(JTS 167-4—2012)有关规定执行。

沉桩时应填写沉桩记录。

1)钢板桩打入方法比较

(1)一块打入与两块打入

①一块打入时打桩锤的重心与钢板桩的重心不合，会造成偏心锤击，所以钢板桩容易倾斜、转动、蛇行。

②两块打入时将事先插入的钢板桩两块一组同时打设的方法，与一块打入相比，虽然打桩锤要大，但可以减少钢板桩的倾斜、转动、蛇行，提高打设的效率。

(2)屏风多段打设与单独打入

屏风多段打入时首先沿导架插入 20 ~ 30 块钢板桩到可以自立的深度，接着先把两端的 1 ~ 2 块钢板桩打入，然后将中间的钢板桩都打入到同样的深度，再反复这样操作将全体分为数段打设钢板桩到规定深度的方法。这时，对于先打的两端钢板桩，必须进行严格的施工管理，以保证竖直打入。

这种方法不但需要大的导架和插入设备，而且打桩设备(或打桩船)要多次移动，施工比较麻烦。但是，从防止钢板桩的倾斜、转动、蛇行及正确打设钢板桩的角度来说，这是最合适的方法了。

单独打入时，每次将1～2块钢板桩在插入时就一举打入到规定深度的方法。这种方法与屏风打设相比，小型的插入设备就够了，打桩机也不需要多次来回移动，但是容易造成钢板桩倾斜和转动，大多必须要楔形板桩。

2）U形和Z形钢板桩的振动沉桩

（1）概述

振动沉桩使用振动锤，振动锤通过反向非平衡同步转动产生垂直向振动。振动器必须用卡具与钢板桩刚性连接。正确地选择振动方式和振动频率，可引起土的共振，这样可大大减小在非黏性土中的表面摩擦力和峰值阻力。较好地掌握振动锤、钢板桩和土层的相互作用是施工设计的重要前提。

受振动效果影响，使用振动锤穿透地层的范围是有限的，特别当施工中遇到有拉和/或压荷载损失时尤为明显。

（2）振动锤的技术性能和规格

振动锤的重要技术性能和规格如下：

①驱动种类：电动、液压、电动—液压。

②需要功率P(kW)：功率为确定振动效率的基本指标，每10kN的离心力至少需2kW功率。

③有效力矩M(kg·m)：偏心体总质量m与偏心体重心至转动轴距离r的积。

$$M = m \cdot r \tag{8-1}$$

有效力矩在决定振动宽度和振幅时也起作用。

④转动频率n(rad/min)：不平衡轴的转动频率与离心力成平方关系，电动锤作业时匀速转动，液压锤的速度可以调节。

⑤离心力（激振力）F(kN)：有效力矩与角速度平方的乘积。

$$F = M \cdot 10^{-3} \cdot \omega^2 \tag{8-2}$$

式中：$\omega = 2 \cdot \pi \cdot n/60(\sec^{-1})$。

实际使用中，离心力随不同设备变化相当大，但都必须考虑达到最佳离心力时的转速和有效力矩。

⑥振动宽度S、振动幅度$\bar{x}$(m)；振动宽度S为振动单元在振动器转动一周内的总垂直位移；振动幅度$\bar{x}$为振动宽度的一半。

$$\bar{x} = \frac{M}{m_{锤,动力}} \tag{8-3}$$

另外，施工中需要的工作幅度$\bar{x}_A$为一未知数，这里的除数为总振动质量。

$$\bar{x}_A = \frac{M}{m_{动力}} \tag{8-4}$$

式中：$m_{动力} = m_{锤地,动力} + m_{钢板桩} + m_{土}$。

预测时，应假定$m_{土} \geq 0.7(m_{锤,动力} + m_{钢板桩})$。

理论上的工作幅度应取$\bar{x}_A \geq 0.003$m。

⑦加速度 a(m/s^2):沉入体的加速度作用在土层的颗粒结构上。颗粒结构层在理想条件下随振动连续移动以达到“假液化”状态。

“工作振幅”与角速度二次方的乘积构成钢板桩的加速度:

$$a = \overline{x_A} \cdot \omega^2 \tag{8-5}$$

式中:$\omega = \dfrac{2 \cdot \pi \cdot n}{60}$。

经验表明,$a \geqslant 100\text{m/s}^2$。

(3)打桩设备与钢板桩的连接

振动锤与钢板桩之间必须用夹具达到刚性连接。液压夹具最为常用。因振动锤在振动沉入时应位于钢板桩的重心轴,双夹具对双桩更加有利。这样才能将振动能量最佳地传递至钢板桩。所以,选择振动锤必须同时考虑多方案选择夹具。

(4)振动器的选择标准

对于均质、颗粒能重排列和饱和土层,振动锤每米入土深度选最小 15kN 离心力以及每 100kg 构件体质量最小取 30kN 离心力。

$$F \cong 15(t + 2m_{钢板桩}/100) \tag{8-6}$$

式中:t——入土深度(m);

$m_{钢板桩}$——钢板桩的质量(kg)。

对于大型施工工程,建议按理论标准振动锤和一定数量的不同规格的钢板桩进行校准试验。

(5)一般施工经验

①振动的作用及作用效果实际无法预测,若振动有效、沉入速度不小于 1m/min,可不考虑振动传播的破坏作用。

沉入速度不大于 0.5 m/min,应停止振动作业。短期低速度沉入,例如穿过固结层时,应采用辅助振动措施。

必须注意,低速沉入会导致锁口的发热和挤压。可采用持续加水冷却的方法予以克服。

②遇有颗粒不易重新排列的土层或干土层,可采用水冲法施工。

短距离松动钻进法或土层置换法也可作为辅助措施。

③转速较高时易产生挤密效果。这种情况下选择较低转速的等效振动器继续施工是有利的。

④振动法通常为低噪声的沉桩方法。桩与沉桩夹具相互碰撞产生的共振导致不完善的振动会产生高噪声。较高的桩且错列或分段沉入时可增强共振现象。可采用辅助沉桩方法对衬垫夹具作为辅助措施。

8.2.4 双排板桩施工

双排钢板桩围堰是坐落在软土地基上的一种围堰结构形式,也是一种常见的双排板桩结构形式。钢板桩围堰通常与围堰接岸侧的其他挡水结构相连,形成一连续挡水体系,如图 8-2 所示。钢板桩围堰本体体积相对较小,在围堰体前后两侧施打钢板桩,围堰体内一般仅回填砂,形成双排板桩体系,施工与拆除相对较快。为保证钢板桩施打顺利,钢板桩相互咬合可靠,一般先用振动锤依靠导向围檩定位插桩,再用振动锤及冲击锤(当振动锤振插桩困难时)屏风式打到高程。钢板桩围堰施工时必须采用导向围檩来控制钢板桩的位置与垂直度。导向围檩根据地质情况及现场条件常采用双向形式(图8-3、图8-4),水上导向围檩采用二层导向架时,上层导向架高程应在施工水位以上。

图8-2　双排板桩围堰(南通中远川崎一期船坞实例)

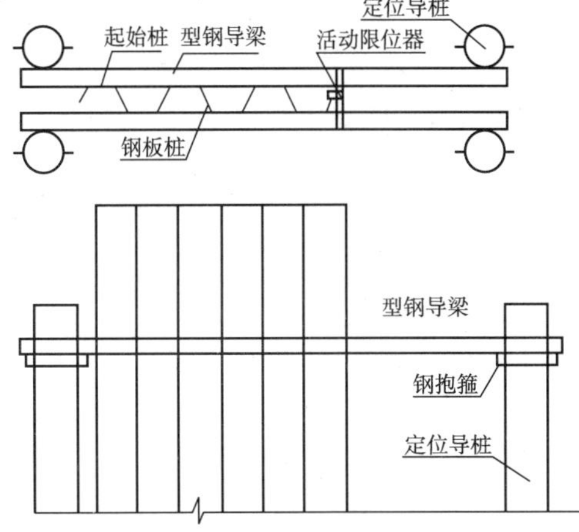

图8-3　双向导向围檩施工示意图

围堰钢板桩常常会从两侧向中间施打,在中间部位合拢。墙体合拢有两个技术难题:一是最后合拢前钢板桩墙体江岸二侧的水位差将会使已逐步形成的墙体随着潮水变化摆动而影响安全;二是最后合拢时合拢桩必须与已沉桩到位的左右两侧桩体的锁口可靠锁合,成为一连续的墙体。为此,可在合拢前在已形成的墙体上的不同位置处选择数根钢板桩,当低潮时在较低水位处割开并将其抽高,形成闸门式通水口,平衡墙体内、外的水位差,合拢后再将该通水口已抽高的桩身拉下关闭焊妥。在钢板桩将合拢前,留10m以上的范围作为合拢段,把两侧已沉桩到位的钢板桩作为定向导桩,再做一段合拢口导向架(围檩),然后利用该导向架将该范围的钢板桩逐一仔细地边纠偏边沉桩到位。最后的合拢桩,根据现场合拢口的实际尺寸定制一组由两根或三根组成的组合桩,由于组合桩锁口处能有一定范围的转动位移,所以组合桩插入合拢口两侧的锁口后,组合桩有明显的自我调节作用,合拢就较为顺利。

图8-4　双向导向围檩施工示意图

8.2.5　钢板桩施工时常见问题与处理方法

1)打桩阻力过大不易贯入

打桩阻力过大不易贯入由两种原因引起,一是钢板桩连接锁口变形、锈蚀,使钢板桩不能顺利沿锁口而下。对此应在打桩前对钢板桩桩体及锁口进行检查与处理,现场检验可采用一段长度大于2m的,从同型号桩体上割下、带有锁口的“锁口检测器”。该“锁口检测器”二人可轻松抬起,可将其插入被检测锁口内进行通锁检测,要求全部顺利通过整个桩长的两侧锁口,否则要对锁口及桩体进行调直矫正。调直矫正一般可采取氧乙炔焰烘和大锤敲击加冷水急冷的办法处理,直至处理后的锁口能被“锁口检测器”顺利通过。另一个原因是在坚实的砂层中打桩，桩的阻力过大，对此，应对地质情况作详细分析，研究贯入的可能性，可采取随桩体下插注水管进行注水助沉的工艺，以改善沉桩条件。

2）板桩向行进方向扇形倾斜

采用“屏风法沉桩工艺”后，这种倾斜会大大减少。板桩入土过程中，因与前一板桩的锁口连接处的阻力大于另一侧空锁口处周围土体对桩的阻力，使得板桩头部向行进方向倾斜。对此可按上述1）办法对锁口进行检查与处理，以保证钢板桩锁口通畅，另外再在锁口内涂抹油脂，以减少锁口阻力，同时在施工围檩上采取如图8-3所示方式加设钢板桩“限位器”，限制钢板桩头部向行进方向倾斜。当钢板桩墙体产生扇形倾斜后，要尽早调整，可根据实测的倾斜数据特别制作一根上、下宽度不一（上窄下宽）的楔形桩（千万注意调整该桩及锁口的顺直与通顺）给予纠正。

3）相邻板桩带入

在施工过程中，将相邻板桩带入的主要原因是连接锁口处阻力太大，采取“板桩向行进方向扇形倾斜”所述的相应措施，可改善“邻桩带入”情况。一旦出现邻桩带入趋势，要将会被带入的桩与其他已打好的桩用电焊相连，防止带下。

4）产生扭转

桩身扭转因钢板桩锁口是铰式连接，在下插和锤击时会产生扭转，必须及时制止与纠正，否则会使板桩墙中心轴线偏斜。阻止桩身扭转可在打桩行进方向的围檩上安装“限位器”（图8-3）与围檩一起组成限位，以锁住正在沉入的钢板桩的另一侧锁口的位置。注意该“限位器”与围檩搭接牢固，“限位器”的缺口槽内及时涂抹油脂，以利桩体下沉。

5）锁口渗水

钢板桩墙体形成后，锁口铰接处是会有少许渗漏的，对有抗渗漏要求较高的永久性结构是不允许的，一般在沉桩前，在锁口内嵌填黄油、沥青、干锯末的混合油脂（三种材料体积相等），抗渗效果较好，也有利于板桩的打入。近年来在船坞钢板桩墙体施工时，在锁口内嵌填聚胺酯类的遇水膨胀腻子，抗渗效果很好。

6）锁口脱开

打桩过程中遇到障碍仍然硬打，均会造成锁口脱开。因此，施工前对锁口的逐一检查必须严格。打桩受阻时一定要搞清受阻原因，不能硬打。

8.2.6 钢板桩沉桩注意事项

1）前期准备工作

前期准备工作必须充分、认真，要注意以下几点：

（1）钢板桩因单件刚度小，在运输、制作、堆存中易变形，特别是旧钢板桩重复使用时更应对接桩、锁口、加工的变形进行矫正，并均应通过锁口检测器检测。

（2）要根据钢板桩的使用功能做好前期准备，特别是防渗钢板桩的止水材料，应根据防渗水头选择止水材料。

（3）制作、涂锈、防腐等工作应在专门工厂（或车间）进行，以满足环境和制作精度要求，特别是转角桩、异形桩的制作。

（4）测量工作重点控制轴线、转角点和首末桩以及桩轴线方向和垂直轴线方向的垂直度。

(5)钢板桩施工轴线上应进行清除障碍物,特别是地下障碍物。

2)陆上沉钢板桩

陆上沉钢板桩要注意场地的接地压力,特别是有沟、浜、湿地应认真处理,防止打桩机械和运输车辆倾覆。

3)水上沉钢板桩

水上沉钢板桩要注意以下几点;

(1)浅水区施工:要根据地形、水深和作业条件可选择在水上搭设工作平台,使用陆上打桩机施工;也可进行水上挖泥后用打桩船(候高涨水)施工,采用何种方式应根据条件和经济、技术比较后确定。

(2)水上导向围檩一般用两层导向架,上层导向架高程应在施工水位以上。

(3)钢板桩水上合龙时应尽量选择在平潮时,同时设法使钢板桩内外水头差尽量小,必要时开洞使内外水平衡。

(4)水上施工要注意流速、波浪、风力等自然条件,条件不满足要求时应暂停施工。

(5)水上沉桩时应对已沉板桩及时夹围檩加固,同时上部结构施工亦应抓紧进行,以防风浪、船只袭击、碰撞而造成损坏。

8.3　常用钢板桩

8.3.1　常用钢板桩型号

1)U 形钢板桩

U 形(在我国俗称"拉森型",实际上具有拉森锁口的钢板桩才是真正意义上的"拉森钢板桩")断面模量较大($W=600\sim3200\text{cm}^3/\text{m}$),能适用于承受较小土(水)压力的中小型工程(图 8-5),尤其是在临时工程的应用方面。针对各种不同的地质条件,往往选用相应功率的振动锤进行施工。随着冶炼技术的不断发展,在 2002 年之后,世界上单根 U 形钢板桩的宽度可达 750mm;其施工速度进一步加快。

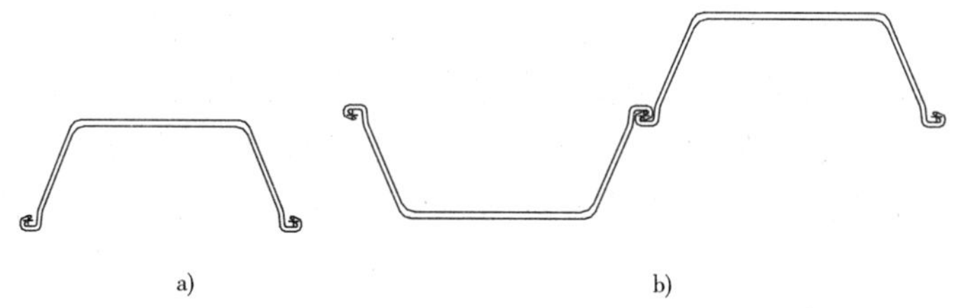

图 8-5　U 形钢板桩断面示意图

a)单榀桩;b)锁口锁合后

2)Z 形和组合钢板桩

(1)Z 形钢板桩断面模量很大($W=1200\sim5015\text{cm}^3/\text{m}$),适用于承受较大土(水)压力的大、中、小型工程。根据 Z 形钢板桩自身的特点,总是将两块联成一组后进行插打;尽管其施工步骤比 U 形钢板桩略多,技术难度略大,但是由于两根一组的 Z 形钢板桩宽度可达1160～1400mm,几乎是 U 形钢板桩单宽的 2～3 倍,其总体施工速度反而快,所以在国内很多有形成陆域要求的码头工程中大量应用。一般采用"先振动插桩,后锤击沉桩"的施工方法。

(2)组合钢板桩断面模量非常大($W=3086\sim12741\text{cm}^3/\text{m}$),适用于承受很大土(水)压力的大、中型工程。因为该结构形式具有刚度大、承载能力强(不仅可承受水平力,而且能承担垂直力)、对施工设备没有特殊要求等特点,所以这类结构目前已广泛用于大型船坞坞壁墙体上(图8-6),也已经开始应用到国内一些5~10万吨级的码头工程,但是应用本结构形式需要一个拼装焊接的环节。

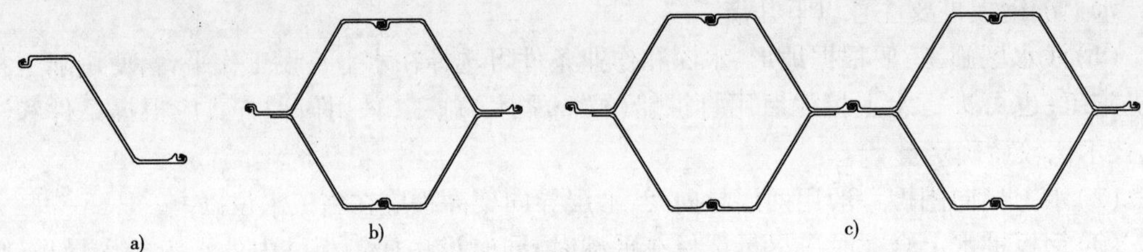

图8-6　Z形钢板桩断面示意图

a)单榀桩;b)组合桩由四榀桩组合而成;c)两组合桩锁口锁合后

3)平形钢板桩

平型钢板桩又称直型钢板桩,虽然其断面模量很小,但该种钢板桩的锁口具有很大的水平抗拉能力,最大可达5500kN/m;适用于承受水平方向有横向拉力的大型圆形筑岛围堰和格型钢板桩重力式码头工程,施工很方便(图8-7)。20世纪90年代已经成功地在深圳蛇口港和广州新沙港的码头工程中应用。

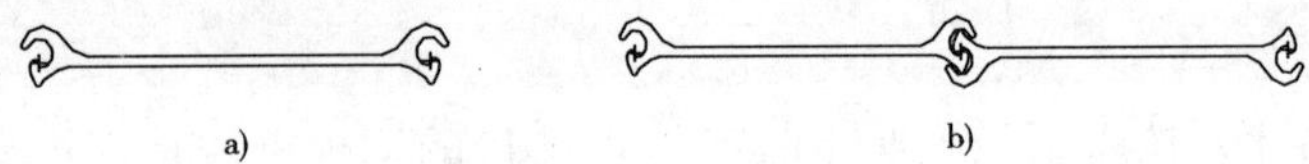

图8-7　平型钢板桩断面示意图

a)单榀桩;b)锁口锁合后

4)H形钢板桩

H形钢板桩的断面模量极大($W=3275\sim15000\text{cm}^3/\text{m}$),连接处会由供应商另外配有专门的锁口;适用于承受很大土(水)压力的大型深水泊位。由于该结构形式具有刚度极大、承载能力极强(不仅可承受水平力,承担垂直力的能力比箱形钢板桩更为出色)、对施工设备没有特殊要求等特点,所以这类结构目前已广泛用于欧美的5万~15万吨级码头工程上,同时从2006年开始已经应用到国内的10万吨级的码头工程中。但是应用本结构形式对沉桩的偏差控制要求较高(图8-8)。

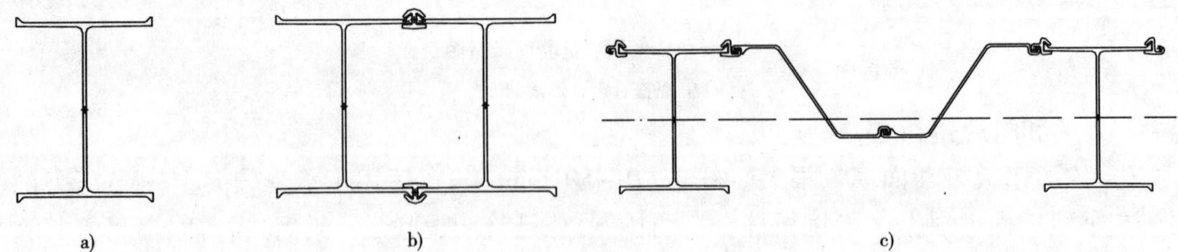

图8-8　H形钢板桩断面示意图

a)单榀桩;b)锁口锁合后;c)与Z形钢板桩的锁合

5)圆管形钢管板桩

这类钢管板桩(图8-9)常在围堰、码头、护岸等工程中使用。其刚度极大,受力性能很好,又有止水功能。在日本有采用这类钢管板桩(ϕ1.0～1.2m)组成的双排桩围堰,使用在－20m水深的工程中。

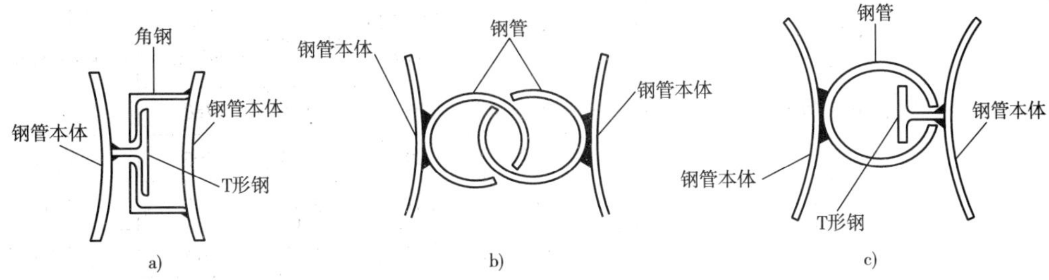

图8-9　圆管形钢管板桩锁口示意图

8.3.2　钢板桩的规格与力学性能

1)Z形钢板桩

Z形钢板桩最本质的力学特性在于:腹板的连续性和锁口对称分布在中和轴两侧特定的位置,这两方面都对钢板桩的截面抵抗矩有着积极的影响。

AZ系列钢板桩(表8-4)通过不同寻常力学特性的断面和高品质的拉森锁口的组合,具有以下优点:

(1)更大的惯性矩、结构变形量的减少和高强钢的选用,是一种最经济的结构方案。

(2)大宽度的断面大大提高了沉桩的功效。

(3)在腐蚀严重部位进行了加厚处理,使之具有优异的耐腐蚀性能。

AZ系列钢板桩　　表8-4

型号**	宽度 b (mm)	高度 h (mm)	厚度 t (mm)	厚度 s (mm)	截面积 A (cm^2)	用钢量 每根每米 (kg/m)	用钢量 每单位面积 (kg/m^2)	惯性矩 I (cm^4/m)	弹性截面抵抗矩 W_e (cm^3/m)	可承受极限弯矩* M_{max} (kN·m/m)
AZ12	670	302	8.5	8.5	126	66.1	99	18140	1200	516
AZ13	670	303	9.5	9.5	137	72.0	107	19700	1300	559
AZ14	670	304	10.5	10.5	149	78.3	117	21300	1400	602
AZ17	630	379	8.5	8.5	138	68.4	109	31580	1665	716
AZ18	630	380	9.5	9.5	150	74.4	118	34200	1800	774
AZ19	630	381	10.5	10.5	164	81.0	129	36980	1940	834
AZ25	630	426	12.0	11.2	185	91.5	145	52250	2455	1055
AZ26	630	427	13.0	12.2	198	97.8	155	55510	2600	1118
AZ28	630	428	14.0	13.2	211	104.4	166	58940	2755	1184
AZ34	630	459	17.0	13.0	234	115.5	183	78700	3430	1475
AZ36	630	460	18.0	14.0	247	122.2	194	82800	3600	1548

续上表

型号**	宽度 b (mm)	高度 h (mm)	厚度 t (mm)	厚度 s (mm)	截面积 A (cm²)	用钢量 每根每米 (kg/m)	用钢量 每单位面积 (kg/m²)	惯性矩 I (cm⁴/m)	弹性截面抵抗矩 W_e (cm³/m)	可承受极限弯矩* M_{max} (kN·m/m)
AZ38	630	461	19.0	15.0	261	129.1	205	87080	3780	1625
AZ46	580	481	18.0	14.0	291	132.6	229	110450	4595	1976
AZ48	580	482	19.0	15.0	307	139.6	241	115670	4800	2064
AZ50	580	483	20.0	16.0	322	146.7	253	121060	5015	2156
AZ13 10/10	670	304	10.0	10.0	143	75.2	112	20480	1350	580
AZ18 10/10	630	381	10.0	10.0	157	77.8	123	35540	1870	804
AZ36－700	700	499	17.0	11.2	216	118.5	169	89740	3600	1548
AZ38－700	700	500	18.0	12.2	230	126.2	180	94840	3800	1634
AZ40－700	700	501	19.0	13.2	244	133.8	191	99930	4000	1720

＊表示表中的“可承受极限弯矩”值均按照S430GP强度等级考虑。

＊＊表示本表中列出的所有数据仅指在用AZ18钢板桩作为辅桩的条件下；实际上任意一种Z型桩都可以作为辅桩，从而构成不同的HZ/AZ组合钢板桩体系。

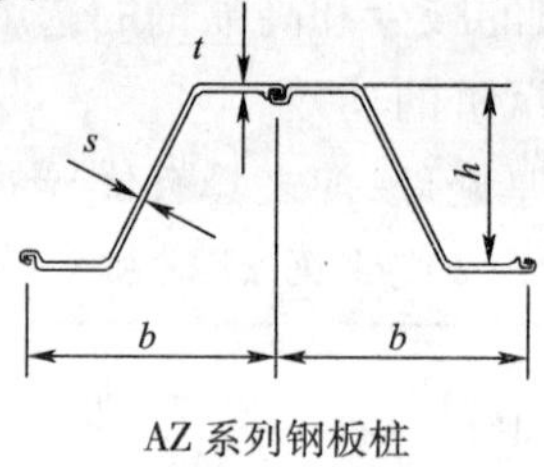

AZ系列钢板桩

2）U形钢板桩

U形钢板桩（表8-5）的优点如下：

（1）宽进深、厚翼缘的特点，决定了组合后的墙体具有极佳的静力性能。

（2）结构形式对称，非常方便重复利用。

（3）可以在工厂预先装配成“组桩”，大大提高沉桩功效。

（4）非常方便拉杆及其配件的安装，甚至在水下也不例外。

（5）最厚的部分位于墙体的最外侧，使之具有良好的耐腐蚀性能。

U型钢板桩 表8-5

型号	宽度 b (mm)	高度 h (mm)	厚度 t (mm)	厚度 s (mm)	截面积 A (cm²)	用钢量 每根每米 (kg/m)	用钢量 每单位面积 (kg/m²)	惯性矩 I (cm⁴/m)	弹性截面抵抗矩 W_e (cm³/m)	可承受极限弯矩* M_{max} (kN·m/m)
AU14	750	408	10.0	8.3	132	77.9	104	28710	1410	606
AU16	750	411	11.5	9.3	147	86.3	115	32850	1600	688

续上表

型号	宽度 b (mm)	高度 h (mm)	厚　度		截面积 A (cm^2)	用　钢　量		惯性矩 I (cm^4/m)	弹性截面抵抗矩 W_e (cm^3/m)	可承受极限弯矩* M_{max} (kN·m/m)
			t (mm)	s (mm)		每根每米 (kg/m)	每单位面积 (kg/m^2)			
AU17	750	412	12.0	9.7	151	89.0	119	34270	1665	716
AU18	750	441	10.5	9.1	150	88.5	118	39300	1780	765
AU20	750	444	12.0	10.0	165	96.9	129	44440	2000	860
AU21	750	445	12.5	10.3	169	99.7	133	46180	2075	892
AU23	750	447	13.0	9.5	173	102.1	136	50700	2270	976
AU25	750	450	14.5	10.2	188	110.4	147	56240	2500	1075
AU26	750	451	15.0	10.5	192	113.2	151	58140	2580	1109
PU 6	600	226	7.5	6.4	97	45.6	76	6780	600	258
PU 8	600	280	8.0	8.0	116	54.5	91	11620	830	357
PU12	600	360	9.8	9.0	140	66.1	110	21600	1200	516
PU12 10/10	600	360	10.0	10.0	148	69.9	116	22580	1255	540
PU18	600	430	11.2	9.0	163	76.9	128	38650	1800	774
PU22	600	450	12.1	9.5	183	86.1	144	49460	2200	946
PU25	600	452	14.2	10.0	199	93.6	156	56490	2500	1075
PU32	600	452	19.5	11.0	242	114.1	190	72320	3200	1376
L 3 S	500	400	14.1	10.0	201	78.9	158	40010	2000	860
L 4 S	500	440	15.5	10.0	219	86.2	172	55010	2500	1075

*表示表中的“可承受极限弯矩”值均按照 S430GP 强度等级考虑；所有 PU 系列断面均可按照 0.5mm 或1.0mm的幅度增减其壁厚。

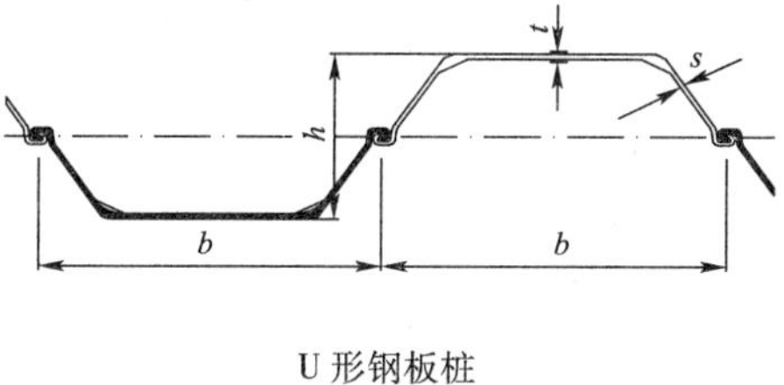

U 形钢板桩

3）AZ 系列 BOX 钢板桩（表 8-6）

AZ 系列 BOX 钢板桩 表 8-6

型号	宽度 b (mm)	高度 h (mm)	钢材截面积 A (cm^2)	总截面积 A_0 (cm^2)	用钢量 每根每米 (kg/m)	惯性矩 I_{y-y} (cm^4)	弹性截面抵抗矩 W_e (cm^3)	可承受极限弯矩* M_{max} (kN·m/根)
CAZ 12	1340	604	293	4166	230	125610	4135	1778
CAZ 13	1340	606	320	4191	251	136850	4490	1930
CAZ 14	1340	608	348	4217	273	148770	4865	2092
CAZ 17	1260	758	305	4900	239	205040	5385	2315
CAZ 18	1260	760	333	4925	261	222930	5840	2511
CAZ 19	1260	762	362	4951	284	242210	6330	2722
CAZ 25	1260	852	411	5540	323	343000	8020	3448
CAZ 26	1260	854	440	5566	346	366820	8555	3678
CAZ 28	1260	856	471	5592	370	392170	9125	3923
CAZ 34	1260	918	516	5999	405	507890	11020	4738
CAZ 36	1260	920	547	6026	430	537860	11645	5007
CAZ 38	1260	922	579	6053	455	568840	12290	5284
CAZ 46	1160	962	595	5831	467	645940	13380	5753
CAZ 48	1160	964	628	5858	493	681190	14080	6054
CAZ 50	1160	966	661	5884	519	716620	14780	6355
CAZ 36 – 700	1400	998	528	7209	414	627090	12520	5383
CAZ 38 – 700	1400	1000	563	7239	442	667260	13295	5716
CAZ 40 – 700	1400	1002	599	7269	470	707630	14070	6050

*表示表中的“可承受极限弯矩”值均按照 S430GP 强度等级考虑。

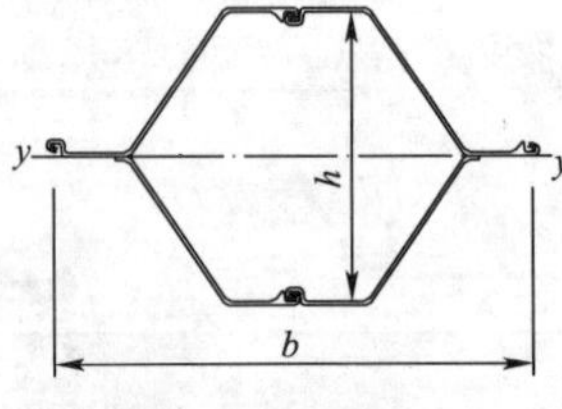

A2 系列 BOX 钢板桩

4）HZ 系列钢板桩（表 8-7）

HZ 系列钢板桩　　表 8-7

型号	高度 h (mm)	宽度 b (mm)	壁厚		截面积 A (cm^2)	用钢量每根每米 (kg/m)	惯性矩 I_{y-y} (cm^4)	弹性截面抵抗矩 W_e (cm^3)	可承受极限弯矩* M_{max} (kN·m/根)	匹配的锁口型号
			翼缘 t (mm)	腹板 s (mm)						
HZ575A	575	460	14	11	200.5	157.4	125830	4375	1881	RH16 – RZDU16
HZ575B	579	460	16	11	218.9	171.8	141240	4880	2098	RH16 – RZDU16
HZ575C	583	461	18	12	243.4	191.1	158800	5450	2343	RH16 – RZDU16
HZ575D	587	461	20	12	261.9	205.5	174680	5950	2558	RH20 – RZDU18
HZ775A	775	460	17	12.5	257.9	202.4	280070	7230	3108	RH16 – RZDU16
HZ775B	779	460	19	12.5	276.3	216.9	307930	7905	3399	RH16 – RZDU16
HZ775C	783	461.5	21	14	306.8	240.8	342680	8755	3764	RH20 – RZDU18
HZ775D	787	461.5	23	14	325.3	255.3	371220	9435	4057	RH20 – RZDU18
HZ975A	975	460	17	14	297	233.1	280070	9780	4205	RH16 – RZDU16
HZ975B	979	460	19	14	315.4	247.6	307930	10635	4573	RH16 – RZDU16
HZ975C	983	462	21	16	353.9	277.8	342680	11845	5093	RH20 – RZDU18
HZ975D	987	462	23	16	372.4	292.3	371220	12710	5465	RH20 – RZDU18
RH16	62	68		12.2	20.4	16	83	26		
RH20	67	79		14.2	25.5	20	123	34		
RZU16	62	80			20.6	16.1	70	18		
RZU18	67	84			22.9	17.9	95	23		
RZD16	62	80			20.6	16.2	58	19		
RZD18	67	84			22.9	18.1	80	22		

* 表示表中的“可承受极限弯矩”值均按照 S430GP 强度等级考虑。

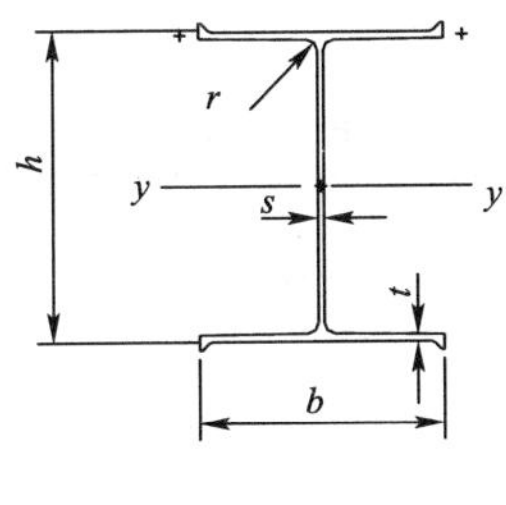

HZ 系列钢板桩

5) HZ/AZ 系列组合钢板桩(表 8-8)

HZ/AZ 系列组合钢板桩 表 8-8

型 号**	高度 h (mm)	系统宽度 b (mm)	截面积 A (cm^2)	惯性矩 I_{y-y} (cm^4/m)	弹性截面抵抗矩 W_e (cm^3/m)	用钢量 M_{ass} (kg/m^2) $L_{AZ}=60\%L_{HZ}$	用钢量 M_{ass} (kg/m^2) $L_{AZ}=100\%L_{HZ}$	可承受极限弯矩* M_{max} (kN·m/m)
HZ575A-12/AZ18	575	1790	240.9	110100	3275	149	189	1408
HZ575B-12/AZ18	579	1790	251.2	119050	3555	157	197	1528
HZ575C-12/AZ18	583	1790	264.9	129350	3880	167	208	1668
HZ575D-12/AZ18	587	1790	277.8	139820	4155	177	218	1786
HZ775A-12/AZ18	775	1790	273.0	210000	4765	174	214	2049
HZ775B-12/AZ18	779	1790	283.3	225980	5140	182	222	2210
HZ775C-12/AZ18	783	1790	303.0	248530	5630	197	238	2421
HZ775D-12/AZ18	787	1790	313.3	264810	6005	205	246	2582
HZ975A-12/AZ18	975	1790	294.8	337840	6180	191	231	2657
HZ975B-12/AZ18	979	1790	305.1	363060	6655	199	240	2861
HZ975C-12/AZ18	983	1790	329.3	402610	7360	217	258	3164
HZ975D-12/AZ18	987	1790	339.6	428250	7835	225	267	3369

*本表中的“可承受极限弯矩”值均按照 S430GP 强度等级考虑；

**本表中列出的所有数据仅指在用 AZ18 钢板桩作为辅桩的条件下；实际上任意一种 Z 形桩都可作为辅桩，从而构成不同的 HZ/AZ 组合钢板桩体系。

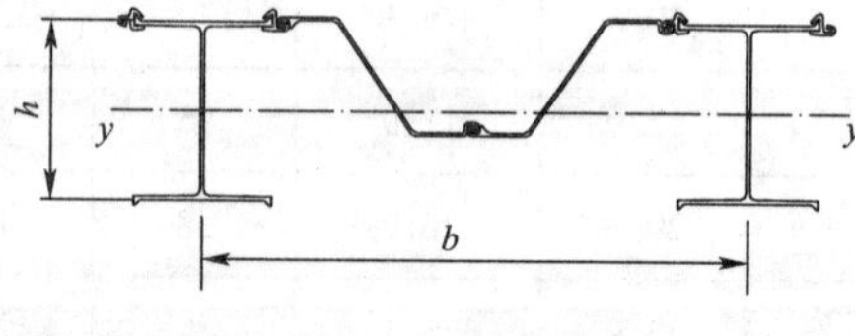

H2/A2 系列组合钢板桩

6) AS 系列钢板桩(表 8-9)

AS 系列钢板桩 表 8-9

型 号	宽度 b (mm)	腹板厚度 h (mm)	单根桩截面积 A (cm^2)	用钢量 每根每米 (kg/m)	用钢量 每单位面积 (kg/m^2)	每米锁口最大抗拉能力(材质为 S355GP) R_{max} (kN/m)
AS 500-9.5	500	9.5	81.6	64.0	128	3000
AS 500-11.0	500	11.0	90.0	70.6	141	3500
AS 500-12.0	500	12.0	94.6	74.3	149	5000

续上表

型　号	宽度 b (mm)	腹板厚度 h (mm)	单根桩截面积 A (cm^2)	用　钢　量		每米锁口最大抗拉能力（材质为 S355GP） R_{max} (kN/m)
				每根每米 (kg/m)	每单位面积 (kg/m^2)	
AS 500－12.5	500	12.5	97.2	76.3	153	5500
AS 500－12.7	500	12.7	98.2	77.1	154	5500

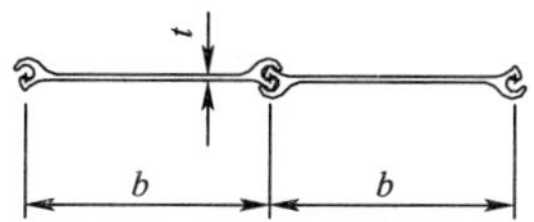

7）钢板桩的强度等级、相应的力学性能及化学成分（表 8-10）

钢板桩的强度等级、相应的力学性能及化学成分　　表 8-10

强度等级	最小屈服强度 (MPa)	最小抗拉强度 (MPa)	最小延伸率 $L_o=5.65\sqrt{S_o}$ (%)	化学成分（% max）						对应国标
				C	Mn	Si	P	S	N	
S 240 GP	240	340	26	0.25	—	—	0.055	0.055	0.011	Q235
S 270 GP	270	410	24	0.27	—	—	0.055	0.055	0.011	—
S 330 GP	320	440	23	0.27	1.70	0.60	0.055	0.055	0.011	—
S 355 GP	355	480	22	0.27	1.70	0.60	0.055	0.055	0.011	Q345
S 390 GP	390	490	20	0.27	1.70	0.60	0.050	0.050	0.011	—
S 430 GP	430	510	19	0.27	1.70	0.60	0.050	0.050	0.011	—
S 460 AP	460	550	17	0.27	1.70	0.60	0.050	0.050	0.011	—

8.4　拉杆施工的制作及安装

拉杆及其配件的规格和材质应符合设计要求。材料应具有出厂合格证，并按有关规定抽样对其机械性能和化学成分进行检验。

拉杆接头的焊接及检验应符合设计要求和《气焊、手工电弧焊及气体保护焊焊缝坡口的基本形式与尺寸》（GB 985—2008）与《钢结构工程施工质量验收规范》（GB 50205—2001）的相关规定。

拉杆防护层的包敷涂料的品种和质量应符合设计要求。

拉杆在堆存和吊运过程中应避免产生永久变形和保护层及丝扣等遭受损伤。

拉杆的安装应符合下列要求：

（1）双排桩打设后应立即安装拉杆，防止排桩墙发生大的位移。在板桩墙导梁混凝土达到设计强度后，方可张紧拉杆。

（2）张紧拉杆时，使拉杆具有设计要求的初始拉力。

(3)拉杆的螺母全部旋进,并且不少于2~3个丝扣外露。

拉杆拉力的标准值应按下式计算:

$$R_A = \xi_R R_a l_a \sec\theta \tag{8-7}$$

式中:R_A——拉杆拉力标准值(kN);

ξ_R——拉杆受力不均匀系数,预先拉紧时可取$\xi_R = 1.35$;

R_a——每米宽板桩墙的拉杆拉力标准值(kN);

l_a——拉杆间距(m);

θ——拉杆与水平面夹角(°),双排桩墙的$\theta = 0°$。

拉杆直径按下式计算:

$$d = 2\sqrt{\frac{1000 R_A \gamma_{RA}}{\pi f_t}} + \Delta_d \tag{8-8}$$

式中:γ_{RA}——$\gamma_{RA} = 1.35$;

d——拉杆直径(mm);

R_A——拉杆拉力的标准值(kN);

f_t——钢材的强度设计值(MPa);

Δ_d——预留锈蚀量(mm),取$\Delta_d = 2 \sim 3$mm。

8.5 防腐措施

处于腐蚀环境下工作的钢桩,必须进行处理,防腐蚀设计与施工均应与结构的设计与施工同步。

钢桩的防腐蚀措施,主要有以下几个方面:

(1)预留腐蚀厚度。

(2)采用防腐涂层。

(3)外壁包覆覆盖层。

(4)选择耐腐蚀钢种。

(5)水下采用阴极保护(外加电流阴极保护或牺牲阳极阴极保护)。

(6)喷涂金属层等。

上述防腐措施在选用时应根据环境条件、设计年限、保护要求等选用一种或几种同步保护,以达到最佳的保护效果。

8.5.1 钢桩预留腐蚀厚度

钢桩的设计壁厚应由有效厚度和预留腐蚀厚度两部分组成,有效厚度应根据使用期和施工期的强度和稳定性计算。钢桩的预留腐蚀厚度可参照类似环境下钢结构的腐蚀的实测数据确定,无实测数据时也可按下式计算:

$$\Delta\delta = v[(1-P)t_1 + (t-t_1)] \tag{8-9}$$

式中:$\Delta\delta$——在建筑物使用年限t内,钢管桩所需要的管壁预留单面腐蚀厚度;

v——钢材的单面平均腐蚀速度,可参照取值,必要时可根据现场实测;

P——采用涂层保护或阴极保护与涂层联合防腐蚀措施的保护效率;

t_1——采用涂层保护或阴极保护,或阴极保护涂层联合防腐蚀措施时的设计使用年限；

t——被保护的钢结构设计使用年限。

8.5.2　防腐涂层

(1)钢结构涂装前应进行表面处理，表面处理等级标准应符合表8-11的要求。

表面处理等级标准　　表8-11

表面处理等级划分		表面处理标准
喷射或抛射除锈	Sa1	轻度的喷射除锈。钢材表面应无可见的油脂和污垢，没有附着不牢的氧化皮、锈和油漆涂层等附着物
	Sa2	一般的喷射、抛射除锈。钢材表面应无可见的油脂和氧化皮、锈和油漆涂层等附着物，其残留物应是牢固附着的
	$Sa2\frac{1}{2}$	较彻底的喷射、抛射除锈。钢材表面应无可见的油脂、污垢、氧化皮、锈和油漆涂层等附着物，任何残留的痕迹仅是点状或条纹状的轻微色斑
	Sa3	彻底的喷射、抛射除锈。钢材表面应无可见的油脂、污垢、氧化皮、锈和油漆涂层等附着物，表面应呈现出均匀的金属光泽
手工工具和动力除锈	St2	一般的手工和动力除锈。钢材表面应无可见的油脂和污垢，没有附着不牢的氧化皮、锈和油漆涂层等附着物
	St3	彻底的手工和动力除锈。钢材表面应无可见的油脂和污垢，没有附着不牢的氧化皮、锈和油漆涂层等附着物除锈比St2更彻底，底材显露部分的表面应具有金属光泽
火焰除锈	F1	钢材表面应无氧化皮、锈和油漆涂层等附着物，任何残留的痕迹应仅为表面变色(不同颜色的阴影)

(2)不同品种涂料对表面处理的最低等级要求应符合表8-12的规定。

不同涂料表面处理的最低等级　　表8-12

涂料品种		表面处理的最低等级	
		喷射或抛射除锈	手工和动力工具除锈
非油油漆	无机富锌漆	$Sa2\frac{1}{2}$	不允许
	酚醛树脂漆、环氧沥青漆	Sa2	St3
	醇酸树脂漆		St2
	其他漆类		不允许
油性漆		Sa2	St2

(3)对于重要港口设施的主要钢结构，表面处理不宜采用转化型、稳定型和渗透型的化学处理剂。

(4)涂有保养底漆但在储运过程中锈蚀的钢结构，应在涂装前进行二次除锈，其等级标准按表8-12确定。

(5)钢结构涂装前应认真检验涂料品种、型号、规格和储存期限，保证符合施工技术条件的要求。

(6)涂装方法应根据涂料的物理性能、施工条件、涂装要求和被涂结构的情况进行选择，一般采用刷涂、滚涂和喷涂(包括普通喷涂和高压无气喷涂)，也可按涂料厂家要求进行。

8.5.3 选择耐腐蚀钢种

根据腐蚀介质的不同，合理选择耐腐蚀钢材，如海水中选用16MnCu钢。1974年原交通部第三航务工程局在上海陈山石油码头即设计用此钢制桩，同时结合预留腐蚀厚度及外加电流阴极进行保护，取得了良好的效果。

8.5.4 阴极保护

(1)阴极保护适用于海港工程平均潮位以下钢桩的防腐蚀。

(2)阴极保护一般采用外加电流保护系统、牺牲阳极保护系统或上述两种系统的联合保护。

(3)采用阴极保护时，应该掌握钢桩所处的下列环境条件，必要时可进行现场测定：

①介质的化学成分(氯离子、钙离子、镁离子、硫离子等)。

②介质的电阻率。

③介质的流速、温度、波浪、潮位及其变化。

④介质的污染状况。

⑤邻近钢结构的防腐蚀状况及其与被保护钢结构相互间的腐蚀影响。

(4)阴极保护的主要参数——保护电位及达到保护电位所需的保护电流密度，应符合下列要求：

①当钢结构采用碳素钢或低合金钢时，其相对饱和甘汞电极的保护电位范围应为：-1.05~-0.77V。

②设计时，保护电流密度一般取初期保护电流密度值。

(5)阴极保护用的参比电极应具有极化小、稳定性好、不易损坏、使用年限长等特性，并适应所处的环境介质。

(6)阴极保护的总保护面积一般包括平均潮位以下的钢结构表面积(包括水中及泥下)。当平均高潮位高出平均潮位较多时，也可按平均高潮位以下的表面积计算。计算保护面积时应分区段计算，然后再分别计算其保护电流量(注：总保护面积一般不计临时性钢构件面积，但对施工后不能拆除的与主体结构相连接的临时性钢构件，则应计入其面积)。

(7)总保护电流 I 可按式(8-10)计算：

$$I = K\sum I_n = K\sum i_n S_n \tag{8-10}$$

式中：K——安全系数，一般取1.1~1.2；

I_n——分部位的保护电流(A)；

i_n——分部位的初期保护电流密度（A/m^2）；

S_n——分部位的保护面积（m^2）。

（8）采用阴极保护的钢结构应短路连接成一通电整体，其连接方式可用直接焊接、钢筋连接或电缆连接。连接点面积应大于连接用钢筋或电缆芯的横截面积，连接电阻不应大于0.01Ω。

第九章 预应力混凝土大直径管桩的设计与施工

9.1 管桩设计

9.1.1 型号和规格

(1)根据大管桩直径、每孔钢绞线股数、预留孔数量、钢绞线强度值的不同,定义不同规格的大管桩型号。大管桩的型号应采用以下形式:

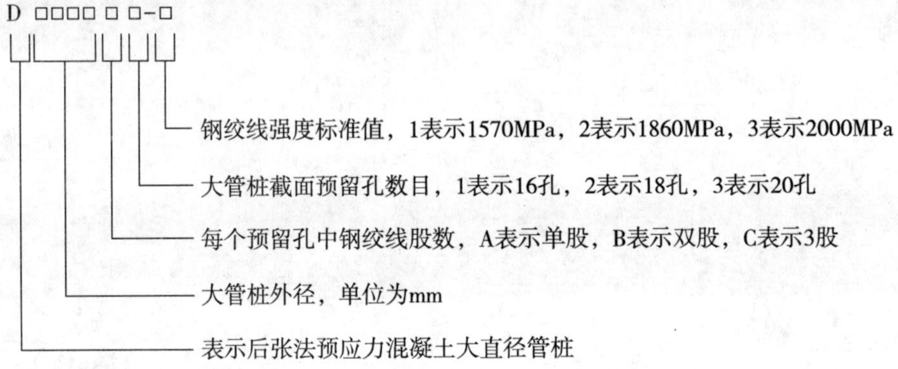

(2)大管桩的混凝土强度等级应不小于 C60。

(3)大管桩的主筋应采用高强度低松弛钢绞线。

(4)常用大管桩的规格、型号和力学指标见表 9-1。

(5)当大管桩同时受轴力和弯矩作用时,常用大管桩正截面开裂弯矩设计值和破坏弯矩设计值可按表 9-2 取用。

作用于管桩上的荷载及其效应组合,应按现行行业标准《港口工程荷载规范》(JTS 144-1—2010)和《高桩码头设计与施工规范》(JTS 167-1—2010)及相关规范的有关规定执行。

9.1.2 承载力计算

(1)大管桩(图 9-1)的单桩承载力应按静荷载试验确定,对下列情况可不进行静荷载试验:

①当附近工程有试桩资料,且沉桩工艺相同,地质条件相近时,按附近工程的试桩资料确定单桩承载力。

②重要工程中的附属建筑物。

③桩数较少,经技术论证后可不做试桩。

④小型港口中的建筑物。

常用大管桩规格、型号和力学指标表

表 9-1

序号	大管桩型号	D1200A3 - 1*	D1200A3 - 2	D1200B1 - 1*	D1200B1 - 2*	D1200B2 - 1	D1200B2 - 2	D1200C1 - 1*	D1400B3 - 1*	D1400B3 - 2	D1400C3 - 1*
1	大管桩外径 D(mm)	1200	1200	1200	1200	1200	1200	1200	1400	1400	1400
2	大管桩内径 d(mm)	940	940	910	910	910	910	910	1100	1100	1100
3	桩截面积 A(m^2)	0.437	0.437	0.481	0.481	0.481	0.481	0.481	0.589	0.589	0.589
4	单位长度重量 T(kN/m)	11.36	11.36	12.50	12.50	12.53	12.53	12.62	15.32	15.32	15.47
5	桩截面惯性矩 J(m^4)	0.0651	0.0651	0.0706	0.0706	0.0709	0.0709	0.0718	0.1210	0.1210	0.1232
6	预留孔数	20	20	16	16	18	18	16	20	20	20
7	预留孔直径(mm)	32	32	40	40	40	40	40	40	40	40
8	钢绞线股数	1	1	2	2	2	2	3	2	2	3
9	单股钢绞线直径(mm)	15.2	15.2	15.2	15.2	15.2	15.2	15.2	15.2	15.2	15.2
10	钢绞线抗拉强度标准值 f_{ptk}(MPa)	1570	1860	1570	1860	1570	1860	1570	1570	1860	1570
11	混凝土有效应力 σ_{pc}(MPa)	5.96	7.18	8.64	10.41	9.74	11.73	12.80	8.81	10.62	13.05
12	不含混凝土抗拉强度的开裂弯矩设计值(kN·m)	646	778	1017	1224	1151	1386	1532	1524	1836	2298
13	含混凝土抗拉强度的开裂弯矩设计(kN·m)	1032	1164	1436	1644	1572	1807	1959	2139	2450	2923
14	破坏弯矩设计值(kN·m)	2300	2300	2598	2597	2639	2638	2760	3783	3781	4022

注：1. 不含混凝土抗拉强度的开裂弯矩设计值、含混凝土抗拉强度的开裂弯矩设计值分别是指混凝土拉应力限制系数 a_{ct} 为 0.00、1.00 时的开裂弯矩设计值。

2. * 表示常用型号。

常用大管桩正截面开裂弯矩设计值和破坏弯矩设计值

表 9-2

大管桩型号	力学指标（kN·m）	轴力值（kN）																					
		-8000	-7000	-6000	-5000	-4000	-3000	-2000	-1000	0	1000	2000	3000	4000	5000	6000	7000	8000	9000	10000	11000	12000	13000
D1200 A3-1	不含混凝土抗拉强度的开裂弯矩设计值	—	—	—	—	—	—	131	389	646	904	1161	1419	1676	1934	—	—	—	—	—	—	—	—
	含混凝土抗拉强度的开裂弯矩设计值	—	—	—	—	—	—	516	774	1032	1289	1547	1804	2062	—	—	—	—	—	—	—	—	—
	破坏弯矩设计值	—	—	—	—	—	-2975/0	515	1018	1463	1831	2100	2256	2296	2208	2014	1711	1325	855	344	10645/0	—	—
D1200 A3-2	不含混凝土抗拉强度的开裂弯矩设计值	—	—	—	—	—	6	263	521	778	1036	1293	1551	1809	2066	—	—	—	—	—	—	—	—
	含混凝土抗拉强度的开裂弯矩设计值	—	—	—	—	—	—	649	906	1164	1421	1679	1937	2194	—	—	—	—	—	—	—	—	—
	破坏弯矩设计值	—	—	—	—	-3503/0	268	786	1261	1671	1985	2202	2289	2266	2117	1865	1515	1083	588	62	10116/0	—	—

续上表

大管桩型号	力学指标（kN·m）	轴力值（kN）																					
		-8000	-7000	-6000	-5000	-4000	-3000	-2000	-1000	0	1000	2000	3000	4000	5000	6000	7000	8000	9000	10000	11000	12000	13000
D1200 B1-1	不含混凝土抗拉强度的开裂弯矩设计值	—	—	—	—	—	251	506	761	1017	1272	1528	1783	2039	2294	—	—	—	—	—	—	—	—
	含混凝土抗拉强度的开裂弯矩设计值	—	—	—	—	—	670	925	1180	1436	1691	1947	2202	2458	—	—	—	—	—	—	—	—	—
	破坏弯矩设计值	—	—	—	-4759 0	331	869	1362	1791	2137	2384	2541	2584	2521	2357	2097	1830	1430	967	464	10887 0	—	—
D1200 B1-2	不含混凝土抗拉强度的开裂弯矩设计值	—	—	—	—	202	458	713	969	1224	1480	1736	1991	2247	—	—	—	—	—	—	—	—	—
	含混凝土抗拉强度的开裂弯矩设计值	—	—	—	—	621	877	1132	1388	1644	1899	2155	2410	—	—	—	—	—	—	—	—	—	—
	破坏弯矩设计值	—	—	-5604 0	317	831	1307	1729	2084	2355	2522	2590	2558	2424	2190	1880	1495	1039	540	18	10034 0		

续上表

大管桩型号	力学指标（kN·m）	轴力值（kN）																							
		-9000	-8000	-7000	-6000	-5000	-4000	-3000	-2000	-1000	0	1000	2000	3000	4000	5000	6000	7000	8000	9000	10000	11000	12000	13000	14000
D1200 B2-1	不含混凝土抗拉强度的开裂弯矩设计值	—	—	—	—	—	119	377	635	893	1151	1409	1667	1925	2183	—	—	—	—	—	—	—	—	—	—
	含混凝土抗拉强度的开裂弯矩设计值	—	—	—	—	—	540	798	1056	1314	1572	1830	2088	2346	—	—	—	—	—	—	—	—	—	—	—
	破坏弯矩设计值	—	—	—	-5354/0	186	704	1195	1636	2010	2306	2515	2624	2624	2526	2335	2065	1713	1296	827	298	10554/0	—	—	—
D1200 B2-2	不含混凝土抗拉强度的开裂弯矩设计值	—	—	—	—	96	354	612	870	1128	1386	1644	1902	2161	—	—	—	—	—	—	—	—	—	—	—
	含混凝土抗拉强度的开裂弯矩设计值	—	—	—	—	517	775	1033	1291	1549	1807	2065	2323	—	—	—	—	—	—	—	—	—	—	—	—
	破坏弯矩设计值	—	—	-6305/0	160	679	1171	1617	1994	2293	2505	2622	2625	2531	2343	2077	1723	1300	824	311	9592/0	—	—	—	—

续上表

大管桩型号	力学指标（kN·m）	轴力值（kN）																						
		-9000	-8000	-7000	-6000	-5000	-4000	-3000	-2000	-1000	0	1000	2000	3000	4000	5000	6000	7000	8000	9000	10000	11000	12000	13000	14000
D1200 C1-1	不含混凝土抗拉强度的开裂弯矩设计值	—	—	—	—	232	492	752	1012	1272	1532	1792	2052	2312	—	—	—	—	—	—	—	—	—	—	—
	含混凝土抗拉强度的开裂弯矩设计值	—	—	—	399	659	919	1179	1439	1699	1959	2219	2479	—	—	—	—	—	—	—	—	—	—	—	—
	破坏弯矩设计值	—	-7139 0	73	594	1093	1553	1958	2293	2538	2693	2754	2719	2592	2374	2079	1712	1281	799	283	9539 0	—	—	—	—
D1400 B3-1	不含混凝土抗拉强度的开裂弯矩设计值	—	—	—	—	—	298	604	911	1218	1524	1831	2137	2444	2751	3057	3364	—	—	—	—	—	—	—	—
	含混凝土抗拉强度的开裂弯矩设计值	—	—	—	—	—	912	1219	1526	1832	2139	2446	2752	3059	3365	3672	—	—	—	—	—	—	—	—	—
	破坏弯矩设计值	—	—	—	-5949 0	591	1197	1770	2295	2756	3143	3444	3652	3762	3772	3681	3495	3220	2868	2438	1940	1385	791	174	13280 0

续上表

大管桩型号	力学指标（kN·m）	轴力值（kN）																						
		−8000	−7000	−6000	−5000	−4000	−3000	−2000	−1000	0	1000	2000	3000	4000	5000	6000	7000	8000	9000	10000	11000	12000	13000	14000
D1400 B3−2	不含混凝土抗拉强度的开裂弯矩设计值	—	—	—	—	302	609	916	1222	1529	1836	2142	2449	2756	3062	3369	—	—	—	—	—	—	—	—
	含混凝土抗拉强度的开裂弯矩设计值	—	—	—	611	917	1224	1530	1837	2144	2450	2757	3064	3370	3677	—	—	—	—	—	—	—	—	—
	破坏弯矩设计值	−7006 0	3	625	1230	1800	2321	2778	3160	3455	3658	3762	3766	3670	3477	3197	2841	2407	1904	1347	751	133	12213 0	—
D1400 C3−1	不含混凝土抗拉强度的开裂弯矩设计值	—	—	113	425	737	1049	1361	1673	1986	2298	2610	2922	3234	3546	—	—	—	—	—	—	—	—	—
	含混凝土抗拉强度的开裂弯矩设计值	—	427	739	1051	1363	1675	1987	2299	2611	2923	3235	3548	3860	—	—	—	—	—	—	—	—	—	—
	破坏弯矩设计值	−8924 0	575	1182	1761	2296	2776	3189	3526	3778	3941	4012	3989	3873	3669	3386	3033	2608	2116	1568	981	368	11591 0	—

注：1. 不考虑混凝土抗拉强度的开裂弯矩设计值、含混凝土抗拉强度的开裂弯矩设计值分别是指混凝土拉应力限制系数 α_{ct} 为 0.00、1.00 时的开裂弯矩设计值。当混凝土拉应力限制系数 α_{ct} 取为不同值时，可在不考虑混凝土抗拉强度的开裂弯矩设计值和含混凝土抗拉强度的开裂弯矩设计值之间线性插值。

2. 当轴力值为其他数值时，不考虑混凝土抗拉强度的开裂弯矩设计值、含混凝土抗拉强度的开裂弯矩设计值、破坏弯矩设计值按比例线性插值。

3. 破坏弯矩设计值两端上部的数值分别为弯矩为零时管桩的最大轴向拉力和轴向压力设计值。

（2）当进行静载荷试验时，单桩垂直承载力设计值应按下式计算：

$$Q_d = \frac{Q_k}{\gamma_R} \tag{9-1}$$

式中：Q_d——单桩垂直承载力设计值（kN）；

Q_k——单桩垂直承载力标准值（kN），当试桩数量大于两根，且各桩的承载力最大值和最小值之比小于或等于1.3时，应取其平均值作为单桩垂直承载力标准值；其比值大于1.3时，应分析确定；

γ_R——单桩垂直承载力分项系数，γ_R 取1.30，当地质状况复杂时可适当提高，但不得大于1.40。

（3）凡可不进行静载荷试桩的工程，可采用承载力经验参数法确定单桩垂直载力，按式（9-2）计算：

$$Q_d = \frac{1}{\gamma_R}(U\sum q_{fi}l_i + q_R A) \tag{9-2}$$

式中：Q_d——单桩垂直承载力设计值（kN）。

γ_R——单桩垂直承载力分项系数，γ_R 取1.45，当地质条件复杂或永久作用所占比重较大时，γ_R 可取1.55。

U——桩身截面周长（m）。

q_{fi}——单桩第 i 层土的侧摩阻力标准值（kPa），如无当地经验值时，可按表9-3取值；

l_i——桩身穿过第 i 层土的长度（m）；

q_R——单桩桩端阻力标准值（kPa），如无当地经验值时，可按表9-4取值；

A——桩端计算面积（m^2），桩端计算面积可取全面积乘以折减系数确定，折减系数取值应根据桩径、地质条件和入土深度等因素综合考虑。

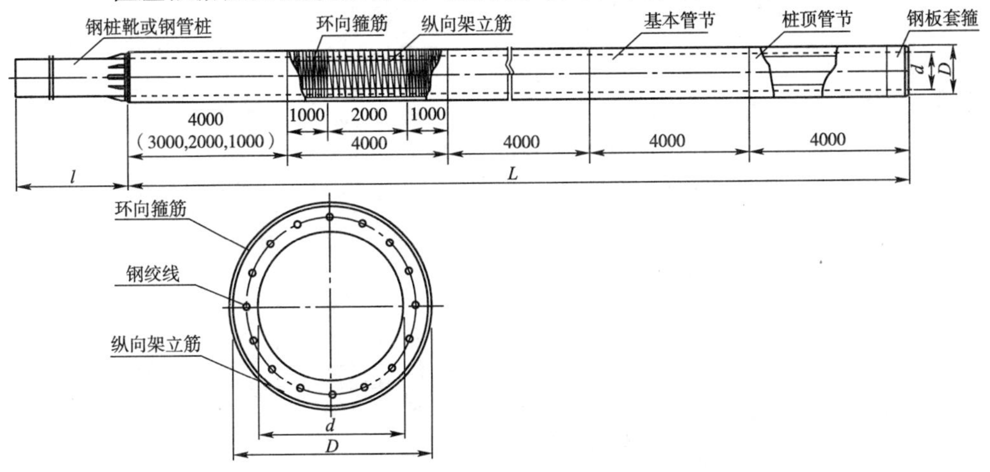

图9-1　后张法预应力混凝土大直径管桩结构、截面图（单位尺寸：mm）

预制混凝土挤土桩桩侧极限摩阻力标准值 q_f　　表9-3

土的名称	土的状态	土层深度（m）						
		0～2	2～4	4～6	6～8	8～10	10～13	13～16
淤泥	$I_L>1.0$ $1.5<e\leqslant2.4$	2～4	4～6	6～8	8～10	10～12	12～14	-

续上表

土的名称	土的状态	土层深度(m)						
		0~2	2~4	4~6	6~8	8~10	10~13	13~16
黏土 $I_P>17$	$I_L>1.0$	4~7	7~9	9~11	11~13	13~15	15~17	17~19
	$0.75<I_L\leqslant1.0$	11~14	14~17	17~20	20~23	23~26	26~29	29~32
	$0.50<I_L\leqslant0.75$	20~23	23~26	26~29	29~32	32~35	35~38	38~41
	$0.25<I_L\leqslant0.5$	27~31	31~35	35~39	39~43	43~47	47~51	51~55
	$0<I_L\leqslant0.25$	34~38	38~42	42~46	46~50	50~54	54~58	58~62
粉质黏土 $10<I_P\leqslant17$	$I_L>1.0$	9~11	11~13	13~15	15~17	17~19	19~21	21~23
	$0.75<I_L\leqslant1.0$	20~22	22~24	24~26	26~28	28~30	30~32	32~34
	$0.50<I_L\leqslant0.75$	27~30	30~33	33~36	36~39	39~42	42~45	45~48
	$0.25<I_L\leqslant5.0$	35~39	39~43	43~47	47~51	51~55	55~59	59~63
	$0<I_L\leqslant0.25$	44~49	49~54	54~59	59~64	64~69	69~74	74~79
粉土 $0<I_P\leqslant10$	$0.75<I_L\leqslant1.0$	27~30	30~33	33~36	36~39	39~42	42~45	45~48
	$0.50<I_L\leqslant0.75$	35~39	39~43	43~47	47~51	51~55	55~59	59~63
	$0.25<I_L\leqslant5.0$	44~49	49~54	54~59	59~64	64~69	69~74	74~79
	$0<I_L\leqslant0.25$	54~60	60~66	66~72	72~78	78~84	84~90	90~96
粉砂 细砂	稍密	35~39	39~43	43~47	47~51	51~55	55~59	59~63
	中密	44~49	49~54	54~59	59~64	64~69	69~74	74~79
	密实	54~60	60~66	66~72	72~78	78~84	84~90	90~96
中粗砂	$N>30$	65~70	70~75	75~81	81~90	90~99	99~107	107~115
土的名称	土的状态	土层深度(m)						
		16~19	19~22	22~26	26~30	30~35	35~40	—
淤泥	$I_L>1.0$ $1.5<e\leqslant2.4$		—	—	—	—	—	—
黏土 $I_P>17$	$I_L>1.0$	—	—	—	—	—	—	
	$0.75<I_L\leqslant1.0$	32~34	34~36	36~38	38~40	40~42	42~44	
	$0.50<I_L\leqslant0.75$	41~44	44~47	47~50	50~53	53~56	56~59	—
	$0.25<I_L\leqslant0.5$	55~59	59~63	63~67	67~71	71~75	75~79	
	$0<I_L\leqslant0.25$	62~66	66~70	70~74	74~78	78~82	82~86	
粉质黏土 $10<I_P\leqslant17$	$I_L>1.0$	—	—	—	—	—	—	
	$0.75<I_L\leqslant1.0$	34~36	36~38	38~40	40~42	42~44	44~46	
	$0.50<I_L\leqslant0.75$	48~51	51~54	54~57	57~60	60~63	63~66	—
	$0.25<I_L\leqslant5.0$	63~67	67~71	71~75	75~79	79~83	83~87	
	$0<I_L\leqslant0.25$	79~84	84~89	89~94	94~99	99~104	104~109	
粉土 $0<I_P\leqslant10$	$0.75<I_L\leqslant1.0$	48~51	51~54	54~57	57~60	60~63	63~66	
	$0.50<I_L\leqslant0.75$	63~67	67~71	71~75	75~79	79~83	83~87	—
	$0.25<I_L\leqslant5.0$	79~84	84~89	89~94	94~99	99~104	104~109	
	$0<I_L\leqslant0.25$	96~102	102~108	108~114	114~120	120~126	126~132	
粉砂 细砂	稍密	63~67	67~71	71~75	75~79	79~83	83~87	
	中密	79~84	84~89	89~94	94~99	99~104	104~109	—
	密实	96~102	102~108	108~114	114~120	120~126	126~132	
中粗砂	$N>30$	115~123	123~130	130~137	137~144	144~150	150~156	—

注:I_P-土的塑性指数;I_L-土的液性指数;N-标准贯入击数;e-土的天然孔隙比。

预制混凝土挤土桩桩端极限摩阻力标准值 q_k　　表9-4

土的名称	土的状态	土层深度(m)						
		5~10	10~15	15~20	20~25	25~30	30~35	35~40
黏土 $I_P>17$	$0.75<I_L\leq1.0$	100~300	300~500	500~700	700~900	900~1100	1100~1200	1200~1300
	$0.50<I_L\leq0.75$	300~500	500~700	700~950	950~1200	1200~1400	1400~1500	1500~1600
	$0.25<I_L\leq0.50$	500~700	700~950	950~1200	1200~1430	1430~1650	1650~1800	1800~1950
	$0<I_L\leq0.25$	700~970	970~1250	1200~1500	1500~1750	1750~2000	2000~2200	2200~2300
粉质黏土 $10<I_P\leq17$	$0.75<I_L\leq1.0$	200~500	500~790	790~1000	1000~1200	1200~1450	1450~1600	1600~1750
	$0.50<I_L\leq0.75$	400~700	700~1050	1050~1400	1400~1750	1750~2050	2050~2200	2250~2400
	$0.25<I_L\leq0.50$	600~1000	1000~1400	1400~1800	1800~2150	2150~2400	2400~2650	2650~2750
	$0<I_L\leq0.25$	800~1300	1300~1800	1800~2300	2300~2650	2650~3000	3000~3200	3200~3350
粉土 $0<I_P\leq10$	$0.75<I_L\leq1.0$	600~1000	1000~1400	1400~1800	1800~2150	2150~2400	2400~2650	2650~2750
	$0.50<I_L\leq0.75$	800~1300	1300~1800	1800~2300	2300~2650	2650~3000	3000~3200	3200~3500
	$0.25<I_L\leq0.50$	1000~1700	1700~2300	2300~2900	2900~3350	3350~3750	3750~4000	4000~4200
	$0<I_L\leq0.25$	1500~2300	2300~3000	3000~3600	3600~4100	4100~4500	4500~4800	4800~5000
粉砂 细砂	稍密	1000~1700	1700~2300	2300~2900	2900~3350	3350~3750	3750~4000	4000~4200
	中密	1500~2300	2300~3000	3000~3600	3600~4100	4100~4500	4500~4800	4800~5000
	密实	2000~3000	3000~3900	3900~4750	4750~5500	5500~6100	6100~6600	6600~7000
中粗砂	$N>30$	2400~3800	3800~5200	5200~6250	6250~7200	7200~8000	8000~8650	8650~9100

9.1.3　吊桩内力及沉桩应力验算

(1)大管桩应进行搬运和吊立阶段的抗裂验算。抗裂验算应按现行行业标准《水运工程混凝土结构设计规范》(JTS 151—2011)的有关规定执行。

(2)在进行吊运阶段抗裂验算时,应将大管桩重力乘以动力系数 a。搬运时 a 宜取1.3。吊立时 a 宜取1.1。

(3)大管桩应进行锤击沉桩拉应力和锤击沉桩压应力的验算。

(4)大管桩锤击拉应力验算时应满足下式要求:

$$\gamma_s\sigma_s\leq f_t+\frac{\sigma_{pc}}{\gamma_{pc}} \tag{9-3}$$

式中:γ_s——锤击拉应力分项系数,γ_{sk}取1.15;

σ_s——锤击拉应力的标准值(MPa);

f_t——管桩混凝土轴心抗拉强度设计值(MPa);

γ_{pc}——混凝土预应力分项系数,取1.0;

σ_{pc}——管桩混凝土有效预应力值(MPa)。

(5)大管桩锤击拉应力的标准值由锤能、锤击速度大小、桩垫软硬程度、桩长、组合钢管桩长度和地质条件等综合确定。

(6)大管桩锤击压应力验算时应满足下式要求：

$$\gamma_{sp}\sigma_{p} \leqslant f_{c} - \sigma_{pc} \tag{9-4}$$

式中：γ_{sp}——锤击压应力分项系数，γ_{sp}取1.1；

σ_{p}——锤击压应力的标准值(MPa)；

f_{c}——管桩混凝土轴心抗压强度设计值(MPa)。

(7)大管桩锤击压应力的标准应根据管桩桩型、桩端支承性质、桩长、选用的桩锤锤击能量和地质条件等综合考虑。

(8)为了防止沉桩过程中出现冲击疲劳现象，应对管桩沉桩总锤击数加以限制。总锤击数可根据打桩机类型、桩的成型工艺、地质条件、锤击能量、桩身混凝土强度、桩的截面积和桩垫材料等综合考虑确定。

9.1.4 使用阶段强度计算及抗裂验算

(1)大管桩在使用阶段应进行强度计算和抗裂验算，计算项目见表9-5。

大管桩正截面承载力计算和抗裂验算项目表　　表9-5

序　号	作用状态	计算内容
1	轴向受压	正截面承载力计算
2	轴向受拉	正截面承载力计算
3	压弯组合	正截面承载力计算、抗裂验算
4	拉弯组合	正截面承载力计算、抗裂验算

(2)在进行大管桩顶部的正截面承载力计算及抗裂验算时，应考虑钢绞线的应力传递长度对实际预应力值的影响。预应力值在管桩顶部取零，在距管桩顶部1.2m处可取有效预应力值，其间可按线性分布。

(3)大管桩正截面受压承载力可按下列公式计算，并应符合下列规定。

$$N_{u} = \frac{1}{\gamma_{d}}[\alpha f_{c}A - \sigma_{p0}A_{p} + \alpha f'_{py}A_{p} - \alpha_{t}(f_{py} - \sigma_{p0})A_{p}] \tag{9-5}$$

$$N_{u}\eta e_{0} = \frac{1}{\gamma_{d}}\left[f_{c}A\left(\frac{r_{1}+r_{2}}{2}\right)\frac{\sin\pi\alpha}{\pi} + f'_{py}A_{p}r_{p}\frac{\sin\pi\alpha}{\pi} + (f_{py} - \sigma_{p0})A_{p}r_{p}\frac{\sin\pi\alpha_{t}}{\pi}\right] \tag{9-6}$$

$$\alpha_{t} = 1 - 1.5\alpha \tag{9-7}$$

式中：α——受压区混凝土截面面积A'与混凝土全部截面面积A的比值；

α_{t}——受拉区纵向预应力钢筋截面面积与全部纵向预应力钢筋截面面积的比值，用式(9-7)计算，当$\alpha > 2/3$时，取$\alpha_{t}=0$；

r_{1}、r_{2}——环形截面(图9-2)的内、外半径(mm)；

r_{p}——纵向预应力钢筋所在圆周的半径(mm)；

e_{0}——轴向力对截面重心的偏心距(mm)；

γ_{d}——结构系数，大管桩取值1.05；

f_{c}——混凝土轴心抗压强度设计值(MPa)；

σ_{p0}——混凝土法向应力为零时预应力钢筋的应力(MPa)；

A——大管桩的截面面积(mm^{2})；

A_{p}——受拉纵向预应力钢筋的截面面积(mm^{2})；

N_u——大管桩正截面受压承载力(N)；

f_{py}、f'_{py}、——预应力钢筋的抗拉、抗压强度设计值(MPa)；

η——偏心距增大系数，$\eta = 1 + \dfrac{1}{5600\dfrac{e_0}{h_0}}\left(\dfrac{l_0}{r_2}\right)^2\xi_1\xi_2$；

$\xi_1 = \dfrac{0.5f_cA}{N_u}$，当 $\xi_1 > 1$ 时，取 $\xi_1 = 1$

$\xi_2 = 1.15 - 0.005\dfrac{l_0}{r_2}$，当 $l_0/r_2 \leqslant 30$ 时，取$\xi_2 = 1$

$l_0 = r_1 + r_p$

l_0——管桩的计算长度。

注：本公条适用于截面内纵向预应力钢筋数量不少于6根，纵向钢筋间距不大于300mm，$r_1/r_2 \geqslant 0.5$ 的情况。

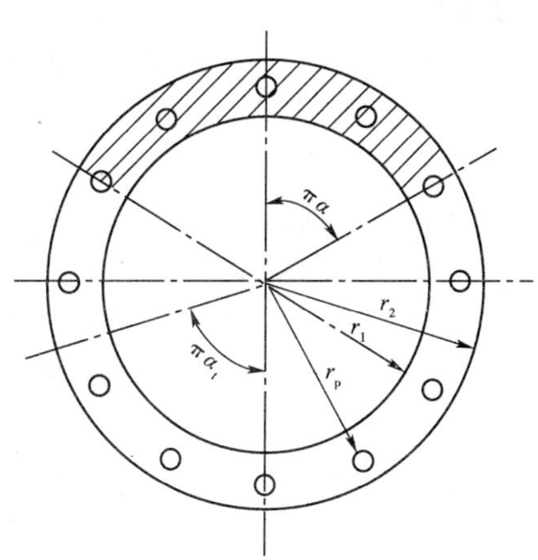

图9-2　沿周边均匀配筋的环形截面

①预应力主筋应采用高强度低松弛钢绞线，钢绞线的强度指标应符合现行国家标准《预应力混凝土用钢绞线》(GB/T 5224—2003)的规定。其张拉控制应力宜按下式计算：

$$\sigma_{con} \leqslant 0.70f_{ptk} \tag{9-8}$$

式中：σ_{con}——张拉控制应力值(MPa)；

f_{ptk}——钢绞线强度标准值(MPa)。

考虑钢绞线松弛、摩擦阻力等各项预应力损失，σ_{con}可提高$0.05f_{ptk}$。

②在计算结构截面应力和钢绞线控制应力时，钢绞线在施工阶段的预应力损失值宜根据试验确定。如无试验资料时可按下式计算：

$$\sigma_L = \sigma_{l1} + \sigma_{l2} + \sigma_{l3} + \sigma_{l4} + \sigma_{l5} + \sigma_{l6} \tag{9-9}$$

式中：σ_L——钢绞线在施工阶段总预应力损失值(MPa)；

σ_{l1}——锚具变形和钢绞线内缩引起的预应力损失值(MPa)；

σ_{l2}——钢绞线与预留孔道壁之间摩阻力引起的预应力损失值(MPa)；

σ_{l3}——拼接缝黏结剂弹性压缩变形引起的预应力损失值(MPa)，取0；

σ_{l4}——钢绞线松弛引起的预应力损失值(MPa)；

σ_{l5}——混凝土收缩徐变引起的预应力损失值(MPa)；

σ_{l6}——分批张拉钢绞线时，后批张拉钢绞线所产生的混凝土弹性压缩变形对先批张拉钢绞线引起的预应力损失值(MPa)。

σ_{l1}、σ_{l2}、σ_{l3}、σ_{l4}、σ_{l5}、σ_{l6}各项预应力损失值按现行行业标准《水运工程混凝土结构设计规范》(JTS 151—2011)的规定计算。当计算所得的预应力总损失值 σ_L小于100MPa时，则按100MPa取用。

9.1.5　构造

(1)大管桩主筋应采用在每个预留孔道中设置单股或多股高强度低松弛钢绞线。

(2)管节纵向架立钢筋和箍筋应采用 Q235 钢筋,其材质应符合现行国家标准《低碳钢热轧圆盘条》(GB/T 701—2008)的有关规定。

(3)管节纵向架立钢筋直径不应小于 7mm;箍筋直径不应小于 6mm。箍筋除两端圈为平圈外,其余可做成螺旋环向式,桩顶管节环向筋螺距为 50mm,基本管节两端 1m 范围螺距为 50mm,中间范围为 100mm。

(4)当大管桩有耐久性、抗冻性等方面的要求时,应根据大管桩的具体工作条件,按国家现行有关标准的规定执行。

(5)管节壁厚不得小于 130m。

(6)大管桩预应力钢筋保护层厚度不应小于 50mm。

(7)预应力钢筋的预留孔应符合下列规定:

①预留孔应沿周边均匀布置,不得少于 16 孔。

②钢绞线预留孔孔径宜按钢绞线截面积的 2~2.5 倍控制。

③两股或三股钢绞线预留孔孔径不应小于 40mm。

④预留孔中心间距不应小于 160mm。

(8)大管桩拼接必须采用黏结剂。黏结材料应满足抗锤击、防腐蚀和耐久性的要求。

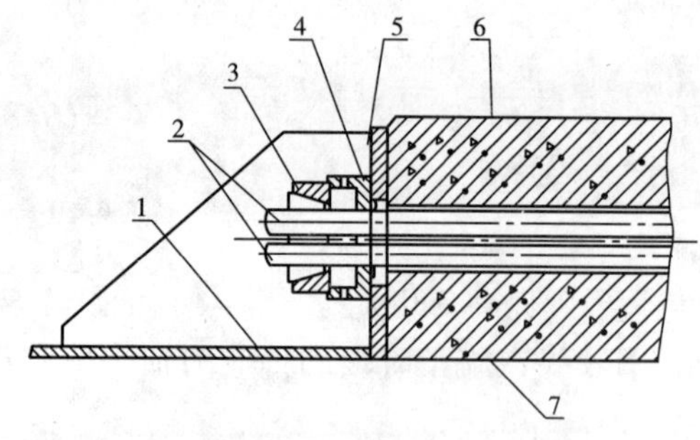

图 9-3　组合桩或混凝土管桩与钢桩靴连接图

1-钢管桩或钢桩靴;2-钢绞线;3-钢绞线锚具;4-锚垫板;5-加筋板;6-管桩外壁;7-管桩内壁

(9)桩顶管节宜设置钢套箍或采用纤维混凝土。

(10)根据工程的需要,在大管桩桩端可采用钢桩靴或组合桩形式(图 9-3)。钢桩靴或组合桩应符合下列规定:

①当采用钢桩靴时,钢桩靴的长度宜为 500mm。

②当采用组合桩时,组合桩的直径、长度、钢板厚度与材质、桩尖结构形式以及锚具保留数量应根据施工和地质条件确定。

9.2　预应力混凝土管桩制作及拼接

9.2.1　管节制作

1)管节钢模

钢模应符合下列要求:

(1)钢模应满足成型混凝土管节的相应尺寸要求,制作简单、装拆方便并定位可靠,且能提高周转次数。

(2)结构应具有足够的强度和刚度,筒体应选用强度高、弹性好和焊接性能好的材料,模板应平整和光滑,筒体合缝口平顺严密,自然放松时能张开 40~50mm。

(3)钢模端盖宜采用铸钢,且应有足够的刚度,表面应平整光滑;钢模锁紧端盖的拉杆,宜选用抗拉强度高且质轻的合金钢。

(4)钢模制作完毕后,必须进行静平衡力矩试验,不平衡力矩不应大于 2N · m。

(5)钢模制作完毕,必须对各项技术要求进行检验,合格后方可投入使用。

(6)钢模生产达到400节管节后,必须进行维护整修,同时进行静平衡力矩试验,不平衡力矩不应大于2N·m。生产达到700节管节后,所用钢模必须报废。

(7)钢模允许偏差应符合表9-6的规定。

钢模允许偏差　　表9-6

序　号	项　　目	允许偏差(mm)
1	钢模筒体长度 L	±2
2	钢模内径 D	+4 -1
3	钢模内径圆柱度	1
4	钢模外径各工作面(跑轮圈、振动圈)同轴度	ϕ0.5
5	合缝口间隙	0.3
6	钢模板面纵向直线度	3
7	钢模端盖端面平面度	0.15
8	钢模端盖面相对于钢模内径的垂直度	0.4

2)原材料

管节混凝土所用水泥强度等级不得低于42.5。水泥品种可以采用Ⅱ型硅酸盐水泥、普通硅酸盐水泥等。水泥的质量应符合现行国家标准《通用硅酸盐水泥》(GB 175—2007)的有关规定。

细集料应采用质地坚硬的天然河沙。河沙采用细度模数为3.0~2.6的中砂。细集料杂质含量应符合现行行业标准《水运工程混凝土施工规范》(JTS 202—2011)的有关规定。

粗集料应采用质地坚硬的碎石,石料的抗压强度应大于2倍所采用的混凝土强度等级。碎石的粒径应为5~20mm,碎石采用二级配,其中,5~16mm与10~20mm粒径的比例应按混凝土配合比设计及试验确定。粗集料的物理性能与杂质含量应符合现行行业标准《水运工程混凝土施工规范》(JTS 202—2011)的规定,其中水锈石含量不应超过10%,粒径5mm以下含量宜控制在6%。

外加剂可经试验选定,外加剂的质量应符合现行行业标准《水运工程混凝土施工规范》(JTS 202—2011)的有关规定。

拌和用水应符合现行行业标准《水运工程混凝土施工规范》(JTS 202—2011)的有关规定。

管节构造用钢筋,应符合有关规定。

3)混凝土

管节混凝土应符合下列条件:

(1)强度等级不小于C60。

(2)胶凝材料用量400~500kg/m^3。

(3)水胶比不大于0.35。

(4)混凝土拌和物维勃稠度控制在25~35s。

(5)混凝土重力密度大于2500kg/m^3。

(6)吸水率不大于3.5%。

(7)抗渗等级大于P8。

(8)混凝土拌和物中氯离子含量不超过胶凝材料质量的0.06%。

(9)抗冻等级不低于F300。

4)管节成型与养护

钢筋笼的制作应符合下列规定:

(1)应采用冷拔钢筋,用钢筋笼自动编织机按设计尺寸制作成型。

(2)每一管节长度的钢筋笼有五只脱焊点时应检查焊接头,并进行调整。如发现有两圈脱焊应停止生产,对设备进行维修,正常后再恢复生产。

钢筋笼的制作与安装应符合表9-7的要求。

钢筋笼制作与安装的允许偏差和检验方法 表9-7

<table>
<tr><th>序号</th><th>项　目</th><th>允许偏差
(mm)</th><th>检验单位
和数量</th><th>单元
测点</th><th>检 验 方 法</th></tr>
<tr><td>1</td><td>钢筋骨架长度</td><td rowspan="2">±5</td><td rowspan="6">每个构件抽查10%,且不少于3件</td><td>2</td><td>用钢尺量直径两端处</td></tr>
<tr><td>2</td><td>钢筋笼直径</td><td>6</td><td>用钢尺量两端及中部垂直两直径</td></tr>
<tr><td>3</td><td>箍筋间距</td><td rowspan="2">±10</td><td rowspan="2">3</td><td rowspan="2">用钢尺量两端及中部连续三档各取大值</td></tr>
<tr><td>4</td><td>纵向钢筋间距</td></tr>
<tr><td>5</td><td>钢筋保护层</td><td rowspan="2">±5</td><td rowspan="2">4</td><td>用钢尺量侧面</td></tr>
<tr><td>6</td><td>钢筋笼离端盖距离</td><td>用钢尺量两端各两点</td></tr>
</table>

管节所使用的钢筋笼垫块,宜采用高密度聚乙烯塑料压制成表面为凹凸形的卡式垫块,不得使用砂浆垫块。

管节预留孔道成型,应采用在拉杆上套壁厚为4~4.5mm的橡胶套管的工艺。橡胶套管的物理力学性能应符合下列要求:

(1)拉断强度不小于17MPa。

(2)伸长量不小于600%。

(3)硬度为48邵尔度左右。

(4)老化为12%左右。

钢模组装应符合下列规定:

(1)装模前应清除合缝口杂物,间隙不得大于0.3mm。应清除残留在钢模内侧、端盖内侧及内环面和橡胶套管外表面的混凝土和浮浆,脱模剂应涂刷均匀。

(2)端盖内侧与筒体外侧之间应紧密配合。

(3)塑料垫块必须与钢筋笼卡紧,钢筋笼纵向架立钢筋与制孔拉杆必须错开,严禁钢筋笼触及预留孔胶管。钢筋笼的端头与端盖应保持20~30mm的间距。

(4)拉杆螺母上紧扭矩应为0.25~0.30kN·m。

管节的混凝土布料及成型应满足下列要求:

(1)管节成型应采用复合工艺专用设备——离心机、振动机、辊压成型机。

(2)管节成型工艺应按以下流程进行:

①成型机旋转钢模。

②皮带机在钢模内往复均匀布料。

③钢模外施加振动。

④管节内壁施加辊压，同时钢模外施加振动。

⑤撤除辊压与振动后高速离心，使钢模中混凝土产生不小于 73g 的离心加速度。

⑥钢模自然降速至停。

⑦钢模及成型管节吊运至蒸汽养护区。

（3）布料应要求分层往复，均匀连续进行，一次完成。

管节成形后，吊离成型机座时，应平稳、轻放，严禁碰撞，此时应对管节内壁面进行收面处理。

管节应采用蒸汽养护。选择立式方法养护时，采用钢模外套保温罩，在管节内通蒸汽养护；选择卧式方法养护时，采用坑池加盖通蒸汽的方法养护。蒸汽养护制度应根据各地区不同条件、不同季节经试验后确定，但应满足下列条件：

①30℃干燥温度环境下静定 2h。

②升温与降温梯度为 15℃/h。

③升温至额定温度后恒温 4h。

④65℃开始以 15℃/h 降至室温。

脱模抽芯应符合下列规定：

（1）混凝土强度应达到设计值的 70% 时方可进行脱模，脱模应在专用平台上进行。

（2）脱模抽芯顺序应按以下流程进行；

①放松拉杆螺母。

②抽去拉杆插销。

③卸除端盖。

④抽拔拉杆及橡胶套管。

⑤卸下合缝口螺栓。

⑥顶开合缝口。

⑦用 U 形钩使管节从模内移出。

管节成型后，应在适当的时间内将突出管节端面的超厚部分去除。端面的超厚部分应设置内倒角。

管节脱模后应将管节端面表层水泥浮浆磨除。

管节脱模后应根据各地区不同条件水养 7d 或潮湿养护 10d。水养池养护管节应使用淡水，水面距管节最高处应大于 20mm。

当不采用蒸汽养护时，应按现行行业标准《水运工程混凝土施工规范》（JTS 202—2011）的有关规定养护。

5）管节质量检查

管节成形过程中，必须取样制作试件，测定混凝土立方体的抗压强度。试件的取样和养护条件应与管节相同。

混凝土试件的取样每工班应取三组、每组三块，其中一组测定管节蒸养后拆模强度，一组测定 14d 管节强度，一组为龄期 28d 的强度。试验方法应按现行行业标准《水运工程混凝土试验规程》(JTJ 270—1998)的有关规定执行。混凝土强度的合格标准应按现行行业标准《水运工程混凝土施工规范》(JTS 202—2011)的有关规定执行。

混凝土抗拉强度、吸水率和抗渗等级按每 5000m^{3}或每半年应进行一次抽样检测。试验方法应按现行行业标准《水运工程混凝土试验规程》(JTJ 270—1998)的有关规定执行。

外观质量应符合下列规定。

(1)外壁面严禁产生裂缝,内壁面由于干缩产生细微裂缝,其缝宽不得超过 0.2mm,深度不得大于 10mm,长度不得超过管径的 0.5 倍。超过上述标准时必须进行修补。

(2)混凝土应密实,不得出现露筋、空洞和缝隙等缺陷。

混凝土管节的允许偏差应符合表 9-8 的规定。

混凝土管节的允许偏差和检验方法 表 9-8

<table>
<tr><th>序号</th><th>项 目</th><th>允许偏差
(mm)</th><th>检验单位和数量</th><th>单元测点</th><th>检验方法</th></tr>
<tr><td>1</td><td>外周长</td><td>±10</td><td rowspan="6">每节</td><td rowspan="6">2</td><td>用钢尺量两端</td></tr>
<tr><td>2</td><td>长度</td><td>±3</td><td>用钢尺测量</td></tr>
<tr><td>3</td><td>壁厚</td><td>+10
0</td><td>用钢尺量两端</td></tr>
<tr><td>4</td><td>管节端面倾斜</td><td>$D/1000$</td><td>用钢尺量两端</td></tr>
<tr><td>5</td><td>管壁端面倾斜</td><td>$\delta/100$</td><td>用角尺测量</td></tr>
<tr><td>6</td><td>预留孔直径</td><td>±3</td><td>用内卡钳测量取大值</td></tr>
</table>

注:δ- 壁厚,D- 管节外径,单位均为 mm。

6)整桩质量检验

(1)质量要求

大管桩的质量应符合设计要求和现行行业标准《港口工程后张法预应力混凝土大管桩设计与施工规程》(JTS 167-6—2011)的有关规定。

大管桩制作的允许偏差、检验数量和方法应符合表 9-9 的规定。

大管桩制作的允许偏差、检验数量和方法 表 9-9

<table>
<tr><th>序号</th><th>项目</th><th>允许偏差
(mm)</th><th>检验单元和数量</th><th>单元
测点</th><th>检 验 方 法</th></tr>
<tr><td>1</td><td>外周长</td><td>±10</td><td rowspan="6">每节</td><td rowspan="5">2</td><td>用钢尺测量两端</td></tr>
<tr><td>2</td><td>长度</td><td>±3</td><td>用钢尺测量</td></tr>
<tr><td>3</td><td>壁厚</td><td>+10
0</td><td>用钢尺量两端</td></tr>
<tr><td>4</td><td>管节端面倾斜</td><td>$D/1000$</td><td>用钢角尺测量</td></tr>
<tr><td>5</td><td>管壁端面倾斜</td><td></td><td>用钢角尺测量</td></tr>
<tr><td>6</td><td>管节圆度</td><td>5</td><td>4</td><td>用钢尺测量两端</td></tr>
</table>

注:D- 大管桩外径,单位为 mm。

(2)结构性能测定

大管桩的力学性能由抗弯试验测出抗裂弯矩进行检验。每 1000 根或每年应在产品中随机抽样1根进行抗裂性能检验。对重要工程,试验桩数可按需要确定。

试验应按现行国家标准《混凝土结构工程施工质量验收规范》(GB 50204—2002)的有关规定执行。

9.2.2　管桩拼接

1)钢绞线

钢绞线应符合现行国家标准《预应力混凝土用钢绞线》(GB/T 5224—2003)的有关规定,其表面不得带有降低钢绞线与混凝土黏结力的润滑剂、油渍等物质,不得有锈蚀成肉眼可见的麻坑。新产品及进口材料的质量应符合相应国家现行标准的有关规定。

钢绞线的验收除应对其质量证明书、包装、标志和规格等进行检查外,尚应符合下列要求。

(1)钢绞线进场时应分批验收,应从外观、直径逐盘检验合格的钢绞线中,每60t内任选15%的盘数(但不少于三盘),在其任一端取一个试样进行表面质量、直径偏差和力学性能试验。如批量不足三盘,应逐盘取样作力学性能检验。试验结果如有一项不合格时,则不合格盘报废,并再从该批未试验过的钢绞线中取双倍数量的试样进行该不合格项的复验,如仍有一项不合格,则该批钢绞线应判为不合格。

(2)钢绞线的试验方法应按现行国家标准的规定执行。拉伸试验的试件不允许进行任何形式的加工。钢绞线的实际强度不得低于现行国家标准的规定。

钢绞线材料必须保持清洁,在存放和搬运过程中应避免机械损伤和有害的锈蚀。如进场后需长时间存放时,必须安排定期的外观检查。在仓库内保管时,仓库应干燥、防潮、通风良好、无腐蚀气体等介质;在室外存放时,时间不宜超过180d,不得直接堆放在地面上,必须采取垫枕木并用油布覆盖等有效措施,防止雨雪和各种腐蚀性介质的影响。

钢绞线的下料长度应通过计算确定,计算时应考虑管桩的孔道长度、锚夹具厚度、切割块长度、千斤顶长度和外露长度等因素。钢绞线的下料,应采用高速砂轮机切割,不得采用电弧或乙炔—氧气切割。严禁将扭曲或折弯的钢绞线调直后再进行使用。

2)锚具、夹具和切割块

钢绞线锚具和夹具应具有可靠的锚固性能、足够的承载能力和良好的适用性,应符合现行国家标准《预应力筋锚具、夹具和连接器》(GB/T 14370—2007)的要求,同时其结构形式应符合管桩设计构造要求。

钢绞线锚具应按设计要求采用。锚具应满足张拉、二次张拉以及放松预应力的操作要求。夹具应具有良好的自锚性能、松锚性能和重复使用性能。切割块应按设计图纸加工验收,应满足锚夹具放置的要求,同时应设置压浆孔或排气孔,压浆孔应有足够的截面面积,以保证浆体的畅通。

锚具和夹具除应按出厂合格证和质量证明书核查其锚固性能类别、型号、规格及数量外,还应按下列规定进行验收。

(1)外观检查:应从每批中抽取10%且不少于10套的锚具,检查其外观和尺寸。当有一套表面有裂纹或超过产品标准及设计图纸规定尺寸的允许偏差时,应另取双倍数量的锚具重做检查。如仍有一套不符合要求,则应逐套检查,合格者方可使用。

(2)硬度检验:应从每批中抽取5%且不少于5件的锚具,对其中有硬度要求的零件做硬度试验，对夹片式锚具的夹片，每套至少抽取3片。每个零件测试3点，其硬度应在设计要求范围内，如有一个零件不合格，应另取双倍数量的零件重做试验，如仍有一个零件不合格，则应逐个检查，合格者方可使用。

(3)首次使用的锚具或锚具的型号、规格有变化时，除经上述两项试验合格后，应从同批中取6套锚夹具组成3个钢绞线锚具组装件，进行静荷载锚固性能试验，如有一个试件不符合要求，应另取双倍数量的锚夹具重做试验，如仍有一套试件不合格，该批锚夹具应判为不合格品。在质量稳定的情况下，其静载锚固性能可参照锚具生产厂提供的试验报告。

(4)锚夹具验收批的划分，在同种材料和同一生产工艺条件下，锚具、夹具应以不超过1000套为一个验收批。

锚具、夹具均应设专人保管。存放、搬运均应妥善保护，避免锈蚀、玷污、遭受机械损伤或散失。临时性的防护措施应不影响安装操作的效果和永久性防锈措施的实施。

重复周转使用的锚具和夹具应按规定周转次数作定期检查。

3)黏结剂

黏结剂的各项技术指标必须满足设计和施工的要求。

应根据气温的变化调整黏结剂配比。初凝时间宜控制在1.5～2h，终凝时间宜控制在5h左右。20～24h抗压强度应达到30MPa以上。

黏结剂固化后，龄期14d的物理力学性能应达到如下指标：

(1)抗压强度大于70MPa。试验按现行国家标准《硬质泡沫塑料压缩性能的测定》(GB/T 8813—2008)的有关规定执行。

(2)抗拉强度大于10MPa。试验按现行国家标准《塑料 拉伸性能的测定》(GB 1040.2—2006)的有关规定执行。

(3)弯曲抗拉强度大于20MPa。试验按现行国家标准《硬质泡沫塑料　弯曲性能的测定》(GB/T 8812.1—2007)的有关规定执行。

(4)湿热老化试验，各项技术指标的保留率大于90%。试验按现行国家标准《漆膜耐湿热测定法》(GB 1740—2007)的有关规定执行。

管桩拼接黏结固化后，其黏结处的轴心抗拉强度应大于管节混凝土本体轴心抗拉强度。试验方法应按现行行业标准《水运工程混凝土试验规程》(JTJ 270—1998)的有关规定执行。

4)拼接张拉工艺

张拉所用拉伸机与油压表必须配套使用，并应定期维护和校验，以确定张拉力与油压表之间的关系曲线。油压表精度不宜低于1.5级，校验设备仪表精度允许偏差为±2%。校验时拉伸机活塞的运行方向应与实际张拉工作状态一致。张拉设备的校验期限，不应超过6个月或张拉次数200次。张拉设备出现不正常现象或拉伸机检修以后，必须重新校验。

管节拼接时混凝土抗压强度应达到设计要求，且龄期应大于14d，管节应符合现行行业标准《港口工程后张法预应力混凝土大管桩设计与施工规程》(JTS 167-6—2011)的有关规定。

管节拼接时，管节端面应平整、无明显缺损和无油污。预留孔道洁净并畅通。

在管桩拼接前应对拼接台车进行检查及调整。在拼桩时管节的预留孔应按标识一一对应。管节的黏结面及外侧倒角应进行清洁处理，并在干燥的状态下涂刷黏结剂。黏结面的黏结剂应涂刷均匀饱满。管节合拢后，应将管节端面内外侧用黏结剂补平，贴上胶带纸，以防黏结剂流淌。

钢绞线张拉应符合下列规定：

(1)钢绞线应采用应力控制法张拉,同时校核钢绞线的伸长值。

(2)钢绞线的张拉控制应力应符合设计要求。钢绞线如需超张拉时,控制应力值 σ_{con} 应不大于 $0.75f_{ptk}$。

(3)整个张拉过程采用单向双束张拉,张拉必须对称、同步并相互交错地缓慢进行。

(4)预应力钢绞线的张拉应分二次进行。管桩第一次张拉后,不得吊运或移动。

(5)第二次张拉时黏结剂抗压强度值必须大于30MPa,且第二次张拉控制力值与设计张拉力值的允许偏差不得大于3%。

(6)在整个张拉过程中预应力钢绞线不得有断丝或滑丝出现,如发现应及时进行更换。

钢绞线伸长量应符合下列规定：

(1)理论伸长值 ΔL 与实际伸长值 $\Delta L'$ 的差值应符合设计要求,当设计无规定时,如实际伸长值比理论伸长值大10%或小5%,应暂停张拉,查明原因并采取措施予以调整后,方可继续张拉。

(2)预应力钢绞线的理论伸长值 ΔL(mm)可按式(9-10)计算：

$$\Delta L = \frac{P_{P}L}{A_{P}E_{P}} \tag{9-10}$$

式中：P_{P}——预应力钢绞线的张拉力(N)；

L——预应力钢绞线的长度(mm)；

A_{P}——预应力钢绞线的截面面积(mm^2)；

E_{P}——预应力钢绞线的弹性模量(N/mm^2)。

(3)预应力钢绞线张拉的实际伸长量 $\Delta L'$(mm)可按式(9-11)计算：

$$\Delta L' = \Delta L'_1 + \Delta L'_2 + \Delta L'_3 \tag{9-11}$$

式中：$\Delta L'_1$——一次张拉时从初应力至一次张拉应力间的实测伸长值(mm)；

$\Delta L'_2$——二次张拉时从一次张拉应力至最大张拉应力间的实测伸长值(mm)；

$\Delta L'_3$——初应力以下的推算伸长值(mm),可根据初应力和产生 $\Delta L'_1$ 的张拉应力的比值推算得到。

(4)预应力钢绞线的锚固,应在张拉控制应力处于稳定状态下进行。锚固阶段张拉端预应力钢绞线的回缩值与锚具变形值不应大于6mm。

锚具夹持钢绞线后,钢绞线张拉力的作用线应与孔道中心线重合。

5)孔道压浆与钢绞线放张

预应力钢绞线张拉后,孔道应尽早压浆。

水泥浆体材料应符合下列规定：

(1)水泥质量应符合国家现行标准的有关规定。其强度等级不得低于42.5。水泥品种可采用：Ⅱ型硅酸盐水泥、普通硅酸盐水泥等,其质量应符合现行国家标准《通用硅酸盐水泥》(GB 175—2007)等的有关规定。

(2)经试验选定的外加剂、膨胀剂和拌和用水,应符合现行行业标准《水运工程混凝土施工规范》(JTS 202—2011)的有关规定。

水泥浆体的制备应符合下列规定：

(1)水泥浆体在使用前和压浆过程中应连续搅拌，宜采用不低于1000r/min高速搅拌机拌和，且采用不低于100r/min的低速拌和筒储备。对于因延迟使用所致的流动度降低的水泥浆，不得通过加水来增加其流动度。

(2)水灰比应不大于0.35。

(3)水泥浆稠度宜控制在16~20s范围内。

(4)拌和后3h的泌水率应小于2%，且泌水应在24h内重新全部被浆吸收。

(5)通过试验后，水泥浆中可掺入适量膨胀剂，但其自由膨胀率宜控制在5%~10%。

(6)可使用时间应控制在30min内。

高温季节拌浆时应采用适当降温措施。管桩温度低于5℃或以后48h内可能降至5℃以下时，应对管桩加热，且拌浆应采取保温措施。

孔道压浆应符合下列规定：

(1)压浆前在管桩的预留孔道两端安装阀门，并采用0.2MPa压力水检查桩身与接缝是否漏水，同时清洁孔道。压水检查后，应用不含油的压缩空气将预留孔道内积水吹出。

(2)压浆顺序宜先压下层孔道逐渐向上孔道进行。水泥浆由桩的一端向桩的另一端压送，压浆应缓慢、均匀地进行，不得中断，待出浆口流出浓浆后关闭出浆口阀门，并应保持0.4~0.6MPa压力不少于2min，以确保浆体密实性。

(3)水泥浆体初凝后，方可拆除保压阀门。

压浆后应从检查孔抽查压浆的密实情况，如有不实，应及时处理和纠正。压浆时，每一工作班应留取不少于三组的70.7mm×70.7mm×70.7mm立方体试件，其中一组标准养护7d，其余标准养护28d，检查其抗压强度，作为水泥浆质量验收的依据，其抗压强度分别应不小于28MPa和40MPa。试验应按现行行业标准《水运工程混凝土试验规程》(JTJ 270—1998)的有关规定执行。

在压浆结束1h后不得以任何方式移动或吊运该管桩。待水泥浆抗压强度大于28MPa或水泥浆体与钢绞线的黏结力大于0.2kN/mm时方可移动或切割放张钢绞线。

放松锚夹具可采用乙炔—氧气切割的方法，但其切割点应距锚具50mm以上，并应采取措施防止锚具产生退火或回火现象。退火或回火的锚夹具不得再次使用。

切割放张的顺序应按对称、相互交错的原则进行。

为保证打桩的施工要求，桩顶节切割后的钢绞线不得高于管桩端面，并用环氧胶泥补平。

9.3 管桩的吊运、堆存、运输

9.3.1 管节堆存、起吊和运输

管节堆存场地应平整和坚实，避免不均匀沉降。

为防止碰撞，在管节间应有橡胶管或垫楞保护。

管节多层堆存时，堆存层数应根据地基承载力、垫楞强度和堆垛稳定性确定，ϕ1200mm的管节堆存层数不宜超过四层，ϕ1400mm的管节堆存层数不宜超过三层。各层的垫木应位于同一垂直面。

管节起吊宜采用管节起吊专用工具，吊运过程中应徐徐起落，减少振动，避免碰撞。

当管节需要装船或装车运输时，应在船舶或车辆底层设置垫楞，多层运输各层间应设置垫木，支垫应上下对齐，各层垫木材质应相同。如遇长途运输，各层之间须用柔软材料支垫，堆与堆之间用垫楞分隔，同时进行整体加固，以防窜动。船舶运输管节堆放层数，管径 ϕ1200mm 不宜超过四层，管径 ϕ1400mm 不宜超过三层，汽车运输均不宜超过两层。

9.3.2　整桩吊运、堆存和装运

1）场内吊运

吊运宜采用钢桁架多点起吊，钢桁架应具有足够的刚度，防止吊桩时产生过大变形。吊索应与桩纵轴线垂直；当不采用钢桁架吊运时，吊索与桩纵轴线夹角应大于45°。

吊运时桩身可采用钢丝绳扣捆绑，其吊点位置应符合设计要求，允许偏差为 ±200mm。

吊运时各吊点应同时受力，徐徐起落，避免振动，严禁抛掷、碰撞，防止桩身损坏。

2）场内堆存

堆存地应平整和坚实，避免不均匀沉降。

大管桩应采用多点支垫，支垫间距不宜大于 4m。

多层堆存时，堆放层数应根据地基承载力、垫楞强度和堆垛稳定性等确定，并定期检测垫楞的水平度。堆放层数不宜超过三层，各层垫木应位于同一垂直面上。

3）装运

大管桩装船，应采取间距为 4m 的多支点大方木垫楞搁置。底楞顶面应在同一平面上。桩身两侧应垫置楔形垫木，用以稳定底层管桩和受力良好。楔形垫块支点位置与管桩截面垂直线夹角不应小于 40°。

对于甲板面为弧形的驳船，底层管桩不便使用多支点大方木底楞，可沿桩身两侧间断垫置楔形垫木，垫木应平整和垫紧，并固定牢靠。

底层以上各层管桩采用木方支垫，各层支垫应在同一垂直面上。

短途运输时应按沉桩顺序装船。当出现短桩在下位，长桩在上位，管桩搁置的悬臂长度超过规定时，应作高位支撑，支撑必须坚实牢固。

长途运输选用的驳船吨位较大时，可按驳船的平面尺寸合理布置装船。大管桩桩驳高度应以三层为限，各层之间必须支垫牢固，并作可靠加固，以防风浪。

大管桩的装运，有关部门应绘制装驳图和加固图。

装、卸船时应按序从船的两侧对称吊桩，保持驳船的稳定性。

9.4　预应力混凝土管桩沉桩

9.4.1　沉桩工艺选择

沉桩工艺应根据地质条件、单桩极限承载力和桩身强度确定。

沉桩工艺分为锤击沉桩和水冲锤击沉桩。黏性土地基宜用锤击沉桩。砂性土地基当沉桩有困难时，宜用内冲排法水冲锤击沉桩。

对于岩基覆盖层较薄不足以嵌固管桩时，可采用嵌岩桩的施工工艺。

水冲锤击沉桩，当桩端距设计高程为 1.0～1.5 倍桩径时，应停止冲水改用锤击，以保证

基桩的承载力。水冲锤击沉桩后,应及时与邻近桩或固定结构夹紧,防止桩身倾斜和位移。

锤击沉桩应根据地质条件和单桩极限承载力等情况,选择合适的锤型,使沉桩既能满足设计要求的承载力,且锤击过程中桩身产生的锤击拉、压应力又不超出桩体混凝土的控制值。

锤击沉桩所用的替打、桩垫和锤垫应满足下列要求:

(1)替打制作应保证加工质量,用钢板焊接加工的替打应作回火处理。

(2)桩垫宜采用纸板箱垫、棕绳或麻绳盘根垫,或其他经试验后确认为合适的桩垫。

(3)锤垫宜采用具有一定弹性及刚度的材料,如钢丝绳垫。

大管桩沉桩工程应安排试打桩及高应变动测,用以验证所选桩锤系统是否符合工程要求,并取得与设计要求承载力相应的沉桩控制值,作为停锤标准的依据。

试打桩及高应变动测试验可利用工程桩。对动测桩,其桩长可根据测试要求适当加长,以满足测试要求。对需要进行复打的动测桩,必须考虑间歇期及复打的可能性。

大管桩起吊时,其吊点位置应符合设计要求,并应采用必要措施避免钢丝扣滑动。

9.4.2 沉桩控制及质量标准

沉桩前应对大管桩进行逐根检查,核实出厂合格证与施工用桩是否相符,检查管桩外观质量及运输中有否损伤。

锤击沉桩的控制应根据地质条件、设计承载力、锤系统、桩长及试桩高应变动测结果综合考虑,其停锤标准应按下列要求执行。

设计桩端持力层为一般黏性土时,应以高程控制。

设计桩端持力层为硬塑状的黏性土、粉细砂和砾砂土时应以高程控制为主,当沉桩贯入度比较小而达不到设计桩端高程时,应以贯入度控制,并按最后一阵10击平均贯入度达到5~10mm时即可停锤。当桩端高程仍超过设计高程2m时应与设计部门研究解决。

设计桩端持力层为风化岩时,应以贯入度控制,当最后一阵10击平均贯入度不大于控制贯入度时,即可停锤。当桩端打到设计高程,而贯入度仍较大,则应继续锤击,直至最后一阵10击平均贯入度达到或接近控制贯入度为止。但当继续锤击有困难,影响施工时,应会同设计部门协商解决。

水冲锤击沉桩,停锤标准应以设计桩端高程控制。若桩端持力层为风化岩地基时,则应以贯入度控制。

锤击沉桩时应保持桩锤、替打和桩三者的中心线在同一轴线上。

依据桩制作工艺的不同,分别限制沉桩锤击总数。沉桩采用D100型锤1档或2档施打,其最大锤击总数,桩顶管节加钢板套箍的宜控制在2000击以内,顶桩管节为钢纤维混凝土的宜控制在2500击以内。

锤击沉桩允许偏差应符合表9-10的规定。

桩的纵轴线倾斜度偏差不宜大于1%。桩的纵轴线倾斜度偏差超过1%,但不大于2%的直桩不应超过10%。

锤击沉桩时,桩身外壁不得出现裂缝。当发现桩身有裂缝时,应会同设计单位研究处理。

锤击沉桩时应采取有效措施,防止断桩发生。如果出现断桩,应会同设计单位研究处理。

沉桩后对于超过设计高程的桩应截除。截桩可采用机械截桩或人工截桩。

在沉桩期间,可分期分批进行高应变动测和低应变桩身质量检测。高应变动测以检验桩的承载力为主,其数量宜取总沉桩数的2% ~5%,并不得少于5根。低应变检测用以检验桩的完整性,其数量不宜少于总桩数的10%,并不得少于10根。高应变动测和低应变检测应符合现行行业标准《港口工程桩基动力检测规程》(JTJ 249—2001)的有关规定。

锤击沉桩允许偏差　表9-10

区　域	排　架　桩	
	直桩	斜桩
有掩护水域	150	200
无掩护近岸水域	200	250
无掩护离岸水域	250	300

注:1. 沉桩允许偏差是指设计的平面位置与夹桩铺底板后,所测桩位置数值之差,在夹桩时严禁拉桩。
2. 近岸指距岸不大于500m,离岸指距岸大于500m。
3. 长江和掩护条件较差的河口港沉桩可按"无掩护近岸水域"标准执行。
4. 墩台中间桩可按上表规定放宽50mm。
5. 当遇有障碍物时,其允许偏位可会同设计单位研究处理。
6. 水冲锤击沉桩的允许偏位可由设计、施工单位协商确定。

9.4.3　沉桩注意事项

锤击沉桩时,为消除打桩过程中水锤现象,必须在管桩适当部位预留排水孔,进行排气、排水措施及涌土处理,同时替打也须开孔排气;在高潮位时,如果有水从孔中喷出,应立即停锤,等桩内的压力与桩外的压力相等后再继续沉桩,以防桩身产生纵向裂缝。

水冲锤击沉桩过程要保持水冲管的位置不得超过桩端,以防止桩端土体掏空而使桩身产生过大锤击拉应力。

沉桩时严禁边锤击边纠正桩位,以免造成断桩事故。

正位下桩而沉桩工程发现有规律性偏移时,应取得监理工程师认同采取"保桩不保位"的措施,避免引起断桩。

桩垫必须及时更换,宜做到一桩一垫,并在更换时应将残留物清除干净。

为保证锤击有足够的缓冲,并防止沉桩时的偏心锤击,锤垫必须及时更换。

对抛砂且需振冲的基床,宜采用先打桩再振冲的方法。

沉桩应选择在较好的海况、水文和气象条件下进行,以免因波浪、流速过大而产生偏心锤击或走锚而将桩蹩断的情景。在航道附近沉桩时,应注意过往船只所产生的船行波对打桩船的影响,必要时可暂停锤击。

在已沉桩完的区域周边,应设明显标志,夜间应设置红灯,以保证安全。

9.5　沉桩控制标准及检测

9.5.1　锤击沉桩控制

锤击沉桩控制应根据地质情况、设计承载力、锤型、桩型和桩长综合考虑,并满足下列要求:

(1)设计桩端土层为一般黏性土时,应以高程控制。桩沉放后,桩顶高程允许偏差为+100mm,-0.0mm。

(2)设计桩端土层为砾石、密实砂土或风化岩时,应以贯入度控制。当沉桩贯入度已达到控制贯入度,而桩端未达到设计高程时,应继续锤击贯入100mm或锤击30~50击。其平均贯入度不应大于控制贯入度，且桩端距设计高程不宜超过1～3m(硬土层顶面高程相差不大时取小值)。超过上述规定由有关单位研究解决。

(3)设计桩端土层为硬塑状的黏性土或粉细砂时，应以高程控制为主，当桩端达不到设计高程时应用贯入度作为校核。

当桩端已达到设计高程而贯入度仍较大时，应继续锤击使其贯入度接近控制贯入度，但继续下沉的深度应考虑施工水位的影响。

当桩端距离设计高程尚较大，而贯入度小于控制贯入度时，可按(2)项执行。

9.5.2 沉桩后允许偏差

沉桩后允许偏差符合下列规定。

(1)水上沉桩桩顶偏位应符合表9-11的规定。

水上沉桩允许偏差(单位 mm) 表9-11

沉桩区域 \ 桩型	预应力混凝土大直径管桩	
	直桩	斜桩
内河和有掩护近岸水域	150	200
近岸无掩护水域	200	250
离岸无掩护水域	250	300

注：1. 近岸指距岸不大于500m，离岸指距岸大于500m。

2. 直径不大于600mm的管桩按方桩允许偏差执行。

3. 墩台中间桩可按上表规定放宽50mm。

4. 表中所列允许偏差不包括由锤击振动等所引起的岸坡变形产生的基桩位移。

(2)桩沉完后，应及时测定处于自由状态的桩顶偏位，并记录，如偏位值较大应及时与设计联系。在夹桩铺底板后，应再次测定桩顶偏位，并以此作为竣工偏位的最终数值。在夹桩时严禁拉桩。

(3)沉桩区有柴排、木笼、抛石棱体、浅层风化岩，以及采用长替打沉桩、水冲沉桩或其他特殊地区的桩位允许偏差值，可会同有关单位研究确定。

(4)桩的纵轴线倾斜度偏差不宜大于1%。桩的纵轴线倾斜度偏差超过1%，但不大于2%的直桩不应超过10%。

9.5.3 锤击时裂缝控制

锤击沉桩时，预应力混凝土桩不得出现裂缝，如出现裂缝，应根据具体情况研究处理。

9.5.4 桩基检测

针对下列情况应采用动力试验法对桩进行检测。

(1)当桩端高程不符合上述规定，影响桩的垂直承载力时，宜采用高应变动力试验法对单桩垂直承载力进行检测。

(2)对预应力混凝土桩，在沉桩中发生贯入度过大等异常情况，或其他影响桩身结构可靠性时，宜采用低应变动力试验法对桩身质量进行检测。检测桩数可取总桩数的5%～10%，并不得少于10根。

(3)采用动力试验法对桩进行检测时，应符合国家现行标准规定。

第十章 抛砂与抛石

10.1 抛砂及加固

在双排桩墙结构设计中，要求由两排桩墙与中间填砂形成的整体结构来共同承担水平和垂直外荷载。在我国华东地区的软土地基中施工时，为了要在施工中达到设计目标，其中很重要的一点是要对填砂进行加固，使填砂加固体与排桩墙形成一个整体结构。为此，填砂加固施工的工序为：

(1)对地基进行清淤，必要场合挖泥疏浚。

(2)按设计要求试打双排大管桩，在双排管桩间插入混凝土挡板，以防排桩间的抛砂从排桩间流失。

(3)在两排管桩顶部分别现浇两道钢筋混凝土纵梁。

(4)沿纵梁每隔一定距离安装钢连杆，可采用钢箱梁或工字梁连接。系船柱后方必须布置加强型连杆。

(5)在两排桩墙之间分层抛砂，一般沿桩的高度分 3 ~ 4 层，且每抛完一层，随即用深层水泥搅拌桩加固一层。水泥掺入比可由下至上逐层递减，并对排桩间的下卧地基土层也要加固至一定深度。将搅拌桩相互搭接成格栅体而形成具有一定宽度和一定深度的加固体，上下搅拌桩搭接长度至少要大于 1m。利用搅拌桩和格栅内砂的自重及水泥土的抗压、抗剪能力承受土压力、水压力和堆载的侧压力。在管桩与加固土之间进行注浆以提高桩和加固土体间的接触，从而提高桩与加固土体间的摩阻力。

(6)土体加固后，在纵梁之间的结构顶面上铺设混凝土拼板。

10.2 施工期抛石分层增量计算

当双排大管桩结构中抛填块石时，施工期抛石荷载产生的内力是随着抛石过程中逐渐形成的。可将施工抛石分为若干层，求出每一层抛石产生的土压力增量，然后将土压力增量作用到结构上求解结构内力。最后将所有各层土压力增量产生的内力相叠加，作为施工抛石荷载产生的内力。计算采用理想弹塑性地基反力法，弹性部分采用桩的杆系有限元法。

10.3 水中抛石的下落速度

物体进入流体时存在阻力中心偏离重心、向前方移动的性状。抛入水中的石头是形状不对称的物体，一般情况下它的重心和阻力中心是错开的，不一致的，因此，抛石会产生转动力矩，以一会儿翻转、一会儿蛇行的轨迹下落。这些情况主要受到抛石的粒径、形状、比重以及流体的黏性、密度的影响。抛石在水中会加速下落，在重力和阻力达到平衡时末速度变为恒定。在此，建立水中下落抛石的运动方程式为：

$$\frac{W}{g}\cdot\frac{d^2x}{dt^2}+\frac{1}{2}\frac{\gamma_0}{g}C_D\cdot A\left(\frac{dx}{dt}\right)^2=W\left(1-\frac{\gamma_0}{\gamma}\right) \tag{10-1}$$

式中：W——抛石的质量(kg)；

A——抛石的投影面积(m^2)；

γ——抛石的密度(kg/m^3)；

C_D——水的抗沉系数；

γ_0——水的密度(kg/m^3)；

g——重力加速度(m/s^2)；

x——抛石的下沉距离(m)；

t——时间(s)。

把式(10-1)化为下列形式：

$$\frac{d^2x}{dt^2}+\frac{1}{2}\frac{\gamma_0}{W}C_D\cdot A\left(\frac{dx}{dt}\right)^2=g\cdot\left(1-\frac{\gamma_0}{\gamma}\right) \tag{10-2}$$

令$\frac{1}{2}\frac{\gamma_0}{W}C_D\cdot A=G$，$g\cdot\left(1-\frac{\gamma_0}{\gamma}\right)=H$，则有：

$$\frac{d^2x}{dt^2}+G\left(\frac{dx}{dt}\right)^2=H \tag{10-3}$$

令

$$\frac{dx}{dt}=u, u^2=2z$$

则

$$2u\cdot\frac{du}{dx}=2\frac{dz}{dx}$$

$$u\cdot\frac{du}{dx}=\frac{dz}{dx}$$

$$\frac{d^2x}{dt^2}=\frac{d}{dt}\left(\frac{dx}{dt}\right)=\frac{du}{dt}=\frac{du}{dx}\cdot\frac{dx}{dt}=u\frac{du}{dx}=\frac{dz}{dx}$$

由式(10-3)可以化为：

$$\frac{dz}{dx}=2Gz=H \tag{10-4}$$

其中齐次方程$\frac{dz}{dx}+2Gz=0$的解为：

$$z=C_1e^{-2Gx}$$

则式(10-3)可按如下求解：

$$\frac{dz}{dx}=\frac{dC_1}{dx}e^{-2Gx}-2GC_1e^{-2Gx}=\frac{dC_1}{dx}e^{-2Gx}-2Gz$$

$$\frac{dz}{dx}+2Gz=\frac{dC_1}{dx}e^{-2Gx}=H$$

$$\frac{dC_1}{dx}=He^{2Gx}$$

$$C_1=\frac{H}{2G}e^{2Gx}+C_0$$

所以式(10-4)的解为:

$$z=C_0e^{-2Gx}+\frac{H}{2G} \tag{10-5}$$

式中:C_0——积分常数。

由 $x=0,u=0$ 导出:

$$z=\frac{u^2}{2}=0$$

$$0=C_0+\frac{H}{2G},C_0=-\frac{H}{2G}$$

有

$$z=\frac{H}{2G}(1-e^{-2Gx}) \tag{10-6}$$

因为 $u^2=2z$,所以

$$u=\sqrt{2z}=\sqrt{\frac{H}{G}}\cdot\sqrt{1-e^{-2Gx}} \tag{10-7}$$

则抛石体在水中的下落速度为:

$$\sqrt{\frac{H}{G}}\cdot\sqrt{1-e^{-2Gx}}$$

下面计算抗沉系数及抛石体的末速度。

设抛石体的末速度为 v_u,则在重力和阻力达到平衡时有:

$$\frac{1}{2}\frac{\gamma_0}{g}\cdot C_D\cdot A\cdot v_u^2=W\left(1-\frac{\gamma_0}{\gamma}\right) \tag{10-8}$$

$$C_D=\frac{2gW}{Av_u^2}\cdot\left(\frac{1}{\gamma_0}-\frac{1}{\gamma}\right)$$

设抛石体体积为:$V=W/\gamma,W=\gamma\cdot V$

有

$$C_D=\frac{2gV}{Av_u^2}\cdot\left(\frac{\gamma}{\gamma_0}-1\right) \tag{10-9}$$

考虑边长为 a 的立方体抛石:

$$V=aA$$

有

$$C_D=\frac{2ga}{u_u^2}\cdot\left(\frac{\gamma}{\gamma_0}-1\right) \tag{10-10}$$

由式(10-8)有

$$v_u^2=\frac{2gW}{\gamma_0C_DA}\left(1-\frac{\gamma_0}{\gamma}\right) \tag{10-11}$$

设抛石为边长 a 的同重量立方体,则有:

$$A=a^2,W=\gamma\cdot a^3,A=\left(\frac{W}{\gamma}\right)^{\frac{2}{3}}$$

而：
$$\frac{W}{A}=\frac{W}{\left(\frac{W}{\gamma}\right)^{\frac{2}{3}}}=\gamma^{\frac{2}{3}}W^{\frac{1}{3}};\frac{1}{\gamma_0}\left(1-\frac{\gamma_0}{\gamma}\right)=\frac{1}{\gamma_0}-\frac{1}{\gamma}$$

所以式(10-10)可化为：

$$v_{\mathrm{u}}^2=\frac{2g\gamma^{\frac{2}{3}}}{C_D}\left(\frac{1}{\gamma_0}-\frac{1}{\gamma}\right)W^{\frac{1}{3}}$$

从而末速度为：

$$v_{\mathrm{u}}-\sqrt{\frac{2g\gamma^{\frac{2}{3}}}{C_D}\left(\frac{1}{\gamma_0}-\frac{1}{\gamma}\right)}W^{\frac{1}{6}} \tag{10-12}$$

第四部分　展　　望

第十一章　应用前景及尚待研究的问题

本书论述了大间距、大宽高比的双排桩墙结构的计算理论与方法。由于这类结构的防水性能良好，常被用作临时围堰的堰堤，如干船坞的围堰。近来也用于深水护岸、防波堤、系船码头、船坞坞壁等永久结构。结构形式除了双排钢板桩结构、双排大管桩结构外，最近还有双排灌注桩结构被成功地应用于船坞工程中。随着码头建设不断向大型化、深水化以及深水导堤发展，双排桩墙结构的应用前景必然会更好。

虽然经过多年的研究，双排桩墙结构的力学性能已经逐渐为人们所了解，但还未达到能够准确无误地进行设计计算的阶段。比如虽然已经用有限元法进行干船坞临时围堰的设计计算，但按此设计施工时还会产生双排钢板桩位移超大现象，需要再对地基采取加固措施才能解决问题。

要能准确地对双排桩墙结构进行设计计算还有尚待研究的问题：

(1)土压力问题：目前可知双排桩墙结构介于重力式结构与板桩式结构之间，许多实测资料也表明双排桩墙上的土压力分布复杂，要能准确地计算双排桩承受的土压力，还有许多土压力问题必须要研究。

(2)桩间填充物及加固：双排桩墙结构应由两侧排桩和桩间填充物共同承受外荷载，结构的整体变形与排桩间填充物关系很大。多数有限元程序把板桩墙作为弹性地基梁或杆件有限元来处理，取用不同弹簧刚度计算变形。当原地基土为砂质硬土时，实际板桩位移和计算值相差不大；但当原地基土为软黏土或淤泥层时，实测板桩位移会远大于计算值，所以选择合理的填充材料并对地基土和填料进行加固才能充分发挥双排桩墙的结构功能。但如何根据地质条件选择填充材料，并进行合理加固方面的研究工作甚少，还有许多研究必须要做。

(3)接触条件：国外文献[7]表明，填充物料与桩身接触状况对双排桩结构内力变形的影响也很大，充分接触可有效降低结构整体位移和桩基弯矩。施工中用水泥搅拌加固、压密注浆等均可有效地改善填充物料与桩身的接触状况，但此类接触的改善与计算方法也均须研究。

(4)计算模型的研究和模型参数的选择：双排桩结构的计算模型和桩型、填充物料及施工方法密切相关。双排钢板桩、双排大管桩及双排灌注桩的计算模型是各不相同的，现有的计算模型也要不断地完善与优化。每个计算模型都有一些参数，参数选择的成功与否是决定计算模型成败的关键因素。现有双排桩结构的计算模型参数选择还要通过实验室试验、现场试验和原型观测来进一步完善。

作者相信，经过人们持续不断地研究，双排桩结构的计算模型必将会得到不断的改进和完善，从而能准确无误地进行设计计算，双排桩结构应用的工程范围也会更广泛。

参考文献

[1] 大堀晃一,等. 双排板桩结构力学性能研究[M]. 梅煜瑾,姚诗伟,译.

[2] 周国然. 新型双排桩结构桩——土共同作用理论与应用[D]. 上海:同济大学. 2003.

[3] 海工建筑物(第一、二分册)[M]. 蒲廷芬,邵廷夫,译. 中国港湾建设总公司.

[4] 日本钢管桩协会. 等. 钢板桩. 从设计到施工[M]. 同济大学. 等,译.

[5] 国土技術研究センター. 鋼矢板二重式仮締切設計マニュアル.

[6] Sawaguchi. M. Lateral Behavior of a Double Sheet Pile Wall Structure[J]. Soils and Foundations. 1974. 14(1):45-49.

[7] 菊池喜昭. 等. 固化処理土中詰二重矢板式護岸の構造特性[R]. 港湾技術研究所報告(第 997 号). 2001.

[8] Kouichi Ohori etc. ,Static Analysis Model for Double Sheet-Pile Wall Struetures[J]. Journal of Geotechnical. EngineeringVol. 114, No. 7, 1998.

[9] Mazurkiewicz. B. , A Solution to the Stability Problem of the Double Sheet Wall Cofferdam, Based on Brinch Hansen's Earth Pressure Theory. Archiwum Hydrotechniki. Warsaw. 1968, XV(3):429-472.

[10] 中华人民共和国行业标准. JGT 120—2012 建筑基坑支护技术规程[S]. 北京:中国建筑工业出版社,2012.

[11] 中华人民共和国国家标准. GB 50017—2003 钢结构设计规范[S]. 北京:中国建筑工业出版社,2003.

[12] 中华人民共和国行业标准. JTS 167-2—2009 重力式码头设计与施工规范[S]. 北京:人民交通出版社. 2009.

[13] 中华人民共和国行业标准. JTS 167-3—2009 板桩码头设计与施工规范[S]. 北京:人民交通出版社. 2009.

[14] 中华人民共和国行业标准. JTS 147-1—2010 港口工程地基规范[S]. 北京:人民交通出版社. 2010.

[15] 中华人民共和国行业标准. JTJ/T 259—2004 水下深层水泥搅拌法加固软土地基技术规程[S]. 北京:人民交通出版社. 2004.

[16] 中华人民共和国行业标准. JTJ 293—1998 格形钢板桩码头设计与施工规程[S]. 北京:人民交通出版社. 1998.

[17] 中华人民共和国行业标准. JTS 145-2—2013 海港水文规范[S]. 北京:人民交通出版社. 2013.

[18] 中华人民共和国行业标准. JTA 167-4—2012 港口工程桩基规范[S]. 北京:人民交通出版社. 2012.

[19] 中华人民共和国行业标准. JTS 144-1—2010 港口工程荷载规范[S]. 北京:人民交通出版社. 2010.

[20] 中华人民共和国行业标准. JTS 167-1—2010 高桩码头设计与施工规范[S]. 北京:人

民交通出版社. 2010.

[21] 中华人民共和国行业标准. JTS 167-6—2011 港口工程预应力混凝土大直径管桩设计与施工规程[S]. 北京:人民交通出版社. 2011.

[22] 中华人民共和国行业标准. JTS 151—2011 水运工程混凝土结构设计规范[S]. 北京:人民交通出版社,2011.

[23] 中华人民共和国行业标准. JGJ 79—2012 建筑地基处理技术规范[S]. 北京:中国建筑工业出版社,2012.

[24] 中华人民共和国行业标准. JTS 153-3—2007 海港工程钢结构防腐蚀技术规范[S], 北京:人民交通出版社,2007.

[25] 中华人民共和国行业标准. JTJ 270—1998 水运工程混凝土试验规程[S]. 北京:人民交通出版社,1998.

[26] 中华人民共和国行业标准. JTJ 249—2001 港口工程桩基动力检测规程[S]. 北京:人民交通出版社,2001.

[27] 中华人民共和国国家标准. GB 985—2008 气焊、手工电弧焊及气体保护焊焊缝坡口的基本形式与尺寸[S]. 北京:中国标准出版社,2008.

[28] 中华人民共和国国家标准. GB 50205—2001 钢结构工程施工质量验收规范[S]. 北京:中国计划出版社,2001.

[29] 中华人民共和国国家标准. GB/T 5224—2003 预应力混凝土用钢绞线[S]. 北京:中国标准出版社,2003.

[30] 中华人民共和国国家标准. GB/T 701—2008 低碳钢热轧圆盘条[S]. 北京:中国标准出版社,2008.

[31] 中华人民共和国国家标准. GB 175—2007 通用硅酸盐水泥[S]. 北京:中国标准出版社,2007.

[32] 中华人民共和国国家标准. GB 50204—2002 混凝土结构工程施工质量验收规范[S]. 北京:中国建筑工业出版社,2002.

[33] 中华人民共和国国家标准. GB/T 14370—2007 预应力筋锚具、夹具和连接器[S]. 北京:中国标准出版社,2007.

[34] 中华人民共和国国家标准. GB/T 8813—2008 硬质泡沫塑料压缩性能的测定[S]. 北京:中国标准出版社,2008.

[35] 中华人民共和国国家标准. GB 1040. 2—2006 塑料 拉伸性能的测定[S]. 北京:中国标准出版社,2006.

[36] 中华人民共和国国家标准. GB/T 8812. 1—2007 硬质泡沫塑料 弯曲性能的测定[S]. 北京:中国标准出版社,2007.

[37] 中华人民共和国国家标准. GB 1740—2007 漆膜耐湿热测定法[S]. 北京:中国标准出版社,2007.

[38] 中华人民共和国行业标准. JTS 257—2008 水运工程质量检验标准[S]. 北京:人民交通出版社,2008.

[39] 横山幸满. 唐业清,吴庆清,译. 桩结构物的计算方法和计算实例[M]. 北京:中国铁道出版社,1984.